정석명리학개론

○

양성모

박영사

역학이란 하늘과 땅의 이치를 살피고 자연의 심오한 이치를 연구하여 천지간의 운행이 모두 하나의 보편적이고 일정한 법칙에 있다는 것을 깨달아 천문과 지리를 통하여 인사를 밝힌 학문이다.

그중 사주명리학이란 한 사람이 태어난 생년월일시를 가지고 그 속의 음양과 오행의 기운을 십간십이지로 표시하여 그 기운 상호 간의 생극제화의 관계를 살펴 한 사람의 운명을 조명하여 보는 학문이다.

사주를 알면 그 주인공의 부귀빈천을 알고, 수요장단을 알며, 성정을 알게 되고, 질병을 알 수 있으며, 가계를 알 수 있고, 직업을 알게 되며, 환경을 알 수 있고, 운로를 판단하여 피흉추길할 수 있게 된다. 그러므로 사주정보를 일찍 알면 알수록 유용하다.

사람의 인생은 수많은 갈림길에서의 선택의 연속이다. 선택의 갈림길에서 올바른 판단을 내리고 진퇴를 바르게 결정한다면 사람이 살아가는 인생길이 좀 더 성공적일 것이며 그로 인하여 체감 행복 지수가 더욱 높은 행복한 삶을 영위할 수 있을 것이다.

일찌감치 사주정보를 파악하여 한 사람의 성격과 건강 심리와 적성을 알 수 있다면 학창 시절에는 자기에게 가장 적합한 학과와 직업의 적성을 알아 조기에 정확한 인생의 방향을 설정할 수 있을 것이며, 혼인의 시기에는 자기에게 더욱 적합한 배우자를 선택할 수도 있고, 중년에는 생활 속의 연속되는 선택의 갈림길에서 바른 판단을 내릴 수 있으며, 노년에는 자녀들에게 올바른 인생의 지침이 되어 줄 수도 있을 것이다.

그러한 연유로 수많은 사람들이 명리학에 도전하나, 복잡다단한 도서들과 혼잡한 이론 때문에 학문의 방향을 제대로 잡지 못하고 혼동 속을 헤매다 결국은 명리학을 포기하게 되거나 삿된 길로 빠지게 되는 경우가 많이 생기고 있다.

이러한 경우 학문에 대한 열정과 시간을 과연 무엇으로 보상 받을 수 있을까? 역학은 반드시 바르게 익히고 바르게 행하여야 한다. 정확하고 바르게 공부해야 올바른 판단을 내릴 수 있다.

가르치는 사람은 쉽고 정확하고 빠르게 학문을 전달하여야 하며 또한 배우는 사람은 성심을 가지고 열심히 공부하여야 한다. 암기할 것들은 반드시 외우고 차분히 체득하여 나가야 할 것이다. 하나하나 차분하고 바르게 공부해 나간다면 누구나 쉽게 명리학의 체계를 바르게 세울 수 있게 될 것이다.

그러기에 본인이 알고 있는 바가 비록 미천한 지식이지만 누구나 쉽고 정확하게 배우고 익힐 수 있도록 명리학의 가장 근본이 되는 중요한 부분만을 간결하게 요약 정리하여 본 '정석명리학개론'을 발간하니 확실하게 체계를 세우고 바르게 익혀서 모든 사람들이 명리학의 세계에 밝게 눈뜨기를 기원하는 바이다.

重山 梁城瑠

15장 종합론 341

1장. 명리학과 운명

✦ 1. 명리학과 운명

　우리는 자신의 닥쳐올 미래와 운명에 대하여 항상 궁금증을 가지고 살아가고 있다. 어려움과 좌 절을 겪을 때는 더욱 그렇지만, 평소에도 항상 자신의 앞날에 대한 불안과 의문 등으로 운명에 대해서 궁금해한다. 나는 누구인가? 어디서 와서 어디로 가는가? 언제나 잘살고 행복해질 것인가? 등등 인생의 근본 문제로 자문자답하며 주변의 많은 이야기들을 들어보기도 하지만 확실하고 명쾌한 답을 얻기란 쉬운 일이 아니다.

　사람들은 각기 저마다 인생의 목표를 세우고 부단히 노력하지만, 대부분 그 뜻을 이루지 못하거나 중간에 실패하여 고달프고 힘든 삶을 살아 나가게 된다. 그러다 보니 자연스럽게 자신의 운명에 대하여 생각하게 되는데, 명리학에 대하여 부정적이거나 관심이 없다가도 인생을 살아가면서 많은 실패와 좌절로 커다란 어려움을 겪고 나면 그때서야 비로소 관심을 가지게 되고 사주팔자 운명의 실체를 궁금해하게 되는 것이다.

　수천 년 전부터 선각들의 오랜 연구와 노력에 의해 이루어진 지혜와 진리의 학문이 있었으니, 그것이 바로 인간의 길흉화복을 예단할 수 있는 陰陽五行으로 이루어진 사주명리학이다.

　우주 삼라만상과 인간만사는 결코 고정 불변하는 것이 아니고 끊임없이 변화하고 유동(流動)한다. 그것이 보기에는 복잡하고 무질서하게 얽혀 있는 것 같지만, 알고 보면 해와 달이 바뀌며 생기는 밤낮이나 지구의 공전에 의하여 오고 가는 춘하추동 계절의 변화와 같이 모든 것이 일정한 법칙에 따라 한 치의 오차도 없이 운행하고 있는 것이다.

이러한 신기하고도 정확한 자연현상의 법칙과 우주 순환 운동의 근원이 바로 음양과 오행이다. 인간은 우주 자연 속에서 태어나서 우주 자연과 함께 생사를 하는 고로 인간 존재 자체는 물론 인간사의 길흉화복마저도 음양오행 기운의 영향을 한 치도 벗어날 수 없다.

우주와 자연의 법칙, 즉 음양오행의 기운은 한 치도 어김이 없고 변함이 없으며, 정확하고 예외가 없다. 음양오행의 원리와 변화는 절대 불변이며 그 누구도 피해가거나 예외일 수가 없다.

✦ 2. 사주팔자(四柱八字)란 무엇인가?

사주팔자(四柱八字)란 글자대로 네 기둥에 여덟 글자라는 뜻이다. 즉 한 사람이 태어난 생년, 생월, 생일, 생시를 네 개의 기둥, 즉 사주로 세우고 그것을 음양과 오행의 부호인 천간과 지지의 八字로 표시해 놓은 것이다.

그러므로 사주팔자란 한 사람이 태어난 그 순간의 태양과 지구의 자전과 공전 궤도를 표시한 좌표이며, 그 순간의 우주의 기운을 음양과 오행의 부호로 치환하여 표시해 놓은 천문도라 할 것이다. 고로 한 사람의 사주팔자를 통하여 그 사람이 태어난 바로 그 순간의 하늘과 땅에 혼재되어 있는 우주의 기운을 정확히 알 수 있는 것이다. 사람이 태어나기 위해서 어머니 배 속에서 탯줄을 통하여 영양을 공급 받으며 열 달 정도를 지내다가 세상에 나와 탯줄을 자르고 스스로 첫 숨을 쉬는 순간에 그 순간의 고유의 우주의 기운, 즉 고유의 영(靈)이 들어와 혼백, 즉 육체와 결합하여 하나의 생명체가 탄생하는 것이다.

우리는 하늘을 머리에 이고 땅에 발을 디디며 살아가고 있다. 추우면 추운대로 더우면 더운대로, 태어나서 죽을 때까지 일 년 삼백육십오 일 하루 스물네 시간 단 한 순간도 하늘과 땅, 즉 우주의 기운을 벗어나 살 수가 없다. 하늘과 땅, 우주의 기운은 한순간도 고정되어 멈춰 있지 않으며 매 순간 끊임없이 일정한 원칙에 의하여 변화하며 순환하고 있다. 즉 매일 하루 24시간이 낮과 밤으로 반복되며 일 년 365일이 춘하추동으로 끊임없이 반복되며 순환하는 것이다. 그러기에 이 우주(지구) 내에 있는 사람을 포함한 만물은 각기 그가 탄생한 순간에 받은 우주의 고유의 기운과(사주팔자) 매 순간 변화하는 우주의 기운(그 순간의 사주팔자라 할 수 있다)의 상호 작용 반작용의 물리적, 화학적 관계에 의하여 영향을 받으며 살 수 밖에 없는 것이다. 그것이 소위 우리가 말하는 사주팔자 운명대로 살아 나간다는 것이다.

그러나 한 사람이 살아 나가는데 과연 오로지 사주팔자에 의해서만 살게 되는 것일까? 또한 한날한시에 태어난 사람은 똑같은 운명을 살아야만 하는 것이 아닌가 하는 우문에 봉착하게 된다.

그러나 그것은 명백히 그렇지가 않다. 한날한시에 태어난 사람이 있다 해도 그 사람들이 그것 말고는 똑같은 조건은 아무것도 없다. 우선 첫째로 그 사람에게 유전적으로 x, y 염색체를 부여해 준 부모가 다르다는 것이다. 또한 그 사람이 태어나고 자라고 살아 나가는 환경이 각기 다른 것이 두 번째 이유이며, 그 주변 환경에 의하여 형성된 개인의 가치관이 각기 상위한 것이 그 세 번째 이유이며, 조물주가 이 세상에 우리를 내보낼 때 부여해 준 인간 고유의 자기 선택권에 의하여 어떤 선택(자기 노력의 여부)을 하였느냐는 것이 결정적인 차이점이라 할 것이다. 그러므로 사주팔자 운명론에 대하여 무조건적 맹신적인 자세의 수용론만을 갖는 것은 바람직하지 못하다 할 수 있다. 즉 후천적 인간의 노력에 의하여 얼마든지 자기 인생에 있어 성공적이고 행복한 삶을 영위할 수 있음을 알아야 한다. 하지만 오히려 그러기에 우리는 사주팔자를 통하여 한 사람에 대하여 더욱더 많은 길흉의 정보를 알아내어 그 정보를 십분 활용함으로써 좀 더 성공적인 삶을 꾸려 나가도록 하는 지혜가 필요하다고 하겠다.

사주팔자란?

① 사주팔자란 출생과 동시에 우주로부터 받은 자신만의 고유한 기운이다.

② 사주팔자란 전생의 결과요, 현생의 모습이며 미래의 계획표이다.

③ 사주팔자란 한 사람의 인생 설계도이며 각본이다.

④ 사주팔자란 그 주인에 대한 사전 정보 내역서이며 운명의 예보이다.

✦ 3. 운명(運命)이란 무엇인가?

운명이란 선천적으로 타고난 사주[命]가 세월이 흘러감에 따라 후천적으로 돌아오는 시간[運]과 만날 때 어떠한 작용을 하며, 그로 인한 길흉화복(吉凶禍福)이 어떻게 이루어지는가를 예단하는 것으로서, 사람이 태어난 생년월일시 사주를 명(命)이라 하고, 그 사람이 살아가는 세월의 과정을 운(運)이라 한다. 그러므로 이 둘은 불가분의 관계로서 운(運)과 사주팔자[命]를 합해서 운명(運命)이라 한다. 예를 들어 사주를 자동차에 비유한다면, 운은 그 차가 운행하는 도로와 같은 것이다. 아무리 좋은 차라도 목적지까지의 도로가 험난한 비포장도로라면 많은 고생을 하며 힘들게 운행하게 되지만, 비록 차가 오래되고 낡았을지라도 평탄한 포장도로를 운행한다면 어려움 없이 목적지까지 갈 수 있는 것이다. 즉 이 말은 사주팔자가 좋다 할지라도 불운(不運)을 만나면 실패와 좌절의 연속이 될 수 있고, 비록 사주팔자가 조금 나쁘다고 할지라도 길운(吉運)을 만나면 큰 고생을 하지 않고 잘살 수 있다는 말이다.

자, 그렇다면 우리가 차를 운전하여 어느 목적지까지 가는데 길이 나빠서 고생스럽다면 어떻게 하여야 할 것인가. 과연 고생만 하고 실패와 좌절로 끝내고 말 것인가 아니면 다른 좋은 길을 선택하여 돌아가거나, 길을 갈고 다듬어 좋은 길로 만들어 전진해 나가야 할 것인가? 물어볼 것도 없이 후자를 선택하여야 할 것이다. 그러기에 우리는 사주팔자와 운, 즉 운명을 감정하여 나쁜 기운을 막고 좋은 기운을 불러들여 피흉추길하는 지혜를 가져야 할 것이다. 그 예로 후자에 해당하는 노력의 가장 실천적이고 적극적인 방법 중의 하나가 바로 탄생과 동시에 사주상의 단점과 결함을 보완해 줄 수 있는 좋은 기운을 가진 이름을 가지는 것이며, 또한 사주적성 분석을 통하여 자기의 잠재적 재능과 적성에 맞는 학과와 직업을 잘 선택해서 조기 교육을 통하여 성공적으로 인생을 개척해 나가는 것과 같은 것들이다.

✦ 4. 명리학 연구의 의의(意義)

한 사람의 사주에 담긴 정보를 분석하여서 그 사람의 성격과 기질, 체질과 특기, 재능과 적성 등을 파악하여

부귀빈천(富貴貧賤)을 알고
수요장단(壽夭長短)을 알며
직업적성(職業適性)을 알고
건강질병(健康疾病)을 알며
인간관계(人間關係)를 알고
주변환경(周邊環境)을 알며
운로(運路)를 분석하여 피흉추길(避凶趨吉)을 한다.

2장. 사주의 구성요소

✦ 1. 우주의 자연 현상

허허공공한 태초의 우주 상태 → 무극 → 무념의 상태

무극에서 자연 발생한 하나의 기운 → 태극 → 유념의 상태

자연변화 현상의 일체 양면 대립상 → 양의(兩儀), 즉 陰(음)과 陽(양)을 말한다. 이후 무한히 분산과 결합을 반복한다. 이렇게 질서 정연히 움직이는 것이 변화의 법칙이다.

(1) 무극과 태극

無極(무극)은 무념의 상태이니 허허공공한 만상을 함유한 우주의 본체이며, 일체의 분별 의식이 생기기 이전의 상태이다. 太極(태극)은 유념의 상태이니 허공을 함유한 우주 형성의 본기로 어떤 형체가 형성되는 찰나(刹那)이다.

(2) 兩儀(양의)와 四象(사상)

양의란 음과 양이니 일체의 양면 대립상(예: 낮과 밤)

四象(사상)이란 한 단계 더 분화된 현상(예: 낮 → 오전과 오후, 밤 → 초저녁과 새벽)

즉 하루는 태극 → 주야는 음양 → 오전, 오후, 초저녁, 새벽은 사상

일 년은 태극 → 하지와 동지는 양의 → 춘하추동은 사상

이와 같이 우주 삼라만상은 근본에서부터 계속 세분화하면서 변화한다.

(3) 8괘와 64괘

8괘는 태극에서 세 번 변화된 형상이니 하나에서 분화하여 음과 양이 되고 또 한 번 분화하여 사상(태양, 소음, 소양, 태음)이 되고 3번째 변하여 8괘(건괘, 태괘, 이괘, 진괘, 손괘, 감괘, 간괘, 곤괘)가 된다. 64괘는 8괘가 재변(두 번 거듭 변함 8×8=64)하여 된 것이니 64괘가 형성되기까지는 일에서 여섯 번 분화하는 과정을 거친다. $1 \times 2 \times 2 \times 2 \times 2 \times 2 \times 2 = 64$

(4) 삼라만상의 생장성멸(生長成滅)의 변화

시간과 공간, 즉 우주를 비롯한 만물은 전부 변화 과정을 거치는데 무극으로부터 태극이 되고 태극이 양의가 되고 양의가 사상이 되고 사상이 8괘가 되며 다시 계속 분화하여 64괘로 된다. 이렇게 끊임없이 분열하여 생겨나고 결합하여 원점으로 돌아가는 생사(生死)의 순환 과정이 생, 장, 화, 수, 장, 즉 生=탄생, 長=성장, 化=변화, 收=수렴(숙성), 藏=저장(죽음)하는 질서 정연한 이치에 의해서 움직이므로 이 과정에서 오행의 이치를 얻게 되었다. 미세한 먼지 하나라도 전부 이러한 기로 형성되어 있고 이러한 이치에 의해 움직이니 자연현상은 외형만 시간에 따라 변화할 뿐이며 본체인 무극은 조금도 변화하지 않는다. 우리들이 일반적으로 인식하는 유무와 길흉은 단지 외형의 변화에만 따르고 있을 뿐이다.

✦ 2. 음양

(1) 음양의 구분과 특성

우주는 원래 분리할 수 없는 하나의 혼돈의 덩어리였는데 어느 순간 커다란 힘이 (물리학적으로는 스티븐 호킹박사의 빅뱅설, 종교적으로는 하나님의 천지창조론 등) 작용하면서 '하나 속의 둘'로 분류되어 음양이 되었다.

(무극 → 태극 → 음양으로 분화함)

(2) 음양의 법칙

1) 음양의 상대성(相對性)

음양은 하나 속의 둘로서 언제나 함께하는 뗄 수 없는 짝이다. 즉 음양은 상대가 있어야 존재할 수 있지 혼자서는 그 존재성이 있을 수 없다. 즉 어둠이 있으니 빛을 느낄 수 있고, 땅이 있으니 하늘이 있고, 밤이 있으니 낮이 있고, 남편이 있으니 아내가 있듯이 삼라만상은 음양이라는 상대성으로 이루어져 있다.

2) 음양의 변화성(變化性)

음양은 일정하게 고정되어 있지 않고 끊임없이 변화한다. 음이었던 것이 양으로 변하고 양이었던 것이 음으로 변화한다. 즉 음지가 변하여 양지가 되고 양지가 변하여 음지가 되며, 오늘의 승자가 내일은 패자가 되고 오늘의 패자는 내일 다시 승자가 되며, 밤이 지나면 아침이 오고 다시 아침이 가면 밤이 오듯이 음양은 시간과 장소와 쓰임에 따라 변화하여 나간다.

3) 음양의 공존성(共存性)

음양이란 동전의 앞뒷면처럼 항시 같이 붙어 다니는 공존성이 있다. 밝은 곳이 있으면 반드시 어둡고 그늘진 곳이 함께하듯이 겉보기에 아무 근심 걱정 없는 부자도 반드시 속으로는 말 못할 고민과 불행을 가지고 있다. 이렇듯 음양은 항시 짝이 되어 같이 붙어 다니는 공존성을 가지고 있다.

(3) 음양이란?

1) 음양은 혼자서는 존재할 수 없다.
2) 음양은 하나이면서도 영원히 하나가 될 수 없다.
3) 음양은 하나 속에 들어 있는 둘이다.
4) 음양은 대립하면서 화합하고 화합하면서 대립한다.
5) 음양은 고정되어 있지 않고 항상 상대적으로 변화한다.
6) 음양은 그 힘과 양이 서로 반비례한다.
7) 음양은 생명의 근원이며 우주 자연의 근본 이치이다.

(4) 음양의 상대비교

음(陰)	양(陽)	음(陰)	양(陽)
地	天	곡선	직선
달	해	흡입	배출
여자	남자	슬픔	기쁨
下	上	水	火
짝수	홀수	아래	위
後	前	노인	젊은이
右	左	받다	주다
暗	明	꾸중	칭찬
흐리다	맑다	惡	善
冷	溫	濕	燥
客	主	짐승	사람
弱	强	손님	주인
부드럽다	단단하다	후배	선배
차갑다	뜨겁다	천천히	빨리
秋(추)	春(춘)	아내	남편
冬(동)	夏(하)	숨다	나타나다
西(서)	東(동)	黑(흑)	白(백)
北(북)	南(남)	夜(야)	晝(주)
몸	마음	작다	크다
추하다	아름답다	적다	많다
얇다	두껍다	꽉차다	비어 있다
重(중)	輕(경)	貧(빈)	富(부)
短(단)	長(장)	賤(천)	貴(귀)

이와 같이 음양은 서로 상대개념으로 우주 삼라만상 어디에나 존재하고 있다. 음양의 상대개념, 변화개념, 공존개념은 잘 숙지할 필요가 있다.

✦ 3. 오행

(1) 오행(五行)이란?

태초에 허허공공한 无에서 태극의 一氣가 생기고 陰陽으로 분화되어 兩儀로 나뉘고 이것이 또다시 분화하여 四象, 즉 太陽, 少陰, 少陽, 太陰으로 나뉘고 또다시 분화하여 八卦, 즉 乾(건), 兌(태), 離(이), 震(진), 巽(손), 坎(감), 艮(간), 坤(곤)으로 나뉘고 이것이 再變하여 六十四卦로 변한다. 이후 무한히 분열하여 우주 삼라만상이 이루어지는 것이다.

오행이란 이런 식으로 끊임없이 분화하여 가며 우주가 생성 소멸 되어가는 속에서 분열과 결합을 하며 생성 소멸(生과 死)하는 우주의 순환 운동의 과정 속의 生(생), 長(장), 化(화), 收(수), 藏(장)하는 5가지의 운행의 기운과 법칙을 말한다. 즉 태어나고(生) 자라나서(長) 변화하여(化) 수렴하고(收) 응축하는(藏) 생명의 순환 운동의 법칙으로 그 다섯 가지의 성질과 기운을 잘 나타내고 표현해 주는 특성을 비유하여 木, 火, 土, 金, 水로 표현되는 다섯 가지의 기운이다.

1) 木 = 나무 = 탄생
2) 火 = 불 = 성장
3) 土 = 흙 = 변화
4) 金 = 쇠 = 수렴
5) 水 = 물 = 저장

(2) 오행의 성질과 사회성

1) 오행의 의미
가. 五는 수를 말한다.

(오행의 탄생 순서)

① 太易生水(태역생수) - 1, 6

② 太初生火(태초생화) - 2, 7

③ 太時生木(태시생목) - 3, 8

④ 太素生金(태소생금) - 4, 9

⑤ 太極生土(태극생토) - 5, 10

天(천) - 陽(양) - 홀수 - 奇數(기수) - 1,3,5,7,9 = 합 25(5×2=10) → 10천간

地(지) - 陰(음) - 짝수 - 偶數(우수) - 2,4,6,8,10 = 합 30(6×2=12) → 12지지

* 홀수의 합(天)과 짝수의 합(地)을 오행으로 나누면 각각 5와 6이 되는데 여기에 또 음양이 있으니 천간의 기운은 10천간이 되고 지지는 12지지가 되는 것이다.

나. 行은 흐름을 말한다.

行 = 오행의 기가 春夏秋冬 四時에 끊임없이 流行한다는 의미이다.

① 봄의 따뜻한 기운으로 초목이 生하니 木이 자란다. - 동방

② 여름의 기후는 덥고 태양이 극성하니 火가 치열하다. - 남방

③ 가을은 초목을 죽게 하는 살기가 있어 金이 강하다. - 서방

④ 겨울은 차가운 기운이 대지를 얼게 하니 水라 한다. - 북방

⑤ 土는 춘하추동의 중간에 계절의 변화와 진퇴를 주관한다.

2) 오행의 사회성
가. 木(탄생과 성장의 기운) = 仁(인)

① 행동지표 - 성장을 추구하고 기초의식을 바탕으로 한다.

② 사회적 지식체계 - 교육, 문화, 신문, 문자, 표시, 지시

③ 인간관계 - 리더십, 진보적 기질, 측은지심, 자애심

나. 火(확산과 발산의 기운) = 禮(예)

① 행동지표 – 감정을 표현하고 지적자산을 바탕으로 한다.

② 사회적 지식체계 – 어문학, 언론, 발명, 정보, 통신, 광고

③ 인간관계 – 예의와 명분과 체면 중시, 이기적 내성과 감정

다. 土(변화와 중재의 기운) = 信(신)

① 행동지표 – 중용과 타협의식을 바탕으로 한다.

② 사회적 지식체계 – 사회학, 종교학, 지리학, 부동산학

③ 인간관계 – 신용 중시, 충효를 바탕으로 전후를 관망

라. 金(수렴과 숙살의 기운) = 義(의)

① 행동지표 – 창조적이며 변혁의식을 바탕으로 한다.

② 사회적 지식체계 – 군사학, 정치학, 기계공학, 의학

③ 인간관계 – 의리를 중시, 냉정한 외향성 속에 인정과 자만주의

마. 水(응축과 저장의 기운) = 智(지)

① 행동지표 – 창의성과 기획력을 바탕으로 한다.

② 사회적 지식체계 – 경제경영학, 법학, 식품공학, 생명공학

③ 인간관계 – 감성주의, 친화적 성향의 자기본위주의

◆ 오행성분의 기본적 분류표 ◆

구분 ＼ 오행	木	火	土	金	水
數	3, 8	2, 7	5, 10	4, 9	1, 6
방위	동	남	중앙	서	북
계절	봄	여름	환절기	가을	겨울
천간	甲 乙	丙 丁	戊 己	庚 辛	壬 癸
지지	寅 卯	巳 午	辰 戌 丑 未	申 酉	亥 子
주역괘상	진(震) 손(巽)	이(離)	간(艮) 곤(坤)	건(乾) 태(兌)	감(坎)
오기(五氣)	풍(風)	열(熱)	습(濕)	조(燥)	한(寒)
오색(五色)	청색	적색	황색	백색	흑색
오미(五味)	신맛	쓴맛	단맛	매운맛	짠맛
오상(五常)	인정: 仁	예의: 禮	신용: 信	의리: 義	지혜: 智
오장(五臟)	간(肝)	심(心)	비(脾)	폐(肺)	신(腎)
육부(六腑)	담(쓸개)	소장	위장	대장	방광
인체 부위	머리, 모발, 신경계	체온, 혈맥, 시력	소화계, 복부, 근육	기관지, 골격, 피부	비뇨기, 자궁
오관(五官)	눈	혀	입, 몸	코	귀
오각(五覺)	시각	미각	촉각	후각	청각
오성(五星)	혼(魂)	신(神)	영(靈)	백(魄)	정(精)
조후(調喉)	온(溫)	열(熱)	조습(燥濕)	냉(冷)	한(寒)
오행소속음	ㄱ ㅋ	ㄴ ㄷ ㄹ ㅌ	ㅇ ㅎ	ㅅ ㅈ ㅊ	ㅁ ㅂ ㅍ
위치	왼편	위편	가운데	오른편	아래편
지역	교외, 전원, 조용한 곳	번화가, 높은 곳	중심가, 넓은 곳	모퉁이, 각지고 소란한 곳	호수, 개천가, 낮은 곳
인생	유년기	청소년기	중년기	장년기	노년기
성정	곧다	활달	과묵	용맹	지략
하루의 시간	03시~09시	09시~13시	13시~15시	15시~21시	21시~03시
국가	한국, 일본	동남아, 호주	중국	미국, 캐나다	북유럽, 러시아
국내 지방	동해안	부산, 남해안	대전	서해안	경기북부
종교	유교	기독교	토속, 무속	불교	도교
서울의 4대문	흥인지문	숭례문	보신각	돈의문	홍지문

✦ 4. 오행의 상생상극과 통관

천지간에 가득한 음양과 오행(木-火-土-金-水)의 기운은 서로 작용 반작용의 관계로 상호 영향을 끼치며 작용하고 존재한다. 서로 간에 도와주고 살려 주는 관계인 상생의 관계와 서로 간에 통제하고 억압하는 상극의 관계가 그것이니 이들의 관계를 잘 이해하고 숙지해야 할 것이다.

(1) 상생(相生)

木生火 → 火生土 → 土生金 → 金生水 → 水生木
나무를 태우면 불이 나오니 木生火이며
불이 타고 나면 재가 되어 흙으로 가니 火生土이고
흙이 굳어 땅속에서 광물이 되니 土生金이다.
또한 땅속 암반층 돌 틈에서 샘물이 솟아오르니 金生水이며
물을 주면 그것을 빨아먹고 나무가 자라니 水生木이다.
위와 같이 비유되듯 이렇게 오행은 서로 간에 살려 주고 도와주는 기운으로 작용하니 이것이 곧 상생의 작용이다.

(2) 상극(相剋)

木剋土 → 土剋水 → 水剋火 → 火剋金 → 金剋木
나무뿌리는 흙을 파고 들어가니 木剋土이며
흙은 댐으로 물을 가두어 모으듯이 土剋水하며
물은 불을 끄니 水剋火이다.
또한 불은 쇠를 녹이니 火剋金이요,
쇠(톱과 도끼)는 나무를 자르니 金剋木이다.
이렇게 비유되듯이 오행은 서로 간에 통제하고 억누르는 작용을 하니 이것이 곧 상극의 작용이다.

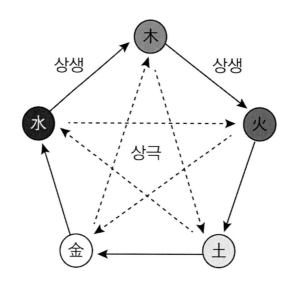

(3) 역생

火生木 → 土生火 → 金生土 → 水生金 → 木生水

첫째, 나무는 불(태양빛)이 없으면 절대 자라지 못한다. 그러니 火生木이며

둘째, 水剋火로 물이 불을 끄려고 하면 土剋水로 흙이 물을 억제하니 이는 土生火가 되는 것이고

셋째, 金은 土의 적인 木을 金剋木하여 막아 주니 金生土가 되며

넷째, 水는 水剋火로 金을 녹이는 불을 끄니 水生金하게 되고

다섯째, 木은 물길을 가로막는 土를 木剋土로 파헤쳐 주어 물이 마음대로 흐르게 하여 주니 木生水를 하게 된다.

이는 곧 우리 인간사에 相生으로 도움과 은혜를 받으면 이에 대해 보답함과 같은 이치이니 逆生하게 됨이다.

(4) 역극

土剋木 → 水剋土 → 火剋水 → 金剋火 → 木剋金

첫째, 땅이 너무 딱딱하여 굳으면 나무가 땅을 파지 못하고 도리어 부러지니 土剋木이며 水生木하는 水를 土剋水로 막으니 결국 土剋木하게 된다(土多木折).

둘째, 비가 너무 많이 와 물이 불어나면 흙이 물을 막지 못하고 물에 쓸려 내려가니

水剋土하게 되고(水多土流)

셋째, 불이 났을 때 불길이 너무 치열하면 도리어 물이 증발되어 마르는 것과 같으니 火剋水를 하게 되며(火多水渴)

넷째, 화로 속의 불은 쇠를 녹이지 못하고 뚜껑을 덮으면 꺼져 버리니 도리어 金剋火를 하게 된다(金多火熄).

다섯째, 작은 칼로는 커다란 통나무를 자르지 못하고 도리어 부러지니 木剋金을 하게 된다(木多金缺).

이와 같은 이치로 서로 역극을 하게 된다. 그러니 상극의 관계에서 무엇도 일방적으로 상대를 통제하고 극제할 수만은 없는 것이니 이 또한 인간사에 내가 조금 남보다 강하다 하여 교만하거나 뽐내지 말고 언제든 역극을 당할 수 있으니 낮은 자세로 겸손하라 함을 가르치는 이치와 같다 하겠다.

(5) 생극의 희기(喜忌=좋고 나쁨)와 통관

太過不及이니 이는 너무 많으면 오히려 부족함만 못하다는 이치로 음양오행의 조화에서도 이와 같으니 상생이나 상극도 너무나 지나치면 본래의 작용과 달리 해로운 역작용이 나타나게 된다.

相生에서는

水生木하나 수다목부(水多木腐)로 물이 너무 많으면 나무가 썩게 되고

木生火하나 목다화식(木多火熄)으로 나무를 너무 많이 넣으면 불이 꺼지게 되고

火生土하나 화다토조(火多土燥)로 불길의 기운이 너무 세면 땅이 메마르고 갈라져 못쓰게 되고

土生金하나 토다금매(土多金埋)로 흙이 너무 많아 금을 너무 깊숙이 묻어 버리면 도리어 그 금을 활용하지 못하고 버리게 되며

金生水하나 금다수탁(金多水濁)이니 물에 금의 성분이 너무 많다 보면 녹물이 되고 탁해져 못쓰게 된다.

相剋에서는

水剋火하나 화다수갈(火多水渴)하고

火剋金하나 금다화식(金多火熄)이며

金剋木하나 목다금결(木多金缺)하고

木剋土하나 토다목절(土多木折)이며

土剋水하나 수다토류(水多土流)하게 된다.

통관이란 이쪽과 저쪽이 서로 싸우거나 막혀 있을 때 통하게 하여 준다는 뜻이다. 水와 火는 상극관계로 서로 극을 하여 끄려 하고 싸우는 관계인데 만약 그 사이에 木이 있다면 水生木하고 또 木生火하여 물이 도리어 불을 끄지 못하고 살려 주는 결과를 만들어 내게 되니 이와 같은 이치로 통관(通關)을 하게 된다.

水火가 상극하는 데는 木이 통관하고

火金이 상극하는 데는 土가 통관하며

金木이 상극하는 데는 水가 통관하고

木土가 상극하는 데는 火가 통관하며

土水가 상극하는 데는 金이 통관한다.

이렇게 통관을 하게 되면 흉이 변하여 길이 되기도 하며 약한 것을 도리어 강하게 살려 주는 결과를 가져오기도 하니 운에서 통관을 하게 되면 전화위복의 계기가 되는 경우가 생기게 된다.

✦ 5. 천간과 지지

(1) 간지의 기원과 특성

간지란 천간(天干)과 지지(地支)를 합하여 줄인 말로서, 명리학에서는 가장 기본이 되는 것이다. 간지는 10천간과 12지지로 구성되어 있는데, 보통 십간십이지라 부른다.

천간은 하늘에 흐르는 오행의 기운으로 양에 속하며, 지지는 땅에서 사계절이 순행하는 순서로서 형체가 있고 질이 있어 음에 속하며, 땅에 존재하는 모든 오행의 기질이다. 그러면서 천간과 지지는 서로 떼려야 뗄 수 없이 서로 작용하며 연관되어 운행하고 있는 것이다.

명리학은 음양오행의 법칙과 십간십이지를 떠나서는 논할 수 없으므로 우리는 가장 기초적이면서도 중요한 干支論을 정확하게 공부해야 하겠다.

1) 천간의 종류

천간은 하늘에서 흐르는 오행의 기운으로서 갑, 을, 병, 정, 무, 기, 경, 신, 임, 계 (甲, 乙, 丙, 丁, 戊, 己, 庚, 辛, 壬, 癸) 10종류가 있다.

천간은 하늘에 있는 오행의 기운을 다시 음양으로 나눈 열 가지 기운으로서, 그 특성을 따른 글자에 빗대어 오묘한 자연의 법칙을 설명하고 있다. 그러므로 천간은 제각각 그 기운과 특성이 다르다. 같은 木에 해당하는 갑(甲)과 을(乙)도 우선 음양으로 구분하여 갑목(甲木)은 陽으로서 木의 기운에 관한 성정이 잘 나타나고, 을목(乙木)은 陰으로서 木의 형질에 대한 특성을 잘 나타내고 있다. 그러므로 천간의 음양오행을 구분하여 갑을목(甲乙木), 병정화(丙丁火), 무기토(戊己土), 경신금(庚辛金), 임계수(壬癸水) 식으로 외우면 된다. 첫 번째 나오는 천간이 陽에 해당하고, 두 번째 나오는 천간이 陰에 해당되는 것이다. 또한 陽干만 따로 묶어 '갑병무경임(甲丙戊庚壬)'으로 암기하고 다섯 개의 陰干은 '을정기신계(乙丁己辛癸)'로 묶어서 암기하여도 된다.

2) 천간의 특성

가. 갑목(甲木)

① 甲이란 문자는 밭 한가운데에(田) 뿌린 씨앗이 땅 밑으로 뿌리를 내린다(甲)는 뜻을 형상화한 것으로서, 시작과 개척, 상승하고 발전하는 기세가 있어 우두머리를 상징하며, 하늘에서는 우레와 청룡을 상징한다.

② 소나무와 같은 큰 나무, 동량목, 목재, 마른 나무, 전주, 가로수, 기둥, 고층 건물, 안테나 등을 나타낸다.

③ 甲木의 성정은 곧은 나무나 기둥감의 재목과 같아서 그 성질이 대단히 곧고 강하며, 위로 뻗어 오르려는 진취적인 기질과 이상이 크다. 그러기에 어지간해서는 절대로 꺾이거나 다른 사람에게 굽히지 않으려고 한다. 보스 기질로 강력한 추진력과 리더십을 발휘하며 자기 책임을 다하는 장점이 있으나, 타인의 간섭이나 구속 받는 것을 싫어하고 남의 말을 잘 안 듣는 단점이 있다. 강자에는 대항하고 약자에게는 인정을 베풀며, 박식하여 타인의 귀감이 되고, 문장력과 언변이 뛰어난데, 사주가 편중되어 있을 경우에는 오히려 인색하거나 우둔한 짓을 하며, 쓸데없는 군중 심리에 휩

쏠리거나 간 큰 행동으로 남의 원망을 사는 경우도 있다.

나. 을목(乙木)

① 乙木은 잡초의 생명력을 상징하며 바람(風)을 상징한다. 눈으로는 분별하기 힘들지라도 살아 있다는 것은 항상 움직이고 있기 때문에 자연히 바람이 일어나고 있는 것과 같아 乙木은 바람을 상징한다.

② 화초, 유실수, 넝쿨식물, 곡식, 채소, 잔디, 생목, 묘목, 섬유, 의류, 종이 등을 나타낸다.

③ 乙木의 성정은 외적으로는 부드럽고 유약하여 어떠한 일이든 무리하지 않으며 항상 남들과 어울리기를 좋아하고 인화에 힘쓰는 타입이다. 그러나 내적으로는 강해 외부의 작용에 민감한 반응을 나타내고 남에게 간섭 받는 것을 싫어하고 대쪽 같은 성격을 고집하기도 한다. 주변 환경에 대한 적응 능력이 뛰어나고 강한 생명력을 지니고 있으며, 오히려 뚫고 나가는 힘과 끈기가 강하여 어떠한 난관에도 굴하지 않으나, 다른 사람을 이용하려 하거나 은근히 기대려는 경향이 있어 남들에게 환영을 받지 못하는 일면도 있다.

다. 병화(丙火)

① 丙은 하늘[天]이 양 날개를 땅으로 내리 펴서 따듯한 빛과 열로 암탉이 알을 품듯이 만물을 감싸는 모습을 나타낸 것으로서, 陽氣가 충만하여 만물이 자라나는 것을 의미한다.

② 태양, 광선, 전기, 타오르는 불, 큰불, 전열기구, 연료, 화약, 폭발물, 인화물, 방사선, 화공약품 등을 나타낸다.

③ 丙火의 성정은 밝고 쾌활하며, 매사에 정열적이고 화끈하나, 급한 성격 때문에 실수를 많이 하거나 매사에 싫증을 빨리 느끼는 것이 단점이다. 또한 겉으로 활달한 것과 달리 감정이 예민하고, 내면적으로는 오히려 수심이 있는 경우가 있다. 丙火는

태양이 만물을 양육하며 구석구석 골고루 비춰 주는 것처럼 매사 공평하며, 모든 사람에게 잘해 주고 남을 속이는 일이 거의 없다. 陽 중의 陽이라 매사 용기와 과단성이 있고, 활동력이 왕성하며, 어떤 난관에도 굽히지 않는 보스 기질이 있으나, 너무 강하다 보니 저돌적이거나 폭발적인 성격, 즉 욱하는 성질과 히스테리 기질로 무모한 모험이나 도전을 즐기는 경향이 있다.

라. 정화(丁火)

① 丁은 한 줄기 생명의 기운이 땅에서 치솟듯 자라나 하늘[一]까지 다다랐다는 뜻으로 쭉 뻗어 올라가는 장정의 씩씩함을 나타낸다.

② 생화, 활화, 촛불, 등대, 화롯불, 난로, 가스레인지, 전열기구, 약물, 극약, 전화, TV, 컴퓨터 등을 나타낸다.

③ 丁火의 성정은 겉으로 보기에는 조용하고 약하게 보이나 내면으로는 자존심과 집념이 대단히 강하고 정신력이 뛰어나다. 평소에는 약하게 보이거나 다른 사람의 일에 냉정하거나 무관심한 것처럼 보이다가도 갑자기 폭발하는 성격이 흠이 된다. 자신의 몸을 태워 어둠을 밝히는 촛불이니 등대처럼 헌신적이고 봉사적이며, 파사현정(破邪顯正)하는 선비 정신이 강하다. 그런고로 대체로 고지식하며 잔꾀를 부리지 않는데 상대방이 불성실하게 느껴지거나 부정한 행위를 할 경우, 자기와 이해관계가 없는 일에도 상대를 혐오하거나 옳고 그름을 따지는 성격이 있어 공연한 미움을 사는 경우도 있다.

마. 무토(戊土)

① 戊土는 무성할 茂 자와 같이 만물이 더욱 성숙하게 무성해지는 것을 의미한다. 만물을 포용하고 자비를 베푸는 기상이다.

② 구름과 노을을 상징하며 큰산, 대지, 제방, 운동장, 광장, 황야, 언덕, 성곽, 축대 등을 나타낸다.

③ 戊土의 성정은 믿음직스럽고 묵묵하며, 언행이 신중하고 온후하며 아량이 넓고 후덕하다. 그러나 반대로 말이 없어 무뚝뚝하거나 멋이 없게 보이거나, 음흉하거나 답답해 보이기도 한다. 태산같이 흔들리지 않는 주관이 강하고, 주체의식이 뚜렷하여 자신의 주장을 관철시키는 능력이 있다. 그러나 자신의 판단을 지나치게 과신하여 절대 남의 말을 듣지 않는 아집과 독선이 강하고, 다른 사람의 말을 무시하려는 경향이 있어 교만하다는 오해를 받기도 한다. 성실하고 책임감이 강하여 신용을 중히 여기며, 매사에 생각이 깊고 질서가 있다. 또한 포용과 중화와 중용을 지키며 편애를 하지 않고 모든 사람들과 잘 어울린다. 구심력이 좋아 주위에 사람들이 모여들거나 여러 사람의 자문에 응하는 경우가 많고, 분쟁이 났을 때 중간 역할로 화해를 잘 시키고 중간 소개자 역할도 잘한다.

바. 기토(己土)

① 己는 일어날 起 자에서 따왔는데 만물이 완전하게 성숙했다는 뜻을 의미한다. 외부를 향해 발전하던 기운이 내부로 돌아와 충실해지는 것을 의미한다.

② 전답, 옥토, 전원, 정원, 화원, 잔디밭, 평야, 도로, 작은 분지, 사토 등을 나타낸다.

③ 己土의 성정은 부드럽고 조용한 가운데 자기주장을 잘 드러내지 않으며, 자애로움과 포용력을 지니고 있다. 그러나 사주가 조화를 이루지 못하면 순진한 것 같으면서도 능글맞고, 어수룩한 것 같으면서도 자기 실속을 다 챙기는 이기주의적인 성향도 있다.

남의 심정을 잘 헤아려 주며 자기주장을 내세우거나 고집을 피우지 않는 후중한 인품으로 신용과 효심이 있는데, 한편으론 좀처럼 자기 속마음을 털어놓지 않거나 수줍음을 많이 타고 말주변이 없는 경우도 있다. 그러나 의심이 많고 신경이 예민하며 까다로운 일면도 있어 터놓고 지내기가 곤란한 경우도 있다. 대의와 중용을 지키며 언행이 일치하고 신중하게 처신하는 성실한 스타일이다. 그러나 土가 너무 旺하면 우둔하거나 고집불통으로 사리판단이 현명하지 못하며, 또 土가 너무 약하면 인색하거나 다른 사람과 싸우기를 좋아하여 화합하기 힘든 면도 있다.

사. 경금(庚金)

① 庚은 성숙해진 만물이 그 모습을 바꾼다는 뜻에서 고칠 갱(更) 자에서 따왔는데, 만물의 기운이 팽창에서 수축으로 바뀌어 精氣를 견고하게 잘 수렴하여 열매를 여문다는 것을 의미한다.

② 서리, 우박, 무쇠, 원석, 바위, 신기, 불기, 제기, 금고, 은행, 무기, 철강, 기계, 자동차, 중장비, 열차, 총포 등을 나타낸다.

③ 庚金의 성정은 한마디로 의리를 대표한다. 한번 믿었던 사람에게는 평생 배반하는 일이 드문데, 너무 의리를 따지다 보니 자기 실속이 약해지고, 주위 사람들로부터 모두 좋다는 소리를 들으나 집안에서는 별로 환영을 받지 못한다. 동료애와 소속감, 의협심이 강하고 용감한 성격으로 강자에 대항하고 약자를 도와주는 희생 정신이 강하다. 한편 성격이 조급하거나 난폭하고 선악의 구분이 극심하거나 명예욕이 강해 독선적인 면이 있어 적을 많이 만들고 스스로 화를 자초하는 경향도 있다. 公과 私를 분명히 가리는 스타일로 지도력과 통솔력이 뛰어나며, 결단력과 소신으로 한번 결정한 일은 강하게 밀어붙이는 추진력이 있다. 그러나 매사 너무 완벽함을 추구하거나 자신의 결정을 번복하는 일이 없어 자칫 다른 사람에게 너무 고집스럽거나 모가 난다는 소리를 듣는 수도 있다.

아. 신금(辛金)

① 辛은 새 신(新) 자에서 따왔는데 새롭게 이루었다는 의미에서 만물의 새로운 탄생을 의미한다.

② 서리, 결정체, 금, 은, 다이아몬드, 보석, 칼, 장식품, 제련된 금속, 비철금속, 정밀한 반도체 등을 나타낸다.

③ 辛金의 성정은 깔끔하고 섬세하며 약한 듯하지만 속으로는 매우 단단하고 야무지며 샤프하다. 庚金과 같이 의리나 정의, 공론을 주장하는 성격이지만 辛金은 부드러우며 깔끔함을 느낄 수가 있다. 자존심이 너무 강하거나 욕심이 많고, 자신이 최고라

는 생각에 빠져 다른 사람들로부터 눈총의 대상이 되거나 비난을 받을 수도 있으나, 겸손한 태도와 부드러움을 유지한다면 주변의 인기를 한 몸에 얻을 수 있는 타입이다. 감수성이 예민하고 정에 좌우되는 것 같으나 매사 정확하면서도 치밀하고 단호하게 처리하는 경향이 있다.

자. 임수(壬水)

① 壬은 아이 밸(妊) 자에서 따왔는데 모든 생물이 수액으로 잉태한다는 뜻을 가지고 있다. 열매를 맺어 씨앗이 되어 땅속에서 다시 새로운 생명을 잉태하는 것을 의미한다.

② 눈, 비, 먹구름, 강물, 호수, 바다, 댐, 종자, 정자, 난자, 원자, 분자, 전자 등을 나타낸다.

③ 壬水의 성정은 두뇌가 총명하며 창의력이 뛰어나고, 선견지명과 심오한 지혜를 지니고 있다. 그러나 한편 깊은 물속을 알 수 없듯이 마음을 잘 내보이지 않아 음흉하거나 비밀이 많다는 오해를 받기도 쉬우며, 머리가 너무 좋아 남을 무시하거나, 물이 지나치면 범람하여 인명이나 가축, 농작물 등에 피해를 주는 것처럼 남에게 피해를 줄 수 있는 소지도 있다. 큰 강물과 같이 고요한 가운데 항상 노력하는 자세로 새로운 것을 탐구하여 모든 방면에 박식하며, 매사 서두르지 않고 느긋하게 계속 전진하려는 의욕이 강하다. 그러나 전진하려는 의욕은 좋으나 매사 시작에 비해 끝마무리가 부족하고, 처음 계획했던 일을 포기하거나 변경하는 기회주의적인 성향도 있다. 성품이 깨끗하고 마음이 넓으며, 모든 것을 수용하는 자세가 좋아 어디에서나 잘 어울리고 사람을 가리지 않는 성품을 가지고 있다. 그러나 사주가 편중되면 반대로 지나치게 깨끗한 물에는 고기가 살지 못하는 것처럼 주변에 잘 적응하지 못하고 음란하거나 본능적인 행동으로 치우쳐 비천해질 소지도 있다.

차. 계수(癸水)

① 癸는 헤아릴 규(揆) 자에서 따왔는데 헤아리고 분별한다는 뜻에서 壬水로 잉태한 생명이 남녀나 암수로 분별한다는 뜻을 가지고 있다.

② 우로, 시냇물, 샘물, 생수, 활수, 하천수, 윤하수, 水氣와 정(精)을 상징, 만물의 시원, 종자 등을 나타낸다.

③ 癸水의 성정은 지모가 뛰어나고 아이디어가 특출하며, 준법정신이 좋으면서도 임기응변에 능하다. 변화에 민감하면서도 대응 능력이 뛰어난데, 반대로 자칫하면 줏대가 없어 보이고 자기 꾀에 자신이 당하는 경우도 있게 된다. 매사에 조용히 노력하며 순종하는 자세와 애교를 겸비해서 상대방의 심리 파악을 잘함은 물론 마음 씀씀이도 자상한 편인데, 아는 것에 비해 실천이 부족하거나 남의 어려운 일을 보면 고민만 하거나 말로는 잘하는데 큰 도움을 주지 못하는 단점이 있다.

3) 지지란?

지지는 천간의 상대적 기운이고 대상이다. 천간은 순일한 기운이지만 지지는 그 속에 두세 개의 기운이 항상 같이 들어있으니 이를 지장간이라 하며, 그로 인해 변화 또한 판단하기가 쉽지 않다. 예로 천간의 甲木은 陽木의 純一한 기운이지만 그 짝에 해당하는 지지의 寅木은 지장간에 戊, 丙, 甲의 세 가지 기운이 들어있어 상황에 따라 다양하게 변화하기 때문에 판단하기가 어렵다.

지지는 천간과 상대하여 그 기운이 상생상극도 하고 또 지지끼리의 생극합충 등에 의하여 그 작용이 다르게 되니 잘 파악하고 익혀야 한다.

4) 지지의 작용과 구분

가. 지지의 고유의 작용

지지에는 각각의 지지가 갖는 고유의 기운과 특성이 있다. 이 고유한 기운은 계절에 따라 또는 合, 沖 등의 변화에 의해 여러 가지 모습으로 나타나기 때문에 지지가 본래 갖고 있는 고유한 특성을 이해하지 못한다면 그 변화를 제대로 파악할 수 없다.

나. 천간의 뿌리로서의 지지의 작용

천복지재(千覆地載)의 지재에 해당하는 부분으로서 하늘의 기운을 실어 준다는 의미로 천간과 밀접한 관계를 형성하며 천간의 뿌리가 되는 것을 의미한다.

다. 음양에 의한 지지의 구분

子寅辰午申戌은 양의 지지고 丑亥酉未巳卯는 음의 지지다. 하지만 계절로써 지지를 구분하면 寅卯辰巳午未는 陽의 기운이고 申酉戌亥子丑은 陰의 기운이다. 燥濕의 기준으로 구분하게 되면 寅卯巳午未戌은 건조하여 양의 기운이 강하며, 申酉亥子丑辰은 한습하여 음의 기운이 강하다.

라. 오행에 의한 지지의 구분

寅卯는 木, 巳午는 火, 申酉는 金, 亥子는 水, 辰戌丑未는 土의 오행이 된다.

마. 계절과 방위에 의한 지지의 구분

寅卯辰은 봄(木) 東方이고, 巳午未는 여름(火) 南方이며, 申酉戌은 가을(金) 西方이 되고, 亥子丑은 겨울(水) 北方이 된다.

바. 기운에 의한 지지의 구분

① 寅申巳亥는 사생지(四生地)라 한다. 寅은 丙火의 長生地, 申은 壬水의 장생지, 巳는 庚金의 장생지, 亥는 甲木의 장생지가 된다. 生地란 한 오행의 기운이 새로이 형성되어 움직이는 때로 준비, 시작, 창조의 의미가 강하다.

② 子午卯酉는 사왕지(四旺地)라 한다. 子는 壬水의 왕지가 되며 午는 丙火의 왕지, 卯는 甲木의 왕지, 酉는 庚金의 왕지가 된다. 旺地란 오행의 기운이 순일하고 강왕하여 어지간해서는 다른 성분으로 변화하지 않으니 양인(羊刃)의 기운과 불굴의 의지, 강인한 정신력을 의미한다.

③ 辰戌丑未는 사고지(四庫地) 또는 사묘지(四墓地)라 한다. 오행의 기운이 다하면 그 기운을 거두어 저장하는 창고와 죽으면 묻히게 되는 묘지의 의미로 저장, 보관, 흡수, 죽음 등의 의미를 가진다.

사. 체용에 따른 구분

亥子와 巳午는 體와 用이 다르다. 亥水의 체는 음이나 용은 양이고, 子水의 체는 양이나 용은 음이다. 巳火의 체는 음이나 용은 양이고, 午火의 체는 양이나 용은 음이다.

5) 지지별 성격과 특성

가. 자(子)

子는 종자와 씨앗과 시작을 의미한다. 시간은 하루가 시작하는 시간을 나타낸다. 子月은 11월 대설이 절입일이다. 만물이 겨울잠에 들어가 기운이 안으로 갈무리되고 응축되는 시기로서 동지 10일 후에 극음지기(極陰之氣)에서 一陽의 기운이 시작되는 곳이 된다. 子水는 응축된 순수한 물로 水生木의 작용은 떨어지나 水剋火의 작용력이 크다. 子는 坎이며 水이고, 방위는 正北이다. 月建은 子月로 반드시 大雪 후에는 왕성하고, 申辰과 會合하면 江海를 이루어 파도를 만든다. 한밤중에 있으면 전반은 陰이고 후반은 陽이니, 陰陽이 교차하는 중심이다. 水는 밤이니 흑색이며 墨池의 象이다.

나. 축(丑)

丑月은 소한이 절입일로 子月의 한기가 누적되어 체감으로 느끼는 가장 추운 시기가 된다. 씨앗을 더욱 응축시켜 반발력을 키움으로써 발아하려는 힘을 키우는 때이다. 얽매인 상태나 묶여 있는 상태를 의미하며 地氣가 열리는 때이다. 음양적 관점으로는 四陰二陽으로 아직 음기가 왕성한 시기로 陽氣가 밖으로는 전혀 드러나지 않는 때이나 내부적으로는 陽氣의 움직임이 활발하다. 丑은 陰土로 金水가 들어 있으며 방위는 北東方이다. 月建은 丑月로 小寒 후에는 반드시 土가 응결되고, 비록 한겨울이나 土가 따뜻해져 속에서는 만물이 소생한다. 凍土로 水를 만나면 더욱 응축되며 火의 기운을 설기하여 기능을 상실하게 하나 土生金의 역할은 뛰어나다. 未土를 보면 沖을 하게 되는데 方位로 北方과 南方의 싸움으로 丑 중에 癸水와 未 중의 丁火가 충돌하게 되며 丑 中 辛金과 未 中 乙木은 충돌의 영향이 적다.

다. 인(寅)

만물이 생성되기 시작하는 때로서 丑土에 얽매여 있는 상태를 끌어당겨 나온다는 뜻이다. 음양적 관점으로는 三陰三陽으로 陰과 陽이 조화를 이루어 만물이 생장하고 활동을 시작하는 때이다. 寅月은 입춘이 절입일이다. 우수 전까지는 初春으로 한기가 남아 있으나 우수 이후에는 양기가 자라나 강해진다. 寅은 艮이며 산이고, 방위는 東北方이다. 月建은 寅月로 立春 후에는 반드시 三陽이 모이며 火土의 長生地이다. 寅木은 강목, 조목, 사목 등으로 볼 수 있으며 水의 기운을 잘 흡수하여 木生火하는 작용력이 크다.

라. 묘(卯)

字意는 씨앗이 땅을 뚫고 나와 흙을 밀고, 문이 열리는 모습의 형상이다. 卯月은 경칩이 절입일이다. 木의 기운이 가장 왕성한 시기로 양기가 상승하여 점점 따듯해지니 만물의 성장이 빠르게 이루어지는 때로서 四陽二陰으로 陽氣가 밖으로 나와 왕성하게 활동하는 때이다. 卯는 木이고, 방위로는 正東이다. 月建은 卯月로 경칩 후에는 반드시 木이 왕성하며 강해진다. 亥未와 三合하면 숲을 이루어 옥과 같이 푸르다. 卯木은 습목이며 화초목이다. 水를 만나면 浮木이 되기 쉬우며 金이 강하면 木이 다치기 쉽고 火의 도움이 절대 필요하다.

마. 진(辰)

진(震)의 뜻으로 우레를 나타내고 만물이 자라기 좋은 때이다. 辰은 五陽一陰으로 양기가 사방으로 확산되어 요동치는 때로 만물이 자라고 움직이는 시기이다. 辰月은 청명이 절입일이다. 辰은 龍宮이며 습한 土로 乙癸가 들어 있다. 방위는 東南方을 차지한다. 月建은 辰月로 청명 후에는 반드시 만물이 성장한다. 水木을 모으니 草澤의 象이다. 辰土는 지장간에 癸水를 포함하고 있어 습토로 木이 뿌리내리기 좋은 곳이 되며, 火氣가 무성하여도 설기하여 지나치지 못하게 하며 生金의 작용이 크다 할 수 있다.

바. 사(巳)

巳는 만물이 이 시기에 이르러 이미 무성해지는 것을 나타낸다. 巳는 巽이며 바람이고, 六陽의 極이다. 양의 기운이 極에 이르러 음이 자취를 감추는 때로 양기가 사방에 퍼져 끝에 다다른다. 방위는 南東方을 차지한다. 月建은 巳月로 立夏 후에는 반드시 火가 빛을 발한다. 火土가 모두 모이니 사람의 훈기가 모이는 것과 같아 大驛의 象이다. 巳月은 입하가 절입일로 여름이 시작되는 때이며 열기가 땅으로 스며드는 시기이다. 巳火는 丙火가 대표 성분으로 陽火가 되며 큰불을 의미하고, 巳月이면 申金이나 酉金을 보아도 합하여 변하기보다 火剋金의 작용이 크게 일어난다.

사. 오(午)

午는 음기가 양기를 거스르는 것을 의미한다. 양이 극성하여 음기가 시작되는 것을 말한다. 極陽의 기운에서 一陰이 시작되는 때이며, 사방으로 끝없이 퍼지는 양의 기운을 새로 시작되는 음의 기운이 더 이상의 확산을 방지하게 된다. 午月은 망종이 절입일이다. 午는 離이며 火이고, 방위는 正南이다. 月建은 午月로 반드시 芒種 후에는 뜨거운 氣가 있다. 寅戌과 會合하면 火炎이 격렬하여 빛을 더욱 증가시킨다. 午火는 문명의 불로 사람의 정신문화와 관련이 깊어 교육, 문화 사업, 언어와 문자 등의 속성을 갖게 되며, 火가 왕한데 木을 만나면 자분(自焚)하게 되며 金을 剋하여 그릇을 만들기도 하나 지나치면 쓸모없게 만든다.

아. 미(未)

만물이 익어 맛이 생기기 시작한다(味). 정오를 넘어 만물의 성장이 그치게 되는 것을 의미한다. 二陰이 시작되는 때이며 땅에 흡수된 열기가 복사되어 가장 더위를 느끼는 때가 되나 이미 만물의 성장이 멈추게 되며 陽의 기운이 음기에 싸이기 시작하는 시기가 된다. 未月은 소서가 절입일이다. 未土는 火氣가 수렴되어 이루어진 土로 결실로 가는 첫 단계로 맛을 나타내며, 성장을 멈춘 상태로 생활에 활용되는 건축자재, 섬유, 포목 등의 의미를 포함하고 있다.

未는 夏月이며 暖土로 木火가 들어 있다. 방위는 南西方을 차지한다. 月建은 未月로 소서 후에는 반드시 土가 따뜻해진다. 暖土가 木을 培養하니 숲을 이루어 花園의 象이다.

자. 신(申)

펼칠 伸의 의미가 있으며, 양의 기운이 꺾이고 陰의 기운이 펼쳐진다는 뜻이 된다. 三陰이 陽氣를 굴복시켜 음기가 만물을 지배하기 시작한다. 火의 양기가 未土에 의해 수렴된 것이 申金에서 응축되기 시작하여 겉이 단단해지기 시작한다. 申月은 입추가 절입일이다. 申은 坤이며 땅이고, 방위는 西南方을 차지한다. 月建은 申月로 立秋 후에는 반드시 肅殺의 氣가 있다. 金水土가 모두 모이니 정부를 설립하는 것과 같아 名都의 象이다. 申金은 만물의 기운을 거둬들이는 숙살의 기운으로 정화(淨化)와 정비의 의미가 있다. 申金 중에는 壬水가 있어서 金生水의 기능이 강하며 子水를 만나면 합하여 水의 기운이 강하게 되며, 寅木을 보면 극하여 상하게 한다.

차. 유(酉)

술 단지를 형상화한 글자로 8월에 기장이 익으면 술을 담는 데에서 유래한 것이다. 四陰의 강성한 음기가 양기를 압박하여 더욱 단단해지며 水氣가 뿌리로 하강(下降)하여 나뭇잎에 단풍이 들기 시작한다. 酉月은 백로가 절입일이다. 酉는 兌이며 연못이고, 방위는 正西에 해당한다. 月建은 酉月로 白露 후에는 반드시 金이 백색으로 변한다. 巳丑이 三合하면 견고하며 날카로워진다. 酉는 戌亥에 가깝다. 戌亥는 天門이고, 西方에 있으니 사찰의 종을 두드리면 天門에 소리가 울리니 寺鐘의 象이다. 酉金은 金의 왕지로 순수한 金의 기운이 뭉쳐 형성된 것으로 금속성 장신구, 무기 등을 나타내며, 다 익은 과일 등을 변질시키는 세균이나 효소의 속성도 가지게 된다. 강력한 숙살지기로 木을 극하며 순수한 金으로 金生水의 역할은 오히려 약하다. 酉月에 巳火나 丑土, 辰土를 보면 합하여 金의 기운이 강해진다.

카. 술(戌)

戌은 양기가 다하여 땅속에 숨어드는 형상이며, 화로에 묻어둔 불씨의 모습이다. 五陰의 기세로 양기를 몰아내니 양기가 숨어들고 음기가 천지에 가득하여 만물이 본래의 모습으로 돌아가려 하는 때이다. 戌月은 한로가 절입일이다. 戌은 乾土로 火金이 들어 있다. 방위로는 西北方을 차지한다. 月建은 戌月로 한로 후에는 반드시 土가 메마르기 때문에 초목이 시든다. 농가에서 밭에 불을 지르는 것과 같으니, 燒原의 象이다. 戌土는 丁火를 간직한 건조한 土로 火의 문화적 활동의 바탕이 되는 곳으로 학교, 극장, 도서관 등을 나타내기도 하며, 火氣를 보호하는 보온병이나 화로 같은 형상을 의미하기도 한다.

타. 해(亥)

핵(核)의 뜻이 있으며, 생명의 기운이 뿌리에 보관되어 子水로 이어 주는 역할을 한다. 六陰이 만물을 거둬들여 씨앗으로 만들기 시작하니 과일이 떨어져 땅속으로 들어가 다시 씨앗으로 연결되는 시기이다. 亥月은 입동(立冬)이 절입일이다. 亥는 乾이며 하늘이고, 六陰의 魁이다. 방위는 北西方을 차지한다. 月建은 亥月로 立冬 후에는 氣가 화애로우니 亥月을 小春이라고도 한다. 亥水는 사람의 몸에 흐르는 혈액과 같아 충극을 받게 되면 고혈압, 중풍, 당뇨 등의 질병을 일으키며, 큰물로 호수, 바닷물, 강물 등을 상징하고 甲木의 生地가 되어 子水보다 활발하게 움직이는 水로 水生木의 작용이 강하며, 寅木이나 卯木을 만나면 木기운이 강해진다.

◆ 천간과 지지의 종류와 특성 ◆

구분	子	丑	寅	卯	辰	巳	午	未	申	酉	戌	亥
천간	癸	己	甲	乙	戊	丙	丁	己	庚	辛	戊	壬
음양	음	음	양	음	양	양	음	음	양	음	양	양
오행	수	토	목	목	토	화	화	토	금	금	토	수
월	11	12	1	2	3	4	5	6	7	8	9	10
시간	23~1시	01~3시	03~5시	05~7시	07~9시	09~11시	11~13시	13~15시	15~17시	17~19시	19~21시	21~23시
방위	북	북동	동북	동	동남	남동	남	남서	서남	서	서북	북서
사계	겨울	겨울	봄	봄	봄	여름	여름	여름	가을	가을	가을	겨울
오색	흑색	황색	청색	청색	황색	적색	적색	황색	백색	백색	황색	흑색
동물	쥐	소	범	토끼	용	뱀	말	양	원숭이	닭	개	돼지
지장간	壬癸	癸辛己	戊丙甲	甲乙	乙癸戊	戊庚丙	丙己丁	丁乙己	戊壬庚	庚辛	辛丁戊	戊甲壬
선천수	9	8	7	6	5	4	9	8	7	6	5	4
후천수	6	10	3	8	5	7	2	10	9	4	5	1
장기	신장, 귀	비장, 복부	담,풍 모발	간,눈, 신경	위장, 살갗	소장, 얼굴	심장, 혀	비장	대장, 골격	폐, 성대	위, 갈비	방광

(2) 간지의 象

1) 천간의 상

가. 甲의 象

성질은 굳세고 곧고, 色은 靑色이고, 맛은 시고, 소리는 탁하고, 體는 모나며 길고, 用은 싹이 터 움직이는 것이다. 때를 얻으면 棟樑이 되나 때를 잃으면 무용지물이 된다. 剋이 지나치면 쓰임새가 없고, 生旺이 지나치면 물에 떠 흘러가니 의지할 곳이 없다. 性이 지나치면 스스로 짐을 지게 되므로 분주하다.

나. 乙의 象

성질은 윤택하고 부드럽고, 色은 푸르고, 맛은 시며 달고, 소리는 아름답고, 體는 연약하며 부드럽고, 用은 싹이 터 움직이는 것이다. 때를 얻으면 번영하나, 때를 잃으면 마르거나 썩는다. 性이 거짓되고 휘어지니 세상의 정에 의지하게 된다.

다. 丙의 象

性質은 밝고 열정적이고, 色은 紫赤이고, 맛은 쓰고, 소리는 웅장하고, 體는 과단하면서도 은밀하고, 用은 억누르거나 떨치게 하는 것이다. 때를 얻으면 휘황찬란하나 때를 잃으면 한 줌의 재와 같이 된다. 性이 강하며 고집이 대단하여 나서기를 좋아하나 큰 나무가 있으면 발전하기 어렵다.

라. 丁의 象

性質은 예쁘고 순하고, 色은 담홍이고, 맛은 쓰나 상쾌하고, 소리는 밝으며 맑고, 體는 수려하고, 用은 편리하며 민첩하다. 때를 얻으면 충분히 발전하나 때를 잃으면 궁핍하며 근심으로 신음한다. 틈을 주면 친하게 다가오지만 날카롭게 대하면 끌어당기기 어렵다. 부드럽게 아첨하는 성질이 있으니 잘 살펴야 한다.

마. 戊의 象

性質은 중후하여 구차하지 않고, 맛은 달고, 소리는 강하며 웅장하고, 體는 떫으며 깊고, 用은 둔하며 거칠다. 때를 얻으면 영웅호걸이 되나 때를 잃어도 견고하고 굳다.

性이 집요하니 강제적으로 대하면 안 된다.

바. 己의 象

性質은 두터우며 넓고 평탄하며 바르고, 맛은 달고, 소리는 은은하고, 體는 잠기어 고요하고, 用은 순하며 부드럽다. 때를 얻으면 陶鎔品이 되고 때를 잃으면 유약하고 어리석다. 性이 너그럽고 넓으니 막히거나 엉기지 않는다.

사. 庚의 象

性質은 강경하고 급하며 예리하고, 맛은 매우 맵고, 소리는 웅장하면서도 날카롭고, 體는 굳세며 바르고, 用은 사나워 어그러지는 것이다. 때를 얻으면 강인하나 때를 잃으면 위엄이 없다. 性이 강하면 남에게 굴복하지 않고 약하면 부드럽게 변하는 성질이 있으니 강제적으로 대하면 안 된다.

아. 辛의 象

性質은 예리하고 부드러우면서도 강하고, 맛은 맵고, 소리는 옥구슬과 같고, 體는 잠기어 고요하니 주머니 속에 송곳이 있는 것과 같고, 用은 굳세니 옥돌과 같다. 때를 얻으면 큰 술잔이 되나 때를 잃으면 질그릇에 불과하다. 반드시 秋風을 기다려야 발전이 있다.

자. 壬의 象

性質은 윤택하고 음란하고, 맛은 매우 짜고, 소리는 넓으면서 크고, 體는 원활하고, 用은 유통하는 것이다. 때를 얻으면 만물을 이롭게 하나, 때를 잃으면 만물을 병들게 한다. 性이 매우 부드러우나 위태롭기 때문에 근심을 함께할 수는 있어도 즐거움을 함께하기는 어렵다.

차. 癸의 象

性質은 무겁고 어둡고, 맛은 짜고, 소리는 밝고, 體는 잠기어 후하니 깊은 정이 있고, 用은 얕아 포용력이 없다. 때를 얻으면 用을 따라 변하고 때를 잃으면 꼬리를 흔들어대니 가엾다. 性은 곧으나 어리석으니 간사함을 잘 살펴야 한다.

2) 地支의 象

가. 子의 象

물, 강, 연못, 개천, 부인, 도둑, 쥐, 제비, 달팽이 등에 해당한다. 吉神에 해당하면 총명하나 凶神이면 미련하고 음탕하다.

나. 丑의 象

흙, 뽕나무, 동산, 교량, 분묘, 촌장, 귀인, 소, 노새 등에 해당한다. 吉神에 해당하면 경사나 승진이 따른다. 그러나 凶神에 해당하면 저주, 원망, 미움, 송사, 수옥, 이별, 遠行, 질병 등이 따른다.

다. 寅의 象

나무, 神像, 산림, 교량, 도인, 귀인, 人馬, 家長, 손님, 호랑이, 표범, 고양이 등에 해당한다. 吉神에 해당하면 문서와 재물이 따른다. 그러나 凶神에 해당하면 구설, 재물 손실, 질병, 관재, 시비 등이 따른다.

라. 卯의 象

나무, 문패, 형제, 고모, 도둑, 선박, 수레, 토끼 등에 해당한다. 吉神에 해당하면 門戶를 이루나 凶神에 해당하면 관재구설이나 분리 등이 따른다.

마. 辰의 象

흙, 산등성이, 보리밭, 분묘, 전원, 승려, 염탐꾼, 백정, 뱀장어 등에 해당한다. 吉神에 해당하면 의약사로 나가나 凶神에 해당하면 백정, 무속 등으로 나가며 다툼이 많다.

바. 巳의 象

불, 용광로, 여자, 가전품, 뱀, 거지 등에 해당한다. 吉神에 해당하면 문서가 따르나 凶神에 해당하면 질병이 따른다.

사. 午의 象

불, 관청, 마루, 궁녀, 심부름꾼, 곧은 어른, 말 등에 해당한다. 吉神에 해당하면 문장에 능하나 凶神에 해당하면 놀람, 의심, 구설 등이 따른다.

아. 未의 象

흙, 큰 정원, 담장, 분묘, 찻집, 부모, 과부, 무당, 道人, 양 등에 해당한다. 吉神에 해당하면 술과 음식, 연회, 경사 등이 따른다. 그러나 凶神에 해당하면 관재, 음독, 질병, 싸움 등이 따른다.

자. 申의 象

금, 仙堂, 神堂, 도로, 방아, 맷돌, 城과 집, 사당, 종묘, 公人, 귀객, 행인, 군인, 흉한 사람, 원숭이 등에 해당한다. 吉神에 해당하면 분주하고, 凶神에 해당하면 구설, 재물 손실, 질병이 따른다.

차. 酉의 象

금, 비석, 도로, 탑, 첩, 부녀자, 귀인, 술을 파는 사람, 닭, 꿩 등에 해당한다. 吉神에 해당하면 청정하나 凶神에 해당하면 재물 손실, 질병, 이별 등이 따른다.

카. 戌의 象

흙, 감옥, 분묘, 착한 사람, 고독한 사람, 형무관, 개 등에 해당한다. 吉神에 해당하면 승도가 되고, 凶神에 해당하면 허사, 부실, 도주, 경쟁, 수옥 등의 재앙이 따른다.

타. 亥의 象

물, 감옥, 사원, 도둑, 어린아이, 거지, 죄인, 돼지 등에 해당한다. 吉神에 해당하면 혼인이 성사되나 凶神에 해당하면 쟁투나 이별이 따른다.

✦ 6. 지지장간(地支藏干)

(1) 지장간(地藏干)이란?

지구나 달 등 모든 행성들은 언제나 자기보다 더 큰 성체인 주성을 중심으로 해서

주기적으로 일정한 궤도를 공전한다. 지구가 태양을 공전하고 달이 지구를 도는 것이 그 예라고 할 수 있는데, 공전을 하는 천체는 당연히 그 主星의 영향을 받게 되어 있다. 그러기에 지구는 태양의 영향을 가장 많이 받는데, 지구의 자전으로 인해 낮과 밤이 생겨나고, 공전으로 인해 춘하추동 사계절이 바뀌게 되는 것이다. 지구가 순환 운동의 주체로서 자전을 하여 다른 천체와의 관계를 1회 마친 것이 1일인데, 사람은 지구와 함께 자전과 공전을 통한 우주 순환 운동을 하기 때문에 명리학에서는 이를 기준 삼아 日干을 중심으로 사주를 파악한다.

하루의 시간을 나타내는 12지지는 일 년의 열두 달과 같은 것으로 춘하추동 사계절이 돌아가는 순서와 한서온냉(寒暑溫冷)의 기후 변화를 나타낸 축소판과 같고, 한편으로는 木火土金水 오행의 성장과 쇠퇴를 나타내는 것으로서 시간에 따른 오행의 순환을 의미하고 있다. 그런데 하늘은 밝게 드러나 있어 눈으로 보고 바로 알 수 있으나, 땅은 그 속에 무엇이 감추어져 있는지 파헤쳐 보지 않고는 알 수 없는 것처럼 지지 속에는 천간의 여러 가지 기운이 들어 있는데, 지지 안에 감추어져 있는 여러 천간의 기운을 지장간이라 한다. 지장간이란 지지 안에 들어 있는 천간의 기운이 되지만, 실제로는 천간이 감추어져 있거나 숨어 있는 것이 아니라 지지는 여러 개의 천간의 기운이 결합한 것이라고 볼 수도 있다.

(2) 지장간의 두 가지 활용법

지장간을 활용하는 방법은 두 가지가 있다. 첫째, 월지에 각 계절에 따른 오행을 배치하고, 매월마다 1개월 동안 날짜별로 기후 변화에 따른 천간의 기운의 변화를 나타내는 월률분야(月律分野)가 있고, 둘째, 월지와는 상관없이 각 지지마다 그 속에 들어 있는 천간을 의미하는 인원용사(人元用事)가 있다. 이 두 가지의 활용법은 각기 다른 특성을 가지고 있으나 그렇다고 아주 다른 것은 아니며 지장간의 인원용사는 월률분야에서 파생된 것이다.

(3) 월률분야(月律分野)

지장간의 월률분야란 1개월 동안의 날짜별로 기후 변화에 따른 천간의 배치를 나타낸 것으로서, 절입일부터 차례대로 여기(餘氣), 중기(中氣), 정기(正氣)로 구성되어 있다. 예를 들어 寅月에는 戊, 丙, 甲이란 천간이 배치되어 있는데, 입춘날부터 대략 7일간은 戊土의 기운이 사령하고, 8일째부터 다시 7일간은 丙火의 기운이 사령하며, 그 다음부터 14일간은 甲木의 기운이 사령한다. 이렇게 한 달 동안 천간의 기운이 얼마만큼의 비율로 어떻게 작용하는가를 나타내는 것이 지장간의 월률분야이다.

餘氣란 지난달의 기운이 이월되어 전해 온다는 뜻으로 寅月의 여기는 지난달의 正氣와 동일한 오행으로서 丑月의 正氣인 己土가 陽土로 바뀌어 戊土가 된다. 여기는 다른 말로 初氣라고도 한다. 中氣란 餘氣와 正氣의 중간으로, 중기는 월률분야에서 가장 힘이 약하고 다른 지지와 삼합하여 변하는 특성을 가지고 있다. 正氣란 그 달의 본래 기운으로서 本氣라고 부르기도 하는데, 그 지지가 지닌 오행과 동일한 천간이 되고, 가장 강한 기운을 말한다. 정기는 월률분야에서 가장 강한 힘을 가지고 그달의 중심적인 작용을 한다.

월률분야는 여기와 정기로 나뉘는 경우와 여기, 중기, 정기로 나뉘는 경우가 있다. 월령에서 '月'이란 태어난 달, 즉 월지를 말하고 '령(令)'이란 그곳의 우두머리로 명령하는 것을 말하니, 월령이란 한 사주에서 기운의 사령부와 같은 것이다. 그러므로 월률분야는 각 지장간이 월지를 司令하는 기간을 의미하는 것이다. 한 달에서 각 지장간이 차지하고 있는 기간은 절입일부터 시작하여 초기, 중기, 정기 순으로 계산하는데, 한 달을 약 30일로 가정하여 子午卯酉월은 午월을 제외하고는 여기와 정기로 구성되며, 여기가 각 10일을 사령하고 정기가 각 20일을 사령한다. 다만 午月은 여기, 중기, 정기가 모두 있어 각각 10, 9, 11일간씩 사령하고 있다. 寅申巳亥월은 모두 여기가 7일간을 사령하고, 중기가 7일간 사령하며, 정기가 16일을 사령한다. 辰戌丑未월은 여기가 9일, 중기가 3일, 정기가 18일간을 사령한다.

지장간의 월률분야는 예로부터 전해질 때 와전되었거나 아니면 학자들마다 지장간을 활용하는 방법이 다른 탓으로 서로 조금씩은 다른데 그중에서 가장 공통적이며 보편적인 방법을 활용하기로 한다. 각 달마다의 지장간 월률분야는 아래와 같다.

月支	子	丑	寅	卯	辰	巳	午	未	申	酉	戌	亥
餘氣	壬 10	癸 9	戊 7	甲 10	乙 9	戊 7	丙 10	丁 9	戊 7	庚 10	辛 9	戊 7
中氣		辛 3	丙 7		癸 3	庚 7	己 9	乙 3	壬 7		丁 3	甲 7
正氣	癸 20	己 18	甲 16	乙 20	戊 18	丙 16	丁 11	己 18	庚 16	辛 20	戊 18	壬 16

(4) 인원용사(人元用事)

지장간의 인원용사란 월률분야처럼 지장간이 월지에 따라 날짜별로 일정한 기운의 흐름을 가지고 있는 것을 말하는 것이 아니고, 월지와는 관계없이 각 지지마다 그 속에 들어 있는 천간의 기운을 의미한다. 즉 인원용사란 월지 외에 있는 다른 지지의 지장간을 말하는 것으로 월률분야[월령용사]와는 비슷한 것 같지만 엄연히 다른 것이다.

◆ 지장간의 인원용사 ◆

地支	子	丑	寅	卯	辰	巳	午	未	申	酉	戌	亥
地藏干	癸	癸辛己	戊丙甲	乙	乙癸戊	戊庚丙	己丁	丁乙己	戊壬庚	辛	辛丁戊	甲壬

(5) 지장간의 계통별 분류

지지들마다 각기 다른 지장간을 가지고 있고 특성이 다르지만 공통점을 지닌 지지별로 분류하여 보면 다음과 같다.

1) 子午卯酉

자오묘유는 정방위의 지지로서 사왕지(四旺地)라고 한다. 각 방위의 오행의 가장 순수한 기운을 의미하며, 춘하추동 각 계절의 한가운데 달이 되어 그 계절의 가장 강한 기운을 지니고 있다. 그러므로 개성과 주관이 뚜렷하고 외부 변화로 인해 다른 오행의 기운으로 잘 변하지 않는다.

2) 寅申巳亥

인신사해는 새로운 기운의 발생지로서 사생지(四生地)라고 한다. 매사에 의욕이 강하고 창의력이 좋고 진취적이며 활동적이다.

3) 辰戌丑未

진술축미는 잡기(雜氣)로서 사고지(四庫地) 또는 사묘(四墓)라고 한다. 만물의 저장과 보관을 의미하며 종합이나 포용 등의 뜻과 모든 것을 감추고 있다는 뜻을 가지고 있다.

(6) 계절의 변화 현상 속에서 찾아보는 지장간의 의미

1) 寅월(戊7 丙7 甲16)

혹한의 겨울(水)을 넘기고 立春이 지나 寅월이 되면, 시골집 앞마당에 있는 나무들은 따뜻한 햇볕(丙火)에 녹은 땅속(戊)의 기운들을 빨아올리며 가지 끝 몽우리에는 생명의 푸른 기운을 조금씩 띠기 시작한다. 바야흐로 봄(木의 계절)이 시작되며 우리들이 느끼지도 못하는 사이에 木(甲)의 성장이 나무의 내면에서는 새롭게 시작이 된 것이다. 이때 호기심이 발동하여 가지 끝의 몽우리를 따다가 조심스럽게 면도칼로 반으로 쪼개어 보자. 그 속에는 놀랍게도 이미 많은 잎과 꽃(丙火)까지도 아주 정교하게 형체를 형성하고 있다. 이는 곧 寅월의 새싹의 몽우리 속에서는 이미 꽃(丙火)의 기운이 탄생되고 시작이 되었으니 寅월이 火의 長生地(시작)가 됨이 아닌가?

2) 卯월(甲10 乙20)

경칩이 지나 卯월이 되면 모든 나무들은 푸르른 가지와 잎들(甲乙 木)을 서로 다투어 내며 온 세상을 녹음으로 바꾸어가며 성장의 활기로 가득 차게 하니 卯월은 木의 旺地가 됨이 아닌가?

3) 辰월(乙9 癸3 戊18)

청명이 지나 辰월이 되면 나무들은 생명의 푸르른 잎들(乙)을 모두 다 키워내고 농부들이 씨앗(癸水)을 밭(戊土)에다 파종하여 겨우내 씨앗으로 보관해 오던 水의 기운은 마지막 한 점까지 땅속으로 들어가니 辰월은 水의 墓地가 되며 다시 돌아오는 申(戊壬庚)월의 과실의 열매 속의 씨앗으로 水는 재탄생하리라.

4) 巳월(戊7 庚7 丙16)

입하가 지나 巳월이 되면 목하 여름(火의 계절)이 시작됨이니 대지(戊土)의 열기 속에 나무들은 꽃(丙火)을 피우기 시작한다. 그런데 나무들이 피우는 꽃을 자세히 관찰하여 보라. 그 꽃들의 밑에는 이미 씨방(庚金)이 조그맣게 모양을 이루고 있으니 이는 결실을 맺기 위한 金의 시작이다. 나무가 꽃을 피움은 종족 번식을 위하여 열매(金)를 맺고 씨앗(水)을 만들기 위한 예비 작업이니 이것이 자연 순환의 오묘한 이치이며, 그 속에서 음양과 오행이 유기상생 순환하며 돌고 돌아 면면히 생명의 끈이 이어지고 있는 것이다. 이는 이미 寅월에 나무가 생명의 기운으로 성장을 시작함이 꽃을 피우기 위한 전조로 火의 長生地가 됨과 같으니 巳월은 바로 金의 長生地가 되는 것이다.

5) 午월(丙10 己9 丁11)

망종이 지나 午월이 되면 나무들은 온통 크고 작은 화려한 꽃(丙丁 火)들로 세상을 붉게 물들이며 그 아름다운 자태를 확산(火의 기운)하고 장마의 습기로 인하여 대지는 (己土) 덥고 습해지니 午월은 火의 旺地가 됨이 아닌가?

6) 未월(丁9 乙3 己18)

소서를 지나 未월이 되면 여름(火의 계절)의 폭염 속에서 나무들은 마지막 정열로 불꽃(丁火)을 피워내며 비로소 잎(乙木)들은 성장을 멈추며 땅(己)속의 뿌리로 모든 자양분을 보내니, 未월은 바로 여름의 끝이며 木의 墓地가 되는 것이다. 돌아오는 亥(戊甲壬)월에 낙엽이 떨어진 나무의 가지 끝에 내년의 푸르른 잎새를 약속하며 작은 씨눈으로 맺혀 木의 기운은 새롭게 재탄생하리라.

7) 申월(戊7 壬7 庚14)

입추를 지나 申월이 되면 비로소 결실의 계절 가을(金의 계절)이 시작되니 大地(戊土)의 양분을 빨아올린 나무들은 열매(庚金)를 키워내기 시작한다. 그런데 그 영글기 시작하는 열매를 반으로 쪼개어 자세히 속을 살펴보면 이미 그 속에는 水의 기운인 씨앗(壬水)이 형태를 갖추어 들어 있지 않은가? 이는 종자를 얻기 위한 水의 시작인 것이다. 그러니 申월은 水의 장생지가 되는 것이다. 열매가 씨앗을 머금음은 이 또한 내년 봄에 새싹(木)을 틔우기 위한 예비이니 이 모든 자연현상 속에서 우주 질서는 한 치의 오차도 없이 정교히 순환상생하며 우리네 인생과 인류의 역사도 그 속에서 반복되는 것이리라.

8) 酉월(庚10 辛20)

백로를 지나 酉월이 되면 세상의 모든 나무들은 오곡백과(庚辛 金)를 풍성히 무르익히며 조용하고 차가운 숙살의 기운으로 추수와 수확을 거두게 하니 酉월은 金의 旺地가 되는 것이다.

9) 戌월(辛9 丁3 戊18)

한로를 지나 戌월이 되면 농부들은 가을의 끝과 함께 나무 끝에 매달린 마지막 수확(辛金)을 거두어들이고 나무들은 지나간 여름의 정열을 그리워하듯이 온 산을 붉은 단풍(丁火)으로 물들이며 땅(戊土)속으로 火의 기운을 마감한다. 寅월에 시작된 火의 기운은 정열의 계절 여름을 지나 이렇게 戌월에 시들어가는 국화꽃(丁火)과 함께 끝이나니 戌월은 火의 墓地가 되는 것이다.

10) 亥월(戊7 甲7 壬16)

입동과 함께 시작하는 亥월이 되면 세상의 모든 나무들은 동면에 들어가며 인고의 계절 겨울을 맞이하게 된다. 낙엽이 떨어지는 나무의 가지 끝에는 내년 봄에 새싹으로 다시 피어날 작은 씨눈이 몽우리(甲木)를 맺는다. 소설이 지나면 하늘에서는 겨울임을 입증하듯 첫눈(壬水)이 내리며 농부들은 가을에 거두어들인 곡식 중에서 제일 튼실한 놈을 골라 내년 봄의 농사를 위하여 별도로 종자(壬水)로 보관하여 둔다. 이로써 亥월은 내년 寅월의 나무의 성장을 예고하기에 겨울(水)의 계절이지만 木의 장생지가 되는 것이다.

11) 子월(壬10 癸20)

대설이 지나 子월이 되면 나무들은 모든 신진대사를 멈추고 깊은 동면(壬癸 水)에 들어가며 세상 만물은 혹한의 겨울 추위 속에 눈과 얼음(壬癸 水)으로 꽁꽁 얼어붙어 죽어버린다(水=죽음). 그러니 子월은 水의 旺지가 되는 것이다. 그러나 모든 나무들의 겨울잠과 곳간의 종자(壬癸 水)들은 내년 봄의 푸르름의 성장의 약속이니 水는 죽음과 동시에 새로운 탄생과 부활의 약속인 것이다.

12) 丑월(癸9 辛3 己18)

소한과 함께 시작되는 丑월이 되면 겨울(水의 계절)의 혹한 속에서 하늘은 거침없이 찬 눈(癸水)을 뿌려대지만 그 추위와 눈발을 끝으로 겨울은 끝나가는 것이다. 이때가 되면 농부들의 곳간의 밑바닥에는 지난 가을 수확하여 놓은 모든 곡식과 과일(辛金)이 겨울을 지나며 식량으로 소비하여 없어지고, 정월 초하루 날의 제사에 쓰기 위하여 남기어 둔 마지막 몇 톨의 과일만이 남게 되니 옛말에 속칭 식량난을 겪게 되는 보릿고개로 접어들게 되는 것이다. 꽁꽁 얼어붙은 동토(己土)의 밑바닥으로 겨울이라는 계절(水의 계절)을 마감하며 해를 바꾸어 寅월이 되면 새로이 봄의 성장과 활동이 시작되는 것이다. 그러니 丑月은 겨울의 끝이요, 金의 墓地가 되는 것이다.

이렇듯 寅월에 시작된 火는 왕성한 午월을 지나 戌월에 마감을 하고 巳월에 시작된 金은 풍성한 酉월에 수확하여 丑월에 모두 다 소비하여 없어지며 申월에 시작한 水는 子월의 동면을 지나 辰월에 마지막 파종으로 땅속으로 묻히며 亥월에 잉태된 木은 卯月에 무성하여 未월이 되면 그 성장을 멈추는 것이다.

이렇게 하여

亥-卯-未 = 木局,
寅-午-戌 = 火局,
巳-酉-丑 = 金局,
申-子-辰 = 水局으로 三合局이 이루어지며

寅-卯-辰 = 봄,

巳-午-未 = 여름,

申-酉-戌 = 가을,

亥-子-丑 = 겨울로 方合局이 되는 것이다.

✦ 7. 육십갑자

(1) 육십갑자(六十甲子)의 구성원리

육십갑자(六十甲子)는 천간과 지지를 서로 배합하여 만든다. 천간은 甲에서 시작되고 지지는 子에서 시작되니, 천간의 첫 번째인 甲과 지지의 첫 번째인 子를 배합한 甲子로부터 시작하여 乙丑, 丙寅, 丁卯, 戊辰, 己巳, 庚午…의 순으로 천간과 지지를 순서대로 배열해 나가면, 60번째가 되었을 때 천간과 지지의 맨 끝 글자인 癸亥로 끝나게 되는데 이것을 육십갑자라고 한다.

육십갑자는 명리학의 가장 근본 바탕이 되므로 누구나 다 익혀야 한다. 육십갑자가 언제 어떻게 만들어졌는지 확실하지는 않으나 전해지는 바에 의하면, 중국의 황제(皇帝)씨 이후 대요(大堯)씨 시대에 커다란 재난이 일어나, 황제는 성인임에도 불구하고 재난을 당했을 때 기도하여 십간과 십이지를 얻어 나라를 평화롭게 다스린 것처럼 대요씨도 하늘의 뜻을 얻고자 지성을 다하여 기도하던 중, 음양오행의 뜻과 이치를 깨달아 천간과 지지를 서로 배합하여 육십갑자를 만들었다고 한다.

(2) 납음오행

납음오행(納音五行)이란 육십갑자의 音의 오행을 말하는 것인데, 數로써 음을 붙이고 理로써 象을 취하여, 오행의 성정과 물질의 변화를 밝힌 것으로, 한마디로 말하면 氣의 오행을 말한다.

고법 사주학에서는 당나라 때 이허중(李虛中)선생이 오성학(五星學)을 응용하여 년을 위주로 납음의 화기오행(化氣五行)으로 운명을 추리하였으나, 후에 서자평(徐子平)선생이 이를 무시하고 일간을 위주로 하여 육친십성과 오행의 생극제화 그리고 격국과 용신을 살펴 운명을 추론하는 신법 사주학을 창안한 이후로는 명리학에서 납음오행은 별로 중요하게 여기지 않는다.

1) 납음오행을 쉽게 찾는 법
① 천간과 지지의 오행 수

甲乙 = 1, 丙丁 = 2, 戊己 = 3, 庚辛 = 4, 壬癸 = 5

子午丑未 = 1, 寅申卯酉 = 2, 辰戌巳亥 = 3

② 천간과 지지의 수를 합하면 납음오행 수가 된다. 합한 수가 5를 안 넘으면 그대로 쓰고, 5를 넘으면 5를 뺀 나머지 숫자를 납음오행 수로 본다.

③ 납음오행 수

木: 1, 金: 2, 水: 3, 火: 4, 土: 5

예) 己亥生이면 己는 3이고 亥도 3이 된다. 합하면 6이므로 5를 빼면 1이 남는다. 1은 木이므로 납음오행은 木이 된다. 아래 도표로 확인해 보면 평지木이다.

2) 납음오행의 사용법
① 납음오행은 사주오행의 기를 보한다. 사주 내에 없는 오행이 납음오행에 있으면 그 오행이 보완된다. 年, 月, 日, 時 4기둥 모두를 활용할 수 있다.

예) 김일성 사주

壬 辛 甲 壬

辰 酉 辰 子

甲辰 월주의 납음은 복등火로 납음오행은 火이다. 사주에 없는 오행상의 火氣를 보완하여 주어 중화를 이루었다.

② 사주 내의 형충된 지지도 납음오행이 상생되고 있으면 흉이 변하여 길함이 생긴다. 사주 내의 오행이 沖, 刑으로 깨질 때 해당 육친성이 죽느냐 사느냐는 납음으로 동

일 오행의 존재 유무에 따라 변화가 있다. 납음으로 존재한다면 당시에는 큰 고통이 따르나 사주원국에서 깨져 손상을 입더라도 나중에는 오히려 길함이 발생할 수 있다.

③ 납음오행으로 궁합을 본다. 납음오행 궁합법(納音五行 宮合法)은 태어난 출생년도를 가지고 보는 궁합법인데 남녀 각각의 출생년도가 어느 오행에 해당되는지를 알아본 뒤 상생과 상극을 따져 길흉을 본다. 생년의 간지를 기준으로 하는 궁합법으로 큰 의미를 부여하지는 않는다. 그러나 요즘도 일부 역술인이나 무속인들은 납음오행으로 남녀의 궁합을 본다. 틀린 것은 아니지만 시대에 뒤떨어진 궁합법이다. 납음오행으로 궁합을 보기 위해서는 두 사람의 生年 간지를 알아야 한다. 그리고 아래의 납음오행 표를 바탕으로 두 사람의 生年 납음오행을 찾아서 상호 간의 생극관계를 바탕으로 길흉을 판단한다.

예) 己未生 남자와 壬戌生 여자의 납음오행 궁합관계

己未生 남자의 납음오행은 천상火로 火가 되고 壬戌生 여자의 납음오행은 대해水로 水가 된다. 그러므로 두 사람의 관계는 水剋火가 되어 여자가 남자를 극하므로 매우 나쁜 궁합이 된다.

3) 육십갑자의 납음오행

1. 甲子 乙丑 - 海中金
2. 丙寅 丁卯 - 爐中火
3. 戊辰 己巳 - 大林木
4. 庚午 辛未 - 路傍土
5. 壬申 癸酉 - 劍鋒金
6. 甲戌 乙亥 - 山頭火
7. 丙子 丁丑 - 澗河水
8. 戊寅 己卯 - 城頭土
9. 庚辰 辛巳 - 白蠟金
10. 壬午 癸未 - 楊柳木
11. 甲申 乙酉 - 泉中水
12. 丙戌 丁亥 - 屋上土
13. 戊子 己丑 - 霹靂火
14. 庚寅 辛卯 - 松栢木
15. 壬辰 癸巳 - 長流水
16. 甲午 乙未 - 沙中金
17. 丙申 丁酉 - 山下火
18. 戊戌 己亥 - 平地木
19. 庚子 辛丑 - 壁上土
20. 壬寅 癸卯 - 金箔金
21. 甲辰 乙巳 - 覆燈火
22. 丙午 丁未 - 天河水
23. 戊申 己酉 - 大驛土
24. 庚戌 辛亥 - 叉釧金
25. 壬子 癸丑 - 桑自木
26. 甲寅 乙卯 - 大溪水
27. 丙辰 丁巳 - 沙中土
28. 戊午 己未 - 天上火
29. 庚申 辛酉 - 石榴木
30. 壬戌 癸亥 - 大海水

(3) 공망

공망(空亡)이란 비어 있다는 뜻으로 일명 천중살(天中殺)이라고도 한다. 육십갑자가 배합될 때, 천간은 10자이고 지지는 12자이기 때문에 지지 위에 천간을 한 자씩 배합하면 지지가 2자 남게 되는데 이를 공망이라 한다.

예를 들면 甲子부터 시작하여 乙丑, 丙寅, 丁卯, 戊辰, 己巳, 庚午, 辛未, 壬申, 癸酉까지 오면 12지지 중에 戌과 亥는 천간의 짝이 없게 되는데, 이것이 바로 空亡으로 甲子 旬 중에는 戌亥가 공망이라고 한다. 그리하여 다시 甲戌부터 시작하여 癸未에 이르러 천간이 끝나면 또 12지지 중 未 다음에 오는 申酉가 공망이 되니 甲戌 旬 중에는 申酉가 공망이요, 甲申 旬 중에는 午未 공망, 甲午 旬 중에는 辰巳 공망, 甲辰 旬 중에는 寅卯 공망, 甲寅 旬 중에는 子丑이 공망이 된다.

사주 명리학에서는 일주를 중심으로 空亡을 산출하여 활용하나 년주를 기준으로 하여 산출하기도 한다.

공망은 좋고 吉한 것보다는 凶하고 不利한 쪽의 해석이 보편적으로 많으나, 공망에 해당하는 오행의 성질과 위치 그리고 육친 또는 신살의 구성이나 명조의 합충관계에 따라 오히려 흉한 것이 변하여 좋은 작용도 하는 수가 있다.

3장. 사주의 구성과 대운

✦ 1. 사주란?

사주(四柱)란 생년월일시의 네 기둥이라는 뜻이다. 출생한 연월일시를 음양오행의 부호인 육십갑자로 표시한 것으로서 생년은 년주(年柱)가 되고, 생월은 월주(月柱)가 되고, 생일은 일주(日柱)가 되고, 생시는 시주(時柱)가 되어 네 기둥을 사주라고 한다. 또 한 기둥[一柱]은 천간지지 두 글자씩 모두 여덟 글자가 되므로 사주팔자라 부른다.

사주의 분석은 음양오행의 생극제화와 합충의 변화 작용을 관찰하는 데 그 핵심이 있다. 사주 전체는 물론 각 기둥마다의 음양오행의 상태와 구조의 허실을 판단하여 그 자체의 능력과 개성 그리고 운세의 길흉화복을 논하는데, 한 사람의 사주팔자가 음양오행을 고루 갖추고 균형과 조화를 잘 이루고 있다면, 그 사주의 주인공은 건강하고 똑똑하고 인품을 갖춘 능력 있는 사람으로 사회적으로 큰일을 할 수 있고, 또 행복하게 살 수 있으나, 한 사람의 사주팔자가 음양오행이 편중되거나 조화를 이루지 못하고 있다면 건강하지 못하고 생각이 비정상적이거나 올바르지 못하며, 행동이나 인품이 조악하고 능력이 부족하여 가정이나 사회 생활에 문제점이 있다고 판단하는 것이다.

✦ 2. 24절기

(1) 절기력(節氣曆)이란?

첨단사회를 살아가는 현대인들에게 24절기라는 말은 조금은 생소한 말이다. 매스컴이나 달력을 통해서 입춘, 우수, 경칩, 춘분 등을 접하게 되는데, 왠지 모르게 별로 정확하지도 않고 활용 가치가 없는 것처럼 생각되기도 한다. 그러나 24절기가 어떻게 이루어졌는지 알면 그 정확성과 활용성에 우리는 놀라지 않을 수 없다.

옛날 농경 민족에게는 농사를 위해서 계절의 변화를 정확히 아는 것은 매우 중요한 일이었다. 문제는 달을 측정하여 만든 陰曆과 태양을 중심으로 한 陽曆에 사이에는 1년에 약 11일의 차이가 있다는 것이다. 초승달이 시작되는 음력 초하루를 한 달의 시작으로 하고, 윤년을 첨가하면 달력의 날수와 기후의 차이는 10일 내지 20일 정도가 나지만, 농경 수확에는 커다란 문제가 있었던 것이다. 그러므로 수많은 관찰과 연구를 통하여 계절의 변화와 정확히 일치하고 몇 년이 지나도 오차가 나지 않는 기준을 찾은 것이 춘분과 추분, 하지, 동지와 같은 절기인 것이다. 이처럼 계절과 기후가 일치하는 기준을 가지고 일 년을 나누어 정한 것이 24절기이다.

24절기는 춘분을 기점으로 해서 지구가 태양을 공전하는 궤도인 황도(黃道) 360도를 24등분하여 지구가 15도씩 황도를 공전하는 위치에 해당하는 날을 24절기로 구분한다. 그래서 중국과 우리나라에서는 1년의 시작을 처음에는 一陽이 始生하는 冬至로 했었으나, 1년이 시작된다는 것은 太陽의 부활이며, 농사의 시작과 봄의 시작을 의미하는 것이기 때문에 한나라 시대에 와서 立春을 새해의 시작으로 정했다. 이는 현재 우리가 사용하고 있는 陽曆의 개념과는 많은 차이가 있다. 양력에서 일 년의 시작인 1월 1일은 편의를 위한 하나의 약속일 뿐이지 계절과 기후에는 아무런 의미가 없는 것이다.

(2) 절기와 체감 기온의 차이

우리가 일상생활에서 느끼는 절기와 체감 기온은 조금은 맞지 않는다는 느낌이 든다. 예를 들어 立春이 지났는데도 따뜻한 기운을 느끼기는커녕 꽃샘추위 때문에 온몸이 움츠러드는 것을 많이 경험하는데 이유는 무엇일까. 그 이유는 두 가지로 생각할 수 있다.

첫째, 태양의 움직임에 따른 절기상의 봄보다 기온상으로 봄을 보면 입춘은 아직은 추운 때이지만, 입춘 이후부터는 점차 햇살의 따스함이 피부로 느껴지면서 기온이 상승하기 때문이다. 즉 절기상의 봄과 체감 온도상의 봄은 약 한 달 정도의 차이가 있는 것이다. 둘째, 절기와 기온의 차이가 지역마다 다르게 느껴지는 것은 節氣曆이 중국의 황하유역에서 시작되었기 때문이다. 즉 우리나라와 중국과의 위도 차이로 인해 기온이 다를 수 있기 때문이다.

(3) 사주와 절기와의 관계

사주를 작성할 때 기준점이 되는 것은 바로 절기이다. 사주는 음력 생일을 알아야만 볼 수 있는 것으로 잘못 알고 있는 사람들이 많아 요즘의 청소년들 같은 경우에는 부모님들이 양력 생일만 알고 있어 사주를 못 보는 것 아닌가 생각하는 사람들도 가끔 있는데, 사주를 보는 데는 음력이든 양력이든 태어난 날짜와 시간만 정확하게 알면 아무런 문제가 없다. 다만 사주를 작성하는 사람이 주의해야 할 점은, 사주를 구성할 때는 무엇보다도 어느 절기 사이에 태어났느냐 하는 점이다. 예를 들어 음력 1월에 태어났어도 그 해의 절기에 따라서 寅月이 되기도 하고, 子月이 되기도 한다. 즉 입춘이 지나고 경칩 전에 태어났으면 寅月이 되고, 입춘 前에 태어났으면 子月이 되는 것이다.

이처럼 사주에서 절기는 대단히 중요한 역할을 하는데, 꼭 기억해야 할 것은 사주를 정할 때는 무슨 절기가 지난 뒤에 태어났느냐 하는 것이다. 생년이나 생월 모두 절기의 절입 여부에 따라 달라진다.

(4) 24절기의 특성

1) 입춘(立春)
명리학에서 입춘은 다른 어떤 절기보다도 특별한 의미가 있다. 왜냐하면 사주를 세울 때는 입춘을 기준점으로 삼아 한 해의 간지가 바뀌기 때문이다. 양력의 2월 4일 무렵으로 立春부터 새해가 시작되며 봄이 시작된다. 사주명리학에서는 양력이나 음력의 1월 1일을 년 초로 쓰는 것이 아니라 立春날을 일 년의 시작으로 삼는다. 春이라는 한자의 속뜻은 씨앗이 흙 속에서 싹을 틔우면서 아직 땅 위로 나오지는 않고 꿈틀거리며 움직인다는 뜻으로, 땅속의 생기와 활력이 이제부터 밖으로 나오려는 때를 의미한다. 즉 추위와 어둠을 물리치는 寅 중 丙火의 氣가 땅속에 있다는 뜻이다.

2) 우수(雨水)

雨水는 눈과 얼음이 녹고 하늘에서는 비가 내리는 시기로 寅月의 中氣이다. 이때부터는 천지에 있는 陰陽의 기운이 만물을 소생시키고 길러 주는 활동을 활발하게 하여 초목은 비를 맞고 서서히 생장한다.

3) 경칩(驚蟄)

驚蟄은 겨울잠을 자고 있던 벌레들이 지하의 문이 열리니 지상으로 나오기 시작하는 때를 말한다. 우리가 흔히 말하는 개구리가 나온다는 날이다. 이때는 식물의 어린 새싹들도 땅 밖으로 나오기 시작하니 잘 보호하고 어린 동물들도 잘 보살펴야 하는 때이다.

4) 춘분(春分)

春分은 봄의 한가운데로 봄이 앞뒤로 나누어지는 분기점이라는 뜻이다. 낮과 밤의 길이가 같은 날로서 이날부터 낮이 길어지기 시작한다. 한편으로 입춘부터 춘분까지를 節氣上의 봄이라고 한다면 춘분부터는 기온상의 봄이라 말할 수 있다. 강남 갔던 제비가 돌아오고 양기의 발동으로 우레가 울고 번개가 치기 시작하니 만물이 생동하는 시기가 되어 우리가 실제로 보고 피부로 체감할 수 있는 봄이다.

5) 청명(淸明)

하늘과 땅이 산뜻하게 맑고 밝은 때로 만물에 생기가 왕성해지는 시기이다. 초목의 눈이 모두 싹을 틔우고 겨우내 칩거했던 동물이나 땅속의 벌레들이 모두 나오며 무지개가 나타나기 시작하는 계절이다.

6) 곡우(穀雨)

곡우는 햇볕이 따뜻해지고 모든 곡식을 자라게 하는 이슬과 비가 자주 내린다는 시기로 우리가 흔히 말하는 봄비가 내리는 시기이다.

7) 입하(立夏)

立夏는 만물이 무성하게 자랄 때이므로 모든 동식물이 제대로 자랄 수 있도록 보호하며 해치지 말아야 한다. 입하는 절기상 여름이긴 하나 실제 기온상으로는 봄과 같아서 덥지도 않고 춥지도 않아 이때가 비로소 인간이 살기에 가장 쾌적한 기후를 이루는 좋은 계절이다.

8) 소만(小滿)

보리 이삭이 패기 시작하여 조금 만족할 수 있다는 시기로 양기가 왕성하여 초목이 높고 크게 자라는 때이다.

9) 망종(芒種)

芒이란 보리나 밀 등의 까끄라기를 말하고 種이란 볏모를 가리키는 말로, 보리는 다 익어서 먹게 되고 벼는 자라서 모를 심는 시기가 되었음을 말한다.

10) 하지(夏至)

낮이 가장 긴 날로서 매미가 울기 시작하는 기온상의 여름이다. 옛 선인들은 하지가 되면 양기가 최고로 강해져 음양의 두 기운이 바뀌는 때이므로 경건한 마음으로 淫氣에 의해 몸이 허하지 않도록 기호와 욕망을 최대한 절제하였다.

11) 소서(小暑)

소서를 기점으로 무더운 여름이 시작된다. 소서부터는 땅속에서 一點 冷氣가 올라오기 시작하는 때이나 지상에는 열기가 극성하여 한기와 열기가 서로 교환하는 때이다. 즉 여름과 가을이 서서히 교체되는 달로 五行上으로 土에 해당한다.

12) 대서(大暑)

큰 더위를 뜻하는 말로 매우 무더운 시기이다. 대서부터는 陰의 기운이 점점 자라고 陽의 기운은 점점 수그러지는데 풀숲에서는 반딧불이 생기고 가끔씩 큰비가 내리는 계절이다.

13) 입추(立秋)

입추는 양력으로는 8월 7~8일경이 되며 申월의 節氣이다. 7월은 가을의 첫 달이라 하여 孟秋라고도 하는데, 秋는 곡식을 수확한다는 뜻이다. 이 무렵부터는 절기상의 가을이나 기온상으로는 가장 무더운 여름이다. 그렇지만 이날을 기점으로 한낮의 더위는 아침저녁으로 서서히 물러나기 시작한다.

14) 처서(處暑)

더위가 머물러 있다는 뜻이나 이때부터 더위와 추위가 교체되어 더위는 점점 사라지고 가을의 선선한 바람이 불기 시작하는 시기이다.

15) 백로(白露)

하얀 이슬이 생기는 시기란 뜻이다. 가을의 중간으로 중추(仲秋)라고도 한다. 이때부터 바람이 세게 불어오고 기러기가 날아오며 제비는 강남으로 돌아가는 시기이다.

16) 추분(秋分)

낮과 밤의 길이가 똑같은 날로 이때부터 낮은 짧아지고 밤은 길어지기 시작한다. 춘분과 같이 태양이 정동 쪽에서 떠서 정서 쪽으로 진다. 추분부터는 차츰 양기가 왕성해졌던 봄과 달리 음기가 왕성해져서 서늘한 기운이 들고, 陽氣가 점점 약해져서 물이 마르기 시작하며 동면을 하는 벌레들은 서서히 흙으로 입구를 막기 시작한다.

17) 한로(寒露)

찬 이슬이 내린다는 뜻으로 계추(季秋)라고도 하는데 가을의 끝이 된다. 농촌에서는 곡식을 거두어 들이는 시기로 국화가 노랗게 피고 북쪽에서 내려온 기러기가 서서히 모이는 때이다.

18) 상강(霜降)

가을의 기운이 마무리되는 시점으로 서리가 내리는 시기이다. 하늘은 점점 차가워져서 서리가 내리기 시작하고 소슬바람이 차가워지니 산천초목에 단풍이 들고 벌레들은 모두 땅속으로 들어간다.

19) 입동(立冬)

입동은 양력으로 11월 7일경이고 亥月의 절기이다. 이때는 절기상으로는 겨울인데 기온상으로는 아직 가을에 머물러 있으며 겨울을 준비하는 시기이다. 이때부터 물과 땅이 서서히 얼기 시작하니 만물은 겨울 준비를 끝내는 시절인데, 사람들도 겨울의 水氣를 맞이하기 위해서 복장의 색깔이 검은색으로 변하며 추위를 막는 두터운 옷을 입기 시작한다.

20) 소설(小雪)

陽의 기운은 점점 사라지고 陰의 기운이 더욱 성해져서 하늘에서 적은 눈이 오고 땅은 서서히 얼어가는 시기를 말한다. 이때는 天氣는 상승하고 地氣는 하강하여 서로 소통하지 않아 막히는 시절이다.

21) 대설(大雪)

큰 눈이 내리는 시기로 모든 초목은 지하에서 잠을 자고 냉혈 동물들은 이미 동면을 하는 때이다.

22) 동지(冬至)

동지는 1년 중 낮이 가장 짧고 밤이 가장 긴 날로 음기가 최고로 강한 때이지만 오히려 이날부터 陽氣가 시작되어 일조 시간이 하루에 2분씩 늘어난다. 陰에 밀렸던 陽의 기운이 서서히 힘을 발휘하기 시작하여 음양이 서로 다투는 까닭에 만물의 내부에서는 생명의 힘이 움직이기 시작하는 때로 과거부터 동지 팥죽을 쑤어 양의 기운을 맞이하며 명절로 삼던 날이다.

23) 소한(小寒)

작은 추위를 말하는데 겨울의 끝이라는 뜻에서 계동(季冬)이라고도 한다. 이때부터 농사 짓는 사람들은 내년의 1년 농사 일정을 짜며 농기구를 정비하거나 곡식의 종자를 좋은 것으로 고르며 봄을 기다리는 시기이다.

24) 대한(大寒)

24절기의 끝으로 추위가 가장 큰 때를 말한다.

이렇게 일 년 열두 달 춥고 더운 기후가 순환하여 반복하는데, 이런 자연의 변화를 감지하여 계절을 세분화하여 구분 지은 것이 절기력이다.

(5) 24 절기표

時	寅月	卯月	辰月	巳月	午月	未月	申月	酉月	戌月	亥月	子月	丑月
節	입춘	경칩	청명	입하	망종	소서	입추	백로	한로	입동	대설	소한
날짜	2/4	3/6	4/5	5/6	6/6	7/7	8/8	9/8	10/8	11/7	12/7	1/5
氣	우수	춘분	곡우	소만	하지	대서	처서	추분	상강	소설	동지	대한
날짜	2/19	3/21	4/20	5/21	6/21	7/22	8/23	9/23	10/23	11/22	12/22	1/20

* 위의 날짜는 양력이며, 절입일은 해마다 하루 정도 빨라지거나 늦어지며 절입 시간도 매년 약 여섯 시간씩 변화한다.

✦ 3. 사주를 정하는 법

(1) 년주(年柱)를 정하는 법

年柱는 생년의 간지로서 태세(太歲)라고 한다. 생년의 간지는 몇 년도에 출생하였는지, 또는 몇 살 무슨 띠인지를 알아서 만세력을 찾아보면 알 수 있다. 그러나 年柱를 결정하는 것은 양력이나 음력의 1월 1일을 기준으로 하지 않는다. 매년 입춘일을 기준하여 새로운 한 해가 시작된다. 그리고 입춘일에 태어났을 때는 입춘 시각과 출생 시각을 대비하여서 전년과 금년을 구분한다. 입춘은 대략 양력 2월 4일경에 해당되는데 경우에 따라서는 전후 1일 정도의 차이가 나기도 한다. 그러므로 양력으로 2월 초 출생자나 음력으로 12월 말에서 정월 초 출생자는 각별히 주의해서 입춘일을 기준하여 년주를 결정해야 한다.

<예> 양력 2008년 2월 4일 오후 8시 45분生의 年柱는?

음력으로는 2007(丁亥)년 12월 28일인데 년주는 丁亥가 아니고 戊子가 된다. 그 이유는 년주의 기준이 되는 입춘이 2월 4일 오후 8시 00분에 이미 들어왔기 때문이다. 그러나 2008년 양력 1월생은 물론이거니와 2월 4일 오후 8시 00분 이전에 태어난 사람의 경우도 이날이 입춘일이기는 하지만 아직 절입 시간이 지나지 않았으므로 년주는 지난해의 丁亥를 쓰게 된다. 매년 입춘의 절입 시간은 만세력을 보면 된다.

(2) 월주(月柱)를 정하는 법

月柱는 생월의 간지로서 월건(月建)이라고도 하는데, 태어난 달이 큰 달이나 작은 달 또는 윤달에 관계없이 각 月의 절입 시각을 기준으로 정한다. 태어난 날이 절입일에 해당될 때는, 절기가 들어오고 나가는 시간을 정확히 파악하여 월주를 정하면 된다. 월주의 지지는 1월은 寅, 2월은 卯 순으로 어느 해를 막론하고 변함이 없으나, 월주의 천간은 둔월법(遁月法)에 의하여 산출해야 한다. 둔월법이란 해마다 바뀌는 月의 천간을 정하는 법으로서 1년은 12개월이니 육십갑자가 한 바퀴 돌아 끝나려면 60개월, 즉 5년이 걸린다. 고로 년주의 천간이 甲인 해와 5년 후의 己가 되는 해는 月干이 같게 된다. 이렇게 산출한 월주 조견표는 다음과 같다.

◆ 월주 조견표 ◆

年 \ 月干	寅月	卯月	辰月	巳月	午月	未月	申月	酉月	戌月	亥月	子月	丑月
甲己年	丙寅	丁卯	戊辰	己巳	庚午	辛未	壬申	癸酉	甲戌	乙亥	丙子	丁丑
乙庚年	戊寅	己卯	庚辰	辛巳	壬午	癸未	甲申	乙酉	丙戌	丁亥	戊子	己丑
丙辛年	庚寅	辛卯	壬辰	癸巳	甲午	乙未	丙申	丁酉	戊戌	己亥	庚子	辛丑
丁壬年	壬寅	癸卯	甲辰	乙巳	丙午	丁未	戊申	己酉	庚戌	辛亥	壬子	癸丑
戊癸年	甲寅	乙卯	丙辰	丁巳	戊午	己未	庚申	辛酉	壬戌	癸亥	甲子	乙丑

〈예〉 양력 2010년 4월 6일생의 月柱는?

3월 절기인 淸明이 지났기 때문에 년주는 庚寅을 그대로 쓰고, 월주는 乙庚年의 3월인 庚辰을 쓴다. 그러나 2010년 양력 4월 5일 오전 3시 10분생은(음력 2월 21일) 3월 절기인 청명일인데 절입 시간이 오전 6시 30분이기 때문에 아직 청명이 지나지 않아 2월 월건인 己卯를 쓴다.

(3) 일주(日柱)를 정하는 법

일주는 사주의 중심이며 본체로서 己身이라고도 한다. 생일의 간지는 만세력에서 출생한 날의 日辰을 찾으면 된다. 사주명리학에서 일간을 주체로 하여 사주의 길흉을 추리하는 것은 앞에서 말한 바와 같이, 사람이 지구의 구성원으로써 그 속에서 지구와 함께 우주 순환 운동을 같이하기 때문이다.

즉 이 말은 지구가 우주 순환 운동의 주체로서 자전을 하며 다른 천체와의 관계를 1회 마친 것이 1일인데, 인간도 지구와 함께 자전하기에 이를 기준 삼아 일간을 중심으로 사주를 파악하는 것이다. 1일이란 지구가 24시간 동안 1회 자전을 한 시간이며, 이는 지구가 우주 전체를 상대로 변화 운동을 완료한 우주 순환 운동의 최소 기본 단위이다.

(4) 시주(時柱)를 정하는 법

현재는 1일이 24시간이나, 옛날에는 1일을 12시진으로 나누어 사용했다. 이 12시진은 子, 丑, 寅, 卯, 辰, 巳, 午, 未, 申, 酉, 戌, 亥 時를 말하는데 이는 12시진에 12지지를 배열한 것이다.

시간의 지지 위에 天干을 붙이는 것을 둔시법(遁時法)이라 하는데, 시간은 지구의 자전운동으로 생기는 변화이기 때문에 일주를 기준으로 정한다. 둔시법도 둔월법과 이치는 같은데, 단 月은 寅에서 시작하고 時는 子에서 처음 시작한다.

1일은 12시진이니 육십갑자가 한 바퀴 끝나려면 5일이 걸린다. 고로 일주를 기준으로 甲己일엔 甲子시부터, 乙庚일엔 丙子시, 丙辛일엔 戊子시, 丁壬일엔 庚子시, 戊癸일엔 壬子시부터 시작된다.

時 日干	子	丑	寅	卯	辰	巳	午	未	申	酉	戌	亥
甲己日	甲子	乙丑	丙寅	丁卯	戊辰	己巳	庚午	辛未	壬申	癸酉	甲戌	乙亥
乙庚日	丙子	丁丑	戊寅	己卯	庚辰	辛巳	壬午	癸未	甲申	乙酉	丙戌	丁亥
丙辛日	戊子	己丑	庚寅	辛卯	壬辰	癸巳	甲午	乙未	丙申	丁酉	戊戌	己亥
丁壬日	庚子	辛丑	壬寅	癸卯	甲辰	乙巳	丙午	丁未	戊申	己酉	庚戌	辛亥
戊癸日	壬子	癸丑	甲寅	乙卯	丙辰	丁巳	戊午	己未	庚申	辛酉	壬戌	癸亥

(5) 표준시에 대한 문제점

현재 명리학계에는 학자들 간의 이견이나 시행착오로 인하여 시간과 관련하여 다음과 같은 논쟁이 있다.

첫째는, 夜子時說과 正子時說

둘째는, 眞時說

셋째는, SUMMER TIME 문제

1) 야자시설과 정자시설이란?

야자시설은 子時를 둘로 나누어서 현재 우리가 사용하고 있는 시간을 기준할 때 밤 23시부터 24시까지는 일진은 바꾸지 않고 시간만 다음 날 일진의 子時로 연이어 쓰고, 새벽 0시부터 1시까지의 子時는 조자시라 하여 일진을 바꾸어 쓴다는 학설이고, 正子時說은 밤 11시 이후 子時만 되면 날이 바뀌어 다음 날의 일진을 사용한다는 학설인데 본인은 正子時說을 따른다.

2) 진시설이란?

지금 우리가 사용하고 있는 시간은 지역적 생활 편의에 따라 표준 시간을 정한 것이고 사주에서의 眞時란 지구의 자전 관계에서 일어나는 천문학상의 일정한 법칙으로 시간을 산출 적용해야 되므로 사주 주인공의 출생지에 따라 실제 시간을 산출하여 적용해야 한다는 이론이다. 그러므로 현재 우리나라가 사용하고 있는 시간은 동경 135도의 동경 표준시인데, 서울은 동경 127도이므로 서울과 동경의 경도 차이는 약 8도로 그로 인해 파생되는 약 32분이라는 실제 시간의 차이를 늦추어야 된다.

3) SUMMER TIME

한때 우리나라에서 일의 능률과 여가 선용의 효율성을 높이기 위해 여름(대략 5-9월) 동안에 1시간씩 시간을 앞당겨 사용한 적이 있다. 그러므로 이 서머 타임이 적용된 기간 중에 출생한 사람들은 시간을 1시간씩 뒤로 물려서 적용해야 한다는 이론이다.

〈연도별 SUMMER TIME 시행 기록〉

1948년: 5/31-9/12 0시를 1시로 1시간 앞당겨 사용

1949년: 4/01-9/23 0시를 1시로 1시간 앞당겨 사용

1950년: 4/01-9/23 0시를 1시로 1시간 앞당겨 사용

1951년: 5/06-9/08 0시를 1시로 1시간 앞당겨 사용

* 1954년: 동경 127도 30분 표준시 적용 - 3/21부터 낮 12시 30분을 12시로 조정 사용

1955년: 4/06-9/21 0시를 1시로 1시간 앞당겨 사용

1956년: 5/20-9/29 0시를 1시로 1시간 앞당겨 사용

1957년: 5/05-9/21 0시를 1시로 1시간 앞당겨 사용

1958년: 5/04-9/21 0시를 1시로 1시간 앞당겨 사용

1959년: 5/04-9/19 0시를 1시로 1시간 앞당겨 사용

1960년: 5/01-9/17 0시를 1시로 1시간 앞당겨 사용

* 1961년: 동경 135도 11분 표준시 적용 - 8/10부터 낮 12시를 12시 30분으로 사용하기 시작하여 현재 우리가 쓰고 있는 시간이 되고 있다.

1987년: 5/10-10/11 1시를 2시로 1시간 앞당겨 사용

1988년: 5/08-10/09 1시를 2시로 1시간 앞당겨 사용

✦ 4. 行運과 大運이란?

(1) 행운(行運)이란?

행운이란 운이 흘러가는 것을 말하는 것인데, 타고난 사주가 시간이 흐름에 따라 돌아오는 운과 만날 때 어떤 변화를 이루며, 그로 인한 길흉화복의 변화가 어떠한가를 예단하는 것으로 그 사주가 처한 환경이요, 命主의 상태를 판단하는 기준이 되며 사주를 해당하는 기간 동안 관리하는 위탁 관리자와 같은 것이다. 사주와 행운은 불가분의 관계로서 행운과 사주를 합해서 말 그대로 운명(運命)이라 한다.

사주를 자동차에 비유한다면 행운은 그 차가 앞으로 운행해야 할 도로와 같다고 할 수 있다. 사주로 자동차의 차종을 알 수 있다면, 행운으로는 그 차가 달려가는 도로의 상태를 아는 것이라 하겠다. 그러므로 한 사람의 부귀빈천이나 직업, 건강 등에 관한 모든 사안은 사주의 구성에 달려 있지만, 그 변화의 상태와 시기는 행운에 달려 있어 행운의 영향력이 대단히 크다. 그래서 예로부터 '사주 좋은 것이 운 좋은 것만 못하다'라고 하며 사주보다 대운이나 년운 등 행운을 더 중요하게 생각하는 이야기도 많이 한다.

하지만 꼭 그렇지만은 않다. 예를 들어 격국용신이 잘 이루어져 있고, 음양오행이 조화롭게 잘 배합되어 있는 좋은 사주는 吉運을 만나면 크게 발복하며, 平運에는 잘 사는 것은 물론이요, 凶運에도 크게 잘못되지 않고 일생을 무난하게 살아 나간다. 그러나 반대로 사주가 격국용신이 미약하고 중화를 이루지 못하고 편중되어 있는 경우에는 吉運이 오더라도 크게 발복하지 못하고 마는 경우가 많다. 그러므로 행운도 중요하지만 우선 사주 선천명을 잘 타고나는 것이 더 중요하다고 볼 수 있다.

그러나 행운에서 대운은 월주의 연속선상에서 사주를 보좌하는 작용을 하므로 사주원명에서 부족했던 점을 대운에서 채우면 破格이었던 사주도 새로운 격국을 이룰 수도 있고, 반대로 대운에 의해 멀쩡했던 사주가 파격이 되는 수도 있다. 그만큼 행운의 작용력도 중요하다는 이야기이다.

(2) 대운(大運)이란?

대운은 하나의 사주가 인생의 행로를 살아가는 커다란 운의 흐름을 말하는데 월주로부터 연장되어 흘러간다. 대운 하나는 10년의 운로를 관장하는데, 이처럼 대운이 월주를 기준으로 하고 한 대운이 10년의 운로를 지배하는 이유는, 명리학이 인간을 소우주로 생각하고 우주 순환 운동의 변화에 따라 인간 또한 같은 흐름을 타고 변화하기 때문이요, 만물이 춘하추동 사계절의 기후 변화에 따라서 영고성쇠하는 이치 때문이다.

지구는 일 년에 태양을 1회전 공전하는데 항상 일정한 궤도를 가지고 끊임없이 돌고 있다. 寅月 다음에는 卯月, 卯月 다음에는 辰月, 辰月 다음에는 巳月에 해당하는 공전 궤도를 앞으로 전진하여 나가는데 이에 따라 춘하추동 사계절이 변화하여 나가는 것이다. 그런데 인간은 지구와 함께 우주 순환 운동을 함께하기 때문에 한 사람이 탄생한 연후에 사주운로의 흐름이 지구의 공전 궤도인 월주를 따라 흘러가는 것은 너무나 당연한 이치이다.

한 대운이 10년의 운로를 관장하는 이유는, 인간이 탄생하여 우주 순환 운동을 완료하는 데는 약 120년이 소요되는데 이 120년을 지구가 태양을 한 바퀴를 공전하는 1년으로 축소하면 1년은 12개월이고 한 달은 곧 10년이 되니 한 달에 해당하는 대운의 한 기둥은 운로의 10년을 지배하는 것이다.

지구의 공전 궤도와 함께하는 대운이란 그 사주가 머물고 있는 장소와 환경을 파악할 수 있는 기준이요, 일정 기간 동안 사주를 관리하는 위탁 관리자와 같은 것이므로 대운의 흐름을 알면 그 사주 주인공의 운명의 흐름을 파악할 수 있는 것이다.

✦ 5. 대운 정하는 법

대운은 월주에서부터 시작되는데 대운의 흐름은 출생년도와 남녀의 구분에 따라 다르게 흘러간다.

천간이 甲丙戊庚壬인 해를 陽年이라고 하고 乙丁己辛癸인 해를 陰年이라 하여, 양년에 태어난 남자를 줄인 말로 양남이라 하고 음년에 태어난 남자를 음남이라 한다. 여자의 경우도 마찬가지로 양년에 태어나면 양녀라 부르고 음년에 태어나면 음녀라고 한다. 대운은 양남음녀는 월주에서부터 미래절로 순행하고, 음남양녀는 월주에서부터 역행하여 과거절로 흘러간다.

남자는 양이고 여자는 음이므로 양남음녀는 천지의 기운에 순응하여 대운의 흐름도 지구의 공전 궤도와 함께 앞으로 순행하여 흘러가나 음양이 서로 상반된 음남양녀 는 천지의 기운에 역행하여 대운의 흐름도 반대 방향으로 흘러간다.

〈예〉陽曆 1973년 4월 23일 오전 0시 30分생 사주의 대운은?

먼저 사주를 작성해 보면 癸丑年 丙辰月 己丑日 甲子時가 된다. 이 사주의 주인공이 남자라면 음남이 되어 대운은 월주인 丁卯 다음부터 역행하여 나가며, 만약에 여자라 면 음녀에 해당되어 순행한다.

〈건명〉 甲 己 丙 癸 子 丑 辰 丑	사주	〈곤명〉 甲 己 丙 癸 子 丑 辰 丑
庚 辛 壬 癸 甲 乙 戌 亥 子 丑 寅 卯	대운	壬 辛 庚 己 戊 丁 戌 酉 申 未 午 巳

✦ 6. 대운수 계산법

대운수란 대운이 몇 살부터 시작하여 몇 살까지 가는가를 말해 주는 수로서, 운명 을 판단하는 데 가장 기초적인 것이면서도 대단히 중요하다. 대운수는 생일로부터 절 입일까지 계산한 日數를 3으로 나누어 얻는데, 순행하는 명과 역행하는 명의 산출 방 법이 서로 반대다.

(1) 양남음녀 순행, 음남양녀 역행

양남음녀의 대운수는 생일부터 다음 달 절입일까지의 날짜를 계산하여 나오는 날 의 수를 3으로 나누어, 남는 수가 1이면 버리고 2면 반올림해서 1을 더해 준다. 그러 나 음남양녀의 대운수는 반대로 태어난 날부터 지난 과거 절입일까지의 날짜를 계산 하여 3으로 나누고 나머지 처리는 마찬가지이다.

〈예〉 앞에 예문에 사주가 남자라면 음남양녀에 속하므로 태어난 날 4월 23일부터 과거 절입일인 청명까지의 날수를 거꾸로 뽑는다. 청명은 4월 5일이기 때문에 18일 이 나오는데, 그다음 18일을 3으로 나누면 6이 되고 나머지 0이 남기 때문에 대운수는 6이 된다. 따라서 대운수는 다음과 같다.

56	46	36	26	16	6
庚	辛	壬	癸	甲	乙
戌	亥	子	丑	寅	卯

그러므로 乙卯 대운은 6세부터 15세까지 10년을 지배하고 다음 甲寅 대운은 16세부터 25세까지 10년, 그 후 차례대로 지배한다.

만약에 예를 든 사주가 여자라면 당연히 대운수도 다르게 된다. 계산 방법은 양남음녀에 해당하므로 태어난 날 4월 23일부터 미래 절입일인 입하, 즉 5월 6일까지 날수를 계산하면 13일이 나온다. 13를 3으로 나누면 4가 되고 나머지 1이 남기 때문에 1은 버리고 4를 대운수로 한다. 따라서 대운과 대운수는 다음과 같다.

54	44	34	24	14	4
壬	辛	庚	己	戊	丁
戌	酉	申	未	午	巳

(2) 대운수를 계산할 때 3으로 나누는 이유

대운수를 계산할 때 3으로 나누는 이유는 절입일에서 다음 절입일까지는 30일 정도가 되고 한 달에 해당하는 한 대운의 기간이 10년에 해당하므로 3으로 나누는 것이다.

그런데 이와 같은 계산법에는 1일이 부족하고 남는 것에 따라서 대운수의 차는 1년의 차이가 나게 되므로 정확한 대운의 수, 즉 대운의 변화 주기를 알기 위해서는 남는 시간까지도 계산하여 몇 살 몇 개월째에 대운이 들어오고 나가는가 하는 것을 세밀하게 계산하는 것이 원칙인데, 초보자일 때는 다소 복잡하고 어려워 일수로만 판단하는데, 어느 정도 경륜이 쌓여 익숙해지면 엄밀하게 계산하여 정확한 대운수를 정해보고 판단해 볼 필요가 있다.

✦ 7. 대운의 작용력과 활용 방법

　대운과 세운의 작용력에 관하여서는 뒤에 깊이 공부해야 하지만 여기서 우선 간략히 설명한다면, 대운이란 사주의 흐름과 명주가 머물고 있는 환경을 파악할 수 있는 것으로서, 한 대운으로 10년간의 길흉을 파악할 수 있다. 대운 한 기둥을 굳이 간지를 구분하여 본다면 한 대운의 10년의 기간 중에 천간은 先 5년을, 지지는 後 5년을 관장한다고 볼 수 있다. 하지만 간지 모두가 함께 사주에 10년간 영향을 끼친다고 보는 것이 타당하다. 이렇게 천간과 지지가 함께 작용을 하는데 대운의 간지가 相生하느냐 相剋하느냐 또는 相和하느냐에 따라서 개두(蓋頭)와 절각(截脚)의 작용이 생기니 세심히 관찰할 필요가 있다.

　대운의 간지가 상생상극으로 변화가 있을 때의 길흉은 다음과 같으니 참고하라. 대운천간이 吉한데 지지에서 生하면 그 吉力이 더욱 커지고, 천간이 吉해도 지지에서 剋하면 반대로 吉力은 감소된다. 또 천간이 凶해도 지지에서 剋하면 그 흉이 가벼워지나 반대로 천간이 凶한데 지지에서 生助해 주면 그 흉이 더욱 커진다. 지지도 이와 같이 생각하면 된다.

　대운에서 간지의 비중은 천간보다 지지가 더욱 크고 중요하다. 때문에 대운지지의 흐름을 잘 관찰해야 하는데, 그렇다고 대운천간을 무시하고 지지만을 가지고 운명을 추론해서는 안 되고 반드시 천간과 지지를 같이 보고 길흉을 판단해야 한다.

　천간을 판단할 때도 항상 지지의 생극관계를 생각하면서 추리하고 지지를 판단할 때도 마찬가지로 천간의 생극관계를 참고해야 한다.

　대운을 볼 때 지지를 중요하게 생각하는 이유는, 일간이 사주원국에서 기세를 얻지 못하였을지라도 대운에서 일간을 돕는 강력한 지지가 오면 기세를 얻을 수 있고, 또한 사주의 成格과 破格은 물론 희용신과 기신 등의 기세와 더불어 각 육친의 득세 여부도 대운지지에 의하여 판단되기 때문이다. 巳午未 南方運이니 亥子丑 北方運이니 하는 이야기도 이런 지지의 氣의 흐름을 말하는 것이다.

　대운을 파악할 때 접목대운이라 불리는 辰戌丑未 대운은 계절이 바뀌는 환절기와 같고, 자동차를 운행할 때 인터체인지를 도는 것과 같아서 인생에 커다란 변화를 가져오는 경우가 많은데, 결혼이나 이혼 또는 직업 변동이나 신상 문제에 커다란 변화가 생긴다.

그런데 접목대운에는 거의 모든 사주에서 어려움이 생기거나 주로 불리하다고 판단하는데 결코 그렇지만은 않다. 대운이 길운이라면 직장인은 승진 또는 영전의 기회가 주어지며, 사업가는 창업이나 사업 확장을 비롯하여 이익을 취득하는 등 행운이 따를 것이다. 그러나 대운의 방향이 변환되는 시기는 아무리 좋은 운이라도 많은 변화가 있고 예측하기 힘든 일들이 많이 생기니 세밀한 추론을 해야 하며, 命主는 항상 근신하는 자세로 주의해야 한다.

한편 명리정종을 저술한 장남의 동정설에 따르면 대세운의 천간은 일간을 비롯한 사주원국의 천간과 대조하고, 대세운의 지지는 사주원국의 지지와 대비하여 보는 것도 한 요령이 된다. 한편 사주 천간과의 合이나 생극관계에서는 직업이나 사업 등의 성패나 외부에서 발생하는 사건 등의 사회적인 면과 정신적인 면을 살펴보고, 지지로는 집안이나 일터의 환경 변화와 물질적인 것이나 육체적인 것 또는 내부적인 사건, 사고를 주로 살펴보는 것도 한 방법이다. 아울러 대운을 볼 때 꼭 주의해야 할 곳은 5번째 대운천간이다. 이 대운은 누구나 사주원국의 월간과 합이 되는데, 이를 合氣大運이라 한다. 대개 인생의 가장 중요한 시기인 40-50대에 해당하는데 이 운에는 많은 변화가 일어난다. 合하여 化氣하는 오행의 길흉에 따라 천차만별의 변화가 생기니 자세하게 살펴야 한다. 천간이 합이 되는 대운은 주로 직장이나 사업 등의 사회적인 일과 외부적인 일에 변화가 일어나니 추명에 활용해야 한다.

◆ 사주의 위치별 명칭 및 활용법 ◆

시주	일주	월주	년주	구분	
실(實)	화(花)	묘(苗)	근(根)		
정(貞)	이(利)	형(亨)	원(元)		
時干	日干(己身)	月干	年干	천간(陽, 男)	
時支	坐下, 日支	月令, 月支	年支	지지(陰, 女)	
자	나 자신	부, 형	조부, 조상	천간	육친
녀	남편, 부인	모, 동생	조모, 뿌리	지지	
종업원, 제자, 자손	심복, 애인, 동업자	집터, 직장, 일터	관청	십신	
부하, 조카	참모, 이성, 첩	경쟁자, 친구, 동료	사부, 가문, 혈통		
장롱문, 내세, 노년기	안방문, 현재,장년기	현관문, 현세, 청년기	대문, 전생, 초년기	숙명 유인력	
침대	안방	거실	집안		
개인관, 문화	가정관, 사회	사회관, 경제	국가관, 정치	위치	
후배, 종업원, 손아래, 부하	동료, 협조자, 파트너, 동업자	선배, 관리자, 상사, 기획자	사장, 대표자, 회장, 기관장	신분관계	
재성	식상	인성	관성	육신비유	
현상계	의식	잠재의식	무의식	의식 상태	
약속, 비밀	현재 활동 범위	기억, 생활	경험, 근본	공간	
창조 능력	실천 능력	기획 능력	동기부여	능력	

4장. 六神論

✦ 1. 六神이란?

육신(六神)은 일간과 사주의 나머지 7자와의 관계를 표시하는 것으로 六親 十星이라고 한다. 즉 일간과 사주의 나머지 글자와의 생극과 음양의 관계를 가려 나 자신인 我星과 비겁성, 식상성, 재성, 관성, 인성으로 구분되는 여섯 가지의 별(星)을 말하는 것으로 음양으로 구분되어 십성이 되는 것이다.

육친과 십성은 각기의 고유한 기질과 속성으로 사주의 주인공인 일간에게 성정과 성격, 특기와 재능, 적성과 직업, 건강과 재물, 인간관계와 사회적 위상 등 모든 것을 규정지어 주는 것으로서 명리학의 기본이요, 사주의 핵심이다.

이 육신을 통하여 선천적으로 주어지는 사주의 기본적인 제반 사항을 파악함은 물론이고, 후천적으로 일주가 운에서 만나는 대운과 년운, 월운, 일운과의 관계가 어떻게 작용하며 변화하는가를 살펴볼 수 있다. 비겁성, 식상성, 재성, 관성, 인성을 음양으로 다시 분류하면 十星이 되는 것이다. 十神(십성)은 크게 나누어 正과 偏으로 구분할 수 있는데, 정(正)이란 음양의 배합이 바르게 되어 있음을 나타내고, 편(偏)이란 음양이 한쪽으로 치우쳐 있다는 뜻이다. 십신은 정인(正印)과 편인(偏印), 정관(正官)과 편관(偏官), 정재(正財)와 편재(偏財), 식신(食神)과 상관(傷官), 비견(比肩)과 겁재(劫財)로 나누어진다.

✦ 2. 육신 표출법

六神은 日干을 기준으로 오행의 생극(生剋)관계와 음양(陰陽)에 따라 구분된다.

비견(比肩)은 일간과 음양오행이 모두 같은 것,

겁재(劫財)는 일간과 오행이 같으나 음양이 다른 것,

식신(食神)은 일간이 생하는 오행으로 음양이 같은 것,

상관(傷官)은 일간이 생하는 오행으로 음양이 다른 것,

편재(偏財)는 일간이 극하는 오행으로 음양이 같은 것,

정재(正財)는 일간이 극하는 오행으로 음양이 다른 것,

편관(偏官)은 일간을 극하는 오행으로 음양이 같은 것,

정관(正官)은 일간을 극하는 오행으로 음양이 다른 것,

편인(偏印)은 일간을 생하는 오행으로 음양이 같은 것,

정인(正印)은 일간을 생하는 오행으로 음양이 다른 것이다.

예1) 甲木 일간과 다른 천간과의 육신관계

甲木은 일간인 甲木과 음양오행이 같으므로 比肩

乙木은 같은 오행이지만 음양이 다르므로 劫財

丙火는 갑목이 생하는데 음양이 같으므로 食神

丁火는 갑목이 생하는데 음양이 다르므로 傷官

戊土는 갑목이 극하는데 음양이 같으므로 偏財

己土는 갑목이 극하는데 음양이 다르므로 正財

庚金은 갑목을 극하는데 음양이 같으므로 偏官

辛金은 갑목을 극하는데 음양이 다르므로 正官

壬水는 갑목을 생하는데 음양이 같으므로 偏印

癸水는 갑목을 생하는데 음양이 다르므로 正印이 된다.

예2) 甲木 일간과 지지와의 육신관계

寅木은 甲木일간과 음양오행이 모두 같으므로 比肩

卯木은 같은 오행이지만 음양이 다르므로 劫財

辰土는 甲木이 극하는데 음양이 같으므로 偏財

巳火는 甲木이 생하는데 음양이 같으므로 食神

午火는 甲木이 생하는데 음양이 다르므로 傷官

未土는 甲木이 극하는데 음양이 다르므로 正財

申金은 甲木을 극하는데 음양이 같으므로 偏官

酉金은 甲木을 극하는데 음양이 다르므로 正官

戌土는 甲木이 극하는데 음양이 같으므로 偏財

亥水는 甲木을 생하는데 음양이 같으므로 偏印

子水는 甲木을 생하는데 음양이 다르므로 正印

丑土는 甲木이 극하는데 음양이 다르므로 正財가 된다.

주의할 점은 亥子水와 巳午火는 體와 用의 음양이 다르다는 것이다. 즉 子水의 本體는 陽이지만 用할 때는 陰으로 본다는 것인데 亥水와 巳火, 午火도 마찬가지다.

亥水는 천간의 壬水와, 子水는 癸水와, 巳火는 丙火와, 午火는 丁火와 같이 사용한다고 생각하면 된다.

육신을 요약하면 다음과 같다.

비아자(比我者) = 比劫星으로 비견, 겁재

아생자(我生者) = 食傷星으로 식신, 상관

아극자(我剋者) = 財星으로 편재, 정재

극아자(剋我者) = 官星으로 편관, 정관

생아자(生我者) = 印星으로 편인, 정인

◆ 육신 조견표 ◆

干支 日干	甲寅	乙卯	丙巳	丁午	戊辰戌	己丑未	庚申	辛酉	壬亥	癸子
甲	比肩	劫財	食神	傷官	偏財	正財	偏官	正官	偏印	正印
乙	劫財	比肩	傷官	食神	正財	偏財	正官	偏官	正印	偏印
丙	偏印	正印	比肩	劫財	食神	傷官	偏財	正財	偏官	正官
丁	正印	偏印	劫財	比肩	傷官	食神	正財	偏財	正官	偏官
戊	偏官	正官	偏印	正印	比肩	劫財	食神	傷官	偏財	正財
己	正官	偏官	正印	偏印	劫財	比肩	傷官	食神	正財	偏財
庚	偏財	正財	偏官	正官	偏印	正印	比肩	劫財	食神	傷官
辛	正財	偏財	正官	偏官	正印	偏印	劫財	比肩	傷官	食神
壬	食神	傷官	偏財	正財	偏官	正官	偏印	正印	比肩	劫財
癸	傷官	食神	正財	偏財	正官	偏官	正印	偏印	劫財	比肩

◆ 육친 조견표 ◆

比肩	男	형제자매, 자매의 시아버지, 친구, 동창생, 동업자
	女	형제자매, 친구, 동창생, 시아버지, 동서지간, 남편의 애인
劫財	男	형제자매, 이복형제, 며느리, 동서, 딸의 시어머니, 경쟁자
	女	형제자매, 이복형제, 시아버지, 동서, 아들의 장인, 남편의 첩
食神	男	손자, 장모, 사위, 조카딸, 증조부
	女	딸, 딸의 시아버지, 증조부, 조카
傷官	男	할머니, 손녀, 조카, 외할아버지, 외숙모, 장모
	女	아들, 할머니, 시누이 남편
偏財	男	아버지, 첩, 애인, 형수, 제수, 처남, 처제
	女	아버지, 시어머니, 외손녀, 안사돈(아들의 장모)
正財	男	처, 백부, 고모, 아들의 장인, 자매의 시어머니
	女	외손자, 백부, 고모, 시어머니, 형제간, 시할아버지
偏官	男	아들, 조카딸, 외할머니, 매부, 딸의 시아버지
	女	애인, 정부(情夫), 시형제간(시숙, 시동생, 시누이), 며느리
正官	男	딸, 조카, 매부, 외할머니, 증조모
	女	남편, 며느리, 증조모, 안사돈(딸의 시어머니)
偏印	男	이모, 외삼촌, 계모, 서모, 할아버지, 외손녀, 아들의 장모
	女	이모, 외삼촌, 계모, 서모, 할아버지, 손자, 사위
正印	男	어머니, 외손자, 처남의 처, 장인
	女	어머니, 손녀, 사위

✦ 3. 육신의 의미와 성격

(1) 비견(比肩)

비견은 형제, 자매, 친구와 같이 가장 가깝고 잘 이해하는 관계로서, 같은 직장의 동료나 선후배, 동업자, 동창생, 이웃사촌이나 동네 사람, 친목 회원, 동지 등을 말한다. 단체를 예로 든다면 동창회, 친목계, 각종 모임, 사회단체, 조합 등이며 시민, 국민, 민족, 동포를 말한다. 비견에는 장단점의 두 가지 성격이 있다.

첫째, 자존심이 강하여 남의 지배나 간섭 받기를 싫어하며, 특히 지는 것을 싫어하고 굴복하는 것을 죽기보다 싫어하는 스타일로 매사 항상 남에게 앞서가려는 기질이 강하다. 독립 정신과 개척 정신이 강하고 투철하여 타인에게 의지하지 않고 매사를 자기 뜻대로 하는 것은 좋은데 융통성이 없는 옹고집쟁이로 자기의 주장만을 고집하는 성격이라 하겠다. 다른 사람이 자기를 높여 주어야만 좋아하며 자존심 덩어리의 소유자로서 매사 남과 충돌하기 쉽고, 지기를 싫어하는 성격이 비견의 특성이다.

둘째, 비견의 다른 성격은 앞의 타입과는 반대 스타일로 협동 정신이 강한 원만한 성격의 소유자이다. 대인관계나 조직 내에서 항상 필요한 사람으로 남과 협력할 줄 아는 스타일로 자기주장을 관철하려는 마음이 강하다 보니 공공 심리에 따라 움직여도 항상 공사를 철저하게 분별하는 특성이 있다. 따라서 입바른 소리를 잘하거나 윗사람에게 아부를 떨지 못하여 단점이 되기도 하나, 분수에 넘치는 생각이나 생활을 하지 않는 성격으로 자기 잘못은 자기가 책임지는 특성이 있다. 마음에 드는 사람에게는 어떤 희생과 봉사도 아끼지 않고 잘해 주나 자기 의견과 판단에 위배될 때는 단호히 절교해 버리는 일면을 가지고 있다.

금전 지출에 옹색하지 않고, 타인을 동정하고 보살펴 주는 것을 좋아하여 애경사에 적극적이고 친구나 동료들과 유대관계를 지속하며 협동심이 강한 좋은 면이 있다. 그러나 이런 점은 드물고, 비견은 거의 앞에 속하는 타입이 많다. 장단점 중에서 어디에 속하는가는 월지의 비견이 旺한지 弱한지를 참고하며, 비견을 제어해 주는 관성이 있는가와 비견을 잘 洩氣시켜 주는 식상이 있는가를 살펴야 한다. 비견이 왕하고 이를 剋洩하는 육신이 사주에 없으면 앞의 나쁜 점이 두드러지게 나타나지만, 사주가 조화를 잘 이루면 좋은 점으로 나타난다.

(2) 겁재(劫財)

겁재는 남자에게는 누나와 누이동생이 되고 여자에게는 오빠와 남동생으로 볼 수 있으며 이복형제, 경쟁자, 동창생, 동업인, 거래인, 직장 동료, 모임이나 단체 등을 말한다. 사회적으로는 채권자, 손재, 불화, 배신, 투쟁, 강제, 폭력, 강도 등이 이에 해당한다. 여명에 겁재는 남편의 여직원이나, 애인 또는 첩 등이 된다.

비견과 다른 점은 자신의 욕심을 채우려거나 독점하려는 경향이 강하고 자기를 경쟁 상대로 생각하는 사이가 겁재에 해당한다.

겁재는 정재를 파극한다는 뜻으로, 나의 재물을 빼앗아가는 것이다. 정재란 남자에게는 부인이요, 재산에 해당하므로 겁재는 흉함이 많고 강제성을 띤다.

겁재의 성격은 비견과 같이 자존심이 강하고 고집이 세나, 비견과 다른 점은 비견이 양성적이라면 겁재는 음성적이라는 점이다. 그러므로 겁재는 자존심을 표면에 노골적으로 나타내지 않고 대인관계도 비교적 원만하다. 비견처럼 노골적으로 자신을 주장하지도 않고 양보를 해야 할 때는 과감히 양보하여 겉보기에는 수양된 사람처럼 보이기도하나 속으로는 비견보다 자존심이 강하고 독선적인데, 다만 그것을 겉으로 나타내지 않을 뿐이다. 손위나 강자에게는 얌전하게 순종하는 듯하지만, 내심으로는 고개를 숙이지 않고 불만을 가지고 있으며, 약자나 손아래에 대해서는 절대로 자기주장을 양보하려 하지 않는다. 또 성질이 까다로워서 밖에서는 무난하나 가정에서는 폭군으로 변하거나 잔소리가 많은 수가 있다. 특히 양일간이 지지에 겁재가 있으면 羊刃이라 하여 앞에 말한 독선적이거나 권위적인 성격이 더욱 두드러지게 나타나는 자기 본위적인 사람이라 하겠다.

겁재 역시 겁재만으로 판단을 내리기에는 무리가 있으니 편관이나 식상 등의 유무와 합, 충, 신살 등을 두루 살펴 판단해야 한다.

(3) 식신(食神)

여명에 식신은 자식이 되고, 자기의 기운을 설기하는 것이 되지만, 의식주 등 생활에 필요한 재물을 얻는 경제 활동이기 때문에 글자의 뜻 그대로 식신이라 하며, 편관을 극제하여 나의 생명을 지켜 준다는 뜻으로 수성(壽星)이라고도 한다. 식신은 자기 생각을 밖으로 표출하는 것으로써 입으로 보며, 여명에서는 유방, 자궁, 생식기 등으로 표현할 수 있다. 사회적으로는 교육, 문화, 예술, 복지 사업, 식품의 제조나 판매, 농축수산업, 의약, 병원, 연구 개발 등 의식주에 필요한 모든 활동을 나타낸다.

식신을 가진 사람은 식록을 주관하고 있는 복덕신으로 평생 먹고 사는 데 걱정하지 않을 명을 타고난 사람이라 하겠다. 남에게 베푸는 마음이 풍부하고, 낙천적인 성격으로 먹고 마시기를 좋아하며 향락적인 면도 있지만 현실적으로 실리를 추구하는 사람이다.

식신의 특징으로 젊었을 때는 말랐던 사람이 중년부터 살이 찌는 경우가 많으며 선천적으로 관용의 덕을 지니고 있어 여간해서는 남을 원망하는 일이 없다. 남에게 상처를 주거나 원한을 남기지 않으며 순간적으로 화를 내기도 하지만 뒤탈을 남기는 일이 없이 깨끗하다. 식신은 예의가 바르고 양보심이 강하며 순수하고 도덕적인 것은 물론, 긍정적이고 창의적이며 총명하여 문학적인 자질도 있다. 온후하고 대범한 반면에 조급한 면도 있으며, 지출을 해야 할 때는 시원하게 풀고 교제도 원만한 편이어서 인색하다는 소리를 듣지 않는 것이 장점이다.

이렇듯 많은 장점을 가진 식신도 너무 과다하면 오히려 단점으로 변해 자기본위적인 나쁜 면이 노출되어 남의 빈축을 사거나 따돌림을 당하며, 향락적인 면이 두드러지게 나타나 사치와 낭비로 자신뿐만 아니라 가정까지도 파괴하는 경우가 생기므로 조심해야 한다.

(4) 상관(傷官)

상관은 正官을 해치고 상하게 한다는 말로서, 남자에게는 자식과 명예, 직장이며 여자에게는 남편인 정관을 상하게 하는 四凶神 중의 하나이다.

그러나 상관이 이렇게 나쁜 뜻만 있는 것은 아니고, 일간으로부터 음양의 조화를 이룬 洩氣로 예리한 관찰력과 추리력, 연구력, 다재다능한 표현력, 예술적 자질과 기예, 뛰어난 화술과 강의, 연설 능력 등을 나타낸다. 사회적으로는 구설, 시비, 관재, 송사, 돌출 행동, 반발 의식, 이론 투쟁 등을 말하며 교육, 예술, 연구, 기획, 출판, 광고, 언론, 방송 및 예언 등에 훌륭한 적성을 나타낸다.

인체로는 소리나 음성, 생리적인 배설 현상, 입으로 보며, 여명에서는 유방, 자궁, 생식기 등을 나타낸다.

이처럼 상관 또한 많은 장단점을 가지고 있는데, 식신이 동성끼리의 순수한 교류 활동이라면, 상관은 이성 간의 애정과 교제 활동의 복잡한 관계와 같다 비유하겠다. 남자는 여성에게 애정을 주며 財를 생산하지만 자식을 剋하는 것이 되고, 여자에게는 자식에 해당되지만 남편을 剋하는 것이 된다.

상관을 비유하자면 마치 사춘기와 같아서 반항적이거나 매사에 수작을 부려 법을 어기는 일이 많고 학업이나 가정에 불만이 생기고 고독감을 느껴 어디론가 떠나고 싶은 상태를 나타낸다.

상관은 총명하고 화술도 좋으며 특별한 재능도 있으나 말이 많고 비판적이며, 아무 일에나 나서기를 좋아하고, 수단 방법을 가리지 않고 남을 이기고 봐야 직성이 풀리는 성격으로 어딘지 환영받지 못할 일면도 있다. 보스 기질도 있어 자기를 믿고 따르는 사람이나 약자를 위해서는 최대한 도와주는 희생, 봉사 정신과 동정심이 강하다. 그러나 이때에도 잘못하면 자기 스스로 자화자찬하고 상대방의 인격은 아랑곳하지 않고 비밀을 토해 내며 입으로 공치사를 하여 상대방은 큰 대접과 도움을 받으면서도 고마움이나 호의를 느끼지 못하게 만든다. 그런 까닭에 타인의 오해와 비방을 사기 쉽고 비난을 면하기 어려운 것도 상관의 특성이다.

상관은 상대를 얕잡아보는 태도와 허영심만 버린다면, 자신의 재능을 최대한 발휘할 수 있는 능력이 있으므로 조금만 노력하면 남보다 몇 배로 두각을 나타낼 수 있다.

(5) 편재(偏財)

편재는 남성에게는 아버지 또는 애인이나 첩이 되고 여성에게는 아버지와 시어머니가 된다. 사회적으로는 투기, 도박, 뇌물, 횡령, 밀수 등이 되며 의외의 횡재, 무역, 고리대금, 유흥, 윤락, 마약 등이 이에 해당한다. 편재는 편법, 투기, 부정한 방법에 의하여 취득한 재물이나 부적절한 애정 상대로 본다. 그러므로 편재는 그 취득하는 과정과 성격상 비난이나 원성, 질투, 시기, 경쟁, 사기, 협박 등 강제적이거나 불법이 따른다 하겠다.

편재의 성격은 수완, 요령, 융통성, 외교성과 사교성이 좋고, 한편으로는 의협심과 동정심이 많으나 풍류와 낭비벽이 심한 것이 단점이라 하겠다. 주변 사람들과 어울리기를 좋아하며 집에 초대하거나 모임을 자주 갖고 화제도 풍부하고 호방하여 지루한 느낌을 주지 않기 때문에 친구나 애인으로 사귀기에는 최상의 타입이다. 단적으로 말해 다정다욕한 사람이라고 할 수 있다.

재물과 애정에 욕망이 커서 돈도 여자도 맘껏 갖고 싶은 것이 편재의 특징이라 하겠다. 의리를 중히 여기고 스케일이 커서 남에게 돈을 잘 빌려주기도 하고 빌리기도 잘 하지만, 그렇다고 항상 재물이 많고 재복이 좋은 것은 아니다. 겉보기에는 금전에 대한 집착이 없고 헤픈 것 같지만 도리어 남보다 훨씬 금전에 대한 애착이 강하고 수단도 있지만 겉으로 노출을 시키지 않을 뿐인데, 이런 타입의 사람은 자기의 이권 쟁취를 위해서는 타인의 입장이나 체면은 생각하지 않고 자신의 이익을 위해서는 수단 방법을 가리지 않는다.

편재는 다정다감하여 친구로 사귀기는 좋으나 다소 가벼운 경향이 있으며 남녀 모두 사치나 유흥, 이성, 도박 문제로 말썽을 일으킬 소지가 있으므로 조심해야 한다.

財星은 돈과 여자를 의미하는데, 그중 편재는 더욱 두드러져서 남자의 경우 돈도 있고 염복도 있을 수 있으나, 여자의 경우 돈은 있으나 남편 운이 약해질 소지가 있다. 특히 직장 생활이나 자기 사업을 경영하는 여성은 직장과 가정을 양립시키지 못하고 고민하는 경향이 많으며, 이 경우 종래는 별거나 이혼으로 이어지는 수가 많다. 또한 남성의 경우 정·편재가 혼잡되면 본처 이외에 첩을 두는 사람도 있다. 편재는 매사에 수완과 융통성이 좋아 거래나 외교에 뛰어나 모사를 잘하며, 필요에 따라 거짓말도 서슴지 않는 다소 편굴한 면도 가지고 있다.

(6) 정재(正財)

정재란 남자에게 본부인을 말하는데 직장인이 받는 월급, 장사의 적절한 이윤 등을 말하며 성실한 노력과 근검 절약 정신, 신용과 책임을 바탕으로 한 정당한 소득, 현금, 유가증권, 금은보화, 곡식, 가구, 상품, 고정자산을 나타내며 봉급자, 금융인, 상인, 사업가 등을 말한다.

정재의 성격은 한마디로 근면 성실과 안정 그리고 신용으로 무엇보다도 약속을 어기는 일이 없다. 그만큼 섬세하고 자상하나 너무 빈틈이 없고 고지식해서 재미가 없고 매력이 떨어지는 모습이나, 남편이나 아내로서는 안정적인 형으로 어지간해서는 가정을 저버리거나 등한시하는 일이 없다. 정재란 공사가 분명하고 부당한 재물이나 노력한 대가 이상의 수입을 원하지 않으며, 직장에서 성실하게 일하며 약속과 규칙을 정확하게 지키고, 허례허식이나 낭비가 없이 근면, 검소, 절약, 저축을 하며 부모에 효도하고 자손에게 유산을 남겨 주며, 사회에는 경제적으로 이바지하는 성실한 타입이다.

그러나 정재 역시 사주의 구조에 따라 성정이 많이 달라진다. 신강한 사주는 결단력이 있어 지출할 때는 과감히 지출도 하고 대인관계도 원만한데, 신약한 사주는 자칫하면 수전노 소리를 듣거나 모처럼 찾아온 행운의 기회를 주저하다가 놓치고 마는 수가 있으니 자신의 성격을 잘 컨트롤하고 수양할 필요가 있다. 사주원국에 비겁이 있어 정재를 극하면, 타고난 복록이 억제당하여 좋은 작용이 약해지니 사주 전체의 흐름을 잘 살펴야 한다.

(7) 편관(偏官)

편관은 일명 七殺이라고도 하는데 천간, 지지 모두가 일곱 번째와 상극 작용을 하는 까닭이다. 印星이 만물을 生하는 것이라면 칠살은 만물을 죽게 하는 작용을 한다.

남자에게는 자식이나 후계자가 되고, 여자에게는 남편이나 남자 친구 또는 애인이 된다. 사회적으로는 군인, 경찰, 법관, 검사, 형사, 국회의원, 감사원, 세관원, 집달리, 깡패, 강도, 협객, 무법자, 질병, 시체 등이며 무기나 흉기, 위험물, 폭발물, 교도소 등이 이에 속하고 폭염, 혹한, 폭풍, 태풍, 홍수, 폭설 등의 천재지변이 이에 속하며 정신적으로는 종교나 영혼을 의미하거나 귀신을 나타내기도 한다. 편관은 고통, 질병, 재난, 형액, 단명 등 흉악한 작용을 하는가 하면, 한편으로는 용감하고 강직하며 투쟁심과 의협심을 갖춘 무관으로 개선장군이나 군왕처럼 권위의 상징이 되기도 한다.

편관도 식신이 유기하여 제복이 되거나 殺印相生이 되어 순화되든지 羊刃合殺로 억제되면 문무를 겸한 대권의 상이 되므로 偏官이라 하나, 生剋制化가 없으면 흉악한 기질로 편법적인 일이나 투쟁, 폭력, 살상 등을 일으키는 까닭에 七殺이라고 한다.

편관은 의협심이나 투쟁심이 강하여 강자에 대항하고 약자를 도우며, 자기보다 훨씬 강한 자에 대항해 육탄으로 돌진하는 강인한 점을 지니고 있다. 보스 기질이 있어 자기에게 도움을 청하면 적극적으로 도와주나 상대가 자신을 이용하거나 억압하면 절대 용서하지 않는다. 그만큼 머리도 좋고 남을 꿰뚫어보는 눈도 날카로우며 인정에 끌리지 않는 강인한 성격의 사람으로 결단력과 실행력으로 상대의 의표를 찌르는 사람이라 하겠다. 또 편관은 사람을 쓰는 솜씨가 뛰어나 부하나 아랫사람을 자기 뜻대로 움직일 수 있는 능력을 가지고 있다.

여성은 가정에만 있으면 부부 인연이 바뀌기 쉬운 암시가 있다. 여걸적인 기질이나 폭발적인 성격을 남편 한사람에게만 쏟게 되므로 남편이 견뎌내기 어렵기 때문에 밖에 나가 활동하는 것이 남편을 위해서도 바람직하다. 그런데 여명에 정·편관이 혼잡되거나 또 편관이 많으면 재가하거나 정부를 두고 색정에 빠질 수도 있다. 그러므로 여명은 정관이나 편관이 하나만 있는 것이 가장 좋다. 남자도 마찬가지인데 하나의 편관으로 중화되면 부귀공명하고 자손이 번창하며 문무를 겸전하여 세인으로부터 존경을 받는데, 편관이 태과하거나 득세하면 주색을 좋아하고 다투기를 잘하며 남에게 굽히기를 싫어하고 성질이 급하여 자칫하면 관재구설을 겪거나 병약하여 단명하기 쉽다.

(8) 정관(正官)

官은 관리한다는 뜻으로 가정이나 단체, 국가, 인류 사회의 질서로 도덕과 법이 되는 것이다. 남자에게는 자식과 명예, 직장이 되고, 여자에게는 남편이 되므로 사주에서 정관은 대단히 중요하다고 하겠다. 사회적으로는 질서, 책임, 제도, 법, 권위, 명예, 정치를 의미하며 관공서, 국가기관, 관료, 직장 등의 의미를 가지고 있다.

정관은 질서와 예의를 존중하고 명예를 소중히 여기며 준법 생활을 하는 사람으로, 형제간에 우애하고 효도하며 자녀에게는 자상하면서도 엄한 사람의 표상으로 한마디로 모범인으로 용모가 단정하고 품행이 방정하다. 명예를 중히 여기고 편법을 싫어하며 원리 원칙을 고수하다 보니 조금은 고지식한 면이 있고, 자존심이 강하여 오히려 타인을 불편하게 만들기 쉽다.

원칙과 법규, 책임을 중시하는 까닭에 무책임한 행동을 한다거나 남에게 폐를 끼치는 일을 하지 않는다. 그러나 너무 신용과 책임을 따지고 명예를 취하다 보니 실속이 없는 경향으로 매사 너무 계획을 세워 실행하니 오히려 추진력이 따르지 못하는 결함이 있다. 소탈해 보이나 융통성이 없고 모험을 좋아하는 것 같으나 실제로는 그렇지 않으니 사적인 면보다는 공적인 면이 더 좋다는 표현을 할 수 있는 것이 정관의 특성이다.

정관은 모범적인 남편이나, 거기에 더하여 아기자기한 맛까지를 바란다면 무리로 특히 가정에 돌아오면 말이 없고 무뚝뚝해지는 사람이 이 타입에 많이 있는데 이 점이 결점이다. 애인으로 사귀기에는 재미없는 스타일이나 책임감 있고 성실한 것은 커다란 장점이다. 여자에게는 정관이 남편을 의미하므로 현모양처의 자질을 선천적으로 가지고 있으며 매사가 모범적이므로 남편이 안심하고 집안일을 맡기고 밖에서 일할 수 있는 타입이다.

(9) 편인(偏印)

편인은 일명 梟神, 倒食이라고 하는데, 효신이란 올빼미를 말하는 것으로 올빼미
는 변태성으로 낮에는 자고 밤에는 활동하며 자기 새끼를 자기가 잡아먹는 새를 말
하며, 도식이란 밥그릇을 엎는다는 뜻으로 배신이나 실패, 사기, 재난, 질병, 부도, 파
산, 실직 등을 의미한다. 또한 편인은 계모와 같아서 정인이 순수하고 오래간다면 편
인은 편파적이거나 일시적이며 겉과 속이 다르다. 가정적으로는 계모, 서모, 숙모, 백
모, 이모, 외삼촌, 할아버지에 해당하며, 여명에는 사위와 친손자, 남명에는 외손녀가
이에 속한다. 사회적으로는 연예인, 언론인, 의사, 기능인, 체육인, 예술인, 특수 기술
자, 역술인, 도둑, 사기꾼 등이 이에 속한다.

편인은 남들이 가지고 있지 않은 독특한 성격을 지니고 있다. 성질은 급하기도 하
고 완고하기도 해서 예측을 불허한다. 머리 회전이 빨라 상대방의 태도에 따라 재빨
리 대책을 강구하는 임기응변의 명수이기도 하며, 마음먹은 일은 누가 무슨 말을 해
도 밀어붙이는 경향이 있다. 다방면에 재능이 있어 독립 대성할 타입이기는 하나 자
기 과신에 흘러 적을 만들기 쉽고, 또 진취력이 남보다 몇 배 왕성하나 곧 식기 쉬운
경향이 있어 자기가 계획했던 일이 어느 정도 궤도에 오르면 그것을 계속 밀고 나가
려 하지 않고 또 다른 일을 생각한다.

그러나 편인이라고 무조건 나쁘지만은 않다. 편인은 당대에 부를 형성하기에는 가
장 좋은 타입인데, 그 이유는 작은 일에 매달려 정열을 소비하지 않고 커다란 목표를
향해 불같은 정신을 가지고 노력하기 때문이다. 여성의 경우도 지나간 일에는 신경을
쓰는 일이 거의 없이 새로운 일을 찾아 매진한다. 그리고 어느 정도 성공을 하게 되면
그길로 예전의 일을 까맣게 잊어버린다. 이 점이 편인의 장점이자 단점이기도 하다.

(10) 정인(正印)

정인은 태양과 물, 공기, 불 등의 자연이며 생명의 근원으로 뿌리, 시작, 재충전, 휴
식과 수면, 호흡 등을 의미하고 후원자, 귀인, 스승, 학문, 책, 문서, 도장, 서류, 지혜,
지식, 진리, 주민등록증, 각종 인·허가증, 각종 자격증, 신용카드 등이 정인에 해당하
며 남녀 모두 어머니에 해당하고 남자는 장인, 여자는 사위와 친손자 손녀에 해당한다.

정인의 印은 사물의 본체를 확인한다는 뜻으로 진리를 상징하고 도를 의미하며 섭

리를 나타낸다. 그러므로 정인은 진리에 관한 학문, 선생님, 손위 어른, 직장 상사, 조업 계승, 조상숭배, 족보, 문화예술, 교육 등이 이에 해당한다.

정인의 성격은 학자 타입으로 두뇌가 명석하며 학구열이 강하고 노력파이며 선량하고 보수적인 성격으로 예절과 덕망을 갖추고 파사현정하는 자세는 좋으나 너무 예절을 따지거나 외골수적인 성격으로 내면에는 상당히 까다로운 면이 있다.

자신을 과신하거나 자존심이 강하고 고집이 센 것도 정인의 특성인데, 실력을 인정하고 칭찬해 주면 좋아하는 반면에 자존심을 건드리거나 무시하면 굉장히 싫어한다. 남의 이목과 체면에 너무 신경을 쓰는 나머지 실속을 등한시하거나 기회를 놓치는 경우가 많으며, 여명인 경우는 기대했던 일이 잘 안되면 곧잘 염세주의나 현실도피에 빠지기 쉽다. 대인관계에서 항상 중심인물이 되기를 좋아하나 만약에 주위의 사정이나 역부족으로 중심인물이 되지 못하면 남을 원망하거나 비난하며 심하면 자신을 비관하는 경향이 있다.

이러한 단점들은 정인이 원래 어머니의 무한한 맹목적 사랑을 의미하므로 남에게 내가 대우와 존중을 받는 데 익숙해져서 오는 탓이라 하겠다. 아무튼 정인은 두뇌가 총명하고 학문적 자질이 있으며 살아가며 어려운 고비에서 생각지도 않은 구원자나 귀인을 만나게 되는 좋은 운명이라 하겠다.

✦ 4. 육신[六親十星] 활용의 유의 사항

사주를 판단하는 데 있어 가장 중요하고 기본이 되는 것은 육신이다. 육친십성을 어떻게 해석하고 그 변화를 어떻게 활용하느냐에 따라 사주통변의 성패가 달려 있다. 십성의 일차적인 해석은 간단하면서도 쉬우나 그 변화는 무궁무진하므로 깊은 연구가 필요하다.

육신은 명리학의 핵심이자 근본으로서 육신을 판단하는 데는 여러 가지 상황을 종합적으로 파악하여야 되는데, 복잡하고 어렵다고 포기하거나 대충해서는 안 된다. 육신을 제대로 모르고서는 격국용신과 행운을 파악하지 못하고 육친(六親) 또한 해석할 수 없는 것이다.

육신을 해석할 때의 주의 사항들은 아래와 같다.

* 일간 및 각 육신의 통근 및 강약 상태
* 육신의 合, 刑, 沖, 破, 害, 空亡의 상태와 神殺관계
* 위치에 따른 육신의 해석과 판단
* 육신과 다른 육신과의 생극제화의 관계
* 혼잡하거나 過, 不足한 육신의 특성
* 육신의 상태개념과 물상개념 등

✦ 5. 성격을 파악하는 방법

사주에서 사람의 성격과 기질, 행동특성을 파악하는 방법은 여러 가지가 있지만 대체로 다음을 참고하여 보면 된다.

1) 日干과 強弱으로 가장 기초적인 성정을 알 수 있다.
2) 格局과 用神으로 그 사람의 스타일과 지향성을 알 수 있다.
3) 月支 사령신으로 그 사람의 내면적 본성을 알 수 있다.
4) 편중되었거나 혼잡한 육신으로 그 사람의 천성적 기질과 이중성을 알 수 있다.
5) 없는 五行과 六神으로 그 사람의 콤플렉스를 알 수 있다.

사주에서 편중되거나 혼잡한 육신을 보면 사주에 있는 다수의 오행이나 육신에 따라 그 사람의 성격과 행동이 그쪽으로 치우치게 된다. 그러나 중요한 것은 육신이 편중되거나 혼잡하다는 기준을 정확하게 알아야 하고, 또한 육신이 편중되거나 혼잡하더라도 이를 제화할 수 있는 조건이 갖추어져 있느냐하는 사실이다. 그것은 사주가 편중되거나 혼잡하다해서 나쁜 특성들이 다 나타나는 것이 아니고 제화의 상태에 따라 다르기 때문이다.

육신이 편중되거나 혼잡하다는 것은 사주에 같은 육신이 3개 이상 있거나 정편이 섞여있으며 월지에 비해 그 육신의 세력이 강한 경우를 말하며, 제화되었다는 것은 예를 들어 사주에 식신이나 상관이 많더라도 강한 인성이 이를 극제하거나 재성이 있어서 식상을 설기시켜 주는 경우를 말한다. 그러므로 앞에 말한 제화의 상황을 간과해서 소홀히 판단하면 안 된다.

✦ 6. 편중되거나 혼잡한 육신의 특성[1]

사주를 가지고 운명을 추리하는 일이란 생각처럼 쉽지가 않다. 어려운 이유 중에 하나가 하나의 사주를 '딱 이러면 이렇다'라고 하나로 잘라 말할 수 없기 때문이다. 한 사람의 성격, 기질, 건강상태, 인간관계 등의 운명을 논함에는 여러 가지 요소를 복합적으로 분석하고 판단하여야 한다. 아래 논하는 육신이 편중되거나 혼잡한 사주의 특성은 그 특징이 두드러지고 구체적이며 음양오행상의 논리가 있는 것이니 깊이 숙지하여야 한다.

(1) 비겁이 편중되거나 혼잡한 사주의 특성

* 비겁이 강한 사주의 장점은 추진력, 적극성, 자신감, 능동성, 독립심, 개척정신, 자립정신이 강해 남에게 의지하거나 굽히지 않고 행동하는 스타일로 자수성가형이다. 인성이 생각과 사고라면 비겁은 행동과 추진력이다. 그러므로 비겁이 없는 사주는 박력과 자신감이 상대적으로 약하다.

* 비겁이 태과하면 자존심이 강하고 독선적이며 남의 말을 무시하거나 의심하는 습관이 있어 친구, 동료, 형제들과 화목하지 못할 수 있다. 도에 넘치는 자신감 때문에 매사 자기본위이거나 독선을 해 주위로부터 외면을 당하거나 경쟁과 대립적인 관계로 변해 남에게 배신을 당하거나 자기가 배신하여 결국은 고독을 초래한다.

* 도처에 배신자와 경쟁자가 있어 항상 실패와 손재수 그리고 시비나 쟁투가 따라다닌다. 고로 비겁이 많은 사람은 사업에서 동업은 불가하며 가까운 사람과는 금전관계를 삼가야 한다.

* 비겁이 태과하면 신왕하기 때문에 상대적으로 인성의 도움을 필요로 하지 않는다. 고로 인성의 생조를 거부하여 공부하기 싫어하거나, 부모나 스승 또는 윗사람의 말을 잘 안 듣거나 무시하여 예의에 어긋나는 행동을 많이 해서 버릇이 없다는 소리를 많이 듣는다.

---

1) 백민, 『명리학개론』 인용.

* 비겁이 태과하면 의심이 많아 의처증이나 의부증이 생기기 쉽고, 여자의 경우 자신이 소실이거나 남편이 소실을 둘 가능성이 높으며 나이 차가 많은 남자를 만나는 경우가 많다. 여자 사주에 비겁이 태과하면 내 남편에게는 다른 여자가 많다는 뜻이 되므로 여명에 비겁이 많고 관성과 합을 하면 남편이 첩을 두기 쉽다. 또 남명에 비겁이 많고 정재와 합이 되면 처가 부정하거나 자신의 의처증으로 인해 처가 견디지 못하고 가출하는 경우가 생긴다.

예) 庚壬壬丁 乾   壬癸壬丁 坤
    子子寅未   子亥子未

* 남자의 경우 비겁이 태과하면 외모가 뛰어난 여자를 아내로 맞이하는 경우가 많지만, 일방적이거나 가부장적인 처세로 그 처는 항상 불안한 생활로 불만이 가득하고 결혼에 실패한 경험이 있는 여자나 화류계 출신의 여성을 아내로 만나는 경우가 많다. 예외로 부부 사이가 원만한 경우에는 처의 건강에 문제가 생긴다.

* 비겁 태강의 사주는 재성을 극하므로 부친이 일찍 돌아가시거나 부친의 덕이 없어 어릴 때부터 객지 생활을 하거나 가정을 떠나 생활하는 경우가 많다. 반대로 부친과 함께 사는 경우에는 사이가 좋지 않아 부자지간에 불화하기 쉬우므로 이런 사람은 장남이라도 분가해서 사는 것이 좋다.

* 이복형제나 이성형제가 있는 경우가 많으며, 친어머니 외에 따로 어머니라고 부를 사람이 있는 경우가 많고, 형제간이나 친구로 인한 피해는 필연적이라 하겠다.

(2) 식상이 편중되거나 혼잡한 사주의 특성

* 사주에 식상이 旺하면 인정이 많고 희생과 봉사 정신이 강한 스타일로 자신이 좋아하는 일에는 어떤 희생도 감수하며 봉사하거나 돕는데, 자기 기준에 벗어나거나 싫어하면 얼굴을 보는 것조차도 싫어하는 이중적인 면이 있다.

* 식상이 편중되면 총명하고 아이디어와 기교가 뛰어나나, 자기의 두뇌가 뛰어나다는 생각으로 자아도취에 빠져 오만하거나 남을 무시하고 허풍이 세며 반항적인 기질이 다분하고 파격적이거나 자유방임주의적인 성격으로 구설과 시비가 많이 따른다.

* 식상이 많으면 간섭과 규제를 싫어해 조직에서는 아웃사이더이거나 방관자이면서도 남의 일에 간섭하기를 대단히 좋아한다. 그런고로 남의 일은 잘해 주고 또 남의 일을 책임지고 맡아서 할 경우에는 좋은 성과를 거두지만 정작 자신의 일은 잘 못하는 경우가 많다. 특히 사주에 식상만 많고 재성이 없거나 약할 경우 이런 현상이 두드러진다.

* 사주에 식상이 혼잡하고 많을 경우 요란하면서도 변덕스럽거나 변태적인 성격이 간혹 나타난다. 예로 자기가 주최하거나 마련한 회식자리에서도 중간에 사소한 이유로 토라지거나 화를 내서 분위기를 망치거나 다른 사람들에게 민망함을 주며, 그렇지 않을 경우 자기가 베풀었다는 티를 내어 사람들의 자존심을 상하게 해 잘해 주고도 욕을 먹는 경우가 있다. 특히 식신이 편인에 상충되었을 경우 그런 예가 많다.

* 식상이 많으면 허세를 부려 소위 시시한 사람하고는 인간관계를 기피하는 성격이 있으며, 자기는 없으면서도 관직이 높은 사람이나 명망이 있는 사람과 사귀려고 하는 경향이 많다. 특히 年月에 상관이 많은 경우 이러한 성질이 두드러지게 나타난다.
또한 계획한 일은 편법을 사용하거나 불법을 저지르면서도 일을 벌이거나 재물을 탐하는 경향이 있는데, 도리어 화를 당하거나 관재를 겪는 경우가 많다.

* 여명에 식상이 편중될 경우 부모나 윗사람 또는 주위의 조언이나 권유를 무시하고 자신의 판단에 의하여 배우자를 고르는 경향이 있어 책임감이 없거나 불안정해 보이는 사람을 좋아하며, 사회 통념상 이해하기 힘든 유부남이나 이혼한 사람 또는 나이 차이가 많은 年下의 남자나 성직자 등을 좋아하여 부모나 주위 사람들의 반대에 부딪히는 일이 많다.

* 사주에 식상이 태과하면 남녀 모두 자식 문제로 걱정을 많이 하게 된다. 여자의

경우에는 자연유산이나 자궁 외 임신 등으로 인한 출산에 문제가 따르며, 자식을 낳고부터 남편과 사이가 멀어지거나 이별 또는 사별하는 경우가 생기고, 남자의 경우에는 당대에 절손이 되거나 아니면 자식이 잘못되는 경우가 많다.

* 식상이 많을 경우 기예가 뛰어나 예술이나 창작 활동 또는 특수한 기술직에 종사하는 경우가 많다. 그러다 보니 자신의 사회 활동에 치우쳐 결혼을 뒤로 미루거나 독신주의를 고집하는 경우가 있다. 또한 파격적인 일면도 빼놓을 수 없는 특성으로 자기의 목표나 이익을 위해서는 다른 사람들의 이목을 무시하고 목적 달성을 위해서는 부적절한 관계에서 육탄 공세로 성적인 기교와 테크닉을 무기로 삼는 경우도 있다.

* 남자의 경우 뛰어난 언변으로 여자를 다루는 재주가 좋아 여성 편력이 심한 경향이 있으며 투기나 도박 등 불법으로 인한 망신과 관재가 따르기 쉽다. 가정적으로는 처가 가권을 가지거나 장모를 모시고 사는 경우가 많고, 본처에서는 아들을 낳기가 힘들고 소실 득자하는 경우가 많다.

(3) 재성이 편중되거나 혼잡한 사주의 특성

* 재성이 많은 사람은 사교성이 있어 친구가 많은 사람으로 언제나 이야기 소재와 화제가 풍부하여 주변 사람을 즐겁게 해 주며 다정다감하고 부드러워 남에게 친절을 잘 베푸는데, 단점이라면 꼼꼼하지 못하고 덜렁거리는 성격이 있다. 또한 정이 많다 보니 자기와 상관없는 일에도 인정에 얽매여 끌려가는 경우가 많다. 한마디로 말해 사람 좋다는 소리는 많이 들으나 실속이 없는 경우가 많으며 쥐뿔도 없으면서 큰소리치거나 허세를 부리는 일이 많고, 능력이나 분수에 넘치는 소비나 지출을 하는 경우가 많다.

* 재성이 태과한 사람은 재물에 대한 집착이 강해 재물을 모으는 일에 전념하거나 무리한 재물 욕심으로 자꾸 사업을 벌이는 경우가 많은데 돈을 벌기는커녕 빈털터리가 되거나 도리어 화를 당해 관재가 따르며, 노력은 많이 하나 결실이 없는 경우가 많다. 대부분 자기 능력이나 여건을 무시하고 욕심에 사로잡혀 분수에 넘게 일을 저지르다보니 잘되기는커녕 주위 사람들에게까지 피해를 주게 된다. 그러다 보니 자포자

기해서 주색에 빠지거나 엉뚱한 사고를 많이 일으킨다. 이는 재성이 태과하면 계획성과 사고력 그리고 인내심에 해당하는 인성이 파괴되는 탓이라 하겠다.

* 재성이 많고 일주가 약한 경우를 재다신약이라 하는데 한마디로 그림의 떡과 같아서 보기에는 좋고 쉽게 먹을 수 있을 것 같으나 매사에 결과는 약한 경우가 많다. 고로 재성이 편중된 사람은 항상 돈이나 여자로 인하여 재앙이 따르기 쉬우니 자기가 감당할 능력이 없는 일은 아예 쳐다보지도 말아야 한다. 매사에 탐욕이 실패의 원인이 된다는 것을 명심해야 한다. 특히 공직이나 직장 생활을 하는 사람은 뇌물이나 여자 스캔들로 인한 문제가 발생하니 주의해야 한다.

* 태과한 재성은 인성을 剋하므로 학마살이라 부른다. 고로 학업이 부진하게 되고 중간에 전공을 바꾸거나 중퇴하는 경우가 많다. 특히 학창 시절에 재성운이 오면 이성에 대한 관심이 높아져 멋을 내고 친구들과 어울려 노는 데 정신이 팔려 하라는 공부는 안하고 용돈이나 유흥비 마련을 위해 가출을 하거나, 아르바이트를 한답시고 친구들과 어울리다 보니 청소년 범죄의 유혹에 빠져 관재를 당할 우려도 있다.

* 재성이 태과한 남자의 경우, 활동력이 있고 능력이 있는 처를 만날 수 있으나 달리 말하면 성격이 드센 부인을 만나거나 악처를 만나 경처가 되기 쉽다. 그리하여 처가 가권을 쥐고 자기는 허울 좋은 백수가 되거나 마누라 눈치를 보며 사는 경우가 많다.
그렇지 않을 경우에는 일찍 상처를 하거나 가는 곳마다 여자가 따라 팔도에 첩을 두고 여자에게 의지하여 살아가는 경우가 있다. 이런 재다신약 사주에서 정재가 旺하면 본처가 첩을 인정 못하거나 처가 억세어 첩을 얻지 못하는 경우가 있는데, 편재가 旺하고 정재가 약할 경우 본처가 첩에게 밀려나 첩이 안방을 차지하거나 첩에 의지하여 사는 경우가 생긴다.

* 재다신약 사주는 비겁운에 발복한다고 한다. 그러나 재다신약 사주에 비겁운이 오면 사회적인 면이나 금전적인 면은 다소 좋아질 수 있으나 가정에는 풍파가 생기거나 깨지기가 쉽다. 왜냐하면 평소에는 마누라한테 눌려 살다가 이제 자기의 힘이 좀 강해지니 처에게 큰소리를 치게 되고 그러다 보니 자연히 싸움이 되고 이혼이 되는

경우가 생긴다. 아니면 주색잡기에 빠지는 경우도 생긴다.

* 재성이 편중된 남자는 고부간의 갈등이 심해서 난처한 입장에 처하게 되는 경우가 많다. 왜냐면 인성은 어머니이고 처는 재성이므로 강한 재성이 인성을 극하려 하고 어른인 시어머니가 며느리한테 안 지려고 하기 때문에 자연히 사이가 나빠지고, 인성인 어머니는 일주인 자신을 생하므로 자꾸 자기를 부추기고 닦달하여 재성을 극하게 하니 자기는 중간에 끼어서 이러지도 저러지도 못하는 상황에 처하게 된다.

* 재성이 편중된 사주는 조실부모하거나 서출인 경우가 많으며, 아버지의 배다른 형제가 많다는 얘기도 된다. 명주가 태어나면서부터 집안이 기울거나 몰락하는 경우가 많으며, 특히 사주에 재관이 모두 태과할 경우에는 부모와 처자식 그리고 재물 등 세속의 인연이 약하므로 속세를 등지고 승도지명(僧道之命)이 되기도 한다.

* 여자도 재성이 태과하면 좋지 않다. 재성이 태과하면 대부분 신약한 사주인데 거기에 재성이 관성을 생하면 자기는 더욱 약해지고 관성은 강해져 관성으로부터 심한 극제를 당하기 때문에 남자한테 온갖 정성을 다하여 내조하더라도 결국은 배신을 당하는 경우가 많다. 또한 재성은 시어머니이므로 성격이 까칠한 시어머니를 만나 시집살이를 고달프게 하거나 두 분의 시어머니를 모시는 경우도 있으며, 남편궁도 아름답지 못하여 재가 아니면 소실이 되는 경우가 있다.

(4) 관성이 편중되거나 혼잡한 사주의 특성

* 관살이 혼잡되어 태과할 경우 가난한 집안이나 천한 가문에서 태어나는 예가 많다. 출생과 동시에 버림당하여 가족의 사랑을 제대로 받아보지 못하고 성장하여 항상 불안, 초조한 상태로 스트레스성 정서장애나 피해 망상적인 정신질환에 시달리는 경우가 있고 심하면 극단적인 사고를 내거나 불구가 되고 항상 질병이 떠나지 않아 건강도 부실하게 된다. 천성적으로 일복을 타고나 가정이나 직장에서 궂은일은 도맡아 하면서도 좋은 소리를 듣기는커녕 억울하게 누명을 쓰거나 배신을 당하고, 직장은 위험하거나 힘들어 남들이 기피하는 이른바 3D 업종에서 근무하거나 죽도록 일하고 급여도 제대로 못 받고 쫓겨나는 신세가 되는 경우도 있다. 관살이 태과한 학생의 경우

는 왕따를 당하기도 하며 중도에 학업을 중단하는 경우도 생긴다.

* 남자의 경우 자손과 처궁이 불미하여 동서에서 得子하거나 불효자식을 두게 되며, 자식을 낳고부터 되는 일이 없고 재산마저 감소하고 망하는 예가 생기며, 아들보다는 딸을 많이 낳게 되고 심한 경우 무자인 경우도 있다. 또한 악처를 만나거나 무능한 처를 만나 고생하게 되고 처로 인해 파재나 관재가 생기는 경우도 있으며, 결혼 전까지는 잘 나가다가도 결혼한 후나 자식을 낳고부터 직장 변동을 자주하거나 승진이 잘 안 되고, 조기 퇴직을 당하거나 구조 조정의 대상이 되기도 한다. 그렇지 않을 경우 고질병에 시달리는 경우를 흔히 본다. 이는 재가 재생살이 되어 더욱 흉하게 작용하는 까닭이다. 즉 안 그래도 나를 괴롭히는 관살 때문에 힘이 드는데 재성은 관살을 또 생해 주고, 자식에 해당하는 관성은 다시 관살의 힘을 가중시키는 역할을 하기 때문이다. 이런 경우에는 자녀가 성장한 후에 처와 자식이 결속하여 자신을 따돌리거나 괴롭히는 경우도 간혹 있다.

* 관살이 태과한 사주는 매사에 자신감과 독립심이 약하고 남에게 의지하려는 생각이 많아 사업은 불가하다. 사업을 하게 될 경우에는 중간에 실패하여 그만두거나 재물을 탐하다가 오히려 화를 당하게 되고, 그렇지 않을 경우 관재사고의 연속이거나 경제적으로 성공을 하면 건강을 상하는 경우가 많다. 그래서 결국 허송세월로 일생을 보내거나 종교에 귀의하는 경우가 생긴다.

* 여자도 관살이 태과하면 대단히 나쁜데, 관성은 남편이 되므로 남편 덕이 없으며 이혼 아니면 상부하게 되어 여러 번 결혼을 하게 되는 경우가 생긴다. 경우에 따라서는 남자에 대한 혐오감을 가지거나 피해 망상적인 히스테리가 있어 결혼을 하지 않고 독신으로 지내는 수도 있다. 그러므로 원만한 결혼 생활을 기대하기 힘들고, 내 것 주고 뺨 맞거나 억지 결혼에 평생을 후회하며 지내거나, 혹 강간이나 성폭행 등의 후유증으로 정신질환을 앓는 경우도 있다. 결혼 후에는 정신 질환, 두통, 신경통 등 질병을 얻어 고생하는 경우가 많고, 시어머니와 불화한다. 한마디로 박복한 여자로 소실이 되거나 화류계에 몸을 담게 되는 경우가 많은데, 간혹 종교에 귀의하여 정결하게 사는 사람도 있다.

* 보편적으로 正은 길하고 偏은 흉하다고 하지만 오히려 그 반대 현상이 일어나는 경우도 많이 있다. 관성도 마찬가지로 예를 들면 일주가 태약할 경우에는 정관도 흉이 되나 일주가 강왕하면 편관도 길성 역할을 하게 된다. 정관도 너무 많으면 편관칠살의 작용이 나타나고, 편관도 제화가 잘 되어있고 희용신이 될 경우 정관의 역할을 할 수 있는 것이다. 그러나 사주에 정관이 없어 편관으로 대용할 경우 편관은 어디까지나 편관이라는 것을 알아야 한다.

* 사주에 관살혼잡이 되어 있어도 나쁘게 보지 않는 경우가 있는데, 첫째는 사주가 신왕한 경우이다. 신왕한 사주는 어지간한 관살은 무서워하지 않고 오히려 활용하기 때문이다. 둘째는 혼잡한 관살 중 어느 한쪽이 합거 또는 충거되었을 경우인데 이를 거살유관(去殺留官) 또는 거관유살(去官留殺)이라 한다. 예로 연간의 편관과 월간이 합을 하고 시간에 정관만 남아 있다면 거살유관이 되고 그 반대의 경우는 거관유살이 되는데, 이와 같은 경우는 관살혼잡의 폐단이 없어지고 사주가 깨끗해진다.

* 칠살을 다스리는 방법
① 살인상생: 인성으로 칠살의 기운을 빼내 일주를 생하게 하여 오히려 일주의 근원이 되고 보급로 역할을 하게 하는 방법으로 이른바 탐생망극을 이용하는 것이다. 이는 덕이나 자비심 또는 신앙으로 칠살을 교화시키는 것과 같다. 고로 살인상생된 칠살은 어지간해서는 일주를 배신하거나 극해하는 일이 없다.
② 합살: 다른 육신이 칠살을 합거하는 방법으로 합이 되면 칠살이 묶여 있거나 변하여 흉한 작용을 하지 않는다. 예를 들어 丙火 일주의 칠살인 壬水를 겁재인 丁火가 丁壬合하여 살을 인으로 변화시키는 경우인데, 이를 두고 양인합살 또는 살인상정이라고 한다.
③ 식상제살: 살인상생 또는 합살의 요건이 갖추어지지 않았거나 통하지 않을 경우, 식상을 사용하여 제살시키는 방법이다. 사주에 관살이 혼잡되어 있을 경우 식상은 일주의 강약을 떠나 대부분 일주의 편이 되어 보이지 않게 일주를 도와주는 역할을 한다고 보아도 큰 무리가 없다.

(5) 인성이 편중되거나 혼잡한 사주의 특성

* 인성이 태과하면 명예와 체면을 중시 여겨 단정하고 느긋하며 자비심이 많고 이론적인 면이 두드러지고 다재다능한데, 나쁘게 말하면 무사안일주의로 게으르고 매사에 타인을 무시하고 본인 위주로 행동하며 쓸데없는 고집을 피우거나 이론을 앞세우고 따지기를 좋아한다. 한마디로 말해 아는 게 병이 되고 자존심이 강해 자기본위주의적이다. 그러나 공부하고 배운 만큼 제대로 활용하지 못하거나 나태하고 될 대로 되라는 식의 생각으로 간혹 독신주의를 고집하거나 종교에 귀의하는 사람이 있고, 한 가지 일에 매진하기 힘들어 어느 정도 일을 성사시키거나 진행하면 또 다른 일을 벌이거나 전공 또는 직장을 자주 바꾼다.

* 인성이 혼잡하거나 편중된 사주는 대부분 어머니가 가권을 쥐게 되어 생활을 위해 이리 뛰고 저리 뛰는데, 아버지는 생활력 강한 모친에 비하여 경제력이 무능력하거나 성품은 호인이지만 풍류객 같은 생활을 하는 경우가 많다. 고로 아버지가 첩을 두기 쉬워 부모가 불화하며 계모슬하에 자라게 되기 쉽고, 그렇지 않을 경우 아버지가 먼저 돌아가셔서 편모슬하에서 자라는 예가 많다.

* 인성은 식상을 극제하므로 인성이 태과하면 도식이 되거나 상관상진(傷官傷盡)이 되어 성격이 아주 까다롭거나 많은 화를 자초한다. 예를 들면 남한테 싫은 소리를 안 하는 점은 좋은데, 자신의 속내는 드러내지 않으면서 남의 속을 떠보려 하거나 자신의 행동은 아랑곳하지 않으면서 다른 사람이 잘난 체를 하거나 좀 튀는 것을 보지 못하고 타인과 불화한다. 고로 인성이 태과하면 서비스업은 하지 않는 게 좋다. 왜냐면 식상을 극제하기 때문에 서비스 정신이 약하기 때문이다. 인성이 태과하면 돈 버는 데 악착스럽지 못하고 남에게 아쉬운 소리를 못할 뿐더러 손님이나 아랫사람에게 친절하지 못하고 훈계하려 하고 자기 의견만 늘어놓는 경향이 있다. 또한 매사에 시작은 잘하나 끝이 없고 행동이나 실천보다는 계획과 이론만 앞세우는 것도 단점이 된다. 고로 직업으로는 교육, 의약, 종교, 역술, 문학, 예술 체육 등 활인업 쪽에 인연이 있다.

* 인성은 식상을 극제하기 때문에 인성이 태과한 여자의 경우 자녀의 순산이 어렵거나 조산아를 낳기 쉬우며, 주로 딸을 낳는 경향이 있다. 그리고 태과한 인성은 관성의 기운을 盜氣하기 때문에 남편을 잘 받들거나 섬기지 못해 불화하기 쉽다. 고로 남편보다는 자신 위주로 생활하며 성격도 고집불통에 게을러 늦잠을 좋아하고 말만 나오면 친정 자랑이나 하는 스타일로 살림살이를 잘 못하는 경우가 많다. 또 반대로 친정 때문에 근심 걱정이 떠나지 않거나 친정 어머니를 모시고 사는 경우가 많으며, 때로는 친정 식구의 지나친 간섭이나 방해로 부부 생활에 지장이 있는 경우도 있다.

　* 남자의 사주에 인성이 편중될 경우에도 역시 자식을 늦게 두거나 절손될 우려가 있다. 그 이유는 자식인 官星의 氣를 盜氣하기 때문이요, 또 食傷이 손자에 해당하는데 인성이 태과하면 식상을 극제하기 때문이다. 그리고 일지에 인성이 있고 태과하면 마마보이가 되기 쉬우며 모처 간의 불화가 있기 쉬운데 어머니의 간섭 때문에 부부간에 이혼하는 경향이 많다. 특히 인수격은 첩이나 애인은 좋아하면서도 본처와의 사이가 좋지 않은 경우가 많은데 이는 가히 운명적이라 하겠다. 이런 면에서 본다면 인성이 태과한 사주는 부모의 곁을 떠나 독립하는 편이 훨씬 더 좋은데 이상하게도 그렇게 잘 되지 않는다.

　* 인성이 태과한 사주도 사업을 하는 경우가 간혹 있는데 이런 사람은 무리한 사업 확장, 부동산 매매, 보증 또는 서류의 착오, 사기 문서로 인해 큰 실패를 겪는 수가 꼭 한 번은 있으니 매우 신중한 자세가 필요하다. 건강 면으로는 소화기나 생식기의 고질병으로 허약한 경우가 있다.

5장. 간지 합충론

(合)

✦ 1. 합의 의의

합이란 음양과 오행이 다른 干支 間의 기운이 서로 어울리고 결합하여 또 다른 기운과 작용을 만들어 내는 것을 말한다. 즉 소리를 내기 위해서는 두 손바닥을 마주 하듯이 어떤 목적을 이루기 위하여 주변의 협조를 도모하거나 끌어당기는 것으로 한 오행이 다른 오행의 기운과 합하는 것이다.

합이 된 후에는 본래 간지 오행의 성질이 변하는 경우가 있고 때로는 합으로 서로를 묶어놓고 있는 상태가 되기도 하며 또는 한쪽 오행의 세력이 강해지거나 아예 전혀 다른 오행을 생산하는 경우가 있다. 그러므로 합이 되면 어떻게 변화하는지 세밀히 살펴야 하는데, 주의할 점은 단순하게 합이 되는 간지만을 보고 판단하지 말고 주위의 다른 간지와의 조화를 잘 보고 판단하여야 한다는 것이다.

우리가 평소 사용하는 오행을 正五行이라 한다면 합하여 변화한 오행을 化氣五行이라 한다.

합에는 천간합과 지지합(삼합, 육합, 방합)이 있지만 합의 조건과 상태에 따라 명합, 암합, 근합, 원합, 쟁합, 투합, 진합, 가합 등 여러 가지 상황이 있으니 잘 살펴야 한다.

✦ 2. 천간합

천간합은 일명 간합이라고 하는데 부부지합 또는 애정지합이라고도 한다. 甲, 丙, 戊, 庚, 壬 다섯 개의 陽干과 여섯 번째 陰干들이 합하는 것으로, 원래는 상극의 관계이나 서로 극제하지 않고 마치 陽은 陰을 취하고 陰은 陽에 의지하여 사랑하는 남녀가 부부가 되듯이 음양이 다른 상극하는 천간끼리 화합하고 일체가 되는 것이다. 옛말에 '고양불생(孤陽不生)이요 고음불성(孤陰不成)'이라고 한 것처럼 陽만으로는 物을 생산하지 못하고 陰만으로도 物을 성장시키지 못한다는 이치를 말하는 것이 干合이라 하겠다. 그러므로 간합은 명리학에서 아주 중요하게 다루어야 하는 변화 작용이다.

천간은 그 사람의 직업이나 대인관계, 사회성과 정신적인 변화를 파악하는 중요한 요소가 되는데 이 천간의 변화에서 가장 큰 영향을 미치는 것이 바로 천간합이라고 하겠다. 이처럼 천간합은 사주원국에서의 변화는 물론 운로의 길흉변화에도 커다란 작용력을 미치므로 결코 소홀해서는 안 된다.

〈天干合의 종류〉
甲己 合化 土 - 중정지합(中正之合) - 작용의 정지
乙庚 合化 金 - 인의지합(仁義之合) - 세력의 강화
丙辛 合化 水 - 위엄지합(威嚴之合) - 새로운 변화
丁壬 合化 木 - 인수지합(仁壽之合) - 방향의 전환
戊癸 合化 火 - 무정지합(無情之合) - 이동과 변동

(1) 甲己 合化 土

甲은 陽木으로 그 성정이 어질고 천간의 첫 번째로서 우두머리의 기질이 있고 己는 陰土로써 그 성정이 순박하고 정직하며 포용력이 있어 모든 만물을 기르고 포용하는 덕이 있으므로 갑기합을 中正之合이라 한다.

사주에 갑기합이 있고 음양오행이 조화를 잘 이루고 있으면 마음이 너그럽고 매사에 공명정대하며 품위와 절도가 있어 주위 사람으로부터 존경과 칭찬을 받는데, 사주에 이 합이 있더라도 오행이 무기하거나 혼탁하면 오히려 반대로 성을 잘 내거나 너무 강직하여 굽힐 줄 모르는 단점이 있다.

(2) 乙庚 合化 金

乙은 陰木으로서 그 성정은 착하나 너무 유약하고, 庚은 陽金이라 그 성정이 강건하여 굽히지 못한다. 사주에 을경합이 있고 음양오행이 조화를 잘 이루고 있으면, 強柔가 조화를 이루고 仁義를 겸비한 것과 같아서 과감, 강직하며 의리 있고 진퇴가 분명하며 용모가 단정하고 수려한 경우가 많다.

그러나 반대로 사주가 편중되고 합한 오행의 변화 기운이 쇠하거나 혼탁하면 자기만 옳다고 여기거나 남을 무시하는 독불장군이 되고 매사에 과단성과 용맹이 넘쳐 극단적인 행동으로 사고를 치는 때도 있다.

(3) 丙辛 合化 水

丙은 陽火로서 휘황하게 빛나고, 辛은 陰金으로서 살생을 주도하므로 위엄지합이라 한다. 사주에 병신합이 있으면 외모가 위엄이 있어 뭇 사람들을 제압하는 힘이 있다. 그러나 사주가 편중되었을 경우에는 성격이 잔인하거나 냉정한 면이 있으며, 또 사주에 다른 악살이 있으면서 오행의 조화가 이루어지지 않았을 경우엔 은혜를 모르고 의리가 없으며 뇌물을 좋아하거나 호색하는 경향이 있다.

(4) 丁壬 合化 木

丁은 陰火로서 하늘의 별이요, 땅에서는 촛불에 비유하고 壬水는 陽水로서 海水와 밤에 비유하는데, 정임합은 음화인 丁火가 밤에 해당하는 壬水 정관과 은밀하게 합하는 것과 같다 하여 음란지합이라고도 한다.

여자 사주에 정임합이 있고 육신이 편중되면 애교가 많고 마음이 쉽게 흔들려 남자의 유혹에 쉽게 넘어가거나 음란하다 하여 꺼리는데, 남자의 경우나 사주가 음양오행의 조화를 잘 이루고 있으면 다정다감하고 정신력이 뛰어나며 인자한 성품으로 귀한 命으로 본다.

(5) 戊癸 合化 火

戊는 陽土로서 태산과 같고, 癸는 陰水로서 촉촉한 이슬비와 같으니 마치 늙은이와 젊은 여자가 합한 것처럼 정이 없다 하여 무정지합이라고 한다. 사주에 무계합이 있고 오행이 편중되면 매사에 유시무종하고 우매하기 쉬운데, 한편으로는 태산에 비가 온 후에 무지개가 떠 있는 형상처럼 용모가 아름답고 화사하며 사치를 좋아하는 성정도 있다.

(6) 천간합의 특성

이상과 같이 천간합은 각기 저마다 본래의 뜻이 있으나 그것보다는 두 오행이 합함으로써 본래 자기가 해야 할 일을 잊어버리고 다른 쪽으로 끌려가거나 묶이게 되는 결과를 낳으니 세밀히 관찰해야 한다. 그러기 위해서는 천간합이지만 지지의 상황과 주변 천간의 상황을 자세히 살펴야 한다. 사주에 합이 있다 해도 전부 합으로 볼 수 없으며, 합하여도 반드시 다른 오행으로 변하는 것은 아니기 때문이다.

예를 든다면 丙火와 辛金이 合하려 하나 丙과 辛의 사이에 壬水가 있어 丙火을 剋한다면 丙과 辛은 壬水의 방해로 합이 되지 못하고, 또한 丙辛의 사이에 丁火가 끼어 있어도 丁火 겁재가 합을 방해하여 합하고자 하는 뜻은 있으되 합하지 못하니 수의 생산도 되지 않는다.

또 辛金이 丙火와 합하려 할 때 辛金 옆에 또 다른 丙火가 있으면 이를 爭合이라 하여 합이 되지 않는다. 그러나 丙火의 양쪽으로 2개의 辛金이 있을 때는 妬合이라 하여 합의 작용력이 발생한다. 예로 남자는 여자 2명을 거느리고 살 수 있지만 여자는 한 집에서 남자 둘을 함께 거느리고 살 수 없는 경우와 비유하면 된다.

다음으로 천간합과 지지와의 상관관계를 예로 든다면, 천간에 乙庚合이 되었더라도 지지에 寅午戌이나 巳午未로 火局이 있다면 假合, 즉 불안한 합으로서 합의 작용력이 없어진다. 천간합도 월령을 얻고 천간에 합화된 오행이 투출되었을 때 眞合으로서 합의 작용력이 제대로 나타나며 합화하는 오행으로 변할 수 있다.

이는 남녀가 서로 사랑하여 결혼을 하고자 하나 부모 형제나 친구 또는 라이벌이 중간에 끼어들어 가로막는다면 쉽게 결합하지 못하는 이치와 같으며, 또 남녀가 한곳에 있다 하여 다 결합하는 것은 아니고 남녀가 결합한다고 해서 반드시 2세를 생산하지는 않는 것과도 같은 이치이다.

✦ 3. 지지육합

천간이 음양으로 합을 하는 것처럼 지지도 음양이 만나 합을 이룬다. 천간합이 정
재와 정관의 부부합으로 음양이 다른 서로 상극하는 오행이 합을 한다면, 지지육합은
12지지를 방위에 따라 지구에 배치했을 때 같은 위도상의 횡적인 합을 한 것으로 子
丑合, 寅亥合, 卯戌合, 辰酉合, 巳申合, 午未合의 6개가 있다.

地支六合 역시 天干合처럼 두 오행이 합하여 다른 오행으로 변하지만 실제로 사주
를 분석할 때 나타나는 현상은 이론과는 큰 차이가 나기 때문에 혹자는 지지육합을
무시하는 경우도 있는데, 지지육합이 사주의 어느 위치에 있는가와 어느 오행의 세력
이 사주를 주도하고 있는가에 따라 합화된 오행의 기세를 판단할 수 있다.

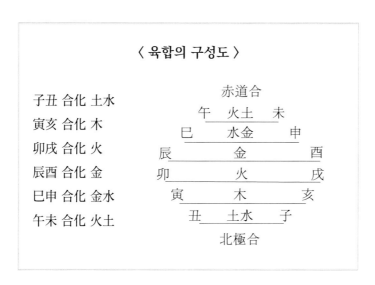

〈 육합의 구성도 〉

子丑 合化 土水
寅亥 合化 木
卯戌 合化 火
辰酉 合化 金
巳申 合化 金水
午未 合化 火土

赤道合
午　火土　未
巳　　水金　　申
辰　　　金　　　酉
卯　　　火　　　戌
寅　　　木　　　亥
丑　　土水　　子
北極合

(1) 子丑合 土 [水]

子水와 丑土가 만나면 合化하여 土가 되는데, 너무 습하고 냉하여 일명 북극합이라
고도 하며 水로도 본다. 보통 子丑은 합하여 土로 변한다고는 하나 亥, 子, 丑月에 子
丑合이 이루어지거나 사주에 金水의 세력이 강왕할 경우에는 子丑合은 水로 보아야
할 것이다. 계절과 시간으로 보더라도 子丑月에는 모든 생명체의 생장이 움츠러들고
씨앗의 형태로 있는 때이며 子丑時에는 모든 활동이 중단된 한밤의 시간이다. 그러므
로 자축합은 상황에 따라 土도 되고 水도 된다.

(2) 寅亥合 木

寅亥合은 亥水가 寅木을 水生木하여 合力이 매우 强하다. 寅亥合은 生合으로 육합 중에서 合力이 가장 강한데, 六合인 동시에 破도 되어 寅亥는 先合後破가 된다. 선합후 파란 합이 파의 작용보다 더 강하기 때문에 合이 먼저 일어나고 나중에 破의 작용이 약하게 나타나는 것을 말한다.

(3) 卯戌合 火

卯木과 戌土가 합하면 火가 되는데 합화된 火의 작용력은 미약하다. 木剋土로 극합 이 되는데, 여기서 火의 작용은 불이 아니라 뜨거운 기운인 열기 정도로 판단하면 된 다. 한편 卯戌合을 도화지합 또는 음란지합이라고도 하는데, 그 이유는 도화살에 해당 하는 卯가 창고에 해당하는 戌土에서 은밀하게 만나 熱을 내는 것에 비유한 것이다.

(4) 辰酉合 金

辰土가 酉金을 만나면 金으로 변한다. 辰酉合 역시 生合으로 합의 작용력과 합화된 오행인 金의 기운이 강하게 나타난다. 지지육합 중에서 합력이 가장 강한 것 중의 하 나이다.

(5) 巳申合 水 [金]

巳火와 申金이 만나면 水로 된다. 그러나 이는 조금 달리 생각해 볼 바가 있다. 巳火 는 戊土가 여기로 남아있고 庚金의 장생지가 되므로 巳火와 申金이 合하면 金의 기운 이 강해진다고 생각할 수도 있다.

(6) 午未合 火 [土]

子丑合이 북극합이라면 午未合은 적도합이라 하겠다. 오미합은 火土가 同宮이므로 不合하거나 또는 不化한다는 이론이 있고 火나 土로 변한다는 이론도 있으나 작용력 이 별로 없는 합이라 하겠다.

✦ 4. 지지삼합

干合과 地支六合이 음양의 합이라고 한다면 三合은 3개의 地支가 합하여 강력한 기운을 형성하는 것으로서 이익단체나 주식회사와 같은 성격으로 천간합이나 육합에 비해 광범위한 작용력과 강력한 힘을 발휘한다.

삼합은 각 지지가 따로 있을 때는 각자의 오행의 기운과 특성을 나타내나 일단 삼합을 하면 각 지지의 기운은 삼합국의 세력에 동화하거나 귀속된다. 그러므로 합의 형태에 따라서 작용력도 달라지고 변화가 많으니 깊고 정확한 이해가 필요하다.

(1) 삼합의 구성 조건

삼합은 각 지지가 순서대로 3칸씩 전진하여 합을 하게 되는데, 예를 들어 水의 장생지인 申에서 3지지를 전진한 子와 다시 3지지를 전진한 辰이 만나면 申子辰 삼합을 이루는데 그 중심 오행인 子水의 기운을 따라 水局을 이룬다. 亥卯未 木局과, 寅午戌 火局, 巳酉丑 金局도 이와 같은 이치인데, 완전한 三合이 되고 강력한 힘을 가지려면 3개의 지지가 모두 있어야 된다. 三合은 십이운성의 生旺墓의 3지지가 합하여 이루어진다.

(2) 삼합의 종류와 특성

1) 申子辰 合 水局

申子辰이 합을 하면 水局을 이루는데, 潤下라고도 하며 큰 江을 이룬다. 申子辰 삼합은 연못, 저수지, 댐, 해안, 항구, 바다, 상하수도, 수자원, 수력 발전소, 선박, 무역업, 외교, 비밀, 감옥, 죽음 등의 뜻으로 해석할 수 있다. 물은 어디에나 잘 흐르고 섞이는지라 유랑, 유흥을 뜻하기도 하는데 맑은 물이라도 삼합을 하게 되면 흙탕물도 섞이고 오염된 물도 섞여 출렁거리거나 소용돌이치며, 때로는 험난한 파도를 일으키거나 수해를 일으켜 초목을 상하게 하고 그 속에 사는 생물을 해치는 흉한 작용도 한다.

2) 亥卯未 木局

亥卯未가 합을 하면 木局이 되는데, 木은 위를 향해 뻗어나가는 성질이 있고 남에게 굽히길 싫어하며 한번 결정한 일은 좀처럼 뒤집지 않으려는 고집이 있어 曲直이라고도 한다. 해묘미 木局은 식물성 자원, 섬유류, 가구, 목재, 펄프, 건자재, 과수원, 농장, 문화예술, 문서, 학원, 교육, 육영 사업 등을 상징한다. 성실하고 창조적이며 인정이 많고 적극적이긴 하나 우월감과 자존심이 너무 강한 것이 단점이다. 큰 숲을 이루어 화초와 유실수, 동량목이 모여 있는 형태로 그 속에는 여러 종류의 곤충과 조류, 짐승이 살게 되고 계절에 따라 꽃과 열매가 있어 모습이 수시로 변하는 뜻도 내포하고 있으며, 때로는 비바람을 일으켜서 안정을 잃는 경우도 있다.

3) 寅午戌 火局

寅午戌은 삼합을 하여 火局을 이루는데, 열기와 빛을 발하고 확산의 기가 있어 炎上이라고도 한다. 정열적이고 화끈하며 규모가 크고 화려한 특성이 있어 음악, 미술, 예술과 정신, 문명, 스포츠를 상징하기도 하며 가스, 기름, 화학공업, 전기, 전자 제품, 예언, 종교, 문화시설, 사회사업을 뜻하기도 한다. 불같이 급하고 뜨거우나 이내 식어버리며, 바람을 동반하면 위세가 대단하나 금방 흔적도 없이 꺼지는 것처럼 과장이 심하며 오래 지속하지 못하거나 참을성이 없는 단점이 있다.

4) 巳酉丑 金局

巳酉丑이 합을 하면 金局을 이루는데, 단단하고 강하며 냉정하고 차가우나 義를 위해서는 생사를 불사하며 과감하고 신속하게 매사를 추진하고 상대를 정복하는 성질이 있어 從革이라고도 한다. 금속 자원, 금, 은, 보석, 철, 무쇠, 공구, 기계류, 중장비, 무기, 종합 제철소, 화폐 등과 같은 물상과 투쟁, 의협심, 통솔, 정복, 전쟁 등의 뜻을 내포하고 있다. 대인관계에서는 맺고 끊는 것이 확실해 정확하나 냉혹하여 좀체 자기의 속마음을 노출시키지 않는 단점이 있기도 하다.

(3) 준삼합(準三合), 반합(半合), 가합(假合)

삼합은 2개의 지지만 있어도 합이 되는 것으로 간주하는데 그 종류에는 준삼합과 반합 또는 가합이 있다.

예를 들면 申子辰 三合 중에서
가) 辰이 없고 申子만 있는 경우에는 준삼합,

나) 申이 없고 子辰만 있는 경우에는 반합,

다) 子가 없고 申辰만 있는 경우에는 가합이 된다.

　작용력의 강약도 위와 같은 순서인데, 이는 지지삼합이 자오묘유의 사왕지가 중심이 되어 이루어지기 때문이다.

　참고로 사주를 추명함에 있어서 사주의 간지를 두루 살피는 것은 물론이요, 또 간지를 서로 상대적으로 바꾸어서 해석할 줄 알아야 된다. 예를 들면 申辰은 가합이라 그 힘이 약한데 천간에 子水와 동일한 오행인 癸水가 투출하였다면, 이는 申子辰 三合과 같이 완전하지는 않아도 그와 버금가는 合力이 작용한다.

(4) 삼합의 구성과 강약의 순위

亥卯未 三合 木局

寅午戌 三合 火局

巳酉丑 三合 金局

申子辰 三合 水局

순위　　종류	1　眞合	2　準三合	3　半合	4　假合
木局	亥卯未	亥卯	卯未	亥未
火局	寅午戌	寅午	午戌	寅戌
金局	巳酉丑	酉丑	巳酉	巳丑
水局	申子辰	申子	子辰	申辰

✦ 5. 지지방합

　방합이란 동서남북 방위를 중심으로 하는 합인데 춘하추동 사계절의 기운이 함께 작용한다. 삼합과 같이 세 지지가 모여서 합을 이루는데 삼합과 다른 점이 있다면 삼합은 生旺墓의 오행이 서로 다른 세 지지가 합을 이루는 것인데 방합은 가까이 있는 같은 계절의 오행이 합을 이루는 것이다. 방합은 계절이 같은 3개의 지지가 모여 합을 이루는데, 예를 들면 봄에 해당하는 寅卯辰이 있으면 木방국이라 하여 木의 세력이 강해지고 東方을 나타내며 木의 강한 작용이 나타난다.

따라서 巳午未, 申酉戌, 亥子丑 등 각각 4개의 방국이 이루어지는데 방합은 합을 구성하는 3字 중 필히 1字가 월지에 자리하고 있어야만 된다. 만약 월지를 제외한 연지, 일지, 시지에 방합이 되는 3字가 모두 있다면 이는 방합으로 인정하지 않으며 2개의 지지만이 합을 이루는 요건과 작용력은 삼합에서와 같이 보면 된다. 삼합과 방합의 작용력을 비교하여 보면 지지끼리의 결속하려는 合力은 삼합이 강하고 오행의 세력은 방합이 더 강하다고 하겠다. 즉 삼합은 넓이가 넓고 방합은 깊이가 깊은 것과 같은 의미이다.

〈 지지방합 〉
寅卯辰 合 東方 木局 春節
巳午未 合 南方 火局 夏節
申酉戌 合 西方 金局 秋節
亥子丑 合 北方 水局 冬節

✦ 6. 암합

暗合이란 천간합이나 지지합처럼 겉으로는 드러나지 않은 지장간의 합을 말하는 것인데, 공개적으로 인정을 받지 못하는 비밀 단체나 몰래하는 내연의 사랑처럼 그 작용은 비밀스럽고 은밀한 것이다. 예로 사주의 지지에 亥와 午가 있다면 亥 중 壬水와 午 중 丁火가 丁壬合하는 것이나, 卯 와 申이 만나 卯 중 乙木과 申 중 庚金이 乙庚合을 하는 것 등이 암합이다. 그러나 辰戌丑未의 사고지는 형, 충 등으로 開庫가 이루어졌을 때만 암합이 성립된다. 예를 든다면 丑과 寅이 있는데, 丑土가 未土나 戌土의 형, 충을 만나 개고가 되어야만 丑 중의 己土와 寅 중의 甲木이 甲己合을 하게 된다.

✦ 7. 합의 종류

1) 合의 종류: 天干合 = 부부지합

        地支合 ① 六合: 유대결합(紐帶結合)

              ② 三合: 주식회사, 공동법인

              ③ 方合: 가족합, 종친회

2) 三合

    ① 眞三合: 三合의 地支 三字가 다 있는 경우

    ② 半　合: 四旺支와 生地나 庫地 중 1字가 있는 경우

    ③ 假　合: 子午卯酉의 四旺支가 빠진 경우의 合

    (단 天干에 四正氣가 透出하면 半合 수준으로 인정)

3) 근합: 합력이 강하며 길흉의 작용력도 重하다.

   원합: 합력이 약하며 길흉의 작용력이 가볍다.

4) **명합**: 천간과 지지끼리의 합처럼 공개적으로 하는 合

   암합: 지장간 속에서 비공개적으로 이루어지는 合

5) **쌍합**: ① 爭合 - 2개의 陽干과 1개의 陰干이 하는 合(不合)

          ② 妬合 - 1개의 陽干과 2개의 陰干이 하는 合(成合)

✦ 8. 합의 특성과 유의점

1) 쟁합이나 투합은 한사람을 두 사람이 서로 사랑하려는 형상으로 이럴까 저럴까 하는 마음이 있어 매사가 잘 이루어지지 않으며 망설이는 상태라 진퇴가 분명하지 못한 특성이 있다.

2) 천간합과 지지합이 같이 이루어지면 天地合德이라고 하여 君臣慶會之象에 夫婦

相集之象으로 성격이 원만하고 사람들을 잘 동화시켜 끌어들이는 능력이 있고 외교와
교섭에도 능란한 특성이 있다.

예)

```
 ┌木┐        ┌金┐
  壬  丁      庚  乙
  戌  卯      辰  酉
 └火┘        └金┘
```

3) 壬午, 丁亥, 戊子, 辛巳, 甲午 日柱 등은 천간과 지지가 서로 합을 하여 自化干合
이라 하며 복록이 후하고 부부 인연이 좋은 것으로 판단한다.

4) 과거에는 남자는 사주에 합이 많으면 외교와 사교 능력이 좋고 어느 곳에서나
인기가 있다고 해석하나, 여자는 合이 많으면 정절을 지키기가 어렵고 중혼을 면하기
어렵거나 음란한 명으로 보았다.

5) 삼합에서 공망이 있는데 행운에서 그 공망의 운이 오면 공망이 되지 않는 것으
로 보아 탈공이 되며, 육합에서는 공망이 있는데 그 공망의 행운이 오면 탈공은 되나
그 합력이 반감이 되고, 또 刑, 沖, 破가 있어도 합력이 반감된다.

6) 합 옆에 刑, 沖이 있으면 합을 방해하고 삼합 중간에 형, 충이 있으면 삼합이 이
루어지지 않는다.

예) ①
```
    申     寅     亥     巳
    ×    └─────┘    ×      : 합을 방해한 경우.
    沖     合     沖
```

②
```
    申     辰     午     子
  └─────┘         ×  │      : 삼합은 불성이다.
  │ 合         沖 │
  └──────────────────┘
```

7) 삼합은 충으로는 깨지 못하고 형으로만 깨뜨릴 수 있다. 삼합은 육합과 달리 세 오행이 합하여 하나의 강력한 오행으로 動하여 化한 개념과 같다. 그러므로 각 글자의 오행성분이 합한 오행으로 변화하여 강력하고 거대한 힘을 가지게 되는 것이다. 이처럼 삼합국을 형성하면 그 힘이 너무나 강하여 어지간해서는 그 세력이 꺾이질 않는다. 그러므로 사주에 완전한 삼합국이 있을 때는 충의 작용으로 그 합의 세력과 기운을 꺾을 수 없게 된다.

적천수에 旺者沖衰衰者拔(왕자충쇠쇠자발)이요, 衰神沖旺旺神發(쇠신충왕왕신발)이라는 이야기가 있다. 즉 힘이 강한 것이 약한 것을 沖하면 그 뿌리가 뽑히고, 쇠약한 것이 강한 것을 沖하면 강한 것이 다치기는커녕 오히려 더 성을 내고 발광을 하게 된다는 뜻이다.

사주원국에서 삼합국을 이루고 있는데 행운에서 충의 작용이 있을 때의 각 경우를 보면 아래와 같다.

* 寅午戌 삼합을 申이 충하면 쇠신충왕왕신발로 삼합의 작용이 깨지지 않고 오히려 화극금으로 申금이 다치게 된다.

* 寅午戌 삼합을 子가 충하면 또 위와 같이 쇠신충왕왕신발이 되어 오히려 子수가 反傷[역극]된다.

* 寅午戌 삼합을 辰이 충할 때는 火生土의 작용으로 沖의 작용이 나타나지 않는다.

* 申子辰 삼합을 寅이 충할 때는 水生木의 작용으로 충의 돌발 효과가 나타나지 않는다.

* 申子辰 삼합을 午가 충할 때는 쇠신충왕왕신발로 水剋火하여 午火가 沒한다.

* 申子辰 삼합을 戌이 충할 때는 쇠신충왕왕신발로 土剋水하지 못하고 水多土流로 戌土가 떠내려가는 현상이 생긴다.

이렇듯이 각 삼합은 沖으로는 삼합의 연대를 깰 수가 없다. 즉 삼합의 작용력이 없어지지 않으며 삼합 오행에 해당하는 육친이나 사주 주인공의 심리 상태, 직업, 사회성, 건강 등에 변화가 오지 않는다. 그런데 刑이 올 때는 쇠신충왕왕신발의 현상이 나타나지 않고 刑殺에 해당하는 오행의 육친이나 심리 상태, 사회성, 건강 등에 형살의 작용력이 발생하여 삼합의 연대가 깨지고 사주 주인공의 운명에 변화 작용이 나타나게 되는 것이다.

8) 합화한 오행이 길신일 때는 합의 길력이 크게 작용하고 흉신일 때는 흉한 작용이 크게 나타난다. 그러나 길신끼리 서로 합할 경우 처음에는 길하나 후에는 흉해질 소지가 있고 반대로 흉신끼리의 합은 처음에는 흉하나 나중에는 좋아질 수도 있다.

(沖)

✦ 9. 충(沖)의 의의

충이란 서로 정반대되는 방향의 오행끼리 충돌하여 발생하는 현상으로서 동과 서, 남과 북, 水와 火, 金과 木 등 서로 대립하는 오행끼리 부딪쳐 발생하는 작용을 말한다. 따라서 합과는 상대되는 개념이고 상극보다는 더욱 강하고 구체적인 작용을 한다. 합이 안정과 조화를 위해 서로 결합하여 다른 오행을 만들거나 또는 강력한 세력을 구성하는 작용이라면, 충은 조용히 있는 것을 부딪쳐 움직이게 하며 집합해 있던 것을 해산하거나 깨트려 변화를 일으키는 작용이다.

충은 일단 충돌, 해산, 분리, 파괴, 살상 등의 부정적인 작용을 하지만 때로는 발동, 충전, 분발, 개척, 가속 등을 통해 또 다른 생산의 역할을 하기도 하므로 무조건 충을 흉하다고만 생각해서는 안 된다. 충을 하여 오히려 전화위복이 되는 수도 많으니 오행의 변화는 물론 육친과 신살, 희신, 기신의 작용력을 자세히 살핀 후에 결론을 내려야 한다.

충은 합한 것을 충돌하게 하여 분리·변화시키는 작용이다. 간지가 모두 여섯 번째는 합한 것을 일곱 번째는 충돌하기 때문에 七沖이라고 한다. 합이 안정된 상태라면 충은 부딪쳐서 움직이는 상태이다. 충은 고요한 것은 움직이게 하고 모여 있는 것은 흩어지게 하며 이완된 상태를 긴장하게 하는 등, 조화를 깨트리며 공격하여 이산·파괴·살상을 일으킨다. 길한 것을 충하면 흉하나 흉한 것을 충하면 오히려 길하기 때문에 한 가지로만 판별하기는 곤란하다.

✦ 10. 천간의 충

충도 합과 마찬가지로 천간충과 지지충으로 구분한다. 천간은 천간의 배열에서 7 번째 만나는 천간과는 충이 되는데 그래서 칠충 또는 칠살이라고 한다.

천간충은 두 천간이 상극관계는 물론이요, 음양도 같다. 예를 든다면 甲과 庚은 충이 되는데 甲은 양목으로 십간의 첫 번째요, 庚은 그로부터 일곱 번째 나오는 양금으로 金이 木을 극하는 형태이다. 다음 乙木은 乙木에서 7번째 천간인 辛金과 충이 되고 丙火는 壬水와 충, 丁火는 癸水와 충이 되는데 나머지 戊와 甲, 己와 乙, 庚과 丙, 辛과 丁, 壬과 戊, 癸와 己 등은 충이라 하지 않고 상극이라 한다. 그러므로 천간충에는 甲庚沖, 乙辛沖, 丙壬沖, 丁癸沖이 있다. 천간충은 지지충에 비해 작용력이 신속히 발생하며 심리적인 갈등과 함께 직장이나 사업 등의 외형적인 변화와 대인관계의 변화를 나타낸다.

1) 庚金이 甲木을 沖하면 머리 상처·두통·간장 질환·안면풍·안질·풍상 등이 따른다.

2) 辛金이 乙木을 沖하면 담에 상해가 오고, 팔다리 신경계에 경화증이 오고, 목과 어깨가 아프고, 중풍기가 있다. 辛金의 剋이 심하면 수족을 절단할 수도 있다.

3) 壬水가 丙火를 沖하면 심장마비가 따르고, 시력이 좋지 않고, 눈물이 나오고, 허열이 생기고, 신장이 놀라고, 방광 등에 문제가 따른다.

4) 癸水가 丁火를 沖하면 대장·소장이 냉해지고, 하초에 혈액이 부족하여 양기가 부족하고, 심장이 좋지 않다.

5) 甲木이 戊土를 剋하면 비위장이 상하고, 폐가 허약하고, 피부가 당기고, 안면이 창백해지고, 좌골신경통에 문제가 따른다.

6) 乙木이 己土를 剋하면 비위장이 상하고, 폐가 허약해지고, 신경이 예민해지고,

신장만 강해지고 양기는 고갈되고, 얼굴과 입술에 푸른 기가 돌며 기미가 많아진다.

7) 丙火가 庚金을 剋하면 폐에 열이 심해지고, 호흡기관에 이상이 생기고, 귀에 이명증이 생기고, 대장에 출혈이 오고, 치질이 생기고, 혈압이 상승하고, 입에 백태가 끼고, 치아가 튼튼하지 못하고, 기침이 일어나고, 소변이 붉다.

8) 丁火가 辛金을 剋하면 대장에 문제가 생기고, 폐에 열이 생기고, 입이 마르고, 호흡기관에 이상이 생기고, 편도염이 있고, 소변이 자주 나오며 붉은색이 돈다.

9) 戊土가 壬水를 剋하면 신장이 고갈되고, 신장결석증이 따르고, 피와 소변량이 적고, 탈모증이 따른다.

10) 己土가 癸水를 剋하면 신장에 이상이 생기고, 빈혈이 생기고, 신경 계통이 약해지고, 탈모증이 따르고, 청각이 둔해진다.

✦ 11. 지지의 충

천간과 마찬가지로 지지도 각 지지에서부터 7번째가 충이 된다. 子에서 7번째가 되는 午가 서로 충돌하여 子午충이 되는 것처럼 卯와 酉, 寅과 申, 巳와 亥, 辰과 戌, 丑과 未는 서로 반대 방향으로 기가 상반되어 충이 된다.

子午충과 巳亥충은 水가 火를 극하는 충이요, 寅申충과 卯酉충은 金이 木을 극하는 충인데 비해 辰戌충과 丑未충은 같은 오행인 土끼리 충하는 것으로서 朋沖이라고 한다.

土와 土끼리는 서로 충해 봐야 부서지거나 무너지기밖에 더하겠나 싶지만 辰戌충과 丑未충은 무엇보다도 그 속에 있는 지장간의 충돌이 어떻게 일어나는지를 잘 살펴야 한다. 지지의 변화 중에서 가장 복잡한 것이 辰戌丑未의 작용이므로 그 특성인 고장지의 역할이 어떻게 변하는가를 살피는 것이 중요하다.

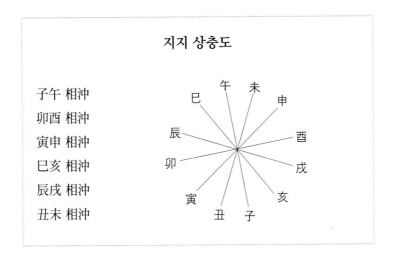

지지 상충도

子午 相沖
卯酉 相沖
寅申 相沖
巳亥 相沖
辰戌 相沖
丑未 相沖

1) 子午沖

사주에 子午충이 있으면 심성은 정직하나 소심한 경향이 있고 심리적으로 전전긍긍하는 경우가 많다. 예를 들면 물건을 살 때, 처음에는 좋아서 선택해 놓고 집에 돌아온 후에 생각해 보면 선택을 잘못한 것 같아 다시 반품하거나 매매계약을 체결해 놓고는 번복하는 경우 등이다.

건강상으로는 심장이나 신장 계통이 약해서 고생하거나 정신 신경 계통의 질병이 있으며, 질병이 발생하면 잘 치유되지 않는 특징이 있다. 년월에 子午충이 있으면 본인이나 형제자매 중에서 외국에 기거하는 경우가 많고 행운에서 사주에 있는 년월과 子午충이 이루어지면 자신이 외국에 나가거나 자녀 중에서 해외에 출타하는 예가 많다.

子午충을 판단할 때 유의할 점은 水火旣濟를 이루었는지 火水未濟가 되는지에 따라서 작용력이 달라지니 자세히 보아야 한다는 것이다.

2) 卯酉沖

卯酉충은 충 중에서 가장 흉하다. 자기의 실리와 관계될 때는 타인이야 어찌되든 배반할 소지가 많고 대인관계에서 충돌이 많이 발생하거나 내가 친절과 호의를 베풀고도 좋은 결과를 얻지 못하고 오히려 욕을 듣게 되어 후회하거나 원한을 가지게 된다. 그러므로 卯酉충은 부부 불화는 물론 친인척 사이에 상쟁이 많이 발생하고 배반이 많게 된다. 그리고 주거의 변동도 많으며 일시에 이 충이 있으면 말년에 가서

가택이 없게 되는 경우도 생긴다. 질병으로는 간, 폐 질환이나 신경통이 많이 발생하고 손발을 다칠 수도 있다.

3) 寅申沖

寅申충은 역마의 충으로 활동력은 좋으나 서두르는 경향이 있고 시작은 좋으나 끝이 흐린 경우가 많다. 항상 분주하며 매사에 적극적으로 앞장서 고생을 사서 한다. 일찍부터 직업을 갖게 되는 경향이 많으며 자수성가하는 예가 많다. 행운에서 충이 이루어지면 송구영신하여 옛것을 버리고 새것을 탐하게 되니 전직이나 전업, 주거 변동, 남녀 간에 이별사가 있게 된다.

또한 교통사고를 당하거나 원거리로 출타할 일이 생기고 간, 대장, 신경통 등의 질환이 발생한다.

4) 巳亥沖

巳亥沖은 하지 않아도 좋을 일을 만들어서 걱정하거나 매사에 후회하거나 번복이 많고 소심해지는 경향이 있다. 타인의 일을 도와준다고 나선 것이 구설에 휘말리거나 논쟁으로 비화되어 결국은 후회하는 일이 생기게 되니 항상 대인관계를 조심하여야 한다. 행운에서 巳亥충이 될 경우 폭발이나 화재 또는 교통사고를 주의하고 비뇨기 질환이나 심장, 혈압 등에 관한 질병이 많이 발생한다.

5) 辰戌沖

辰戌충은 朋沖으로 고장지를 충함으로써 길흉사가 많이 발생하므로 자세히 보아야 한다. 辰戌충은 辰 중의 乙木과 癸水, 戌 중의 辛金과 丁火가 상충하여 내면에서 길흉이 발생하므로 유의하여야 한다. 사주에 辰戌충이 있으면 강직성, 과단성이 있으며 남녀를 막론하고 과묵한 편이다. 대인관계에 있어서는 남에게 신의를 잘 베풀지만 자신의 일에 곤란한 입장이 생길 때는 속수무책으로 방관하고, 때로는 힘에 겨운 일을 무리하게 도모하여 곤경에 빠지는 경우가 있다. 이성관계로 문제가 발생할 우려가 있고 남녀 모두 혼사에는 1, 2차로 쉽게 되지 않고 귀인의 도움을 받기 힘들어 일명 고독의 충이라고도 한다. 행운이 불길하면 졸지에 몰락하거나 명예를 잃어버리지만 좋은 명조를 이루고 행운을 잘 만나면 고귀한 위치에 오를 수도 있다. 위장 또는 신장이나 피부 질환이 많이 발생하고, 주택이나 전답에 관련된 관재, 구설, 송사 등이 많이 생긴다.

6) 丑未沖

丑未충은 형제나 친구 또는 친척들과 멀어지거나 소외당하기 쉽고 내가 가진 것이 있을 때는 주변에 사람이 많이 모이고 좋으나 실패했을 때는 인간관계가 물거품과 같이 변하니, 명조에 丑未충이 있는 사람은 친족 간의 화목과 가정을 위하여 무엇보다도 배우자를 잘 선택해야 한다. 그래야 행운이 불길할 때도 배우자의 조력으로 어려움을 극복할 수 있다.

형제 친척 간에 도움을 주거나 친절을 베풀어도 공덕이 적고 재산 관계 때문에 원한을 사거나 손재수가 많으니 매사에 속단 속결보다는 천천히 생각하고 처신해야 한다. 질병은 위장, 소화기 계통에 유의해야 한다.

✦ 12. 충의 특성과 유의점

1) 천간에서 충되면 지지도 영향을 받고 지지가 충하면 천간도 흔들리게 되는데, 天沖은 그 작용력이 가벼워 큰 영향을 주지 않지만 그 속도가 빠르게 나타나고 地沖은 뿌리가 흔들리는 격이므로 영향력이 크게 작용한다. 또한 천간에 상극이나 상충이 있는데 지지에서도 충하게 되면 천극지충(天剋地沖)이라 하여 그 작용이 어느 때보다도 강하게 나타난다.

2) 사생지(寅申巳亥)의 충은 변화가 빠르고 신속히 일어나며 사왕지(子午卯酉)의 충은 그 작용력이 크나 변수가 있으니 자세히 살펴야 하고, 사고지(辰戌丑未)는 충이 있어야만 開庫하여 활용하게 된다.

3) 辰 속에 있는 乙木과 癸水를 꺼내어 사용하기 위해서는 戌이 필요해 辰戌충이 되어야 그 속의 지장간을 제대로 활용할 수 있다. 丑 중 癸水와 辛金 역시 未가 없이는 사용하지 못한다. 그러므로 辰 중 癸水와 乙木이 처 또는 남편이 되거나 사주에서 필요로 하는 희용신이 될 경우, 戌生이 배우자가 되거나 귀인이 되는 경우가 많다. 丑土 역시 마찬가지로 丑 중 癸水나 辛金이 배우자이거나 희용신에 해당하면 未生이 이에

해당한다. 戌土와 未土도 같은 방식으로 생각하면 되는데, 단 辰戌丑未가 천간의 뿌리가 될 경우는 충이 되면 그 뿌리가 상하므로 유의하여 잘 살펴야 한다.

4) 2 戌이 1 辰을 沖함은 무방하나 3 戌이 1 辰을 沖하면 破庫가 되어 그 속의 지장간을 무용지물로 만드는 경우가 있으니 잘 살펴야 한다. 丑戌未의 다른 고지도 마찬가지이다.

5) 정관, 정인, 정재, 식신 등의 길성이나 희용신이 큰 세력으로 인한 파괴 없이 충을 하거나 약한 기신이 강한 희용신을 충하면 발동, 개척, 분발 등으로 더욱 발전하지만 先吉後敗하는 수도 있으니 잘 보아야 한다.

6) 강한 忌神이 약한 喜用神을 충하면 손재나 부상, 파산, 충돌, 사고 등이 일어나는데 여기에 상관, 칠살, 편인, 양인이나 刑破害 등이 가세하여 충하면 중대한 재난이나 사고가 일어난다. 즉 사업 부도, 관재송사, 중병 수술, 사별, 살상 등이 생긴다.

7) 近沖은 충력이 강하고 遠沖은 충력이 약하다. 또한 근충은 작용력이 직발하나 원충은 동요만 일어날 뿐이고 旺神을 충하면 大怒하고 死絶神을 충하면 死滅한다.

8) 명조에 子午卯酉나 寅申巳亥 또는 辰戌丑未 등의 특성이 같은 지지가 모두 있어 四沖이 이루어지면 충으로 간주하지 않으며, 특히 寅申巳亥나 辰戌丑未 충을 다 갖춘 건명은 대부대귀할 수 있는 명으로 보나 坤命은 반대로 해석한다.

9) 寅申충이나 巳亥충이 있는 명은 대체로 마음이 크나 걷잡지 못하고 다정다감한 것이 병이 되어 타인의 일에 간섭하여 쓸데없는 禍를 자초하고, 매사에 有始無終하여 결과가 시원치 않고 마무리가 잘 안되며 직업이나 이사 등 변동이 많다.

10) 子午충과 卯酉충은 마음이 곧고 직선적인 성격인데 자주 흔들리거나 불안해 하는 경우가 많다. 극한적인 투쟁이나 배신으로 원한이 쌓이게 되고 주거가 불안하거나 身病이 많이 따른다.

11) 辰戌충과 丑未충은 朋沖으로 지역 변동은 많지 않으나 내부의 이동이나 정리가 일어나므로 그 속에 있는 지장간의 작용을 잘 살펴야 하며 항상 타인을 능가하려는 심성과 함께 고집이 세고 냉혹한 점이 많다.

12) 천간은 합이 되고 지지는 충이 될 경우, 외합내소라 하여 겉으로는 화목하고 생산적인 것 같으나 속으로는 곪은 상태로 서로 갈등이 심한 관계가 되고 천극지합은 이와 반대로 외소내친이다.

13) 충 옆에 합이 있으면 충의 작용력이 약해지고 합의 작용력이 나타나나 합이 깨지면 충 역할이 살아난다(탐합망충).

14) 명조에서 행운을 충하는 것을 內沖이라 하는데 길흉작용이 신속하게 나타나고 행운이 명조를 충하면 外沖이라 하여 길흉작용이 더디게 나타난다.

15) 巳亥충이 있는데 천간에 丁이나 癸가 있으면 충력이 약해진다. 丁壬合, 戊癸合과 같은 暗合작용이 일어나기 때문이다.

6장. 刑 破 害 怨嗔 空亡 三災

✦ 1. 형(刑)

(1) 형의 의미

형(刑)이란 형벌과 같은 뜻으로서 각종 규제나 제재 조치와 같은 작용을 한다. 어느 정도의 희생을 감수하면서라도 잘못된 것을 도려내는 수술과 같고 가정이나 사회의 단합을 해치는 것으로서 三合을 손상하는 작용도 한다.

三刑殺은 지지 三合과 方合이 서로 교체하며 대립하는 과정에서 발생한다. 이것은 만물의 이치가 가득 차면 넘치고 旺하면 다시 衰하는 이치와 같다.

寅午戌 火局은 巳午未 남방 火를 만나면 왕한 火가 더욱 旺해지므로 중화를 잃어버린 채, 寅은 巳를 刑하고 午는 午를 刑하며 戌은 未를 刑한다.

寅卯辰은 동방 木局인데 申子辰 삼합을 만나면 水生木하여 왕한 木이 더욱 旺해지므로 申刑寅하고 子刑卯하며 辰刑辰을 하게 되는 것이다.

巳酉丑 金局은 申酉戌 서방 金을 만나 왕한 金이 더욱 왕해져 巳刑申하고 酉刑酉하며 丑刑戌을 한다.

그리고 亥卯未 木局은 亥子丑 북방 水를 만나 더욱 木氣가 왕해져 亥刑亥하고 卯刑子하고 未刑丑하게 되는 것이다.

(2) 형살의 종류

1) 寅巳申 三刑殺 [무은지형(無恩之刑)]
2) 丑戌未 三刑殺 [지세지형(持勢之刑)]
3) 子卯　相刑殺 [무례지형(無禮之刑)]
4) 辰辰, 午午, 酉酉, 亥亥: 自刑殺

(3) 寅巳申 삼형살

寅巳申 삼형은 일명 무은지형이라 한다. 이는 寅 중 丙火가 巳 중의 戊土를 생해 주면, 戊土의 생을 받는 巳 중의 庚金은 아버지에 해당하는 寅 중의 甲木 편재를 극하기 때문이다. 또한 巳 중의 戊土는 申 중의 庚金을 생하지만 庚金의 자식에 해당하는 壬水는 巳 중의 丙火 부성(父星)을 극하며, 申 중의 壬水는 寅 중 甲木을 생하나 甲木의 자식인 丙火는 申 중의 庚金을 극하기 때문이다.

寅巳申 삼형살이 사주에 있는 사람은 타인을 억누르거나 업신여기려는 경향이 있으며, 매사를 속전속결로 처리하려는 성질이 있어 급하게 행동하다가 실수를 하는 일이 종종 있다. 운이 안 좋을 때는 관재나 교통사고, 약물 중독, 총상 등이 염려되니 각별히 주의해야 하고, 소장이나 편도선 등에 고질병이 생겨 시달리거나 심장 관련 질환으로 수술을 하는 수가 있다.

대인관계에 있어서는 형제, 친척, 친구, 동기간에 배신으로 반목하거나 시비가 벌어지며 종래는 송사나 관재로 이어진다. 명조에 삼형살이 있고 有氣하면 남자는 출세하여 이름을 떨치는 경우가 많으나 여자는 천한 직업에 종사하며 동분서주하는 생활을 한다. 그리고 寅巳형은 害의 작용까지 가중되어 그 미치는 영향력이 훨씬 크며 巳申은 먼저 合이 되면서 뒤에 刑이 되어 처음에는 합하여 有情한 듯하나 결국에는 원수로 변하게 되므로 그 판단을 잘해야 한다.

(4) 丑戌未 삼형살

丑戌未 삼형은 일명 지세지형이라 하며 같은 오행인 土끼리 형한다 하여 朋刑이라고도 한다. 丑戌未 삼형을 지세지형으로 표현하는 이유는 세력을 믿고 서로 刑한다는 뜻인데, 丑은 丑 중 癸水가 겨울철의 왕한 월령을 얻어 그 힘을 믿고 火氣가 쇠해진 늦

가을의 戌 중 丁火를 극하는 까닭이요, 戌 중 辛金은 가을철의 왕한 金氣를 믿고 유약한 未 중 乙木을 형극하는 까닭이다. 즉 음양이 다른 丑戌未 속의 지장간들이 같은 오행인 土를 친하게 생각하거나 믿고 있다가 서로 형극하여 배신과 불신이 발생하는 것이 丑戌未 삼형이다.

丑戌未 삼형이 있으면 친한 사람이었는데도 사소한 일로 인하여 원수가 되는 경우가 있거나 평소에 다정하게 지내다가도 사소한 이익관계나 금전관계 또는 권리 다툼으로 인하여 불신, 배신, 투쟁 등이 생기고 일생 동안 말을 않고 지내는 경우가 많다.

곤명에 丑戌未 삼형이 있는 경우에는 부부 불화나 배신 또는 이별 등으로 고독해지는 경우가 많다. 질병으로는 각종 癌 관련 질환이 많이 발병하며 丑戌형이 될 때는 뇌, 신경, 정신 계통의 이상이나 심신의 장애가 따르고 심장판막증 환자 중에 丑戌형을 많이 가지고 있으며 戌未형은 비장이나 위장 질환과 함께 좌골신경통으로 인해 고생하게 된다.

그러나 명조에 丑戌未 삼형이 있고 유기하면 만인을 능가하는 장수가 될 수 있고 생사여탈권을 휘두를 수 있는 권력을 쥘 수 있으며 공사를 엄정하게 분별할 줄 아는 위인으로 명진사해할 수 있으나, 기가 부실하면 겨울에 집을 짓는 것과 같이 매사가 지체되고 쉽게 될 수 있는 일도 어렵게 꼬이거나 허망하게 실패하는 수가 종종 있다.

(5) 子卯 상형살

子卯 相刑은 子가 卯를 刑하고 卯도 子를 刑하므로 상형이라고 한다. 卯는 陰木으로 화초와 같이 유약한데, 이 卯木이 11월의 한냉한 子水를 만나면 수생목으로 상생될 듯도 하나 오히려 寒水를 감당치 못하고 水木응결(凝結)하여 애로가 발생한다. 이는 마치 배부른 사람이 과식하여 탈이 난 경우와 같다 하겠다. 한편 子水는 卯木을 생한다고는 하지만 木은 子에서 욕지가 되어 卯木은 계모에 해당하는 편인 子水를 연모하는 꼴이라 불륜이나 패륜 등으로 해석해 무례지형이라고 한다. 자묘형살은 불청객이 와서 주인 행세를 하는 것처럼 염치나 수치를 모르는 비윤리성을 내포하고 있다.

대세운에서 子卯형살이 될 시에는 이성관계에 불륜, 무례, 간통, 변태 성욕 등으로 인한 구설, 시비, 형액 등이 따른다. 대인관계에 있어서는 폭력적이거나 패륜적인 사건이 나오고 남의 이목이나 체면은 안중에도 없이 행동하는 경우가 생기며 성병이나 자궁, 비뇨기, 간장 계통에 질환이 많이 발생하고 약물중독이나 마약 또는 음독의 경험도 갖게 된다.

사주가 조화를 이루고 有氣하면, 산부인과, 비뇨기과를 경영하거나 관광, 오락 사업 등으로 성공하기도 한다.

(6) 辰辰, 午午, 酉酉, 亥亥 자형살

(方合局)　寅 卯 辰　巳 午 未　申 酉 戌　亥 子 丑
(三合局)　申 子 辰　寅 午 戌　巳 酉 丑　亥 卯 未

辰, 午, 酉, 亥가 자형이 되는 까닭은 위의 배열을 보면 쉽게 알 수 있다. 첫째 줄은 방합이고 다음 줄은 삼합인데 위의 배열을 자세히 보면 다른 두 지지는 각기 형, 충이 되는데 辰, 午, 酉, 亥는 형, 충되지 않는다. 이는 예를 들어 말한다면 두 집안이 싸움을 하여 모두 부상을 당하고 손해가 막심한데, 그중 辰, 午, 酉, 亥는 다툼을 피해 자신만 편안한 꼴이 되어 면목 없는 처지가 되니 스스로 자책하는 것과 같이 自禍自招하는 것이 자형이다. 사주가 전부 자형으로 되어 있거나 자형이 쌍으로 있으면 사고나 자해 행위로 신체에 장애가 생겨 불구가 되거나 정신이 박약한 경우가 많으며, 쌍둥이나 장애아를 출산하는 경향이 높고, 중년에 안질이나 그 밖의 사고로 실명하는 수도 있다.

1) 辰辰 자형은 旺한 水庫로 수재나 냉해, 매몰이나 익사 등의 사고와 피부병, 위장병 등이 염려되며 甲일주의 건명이 辰辰 자형을 일지나 시지에 가지고 있으면 妻外妾으로 인하여 고생하게 된다. 그러나 사주가 유기하면 창고업이나 보관업, 수산업이나 법조계 등에서 성공을 하는 수도 있다.

2) 午午 자형은 旺한 火의 폭발로 화기 사고나 폭발, 충돌, 총상 등이 염려되며 노이로제나 히스테리, 조울증 등 정신 신경 계통의 질병이 오거나 강한 神氣로 무속이나 占卜業에 종사하거나 보일러, 전기, 설비업, 가스, 주유소 등의 사업을 경영하기도 한다.

3) 酉酉 자형은 만물을 숙살하는 金氣가 강한 고로 칼이나 연장, 기계 등으로 인한 상해, 수술 등을 경험하게 되고 수족의 절단 등이 염려되며 여자는 생리통 등의 질병에 시달리기도 한다.

4) 亥亥 자형은 旺한 水가 해일이 일어나 넘치는 것과 같은 피해로 수재나 폭설, 폭풍, 한파로 인한 해를 입거나, 혈액이나 비뇨기 질환, 당뇨병, 신장 계통이 나빠질 수 있고 직업으로는 목욕탕, 세탁업, 청소업, 주점 등을 운영하기도 한다.

(7) 형의 특성과 유의점

사주에 刑이 있고 有氣하면 명예와 권력을 쥐고 위엄으로 만인을 다스릴 수 있지만 惡殺과 함께 있거나 사주가 편중되면 형벌에 시달리거나 재난이 연속된다.

1) 사주가 생왕하고 유기하면 의지와 소신이 강하고 말이 적고 과묵하며 자존심이 강하면서도 의리와 인정이 많고 희생 정신이 있어 활인성을 띠나, 명조가 사절되었거나 편중하면 냉정하거나 비정하고 잔인하며 배은망덕하거나 배신하기 쉽고 파괴적이거나 공격적이며 거칠고 위협적이다.

2) 가정적으로는 형제나 친인척 사이에 무정하고 부부 불화가 잦거나 이별수가 많다.

3) 사회적으로는 배신이나 모략, 범법으로 인한 구속 등의 관재구설이 따른다.

4) 신체적으로는 찢고 째는 수술이나 불구의 염려가 있고 산액이나 산후에 고생이 심하며 고질병에 시달리기도 한다.

5) 직업적으로는 격국용신에 따라 다른데 미용이나 이발, 패션 계통, 포목, 석공, 보일러공, 카센터, 석유, 정육점, 도축업 등에 종사하고, 財운이 좋거나 官운이 튼튼하면 수산업, 창고업, 목욕 및 숙박업, 관광, 오락 사업, 약사, 의사 등이나 경찰, 수사기관, 검사, 판사, 변호사 등의 법조계, 신문 방송 등의 언론이나 회사 내 감사 또는 군인 등 별정직이나 권력기관에 인연이 있다.

6) 庫藏支에 있는 것을 開庫하여 유용할 때는 충보다 형이 더 빠르다. 즉 戌은 丑과 辰으로 개고하는데 丑이 더 강하고, 한편 삼합을 방해하거나 깨뜨리는 작용도 刑이 沖보다 더 강하게 작용한다.

7) 坤命의 일지에 있는 식신이나 상관이 형살에 해당하면 자연유산이 많게 되거나 자궁 외 임신, 임신중독, 제왕 절개, 자궁암 수술 등을 경험하게 된다.

✦ 2. 파(破)

(1) 파의 의미

破란 잘못된 부분을 다듬는다, 분리한다, 파괴한다는 뜻이다. 예를 들어 건축 현장에서 불량 자재를 썼다가 시정하기 위해 다시 헐어버리는 것이나 본래 계획대로 잘 안되어 매끄럽지 않은 부분이나 튀어나온 부분을 다듬어서 완벽하게 완성시키는 것과 같은 것이 파의 작용이라 하겠다. 즉 파는 초지일관과는 반대로 중간에 계획이 수정되거나 진로를 바꾸고, 또 의외의 변화가 일어나는 것이다. 파의 작용은 일상생활에서는 사업이나 계획하는 일 또는 추진하는 일 등의 변경이나 이동 및 분리 작용을 하며, 질병이나 정신적인 면에서는 절단이나 수술, 치료 등의 작용을 하는데 인간관계에서는 큰 작용이 나타나지 않는다. 작용력의 강약은 破만 보면 合이나 刑, 沖, 害보다 작용력이 약하나 刑, 沖, 害가 함께하게 되면 그 작용력이 엄청나게 커지고 사건의 결과가 의외로 확대되는 경우가 있다. 예를 들면 子午충이나 子卯형살과 子酉파가 함께하면 본래의 충, 형의 작용보다 훨씬 큰 영향력이 운명에 미친다.

(2) 파의 구성과 종류

파는 여섯 가지로 구분되는데 4번째의 陽支 또는 10번째의 陰支로서 이루어진다. 즉 陽支는 후진한 4번째의 지지가 파가 되고, 陰支는 전진한 4번째의 지지가 파에 해당한다. 예로 子는 양지로서 앞으로 전진한 10번째의 지지, 즉 子丑寅卯辰巳午未申酉해서 酉가 해당되는데 이를 다르게 표현하면 후진한 4번째의 지지, 즉 子에서 거꾸로 돌아가 子亥戌酉하면 바로 4번째인 酉가 파가 되는 것이다. 음지인 丑은 전진한 4번째의 지지, 즉 丑寅卯辰해서 양지인 辰이 파가 된다. 파의 종류와 구성은 다음과 같다.

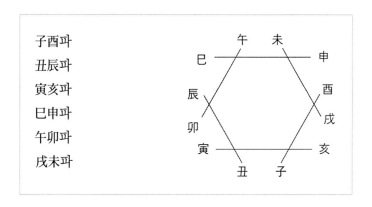

子酉파
丑辰파
寅亥파
巳申파
午卯파
戌未파

1) 子酉파

子酉파는 약속이 깨지거나 이행되지 않아 신의가 떨어지거나 애태우는 경향이 있다. 특히 매매나 취직, 금전거래 등에서 믿고 있던 결과가 상대의 사정으로 약속이 취소되는 등의 일이 생겨 깨지는 상태로, 사주에 파가 있는데 행운에서 다시 파를 만나면 가중해서 작용이 일어나니 계획과 업무 추진에 혼란을 가져오게 되는 경우가 많다. 질병으로는 신장, 비뇨기 계통의 질환, 즉 생리 불순, 요도염, 방광염, 전립선염, 자궁암, 신장염 등이 발생하거나 수술수가 있고 신경통, 요통, 폐 질환이 염려되며 주색잡기나 불륜으로 인한 사건이 발생한다.

2) 丑辰파

丑辰파는 매사 조급하게 시도하거나 경험이 없는 일에도 자신의 능력을 과신하거나 무리한 욕심을 내어 사업이나 어떤 일에 손을 대다가 명예와 재산을 손상하거나 파탄을 가져오는 예가 많다. 일지에 파가 있고 행운에서 다시 파를 만나면 건명은 처가 분수에 넘치는 일을 저질러 재산상의 손실을 보게 되며 곤명은 남편의 잘못으로 가정이 흔들리는 수가 있게 된다.

이웃과의 자리다툼이나 축대 붕괴 등의 사고, 택지 정리, 가택 수리, 조경 등을 새로 하거나 반대로 앞에 예시한 일들이 오랫동안 끌어오던 사건이라면 의외로 쉽게 해결되거나 결말이 나기도 한다. 위장, 비장, 맹장염이나 복막염 등의 질병이 발생하거나 수술수가 있고 습진이나 냉병 등을 앓게 된다.

3) 寅亥파

寅亥파는 先合後破가 이루어지기 때문에 작용력이 파 중에서 제일 약하다. 그러나 행운에서 합을 깨는 운이 올 때 미묘한 작용이 발생한다. 건명은 처가, 곤명은 본인이 자궁 수술을 하거나 유산, 임신중절, 불임수술 등을 하게 되며 방광염이나 담석증 등이 발생한다. 寅亥처럼 습과 破 또는 습과 刑 등이 동시에 성립될 때는 합의 작용이 먼저 발생하고 破와 刑의 작용이 뒤따라 발생한다는 것을 알고 행운을 잘 보아야 한다.

4) 巳申파

巳申破는 동시에 습도 되고 刑도 된다. 그러므로 처음에는 습의 작용이 먼저 일어나 화합, 단합, 합의, 동업 등으로 일이 순조롭게 진행되나 나중에 의견 충돌, 불화, 배신, 투쟁 등의 형, 파 작용이 나타나 일이 꼬이거나 손재, 파산, 분리, 이별 등이 발생한다. 즉 복잡하고 미묘한 작용을 하는 이중 작용이 일어나니 자세히 살펴보고 행운의 변화도 잘 보아야 한다. 건강상으로는 소장과 심장 계통의 질병이 발생하거나 수술을 하게 된다.

5) 卯午파

午卯파는 風火와 같이 마치 불난 집에 부채질하는 현상으로 보면 된다. 매사 신중하지 못하고 서두르거나 힘을 믿고 너무 안이하게 굴다가 실패하거나 손해를 보는 수가 있으니 조심해야 된다. 사주에 卯午파가 있는 사람은 항상 여유를 가지고 계획을 세우는 것은 물론 자신의 능력과 조건을 냉철하게 판단하고 침착하게 행동하여 무리하는 일이 없어야 한다. 남녀를 불문하고 행운에서 다시 파를 만나게 되면, 건강도 조심해야 하지만 특히 도박이나 유흥 그리고 애정관계 등으로 손해를 보고 명예를 실추하게 되며 공금횡령, 뇌물 수수 등의 사건에 휘말리는 불상사가 생긴다. 질병으로는 시력장애, 원시, 녹내장 등으로 고생하거나 간, 담의 질환으로 고생하기도 한다. 화재나 폭발사고 등도 조심해야 한다.

6) 戌未파

戌未는 破인 동시에 刑이 성립하므로 형, 파의 작용력이 다른 것에 비해 크게 나타난다. 거래관계나 인간관계에서 시비나 구설, 질투, 모함 등이 따르고 문서로 인한 착오나 실수로 인한 사고가 발생한다. 대인관계에서는 배신이나 실망감으로 투쟁이 생기고 인간적으로 믿고 한 일이 적반하장으로 배반을 당하거나 억울한 누명을 뒤집어 쓰기도 한다. 특히 행운에서 다시 형이나 파를 만나면 그 작용이 더욱 강해져 결정적인 사건이 발생한다. 질병은 신경쇠약 증세나 편두통, 노이로제, 조울증 등 정신 신경 계통 질환에 시달리거나 좌골신경통, 요통, 혈액순환장애, 당뇨, 고혈압, 암 관련 질환 등으로 고생하는 일이 생긴다.

(3) 파의 특성과 유의점

1) 파는 변동, 정리, 파괴를 하는 작용이 강하기 때문에 개인 사업이나 공무원, 회사원 등 장기적인 일을 하는 사람에게 행운이 흉할 때는 파산, 전업, 좌천, 해임, 파면 등으로 좋지 못하나, 한편으로는 잘못된 부분을 고쳐 바르게 만드는 의미도 있으므로 오래된 질환이나 고질병으로 시달리던 사람은 의외로 破運에 회복되거나 완치되는 수도 있으니 자세히 살펴야 한다. 즉 사주에 흉신이나 기신을 파하면 오히려 길하고 길신을 파하면 흉하게 된다.

2) 年破는 분묘, 이장, 조상 터의 변동, 고향을 떠나거나 직업 변동 등을 의미하고 주택의 담장이나 외관 등의 수리가 있게 된다. 月破는 주택, 전답, 건물 등의 수리나 정리 또는 직업 변동이나 사업장의 이전 및 수리가 발생한다. 日破는 처나 남편 또는 자신의 수술이나 사고 등의 변화나 부부 불화가 생기고 日破의 작용이 제일 크다. 時破는 점포 내부나 주택의 실내 등에 변화를 가져오거나 아랫사람이나 거래처에 문제가 생긴다.

3) 육신의 작용으로는 관성이 파하면 좌천이나 파직, 파면, 해고 등이 생기고, 재성이 파하면 재물이나 처에 관한 우환이 생기고, 인성이 파하면 계약이나 문서의 수정, 해약 또는 인허가 사항의 취소나 해결이 생기고, 비겁이 파하면 동업이 깨지거나 믿는 사람에게 배신을 당하는 일이 생기고, 식상이 파하면 주거지, 주택에 사건이 생기고 부하나 아랫사람, 자녀로 인한 골치 아픈 일이 발생하거나 손해를 보게 되고 직장에 문제가 생긴다.

4) 破를 가지고는 고장지에 있는 것을 開庫하지 못한다. 고장지는 刑, 沖으로써만 개고할 수 있다.

✦ 3. 해(害)

(1) 해의 성립과 작용

해(害)는 방해물이 중간에 끼어 이간질하거나 쌍방의 단합을 방해하고 피해를 주는 것으로서 지지육합을 깨뜨리는 것이다. 고로 害란 六合의 상충되는 지지로서 恩 중에 害를 한다는 뜻으로 가까운 사람과의 질투, 중상, 모략, 암해, 투쟁, 소송 등을 일으킨다.

子未, 丑午, 寅巳, 卯辰, 申亥, 酉戌이 해가 된다. 예로 子丑이 육합인데 未가 丑未충으로 子와 丑 사이를 갈라놓아 子未해가 되는 것이다. 寅巳 역시 마찬가지로 寅亥가 육합인데 巳가 끼어들어 巳亥충으로 합을 방해한다. 한편 반대로 이 말을 달리 해석하면 충되는 지지를 합으로서 후원해 주는 것이 해가 된다. 즉 子午가 충인데 未가 끼어들어 午未합으로 午편을 들어주니 子한테는 未가 나의 적인 午를 돕고 후원하니 적대심과 증오가 발동되는 것이다. 다른 예를 든다면 寅申이 상충인데 亥가 끼어들어 寅亥합으로 강해져서 申은 힘들어지니 申亥는 해가 되는 것이다.

(2) 해의 종류와 작용 및 특성

해는 형, 충, 파보다는 그 작용이 약하나 주로 육친 간에 강한 작용을 하여 육친지해(六親之害 = 六害)라고도 한다. 앞서 말한 대로 형제, 친인척, 동료 간에 무정하고 서로 방해하는 殺로, 日時의 해를 주로 보며 흉신이나 악살과 동궁하면 그 흉이 더 강해진다.

害는 刑이나 怨嗔과 동시에 성립되기도 하는데 이때는 형이나 원진의 작용으로 해석하면 된다.

1) 子未해는 육친이나 골육 간에 불화하며 원한을 가지고 있어 함께 살지 못하고 멀리 떨어져 살아야 한다.

2) 丑午해는 지기 싫어하는 성품으로 심중에 독이 있어 화를 잘 내며 인내심이 부족하다. 특히 재물에 관한 투쟁과 오해로 관재, 송사 등의 시비가 많이 생긴다. 子未와 丑午는 원진과 동시에 해가 된다.

3) 寅巳해는 형살과 동시에 성립되는데 그 작용력은 刑과 害가 함께 뚜렷이 나타난다. 사고나 신체 절단 등의 수술이나 심장병, 관형, 배신 등이 발생한다.

4) 卯辰해와 酉戌해는 가까운 사이(方局)에 무시하거나 원망하고 배신하는 형태로서 卯는 辰 중 癸水와 乙木이 있어 뿌리를 내리고 있고, 酉는 戌 중 辛金과 戊土의 도움을 받는데도 서로 질투와 멸시가 생기는 형상이다. 중상, 모략, 배신은 물론 가산을 탕진하는 경향이 있는 것이 卯辰해나 酉戌해의 특성이다.

5) 申亥해는 申이 亥를 金生水하나 申 중 庚金이 亥 중 甲木을 치고, 亥 중 甲木은 申 중 戊土를 극하는 형태로서 申亥害가 있으면 안면에 상처를 입어 흉터가 생기거나 水 일주의 命은 水厄이나 선박, 차량 사고 등을 겪게 된다. 害 중에서 작용이 가장 뚜렷한 것이 申과 亥인데 특히 운에서 害가 다시 중복되면 위와 같은 일이 많이 생긴다.

6) 대세운에서 년월지에 해가 이루어지면 조부모나 부모 또는 처가의 喪을 당하는 일이 있으며, 일시에 해가 되면 선후배나 아랫사람과 불화하며 자식으로 인한 근심이 생기고 곤명은 자궁이 약하거나 고부간의 갈등, 의처증으로 시달리기도 한다.

✦ 4. 원진(怨嗔)

(1) 원진의 성립과 의의

원진(怨嗔)이란 沖되는 지지 전후에 해당되는데, 陽支는 沖 다음 자가 원진이 되고 陰支는 沖의 앞 글자가 원진이 된다. 즉 子는 양지로서 沖되는 午의 다음 글자 未가 원진에 해당되고 寅은 申 다음의 酉, 辰은 亥, 午는 丑, 申은 卯, 戌은 巳가 원진이 된다. 반대로 음지인 丑은 상충되는 未의 앞 글자인 午가 원진이 된다. 子未, 丑午, 寅酉, 卯申, 辰亥, 巳戌이 상호 원진 역할을 한다. 원진살은 궁합을 볼 때 띠를 비교하여 보는 경우가 많은데, 실질적으로는 일지의 원진살 작용이 생년보다 더욱 크다.

그런데 사주에 있는 원진살은 물론이고, 행운에서 발생하는 원진살의 작용도 꼭 살펴보아야 한다. 원진살의 작용은 害와 비슷하여 서로 만나기를 싫어하며 미워하고 대인관계에 상호 불신과 시기, 질투, 원망, 권태로움으로 서로를 밀어내 고독이나 별거, 이별, 이혼으로 연결되는데 안보면 보고 싶어 하고, 보면 다투는 상대가 바로 원진에 해당된다. 한편 원진은 어떤 근본적인 문제나 결함으로 평생가는 불편이나 부족함에 대한 원망을 나타내기도 하는데, 예를 든다면 부모의 작은 체격으로 인해 본인 또한 작은 체격을 물려받은 신체적인 콤플렉스나 학창 시절 불우한 환경으로 인해 제대로 공부를 하지 못한 과거 등에 대한 평생의 원망 등을 말한다.

(2) 원진살의 특성과 유의점

1) 원진살이 있는 사주를 볼 때는 원명에 있는 것은 물론이요, 행운에서 오는 것도 잘 보아야 한다. 궁합이나 동업 등 대인관계를 볼 때도 중요하게 참고하는데 주종관계를 제외한 나머지 관계는 모두 凶으로 판단해도 무리가 없다. 일지를 보는 것은 당연하고 년지와 월지, 시지 등도 살펴야 한다.

2) 남녀의 명을 비교하여 서로 원진살에 해당하고 형, 충 등이 함께 있으면 불구 자식을 낳거나 양육 중에 자식이 장애자가 되는 경우도 생긴다. 그러므로 궁합을 볼 때 이 점을 필히 참고해야 한다.

3) 사주에 원진살이 있고 편중되어 있으면 용모가 아름답지 못하거나 음성이 크고 탁하며, 도량이 좁아 주위 사람과 불화는 물론 경거망동으로 시비와 구설을 일으키거나 사리분별 능력이 떨어지고 식탐을 하는 경향이 있다.

4) 재성이 원진에 해당되고 행운에서 다시 원진살을 만나면 재물이 바람에 날아가듯 손해를 보거나 파산하기 쉽다. 관성이 원진과 함께 악살에 해당하면 외풍이나 구설로 직위가 흔들리거나 좌천, 징계 등이 발생하고 타인의 잘못으로 인한 책임이나 죄를 자신이 뒤집어쓰는 누명을 당하는 의외의 禍를 입는 경우가 많다. 또한 식상이 원진에 해당되면 매사에 입조심과 비밀 유지를 철저히 해야 한다. 말로 인한 시비나 구설이 끊이지 않고 공연히 뒤에서 씹는 사람이 있으며, 남명은 처가와의 갈등이나 시비에 휩싸일 수 있으니 조심해야 한다.

5) 원진이 기신일 때 합이 되면 흉이 해소되나 충, 파가 되면 재액이 발생한다. 그리고 사주의 기신이 행운에서 원진이 될 때는 길하고, 희신이 원진에 해당할 때는 흉사가 발생하는 경우가 많다.

6) 곤명에 원진이 겁살이나 망신살 또는 양인 등과 동주하면 외모는 아름답더라도 비천하거나 음란하며 매사에 천박하게 행동하거나 색욕에 눈이 멀어 천한 사람과도 불륜관계를 맺으며, 행운에서 다시 형, 충하면 이로 인한 화가 심해져 관재구설이나 손재, 신액 등을 면하기 어렵다.

7) 남녀 공히 일시 원진을 주로 보는데, 사주에 일시가 원진이면 부부간이나 자식과의 불화는 물론 별거나 이별이 예상되며 같이 살더라도 한 지붕 속의 별거 상태이거나 그렇지 않으면 한쪽의 몸이 약해지거나 고질병에 시달리는 경향이 있다. 특히 곤명의 월일지에 있는 재성이 원진이면 시어머니와의 불화나 갈등으로 다투게 되며, 일시의 식상이 원진이면 자식 낳고 우환이 생기거나 산후 후유증으로 병약해질 염려가 있다.

8) 년월이나 월일의 원진은 부자간이나 형제, 친척 간의 갈등이나 다툼이 발생한다.

9) 사주에 원진이 2개 있거나 쌍원진을 이루고 있는데, 또 행운에서 원진이 되거나 행운이 나쁘면 흉함이 가중된다.

✦ 5. 공망(空亡)

(1) 공망이란?

공망(空亡)은 다른 이름으로 天中殺이라고도 한다. 천간과 지지로 육십갑자의 짝을 지을 때 지지는 남아있으나 천간이 부족하여 두 개의 지지가 짝을 배정받지 못하고 남게 되는 것을 공망이라고 한다. 그러므로 남은 두 개의 지지는 공허하고 무력하다는 뜻을 가지게 된다. 남은 지지 중에서 앞에 있는 陽支를 空이라 하고 뒤에 있는 陰支

를 亡이라 하는데 空은 虛요, 부실이며 亡은 無요, 부존재라는 뜻으로 空은 實과 대비되고 亡은 有와 대비된다.

그러나 사주에 공망이 있다고 무조건 같은 뜻으로 해석을 하면 안 된다. 공망이 있더라도 그 공망된 지지가 生旺한가 死絶인가, 吉神공망인가, 凶神공망인가 그리고 공망된 지지에 합과 충이 되어 있는가를 자세히 살필 필요가 있다.

(2) 공망의 특성과 활용법

1) 공망은 日柱를 기준으로 정한다. 年柱 기준의 공망은 日支의 공망 여부를 볼 때만 사용하며, 작용력도 30% 정도로 보면 된다.

2) 死絶공망이란 眞空 또는 완전공망이라고도 하는데 失令을 한 공망으로 공망된 지지의 작용력이 무력하며, 생왕공망이란 반공망이라고도 하는데 득령을 한 공망으로 그 작용력이 반 정도 남아 있는 것으로 해석한다. 예를 들면, 申酉戌 3개월은 金氣가 왕한 때이므로 甲戌旬 중의 申酉는 비록 공망이 되더라도 金氣의 영향을 받으므로 반공이 되고, 甲辰旬 중의 寅卯공망은 실령하여 진공이 되는 것이다.

```
甲 庚 乙 乙      己 乙 乙 庚
申 辰 酉 卯      卯 巳 酉 寅
   (半空)           (眞空)
```

공망이 死絶되면 일생 동안 허송세월이 많고 정처 없이 표류하기 쉽고, 공망이 생왕하면 도량이 넓고 관대한 성품에 의외의 名利를 얻고 복도 많으나 무사안일하거나 동요하는 게 흠이다.

3) 공망은 합이나 충으로 탈공, 즉 공망이 해소되는데, 그중 특히 합을 좋아한다. 그러나 공망이 합하여 기신으로 변하면 의욕이 많아 여러 가지 계획을 세우기는 하나 이루기 어렵다.

4) 대운 공망은 보지 않고 年運과 日辰 등의 공망은 참작한다. 그리고 사주에 공망

이 있는데 다시 行運에서 공망 운이 올 때는 공망이 풀리는 것과 같아 공망의 작용력이 약해진다.

5) 격국을 정할 때에도 공망을 참작하기는 하나 주로 육친관계의 해석이나 신살을 추리할 때 공망을 본다.

6) 지지가 공망이면 천간도 공망으로 무력해진다.

7) 흉신이나 악살의 공망은 흉을 해소하므로 길한데, 탈공 시 재액이 발생하며 희신이나 귀인 등의 길신이 공망되면 복이 감소되나 탈공될 때 길경사가 생긴다.

8) 공망은 방위의 활용으로 중요시한다. 공망된 방위는 무력하고 인연이 없으니 결국은 헛수고로 공허하게 된다. 이사, 사업장, 거래관계, 출행, 약속, 진학, 취직 등에 참고한다.

9) 공망이 같으면, 즉 같은 旬 中의 日柱에 해당하면 한 뿌리 한 핏줄로 해석한다. 고로 공망이 같은 부부는 흔히 말하는 전생의 인연으로 형제간이나 친구처럼 다정하고 화목하게 일생 해로할 수 있으며 死後同穴할 수 있다. 그러므로 궁합을 판단할 때는 무엇보다도 우선순위로 공망이 같은 것을 꼽아야겠다. 그리고 上下관계나 主從관계, 모임, 단체 등 대인관계에서도 역시 공망이 같으면 쉽게 통할 수 있고 성격과 기질이 비슷하여 의견의 일치가 쉽게 되며 또한 오래 유지할 수 있다.

10) 寅申巳亥 四生支가 공망되면 기교와 모사가 뛰어나 문학가나 술객이 많은데 外善內毒한 경향이 있다.

11) 공망과 같은 뜻에는 여러 가지가 있는데 유체무록, 공허, 허무, 무력, 부실, 부존재, 이별, 보류, 비어 있다, 인연이 없다, 空치고 亡했다, 상했다, 헛수고, 팥 없는 찐빵 등이다.

12) 공망이란 공허하고 허무한 것이기 때문에 우선적으로 채우거나 갖고자 하는 욕구가 생기는 것이므로 오행과 육친의 작용을 깊이 파악하여 추명에 활용하면 묘미가 있다.

(3) 공망의 종류와 작용력

1) 오행공망
가) 木空, 즉 折(절)이라 부러지기 쉽다. 꺾어진다. 썩는다.
나) 火空, 즉 燒(소)라 더 잘 탄다. 빛이 있다. 밝아진다.
다) 土空, 즉 崩(붕)이라 무너진다. 구멍이 난다. 붕괴.
라) 金空, 즉 聲(성)이라 소리가 울린다.(종, 악기, 쇠파이프, 노래)
마) 水空, 즉 流(류)라 잘 흐른다. 맑아진다.

※ 四柱에 같은 五行이 많거나 六神의 正偏이 혼잡되어 있을 경우에 한쪽이 공망되면 좋은 것으로 본다.

2) 위치공망
가) 사주의 지지 전부가 공망이거나 月日時 등 3개의 지지가 공망이면 오히려 대귀대인의 명이라 해석한다. 단 이 경우에는 사주와 공망이 생왕해야 하는데, 虛 중에 유덕으로 특히 외국에 진출해서 성공하거나 외국까지도 명진사해하는 큰 그릇이라 해석한다.

나) 胎月공망: 공부를 많이 하고 학력이 좋아도 사회에 진출하여 활용하기가 어렵고 매사에 이루어지는 일도 없이 동분서주하기 쉬운 명으로 해석한다. 또 胎月이 공망되면 선천적으로 부모 등 모든 육친과 인연이 약하거나 무능하며 간혹 정신상태가 혼미한 경우도 있다.

다) 年干공망: 조부의 덕이 없거나 국가 또는 윗사람의 혜택을 얻기가 어렵다.

라) 年支공망: 조모의 덕이 없거나 조상이 물려준 터전을 지키기 어렵고, 또 조상의

묘를 분실하거나 조상을 잘 섬기지 못해 주위로부터 욕을 먹거나 비난을 당하기 쉽다.

마) 月干공망: 부친의 덕이 부실하거나 집안의 일로 근심이 많게 된다.

바) 月支공망: 모친, 형제의 도움이 없고 고향과 인연이 약해 떠나 살거나 진로나 직업이 순탄하지 않고 복잡하기 쉽다.

사) 日干공망: 志高淸心 世俗無緣으로 마음이 항상 허전하고 고독하며 고질병에 시달리거나 유랑객이 많다. 혹간 친어머니 외에 서모나 계모를 모시기 쉽거나 슬하에 걱정거리가 있게 된다. 十惡大敗日이라고도 하는데 甲辰, 乙巳, 丙申, 丁亥, 戊戌, 己丑, 庚辰, 辛巳, 壬申, 癸亥일이 이에 해당한다.

아) 日支공망: 배우자궁이 부실하여 만혼하기 쉽고 배우자의 심신이 허약하거나 흠이 있는 배우자를 만나기 쉽다. 본인은 氣高虛榮하여 항상 심란하고 타가에 기식하는 경우가 많다.

자) 時干공망: 有志不成으로 끈기는 있고 희망은 크나 이루어지기 어렵고 진로에 막히는 장애물이 많다. 또한 子女가 부실하며 자녀에 근심이 있다.

차) 時支공망: 무자식이거나 有女無子 혹은 양자를 두기 쉽다. 자식이 있어도 무덕하며 노년에는 자식과 별거하여 고독하거나 혹은 임종하는 자식이 없게 되는 경우가 많고 노년에 고독, 박명, 의지할 곳, 돌아갈 곳이 없다.

3) 육신공망
가) 비겁공망: 형제간에 무덕하며 고독하고 협조 정신이 부족하다. 비겁이 공망된 命은 고향보다는 객지나 외국에서 성공하는 경향이 많다.

나) 식신공망: 무사안일주의로 소극적인 성격이 되거나 직업이 자주 바뀌며 개척, 분발, 발전에 큰 뜻이 없다. 반면에 기예나 가무에 재주가 있으며 달변으로 九流業(교

육, 의술, 예술, 복술 등 비영리성을 띤 직업)이나 종교계에 소질과 인연이 있다. 여명은 多女無子하기 쉽다.

다) 상관공망: 志高心大하며 탐구심이 강하여 학문 연구에 종사하거나 구류술객이 많다. 말수가 적고 인정이 없기는 하나 정신적인 차원은 높다. 여명은 상관이 공망되면 초산에 딸을 낳는 확률이 대단히 높다.

라) 편재공망: 재물에 대한 욕심이 많고 큰일을 계획하나 이루기 어렵고, 허영심과 사기성이 많다.

마) 정재공망: 남명은 처와 인연이 약하며 처로 인한 흉액이 있게 되고, 財利에 냉담하거나 인색하다.

바) 편관공망: 謀事多計하며 영웅적인 기질이 있다. 정치 성향이 강하고 외교력과 보스 기질, 지도력은 있으나 반골적이거나 반체제 성향으로 혁신적인 일을 좋아한다. 남명은 자식과의 인연이 약하다.

사) 정관공망: 관직이나 직장 그리고 자손의 인연이 약하다. 청렴강직한 척하나 명예를 대단히 원하며 관을 이용할 줄 안다. 성격적으로는 자신이 최고인줄 알거나 대접 받기를 좋아하며, 여명은 부부 인연이 약하며 어떤 남자를 만나더라도 만족하기 힘들다.

아) 인성공망: 지조가 강하여 타인의 도움이나 구원을 싫어하는 자립적인 재야 선비 스타일이나 상하 간에 무례하기 쉽고 인덕과 부모덕이 없으며 학업을 끝까지 마치기가 어렵다. 즉, 중퇴하거나 만학하는 경향이 있으며 무엇이든지 배우려고 하는 욕심과 노력하는 마음이 있는데, 주거가 항상 불안하여 이사를 자주 하는 경향이 있다.

✦ 6. 삼재(三災)

(1) 삼재의 성립

삼재(三災)는 사주의 年支를 기준으로 하여 年運의 지지를 보는데 年支가 三合하는 五行의 病死墓에 해당하는 3년간이 삼재에 해당한다.

寅午戌生은　申酉戌年
巳酉丑生은　亥子丑年
申子辰生은　寅卯辰年
亥卯未生은　巳午未年이 삼재에 해당한다.

이 말은 寅午戌생은 三合된 오행이 火局이 되는데 丙火는 寅에서 長生하여 申에 病地가 되고 酉에는 死地가 되며 戌에는 墓地가 되어 마치 병들어 죽은 뒤 땅속에 묻히는 시기와 같이 이해하면 된다.

(2) 삼재의 뜻

삼재(三災)란 마치 혹한기와 같이 만물의 성장이 위축되고 정지 상태에 있는 것과 같아 매사에 활동이 위축되고 잘못하면 사고가 나는 시기로 부귀명예를 가지고 있는 사람이나 서민, 건강한 사람이나 병약한 사람 모두 다 마찬가지인데 운이 흉하면 더욱 심한 흉액이 일어난다.

첫째는 人災로 사업의 실패나 부진, 금전 거래의 실패, 보증이나 담보로 인한 실재, 투자의 실패, 사기를 당하거나 부도 또는 파산을 당한다.

둘째는 官災로서 형액이나 송사가 발생하고,

셋째는 우환으로 사고로 부상을 당하거나 질병으로 인한 수술, 또는 가족 중에 위와 같은 우환이 생기거나 사망하는 것 등을 말한다.

(3) 삼재의 작용과 특성

1) 삼재운에는 위에 말한 대로 해당하는 띠의 60~70% 정도가 최소한 한 가지 이

상의 재난을 경험한다. 물론 개인의 사주와 운의 길흉에 따라 그 정도는 다르지만 잘 살펴야 한다.

삼재라도 대운 년운이 모두 좋고 사주가 잘 짜여져 있으면 흔히 말하는 복삼재라 하여 흉보다는 오히려 경사가 생기는 경우가 있다. 행운이 흉하더라도 사주가 생생불식하거나 求神 또는 恩星이 있으면 흉함이 적고, 사주에 惡殺이 있고 行運이 흉한데 또 三災까지 겹치면 극심한 재난이 있게 된다.

2) 삼재가 시작되는 해를 들삼재라 하고, 둘째 해를 눌삼재라 하며, 마지막 해를 날삼재라 한다.

3) 入三災年은 역마로서 이동이나 변동이 많은 해인데 대체로 寅申巳亥生에게 화가 많이 온다. 들삼재년에는 누구를 막론하고 객식구가 장기간 같은 집에서 동거하거나 새로운 식구가 늘어날 경우, 집안에 우환이 생기고 재액이 발생할 염려가 있으니 식구가 늘어나는 일은 삼가는 게 좋다. 특히 같은 삼재에 해당하는 사람은 절대 피해야 한다. 직원이나 종업원을 채용할 때도 마찬가지인데 많은 인원이 필요하거나 이동이 잦은 곳에서는 핵심 인물이나 측근 또는 중요 부서에 적용한다.

4) 삼재의 두 번째 해인 伏三災 때에 대부분의 사람들이 禍가 심한데, 특히 子, 午, 卯, 酉년생들은 더욱 조심해야 한다. 역시 식구가 늘어나는 것은 좋지 않다.

5) 出三災年에는 가족 중 출타하는 사람이 있으면 凶中吉하고 여러 사람이 모이는 행사, 즉 회갑이나 칠순잔치 또는 결혼 등은 삼가는 것이 좋다. 사람이 많이 모이면 길중흉사가 발생할 우려가 있다. 고로 辰戌丑未生은 마지막 날삼재년이 필히 회갑에 해당되는데, 불환갑이라 하여 잔치를 하지 않는 것이 통례로 전해 내려오고 있다. 역시 날삼재년에는 다른 띠보다 辰戌丑未生들이 변화가 많고 재해가 많이 생기니 주의해야 하겠다.

6) 가족 중에 세 사람 이상이 삼재이거나 과반수가 삼재에 해당하면 禍가 더욱더 크게 미치니 이 점도 참작하여 집안의 대소사에 활용하면 된다.

◆ 종합 조견표 ◆

합	간합	甲己(土) 중정지합	乙庚(金) 인의지합	丙辛(水) 위엄지합	丁壬(木) 인수지합	戊癸(火) 무정지합
	육합	子丑 (土,水)	寅亥 (木) / 卯戌 (火)	辰酉 (金)	巳申 (水,金)	午未 (火,土)
	삼합	申子辰 (水)	亥卯未 (木)	寅午戌 (火)	巳酉丑 (金)	
	방합	寅卯辰 (東,木)	巳午未 (南,火)	申酉戌 (西,金)	亥子丑 (北,水)	
형·충·파·해·원진살	삼형	寅巳申 無恩之刑	丑戌未 持勢之刑	子卯(相刑) 無禮之刑	辰辰,午午 酉酉,亥亥 (自刑)	
	충	子午	丑未 / 寅申	卯酉	辰戌	巳亥
	파	子酉	丑辰 / 寅亥	卯午	戌未	巳申
	해	子未	丑午 / 寅巳	卯辰	酉戌	申亥
	원진	子未	丑午 / 寅酉	卯申	辰亥	巳戌
삼재		寅午戌 生 申酉戌 年	巳酉丑 生 亥子丑 年	申子辰 生 寅卯辰 年	亥卯未 生 巳午未 年	
공망	旬空	甲子旬 戌亥	甲戌旬 申酉 / 甲申旬 午未	甲午旬 辰巳	甲辰旬 寅卯	甲寅旬 子丑

7장. 신살론

✦ 1. 십이신살(十二神殺)의 의의와 산출법

신살이란 오행과 육신의 장식물이요, 유무연의 선악을 담당하고 있으며, 사물의 최종적인 소재와 물상과 기세를 정확하고 자세하게 파악하는 지표이다. 신살은 오성학에서 많은 부분이 유래되었다.

십이신살은 年支나 日支를 중심하여 三合을 기준해서 산출한다. 劫, 災, 天, 地, 年, 月, 亡, 將, 攀, 驛, 六, 華 순서대로 짚어나가면 된다(겁, 재, 천, 지, 년, 월, 망, 장, 반, 역, 육, 화).

巳酉丑生은 寅에서 겁살이 시작되고, 申子辰生은 巳에서 겁살이 시작되고, 亥卯未生은 申에서 겁살이 시작되고, 寅午戌生은 亥에서 겁살이 시작된다. 예를 들면 巳酉丑年이나 日에 출생하였다면 수장법(手掌法)을 이용하여 검지 손가락 셋째 마디 밑에서부터 시작하여 寅이 겁살, 卯가 재살(災殺), 辰이 천살(天殺), 巳가 지살(地殺), 午가 년살(年殺) 등으로 되는 것이다.

◆ 십이신살 조견표 ◆

神殺 \ 生	劫災天地 殺殺殺殺	年月亡將 身星 殺殺殺殺	攀驛六華 鞍馬害蓋 殺殺殺殺
巳酉丑 申子辰 亥卯未 寅午戌	寅卯辰巳 巳午未申 申酉戌亥 亥子丑寅	午未申酉 酉戌亥子 子丑寅卯 卯辰巳午	戌亥子丑 丑寅卯辰 辰巳午未 未申酉戌

✦ 2. 십이신살의 특성과 작용력

(1) 겁살(劫煞)

 * 겁살이란 외부로부터 겁탈당하거나 의외의 화를 입는다는 뜻으로 적병이나 역모 동조자와 같은 역할을 하며 삼합 끝 자 다음 자로 寅, 申, 巳, 亥가 되며 삼합의 絶地에 해당된다.

 * 겁살은 외부의 재액과 관재를 주도하는 살로 십이신살 중 흉살의 하나이다. 그러나 겁살이 반드시 흉한 것은 아니고 격국이 잘 짜여 있고 사주의 喜用神에 해당할 경우에는 적장이 나를 도와주는 것과 같아서 우연한 기회에 발전하거나 어떤 위기 시에도 전화위복되는 수가 있으며, 다른 사람의 재물이나 실력 등을 자연스럽게 이용하여 의외로 크게 발전하기도 한다.

 * 겁살이 희신이면 총명하고 지모가 뛰어나며 민첩하고 활발하다. 특히 천을귀인 등의 貴星과 동주한 자는 모사에 능하고 위엄이 있으며 정관계 등에서 이름을 떨치나, 기신에 해당할 경우에는 간사하거나 사기성이 있고 겉과 속이 달라 혹독하거나 무자비하여 범죄에 가담하기가 쉽다.

 * 겁살이 기신일 경우 刑, 沖당할 때에 재액이 발생하는데, 괴강살이나 양인살 등과 같이 있으면 교통사고 등 횡사 또는 급사를 당하거나 형액을 면하기 어렵다.

* 겁살과 도화살이 일시에 함께 있으며 기신일 경우 주색잡기나 춤바람, 불륜관계 등으로 가정 파탄을 일으킨다.

* 겁살이 희신일 경우 관성이면 정관계에서 발전하고, 재성이면서 일지에 있을 때는 처덕이 많고, 편인일 경우에는 역학계나 예술계 등 구류술업에서 성공하고, 정인일 경우 학계에서 성공을 하고 모친 덕이 있으며, 식상일 경우 큰 재물을 획득할 수 있으며 외교 활동이 뛰어나고, 남자는 처가 덕을 많이 본다.

* 겁살이 기신이며 일지에 있거나 재성에 해당하면 처로 인하여 손해를 보거나 화가 미치고, 식상이 기신이며 겁살에 해당하면 말로 인하여 화를 당하거나 남자는 처가로 인해 피해를 보고 여자는 자식이나 남편으로 인한 재난이 있다.

* 겁살이 여러 개 있으면 재액이 발생과 흉함이 배로 증가한다.

(2) 재살(災殺)

* 재살은 수옥살이라고도 하는데 겁살이 적이라면 재살은 적장과 같다. 삼합의 충되는 글자로 재난과 질병, 사고, 횡사, 납치, 구금, 송사 등의 형액과 관액이 따른다.

* 재살이 水이면 약물 중독, 익사 또는 수액을 당하기 쉽고, 火이면 분신, 폭발, 화재를 당하며, 金이면 총칼이나 기계로 인한 사고를 당하고, 木이면 추락이나 몽둥이 등에 의한 재액을 당하기 쉽다. 그러나 이 또한 사주의 구성에 따라 달라진다. 격국과 용신이 뚜렷하면 오히려 권력기관에 종사하기도 한다.

* 대인관계에서 재살에 해당하는 띠는 주종관계를 제외하고는 피하는 게 좋으며 재살 방향에는 자기를 무시하거나 앙심을 품고 있는 사람이 있는 곳으로, 피곤한 상대가 있는 곳이다.

(3) 천살(天殺)

* 천살은 상제와 군주, 즉 하늘을 의미하는데 삼합 첫 자의 앞 자가 천살에 해당된다.

* 천살이 있으면 하늘을 보고 한탄할 일이 생긴다고 하는데 불의의 천재지변을 당한다는 살로 한해, 수재, 낙뢰 등 인간의 힘으로는 어쩔 수 없는 천재지변이 따른다 하나 그 작용은 약하다.

* 천살 방향은 조상 방향 또는 선생님 방향으로 부르는데, 천살 방향을 향해 제사를 지내거나 선산을 모시는 게 길하며 학생들은 천살 방향에 책상을 두고 공부하면 학업 성적이 오른다.

* 천살 방향에는 종교적인 물건은 피하는 게 좋다. 예를 들어 성경, 불경, 십자가, 성모마리아상, 교회나 절에서 가져온 달력, 그림이나 액자 등도 삼가는 게 좋다.

* 천살대운에는 중풍이나 암 등 난치성 질환이 발생하기 쉽고, 직장인은 배후의 막강한 배경을 이용, 고속 승진이나 영전 등도 할 수 있으나 사업가는 허세나 기밀 누설로 인한 손재나 관액 등을 주의해야 한다.

(4) 지살(地殺)

* 지살은 軍馬라 하여 왕이 타는 가마에 비유된다. 삼합의 첫 자로 장생지에 해당되어 아이가 태어나서 활보한다는 뜻으로 성장과 활동을 나타낸다. 장성살과는 合이 되지만 역마살과는 沖이 된다.

* 지살은 여행이나 이사 등을 주관하는데 역마살과 다른 점이 있다면 역마가 능동적이고 적극적이라면 지살은 수동적이고 소극적이라 하겠다.

* 지살이 여러 개 있으면 타향살이를 하거나 객지를 전전하며 활동하는 직업에 종사하는 사람이 많으며 지살운에는 이동이나 변화할 일이 생긴다.

* 주택이나 점포에서는 지살 방향에 출입문이 나면 좋고 문패나 간판 등의 선전물이나 차고를 두면 좋다.

(5) 년살(年殺)

* 년살은 도화살, 함지살, 목욕살이라고도 하는데 三合이 되어 변하는 오행의 욕지에 해당하며 삼합 첫 자의 다음 자이다. 다른 표현으로는 시녀라고도 한다.

* 목욕은 더러운 것을 씻는 것과 벌거벗은 것을 상징하므로 음란을 상징한다. 인생에 비유하면 사춘기 시절과 같아서 유행과 화려함에 민감하고 감정에 치우치거나 색정에 빠지기가 쉽고 일방적으로 전력투구하다 실패할 확률이 많아 패살이라고도 한다.

* 년살이 길신에 해당하고 생왕하면 용모가 수려하고 예술적 재능과 기교, 즉 끼가 있으며 고상한 선비 기질이 있고 풍류를 좋아한다. 또 시중을 들어주는 사람들을 거느릴 수가 있으며 부하의 내조가 있고 어디서나 인기가 있으며 사람을 끌어들이는 힘을 지녔다.

* 년살이 기신이면 언행이 불손하고 패륜(悖倫) 행위, 변태적인 애정 문제, 주색잡기나 방탕한 생활로 가산을 탕진하거나 사회에 물의를 일으키기 쉽다.

* 년살이 귀인에 해당하면 유흥업이나 여자로 인하여 돈을 벌거나 부인이 어두운 수단으로 축재하여 부자가 되는 경우가 많다.

* 귀인의 사주에도 년살이 많이 있고 때로는 열부나 정녀의 사주에도 도화살이 많이 있으니 도화살이 있다고 꼭 음란하다고 말할 수 없으며, 이 역시 격국과 희신, 기신의 관계를 잘 살펴야 한다.

* 년살이 공망되는 것은 좋으나 합과 형을 가장 꺼리며 원진살이 있고 생왕하면 악처를 만나기 쉽다. 남명에 재성이 년살과 합이 되면 처가 방탕하기가 쉽고 년살이 편관과 동주한 자는 화류계나 연예계 또는 예술계에 종사하는 사람이 많다.

* 년살이 양인과 동주하면 주색으로 몸을 해치는 수가 많으며 역마나 형과 같이 있

으면 음란함은 물론 수치를 모르고 불륜관계로 멀리 타향으로 도주하기가 쉽다.

* 일지를 기준하여 년지나 월지에 년살이 있으면 남자는 연상의 여인이나 유부녀를 좋아하는 등의 불륜이 염려되기도 하는데 여자도 마찬가지이다.

* 행운에서 흉신인 년살을 만나면 주색으로 인한 구설과 관재가 있고 망신을 당하기가 쉽다. 한편으로는 피곤하고 짜증스러운 일이 반복되는 경우가 많이 생기기도 한다.

(6) 월살(月殺)

* 월살은 고초살이라고도 하는데 삼합 끝 자의 충되는 자이다. 큰 벽이나 장애물에 비유되기도 하여 매사 순조롭지 못하며 걸리거나 무너지며 위축되는 상태를 말한다.

* 택일할 때 파종이나 식목 등 농작물 재배와 동물의 교미나 부화 등에는 고초일이라 하여 피하며, 행운에서 월살운이 되면 신앙에 대해 회의하거나 개종을 하게 되며 신체의 각종 기능마비나 질병, 사업 부진, 자금고갈, 소송사건 등이 발생한다.

* 사주에 월살과 화개가 같이 있으면 암이 발병하거나 소아마비나 신경장애가 생기는 경우가 많으며, 여명은 내당 마님에 비유하여 본인은 행동을 자유롭게 하지 못하면서도 왕을 위한 내조와 체통을 살려야 하고, 왕이 후궁들과 같이 지내는 밤이면 함부로 말도 못하고 긴 밤을 한숨으로 지새야 하는 것과 같아 고독살이라고도 한다.

(7) 망신살(亡身殺)

* 망신살은 일명 官符殺이라고도 하는데 삼합오행의 綠地에 해당하며 삼합 가운데 자의 앞 자이다. 길신에 해당하고 생왕하면 외모가 준수하고 위엄이 있으며 모사에 능하고 계산력이 빠르고 뛰어나 대인관계에 인기가 있고 유머 감각과 화술도 좋으며 문장력도 좋다.

* 흉신이면 내부로부터 그 작용이 일어나 체면을 잃는 것으로 경거망동으로 화를 초래하거나 장담이나 거짓말을 잘하며 시비를 좋아해 송사나 관재구설에 휘말리기 쉽다.

* 망신은 격전을 의미하여 겁살과 相戰하면 큰 화를 당하기 쉽고 편관과 동주해도 부모를 욕되게 하거나 처자를 형극하므로 겁살과 칠살을 大忌한다.

* 일지가 망신이면 처나 여자로 인한 화가 생기고 망신이 공망되면 허세와 허욕이 많고 타인과 불화한다.

(8) 장성살(將星殺)

* 장성살은 장군을 나타내니 권위를 뜻하며 국가를 보위하고 국민의 안전을 책임지는 막중한 일을 책임진 장수를 상징하니 문무를 겸전하고 대권을 장악하는 강력한 실권자를 의미한다. 삼합의 가운데 글자로 삼합오행의 왕지에 해당한다.

* 장성살이 사주에 있으면 일군의 대장이 중앙에 자리 잡고 있는 것과 같아서 자존심이 강하여 굽힐 줄을 모르고 담대하며 주관과 개성이 뚜렷하고 두려움이 없다.

* 장성살이 공망이 되면 대장이 실권이 없어져 무용지물이 되었으니 세상을 도피하는 마음을 갖게 되어 입산수도하거나 속세를 떠나고자 하는 마음을 가지게 된다.

* 장성살이 양인과 동주하면 생살대권을 장악하고 관성과 동주하면 관계에서 이름을 떨치며 재성과 동주하면 재정권을 갖는다. 하지만 이 역시 격국용신의 관계를 잘 살펴야 한다.

* 장성살은 나를 지키는 장수요, 귀인과 같아서 자기가 거주하는 집이나 사무실 또는 영업장 등의 문은 절대로 이 방향에 내어서는 안 된다. 안정이 안 되며 재물이 모이질 않고 기운이 새어나간다. 장성살 방향은 가능한 한 막혀 있는 것이 좋다.

(9) 반안살(攀鞍殺)

* 반안살은 안장살이라고 하는데 장성과 역마의 중간에 위치한 것처럼 장수가 출전하기 전에 챙기는 갑옷과 투구, 안장과 병기 등과 같다. 삼합 가운데 자의 뒷 자이다.

* 길신에 해당하면 윗사람의 도움과 사랑을 받으며 名利를 취할 수 있으나 허세를 부리는 것이 흠이라 하겠다.

* 궁중에 비유하면 내시의 역할과 같은데 겉으로 보기에는 연약한 듯하나 왕의 가장 측근에서 군왕을 보필하며 관리들의 출입을 통제하는 자리로 비밀통로 역할을 담당하니 신분이 안전하고 막강한 자리라고도 하겠다. 고로 집이나 사업장에서는 반안살 방향에 금고나 카운터를 두는 것이 좋고 잠잘 때 머리를 두는 방향에 가장 좋은 곳이다.

* 급한 일이 생겨서 피신하거나 금전 융통을 할 때에도 반안살 방향으로 몸을 피하거나 반안살 방향에 거주하는 사람에게 부탁을 하면 가장 안전하고 편안하게 돌봐 주게 된다. 즉 가장 편안하게 나를 지켜 주고 빨리 안정되는 곳이므로 이사를 할 때에도 현 위치에서 반안살 방향으로 이사를 가면 안정이 쉽게 되고 가세가 늘어난다.

(10) 역마살(驛馬殺)

* 역마살은 이동살이라고도 하는데 군마와 같아 운송 수단이나 일종의 통신 수단을 말한다. 삼합 첫 자의 충되는 글자로서 寅申巳亥는 모두 역마살로 간주해도 무방하다. 또 육신에서는 편재를 그 역할과 쓰임새에 따라 역마와 같이 취급하고 있다.

* 역마살의 작용을 보면 먼 거리의 이동이나 해외여행, 이사, 이민, 해외 취업, 물자 운반, 운송 사업, 무역업, 해외 관광업 등에 해당하고 신문, 방송, TV, 우편통신, PC 통신, 전화, 컴퓨터, 서적 등의 모든 매체를 통틀어 역마성이라 한다.

* 역마살이 길신에 해당하면 활동력이 좋고 임기응변의 재주와 외교성이 능해 영업, 사교, 외국 등과 좋은 인연이 있으며 장성과 동주하면 일찍부터 재물을 모으고 현모양처를 만난다. 역마와 식신이 함께 있고 建旺해도 복력이 크다.

* 역마살이 흉신에 해당하면 평생 분주하기는 하나 결과와 실속이 없으며 소년 시절의 역마는 학마살 작용을 하며, 노년 시절의 역마는 신경통이나 중풍 등의 질병을 불러오니 불리하다.

* 역마살은 반안살과 육해살이 있어야 제대로 활동하는데 육해는 마부로서 자가용 기사와 같다. 고로 육해가 없는 역마는 오너 운전자와 같은 셈이다. 또한 역마는 월살이 있으면 가지 못하고 가더라도 사고가 나기 쉽다.

* 역마는 생왕해야 길하고 휴수되면 병들고 죽은 말과 같아서 역마 구실을 제대로 못한다. 또한 역마가 공망이 되면 휴수마인데 탈공 시 움직인다.

* 역마살과 도화와 망신살이 함께 있고 기신에 해당하면 색정으로 인하여 도주하거나 망신하는 경우가 있으며, 고신 과숙살과 함께 있으면 타향이나 외국에서 방탕한 생활을 하고, 또 공망과 역마가 동주하면 거주지가 자주 바뀐다.

* 역마가 편관이나 편인 또는 겁재와 동주하면서 기신에 해당하면 인격이 떨어지고 실속 없이 동분서주하며 타향이나 외국에서 고생한다.

* 행운에서 역마가 길신에 해당하거나 합이 되면 영전이나 승진, 이사, 변동, 해외 출행 등의 발전이 찾아오고, 흉신이거나 충이 되면 교통사고나 객사 등의 재액이 염려된다.

* 역마는 중간 역할에 해당하므로 분쟁 해결이나 중요한 연락 임무 또는 중매 등은 역마에 해당하는 띠가 나서게 되면 쉽게 해결되며 좋은 결과를 가져오기도 한다.

(11) 육해살(六害殺)

* 육해살은 육액살, 의지살이라고도 하는데 마부나 운전사 또는 문지기 역할을 담당한다. 삼합 끝 자의 앞 자인데 흉신에 해당하면 부모 형제나 처자에 해가 많고 일생 동안 장애와 실패, 병고 등의 어려운 일에 많이 부딪치게 되나 길신에 해당하면 외부의 도움이 있고 영전 등의 기쁨이 있다.

* 사주에 육해가 있고 생왕하면 행동이 민첩하고 매사를 신속하게 처리하며, 육해에 해당하는 띠는 지게의 작대기 역할과 같이 자기가 의지할 수 있거나 보디가드 노릇을 하게 되므로 아랫사람을 쓰는 데는 육해에 해당하는 사람이 적당하다.

(12) 화개살(華蓋殺)

* 화개살은 예술성이요, 참모성이라고도 하는데 삼합오행의 묘지로서 삼합의 끝 자이다. 묘지란 창고와 같아서 오행의 정기를 저장하는 곳이므로 본체의 보존과 재생 또는 영속성을 계승하는 역할을 담당하므로 종교와 예술성을 내포한다.

* 오행의 속성을 동정(動靜)과 시중말(始中末)로 나눈다면, 화개는 靜에 속하고 결실을 거두어들이는 末에 속한다. 예로 戌은 火氣를 겨울 동안 저장하였다가 봄에 다시 피워 쓰는 것과 같아서 사물과 정신을 보관하는 작용을 함과 동시에 새로운 것을 창조하는 진리의 창고이다. 고로 화개는 문화, 예술, 신앙과 관계된 학교, 학원, 사찰, 교회, 박물관, 수련원, 기도원 등이 이에 속한다.

* 사주에서 화개가 길신이면 참모나 비서의 도움이 크고, 정인과 동주하고 길신에 해당하면 대학자가 되고, 천을귀인이나 월덕귀인 등과 함께 있으면 인격이 청고하고 貴와 文을 겸비한다. 화개가 공망되면 종교인이 되든지 종교 계통으로 진출하는 수가 많으며, 일지에 화개가 있으면 도학이나 수련에 뜻이 많고, 여명에 화개가 여러 개 있으면 자녀를 양육하기 어렵고 고독을 면하기 어렵다.

* 화개와 양인이 함께 있으면 다재다능하나 유시무종하며 결과를 거두기가 어렵다.

✦ 3. 길신(吉神)

(1) 천을귀인(天乙貴人)

* 천을귀인은 사주에서 최고의 길신이다. 천을귀인이 사주에 있으면 인격이 공명정대하고 지혜가 총명하여 많은 사람들의 존경을 받으며 인덕이 있고 대인관계에 능하다. 또 천을귀인이 사주에 있으면 다른 길신은 좋은 작용을 배가하고 악살은 숨어서 피하니 온갖 재앙을 소멸하는 길신이다.

* 천을귀인은 日干을 중심으로 보는데,

甲 戊 庚 日은   丑 未,

乙 己   日은   申 子,

丙 丁   日은   亥 酉,

辛   日은   寅 午,

壬 癸   日은   巳 卯가 천을귀인이다.

* 귀인은 상생과 합을 좋아하여 간합 또는 지지합이 되면 좋은 일이 많아지는데 형, 충, 파, 해, 공망, 쟁합 등은 대단히 꺼리며 형, 충 등이 되면 매사가 잘 안 풀린다. 行運에 귀인이 들어오면 좋은 사람을 만나거나 좋은 일이 생겨 開運이 되고 일이 풀린다.

* 귀인이 여러 개 있으면 좋지 않은데 건명은 일찍 상처하기 쉽고, 곤명은 중혼하거나 음천한 팔자로 예술인 아니면 화류계에 종사한다.

* 식신이 귀인이면 의식이 풍족하며 장수하고 달변으로 외교에 능하다. 또한 건명은 처가 덕이 있고, 곤명은 자식이 크게 성공할 수 있다.

* 상관이 귀인이면 기예에 만능이며, 곤명은 자식이 수재이거나 총명하다.

* 비겁이 귀인이면 형제, 친구, 동료의 덕이 있으며 형제자매가 발전한다.

* 재성이 귀인이면 처가 현명하며 내조의 공이 크고, 곤명은 시가 덕을 보며 사업이나 재테크에 능숙하며 부를 축적할 수 있다.

* 관성이 귀인이면 관직이나 직장에서 오래도록 좋은 위치를 유지하고 능력을 발휘하여 이름을 날릴 수 있으며 건명은 자식의 발전 또한 크며, 곤명은 현명하고 능력 있는 남편을 만난다.

* 인성이 귀인이면 학문에 통달하고 부모가 인자하고 후덕하며 외가 덕을 많이 본다.

* 辰戌은 天門을 깨뜨린 것이라 해서 귀인에 해당되지 않는다.

(2) 삼기성(三奇星)

* 삼기성이란 기이한 기운을 발휘하므로 정신이 보통 사람과 다르고 총명하며 골동품 등 기이한 것을 좋아하거나 큰 것을 숭상하며 학문과 재능이 탁월하여 사주에 격국과 용신이 잘 짜여 있으면 범인을 넘어서 귀명이 될 수 있는 좋은 역할을 한다.

* 삼기성은 乙丙丁 地上三奇, 甲戊庚 天上三奇, 辛壬癸 人中三奇로 나뉘는데 각자의 기가 조금씩 다르다. 명조에 乙丙丁 천상삼기가 있으면 총명하고 학문에 통달하며, 甲戊庚 지상삼기가 있으면 부귀와 장수를 누리며, 辛壬癸 인중삼기는 신동이나 수재소리는 듣는데 일득일실로 음란에 빠지기 쉽다.

* 삼기성은 일간부터 시작하여 년간까지 순서대로 되어 있으면 최고로 쳐주는데(例; 乙日 丙月 丁年) 최소 일간에 한 글자는 있어야 된다.

* 삼기성과 천을귀인이 함께 있으면(특히 지상삼기의 경우) 더욱 좋아 뜻이 크고 높으며 다재다능하고 학문에도 능하여 다른 사람을 돕거나 구해 주어 그 이름을 널리 빛낼 수 있으나 형, 충 등의 흉살을 범하면 貴氣가 무력해진다.

* 삼기성이 있고 삼합을 이루면 국가의 주춧돌과 기둥감이 될 훌륭한 명조이거나 또 삼기성이 있고 공망이 함께 있으며 생왕하면 속세를 초월한 사람으로 부나 권력에 아첨하거나 연연하지 않고 道의 일각을 이룬다.

* 삼기성은 대운에도 적용된다. 예를 들면 명조에 甲戊만 있을 경우, 대운에서 庚을 만나는 경우가 이에 해당한다.

(3) 문창성(文昌星)

* 문창성은 학문과 예술 계통의 양면에 특출한 재능이 있고 기억력, 추진력, 연구력, 발표력, 창의력 등에 천부적 소질을 가지고 있어 총명하고 박식하여 교수나 작가 등 학계나 예술계에 이름을 떨칠 수 있는 길신이다.

* 문창성의 성립은 陰干은 일간의 長生地가 되고, 陽干은 일간의 장생지와 沖되는 지지다. 甲일주는 巳요, 乙일주는 午, 丙일주는 申, 丁일주는 酉, 戊일주는 申, 己일주는 酉, 庚일주는 亥, 辛일주는 子, 壬일주는 寅, 癸일주는 卯로서 丙丁 일간을 제외하고는 일주의 식신이 문창성에 해당한다.

* 문창성 역시 형, 충, 파, 해나 공망을 꺼리고 일주가 신강함을 좋아한다. 신약하면 의지력이 약해 재능을 충분히 발휘하기 어렵다. 또 명조에 문창성이 여러 개 있으면 좋은 점이 약해지고 무력하다.

* 문창성은 일지에 있는 것이 좋고 시와 월은 다음이다. 또 문창성은 천간으로 바꾸어서도 보아야 한다. 예를 들면 甲日主는 丙, 乙은 丁, 丙은 庚, 丁은 辛, 戊는 庚, 己는 辛, 庚은 壬, 辛은 癸, 壬은 甲, 癸는 乙도 문창성으로 본다.

* 문창성은 사주에 관성과 인성이 있어야 빛이 난다. 官印이 있어야 국가에서 인정하는 자격으로 국공립 학교나 정부기관과 인연이 있고, 관인이 없으면 실력은 있으되 무자격자거나 또는 사립 학교나 사설기관에서 일하게 된다.

✦ 4. 흉살(凶殺)

(1) 양인살(陽刃殺, 羊刃殺)

* 양인이란 좋게 표현하면 氣의 태과를 의미하며, 나쁘게 말하면 旺한 것이 정도를 넘어선 것으로서 오행의 기운이 너무 지나쳐서 惡氣나 殺氣로 변한 것이다.

    * 그 구성을 살펴보면 십이운성의 제왕의 위치가 되는데 학자에 따라서 조금 의견이 다르지만 일반적으로 음간은 천성이 유하므로 양인을 취하지 않고 甲丙戊庚壬 양간에만 양인을 적용한다. 그래서 '볕 양(陽)' 자와 '칼날 인(刃)' 자를 써서 陽刃이라고도 한다. 고로 양인은 지지에서 子午卯酉만이 존재한다.

    甲 丙 戊 庚 壬　　日干
    卯 午 午 酉 子　　地支羊刃

    * 甲일간에 卯, 丙, 戊일간에 午, 庚일간에 酉, 壬일간에 子가 양인이 되는데 굳이 겁재라 하지 않고 양인이라고 하는 이유는 극처하고 탈재하는 힘이 일반 겁재보다 두 배 이상 강하게 작용하기 때문이다.

    * 戊土일간은 正印인 午火가 양인이 되어 인수양인이라고도 하는데 午 중 己土가 겁재가 되기 때문이다.

    * 양인은 칼이나 흉기와 같아서 살기가 있는 것은 사실이지만 칼이라고 해서 전부 사람을 해치거나 흉하다고 할 수는 없다. 같은 칼이라도 언제 어떻게 쓰느냐에 따라서 달라지는데 뛰어난 지식을 가진 의사가 칼을 쓴다면 죽어가는 생명을 구해 낼 수 있게 될 것이고, 문무를 겸비한 장군이 칼을 차고 있다면 위엄과 권위의 상징으로 적을 섬멸하는 훌륭한 무기가 되며 이외에도 언론의 칼, 사법의 칼도 될 수 있음은 두말할 나위가 없다. 즉 양인살도 사주가 중화를 잘 이루고 용신이 정확하게 있다면 나라를 구할 수 있는 불세출의 인물이나 의사, 군경, 언론인, 민주 열사가 되는 경우가 있다. 하지만 이런 경우는 드물고 편중된 성격을 가진 불량배나 깡패가 쓸 때는 여지없이 흉기나 살인 도구가 되는 것 또한 사실이다. 일반인에게도 언제나 사고의 위험이 따라다녀 인마를 살상하거나 형벌이나 수술 등 흉액을 경험하게 된다.

〈양인의 심리적 특성〉
    * 장점: 본성이 내강외유하여 자존심이 강하면서도 자신의 주장을 노골적으로 표면에 노출시키지 않고, 양보를 해야 할 때는 서슴없이 양보하기도 하여 겉으로는 냉정하

게 보이나 비교적 대인관계가 원만하며 사교성이 좋아 친구나 동료가 많이 따른다. 나이에 비해 어른스럽거나 인품이 준수하고 건강 또한 타고난 체질로 잔병이 없으며 타인을 제압하고 리드하는 리더십이 뛰어나다. 매사에 의욕과 자신감이 넘치고 활발하고 시원스러우며 추진력과 끈기, 배짱과 독립심이 강하므로 자신이 타고난 특성을 찾아 좋은 방향으로 개발해 나간다면 큰 뜻을 이룰 수 있다. 실제로 무에서 유를 창조하거나 자수성가한 사람으로 사회에 이바지하며 이름을 떨친 인물 중에 양인격이 많다.

 * 단점: 언뜻 보기에는 수양이 된 사람처럼 보이나 고집이 세고 자존심이 너무 강해 오만하며 자아를 표면에 노출시키지 않는 만큼 속마음이 냉혹하기 이를 데 없다. 대화함에 있어서도 예리함이 나타나 남의 속마음을 여지없이 도려내는 듯하며 무엇보다도 타인에게 굴복하려 하지 않아 적을 만들기 쉽거나 다른 사람과 충돌이 많다. 손위나 강자에게는 얌전하게 순종하는 듯하지만 내심으로는 고개를 숙이지 않고 불만을 가지고 있으며, 약자나 손아랫사람에게는 절대로 자기주장을 양보하지 않고 또 성미가 까다로워 직장이나 밖에서는 무난한 사람으로 통할지라도 가정에 돌아오면 사람이 달라져 폭군으로 변하거나 독선적이어서 잔소리가 많아지는 타입으로 저돌적이거나 즉석에서 행동으로 옮기며 다른 사람의 의견을 들으려 하지 않는다. 한편으로는 무슨 일을 할 때 감정에 좌우되어서 무조건 밀어붙이는 식으로 일을 처리하는 경향이 많아 성패의 기복이 심하다. 손해 보는 줄 알면서도 고집이나 오기를 부려 실패하고 손재수가 따라 다니고 쓸데없는 낭비벽이 있어 수입보다 지출이 많은 게 양인격의 단점이다.

(2) 백호살(白虎殺)

 * 백호대살이라고도 부르는데 大 자를 붙이는 이유는 그만큼 흉살의 작용이 크기 때문이다. 옛날 같으면 대낮에 길을 가다 호랑이에게 물려가는 것과 같은 작용을 하는 악살이라고 보면 된다.

 * 백호살은 불의의 사건, 교통사고, 산액, 예측할 수 없는 흉사, 총상, 비명횡사, 요절, 자살, 급사, 변사 등을 야기한다. 백호라는 글자에서 白이란 金을 의미하며 金은, 즉 殺로도 통하기 때문이다. 백호는 원래 횡액과 급사, 질병과 살생을 주관하는 동물

을 말하기도 한다.

* 백호살은 사주명리와는 관련이 없고 기문둔갑의 구궁과 관련이 돼서 나온 신살인데 육십갑자 자체에 살이 붙은 것을 말하며 甲辰, 乙未, 丙戌, 丁丑, 戊辰, 壬戌, 癸丑이 해당된다. 사주 어디에 있어도 적용이 되며 일주, 시주, 월주, 년주 순으로 작용력이 크다.

* 백호살도 어느 육신, 어느 자리에 있는가에 따라 해석을 잘해야 한다. 백호를 볼 때에는 바로 보이는 육신 이외에 암장된 육신도 파악해야 한다. 백호살은 다른 신살과 달리 자기와 직접 연관된 직계가족뿐 아니라 자기 윗대도 파악할 수 있다. 남자의 경우 처가와는 상관이 없으며 자기의 바로 친족만 해당하고 여자의 경우도 친정 쪽만 관련이 있다.

* 백호살도 하나일 때보다 두 개 이상일 때 더 강하게 나타나고 형·충·파·해·공망이 되면 더 나쁜 작용을 한다. 육신의 상태가 약하면서 뿌리도 없고 백호살이 있으면 더 나쁘다.

* 백호살이 어느 육신에 해당하는가에 따라 해석을 달리 하는데, 남자의 경우 甲辰, 乙未 일주에 비견·겁재가 많으면 처가 잘못되거나 산액을 겪을 확률이 높은데 대신 아버지나 아버지 형제가 일찍 돌아가셨으면 액을 피할 수 있다. 여자의 경우 壬戌, 癸丑 일주이면서 관성이 약하고 관성에 형·충이 있으면 이혼하거나 남편이 비명횡사할 가능성이 크다. 남자가 이 일주인 경우는 자식이 장애아이거나 저능아일 소지가 있고 자식이 단명한다든지 교통사고를 당할 수도 있다.

* 丙戌, 丁丑 일주는 남자의 경우 할머니에게 문제가 있고 여자의 경우 일주가 약하면 산액을 겪을 소지가 많은데 아기를 낳다가 사망한다든지 사산을 하거나 자궁암에 걸리거나 심하면 아이를 낳기 힘들다.

* 戊辰 일주는 남녀 모두 부부 이별, 암, 형제나 아버지에게 문제가 생길 소지가 많다.

* 백호살은 조상과 연관이 되어 있지 않은지 생각해 볼 필요가 있다. 백호살이 있다는 것은 조상이 저지른 악업의 대가를 후손이 받는다고 생각하면 된다. 백호살은 본인보다 본인의 육친관계, 직계가족과 더 연관이 있다. 사주는 원래 본인 자신에 관한 개인적인 것인데 신살 등은 본인보다 주변 사람과 더 연관이 많다.

(3) 귀문관살(鬼門關殺)

* 사주에 귀문관살이 있으면 매사 한 가지 일에 집착하고 몰두하는 현상이 생기는데 간단히 생각할 것도 편집증적인 생각을 가지고 매달린다. 예를 들어 의처증이나 의부증 같은 것도 너무 집착을 하다 보니 생기는 것인데 귀문관살은 요즘 시대에 적절하게 적용할 수 있는 신살이다.

* 귀문관살에 나타나는 특성들은

첫째, 감성과 이성이 많이 교차함에 따라서 이랬다저랬다 변덕스럽고 종잡을 수 없다.

둘째, 편집증적인 사고를 가지다 보니 착각을 잘한다.

셋째, 원망과 불평을 많이 하며 조금만 소홀히 해도 상대를 원망하고 그 원망이 지나쳐 배타심과 증오심을 키우고 저주한다.

넷째, 대화가 안 되며 설명을 해도 안 통하고 일방적이다 못해 폭력적이다.

다섯째, 매사에 정신적으로 반복 현상이 심해 과거의 일을 들먹여 상대를 피곤하게 하거나 대수롭지 않은 일을 가지고도 사람을 들볶는다.

여섯째, 엉뚱한 생각을 하고 그것에 빠지거나 자칫하면 정신 착란 증세가 나타날 수 있다.

일곱째, 이중적인 정신 구조를 가지고 있다.

* 귀문관살은 원진과 비슷한데 子未, 寅酉, 辰亥, 巳戌, 卯申, 丑午 원진에 子酉, 寅未가 더 추가된다.

* 귀문관살이 생기는 때는 첫째, 사주 내에서 水, 火가 상쟁할 때, 둘째, 금, 목이 상쟁할 때, 셋째, 조후가 안 되어 있을 때, 넷째, 인성이 약하거나 깨져 있을 때이다.

* 귀문관살은 머리가 좋은 사람에게 더 생기며 항상 두 마음이 있고 내적으로 열등감, 콤플렉스, 그에 대한 반발심을 가지고 있는 것이다. 귀문관살이 있는 부부가 이혼을 하게 되면 평생 원수지간이 된다. 귀문관살은 과거로 향한 회귀성이 강하며 과거에 대해 집착을 한다. 귀문관살이 있으면 병원에 가도 치유가 잘 안 된다.

* 子酉, 子未: 동자신이나 선녀신의 장난같이 애들 같은 짓을 많이 하며 주기적으로 떼쓰듯이 발동한다. 변덕이 심하고 공주병 증세가 있다.

* 丑午: 객사나 흉사한 귀신, 몹쓸 병으로 죽은 귀신의 장난과 같이 폭력적인 기질을 나타내며 과격한 것이 특징이다. 자칫하면 음독자살이나 분신자살을 할 확률이 높은데 남자에게 많다.

* 寅酉, 寅未: 어른 귀신, 늙은이 귀신의 장난과 같이 나이가 많은 사람이 넋 놓고 혼자 멍하니 앉아 있는 것과 같은 행동을 보이며 눈동자가 풀어져 있는 것이 특징이다. 도사인 척, 어른인 척, 점잖은 척하며 '예와 아니오'가 불분명하다. 평소 얌전히 있다가 갑자기 사고를 내며 일을 저지르는데 이 역시 남자에게 주로 많다.

* 卯申: 장군 귀신, 도화살 귀신과 같은 특성으로 잘난 척을 잘하고 자기 과신을 많이 한다. 매사에 급하고 즉각 반응을 일으키며 허세를 많이 부리고, 허풍이 세며 주변 사람 얘기를 많이 한다. 자기는 항상 옳고 남들이 이상하다고 무시한다.

* 辰亥: 처녀 귀신, 애 낳다 죽은 귀신과 같이 상당히 까다롭고 앙칼지며 사나운 성질이 있다. 대인 기피증이 있으며 폐쇄적이고 결벽증이 있다. 히스테릭하며 자기 소속감이 너무 강해서 남을 터부시한다. 자기하고만 친해야 한다는 욕구가 강하여 여자의 경우 남편과 자식밖에 모른다.

* 巳戌: 애 못 낳고 죽은 귀신, 무자귀신, 도사 귀신과 같이 寅酉와 비슷하며 성격이 능구렁이 같고 음흉하다. 고집이 세고 자기주장만 내세우며 갑자기 사람이 돌변하기도 한다.

* 귀문관살은 여자들에게 많으며 인물이 좋은 여자들에게 더 많이 나타난다. 귀문관살이 있는 사람에게 제일 필요한 것은 그 사람을 받아 주는 것이다. 이해하고 받아 주며 속의 것을 꺼내서 대화를 할 수 있게 표현할 수 있게 해 주어야 하는데 그렇지 못하고 속으로 앓으면 문제가 더 커진다.

* 귀문관살이 있으면 속으로 화병이 생기며 우울증이나 스트레스가 쌓인다. 그러므로 건전한 취미 생활이나 여가를 즐겨 정신을 어느 한쪽에 쏟을 수 있는 방향으로 돌리는 것이 좋다.

* 귀문관살은 행운에서도 이루어지는데 년운에서 귀문관살이 이루어지면 매사가 늦춰지거나 미루어지는 경향이 있다. 될 듯 말 듯 매사가 지지부진한 현상이 나타나고 미래에 대한 막연한 불안감이 생기며 판단력을 상실한다.

* 대체적으로 대인관계에서 상대에 대하여 억울한 생각을 많이 하며 나를 알아주었으면 하는 마음을 가진다. 남에게 의존하면서도 남을 의식해서 자신은 항상 완벽하게 행동하려 하거나 자기가 속한 대인관계 이외에는 폐쇄적이고 대인 기피증이 있다.

* 귀문관살이 있는 사람은 행동에 비밀이 많아서 가까운 사람만이 문제를 의식할 수 있으므로 속의 것을 꺼내 표현하고 하소연할 수 있게 해 주어야 하며 신앙을 가지는 것이 좋다. 종교 생활을 통해 마음의 안정을 취하는 것도 바람직한데 거꾸로 맹신자가 될 소지가 있으므로 조심해야 한다.

* 귀문관살이 있는 사람이나 정신 이상자, 무속인 등은 어떤 기가 흐르고 있다. 그래서 그 기를 잡아 줄 수 있는 사람에게는 자기의 것을 전부 풀어놓는데 아무에게나 말하지 않는다. 귀문관살이 있는 사람은 무조건적으로 혼내면 안 되고 달래 주어야 한다. 자기 스스로 자신의 마음을 잘 다스릴 수 있게 해 주어야 한다.

(4) 괴강살

* 庚辰, 庚戌, 壬辰, 壬戌, 戊辰, 戊戌이 괴강살이며 귀신의 우두머리라는 뜻으로 만만치 않은 흉살이다. 辰은 지괴(地魁)로 땅의 우두머리, 戌은 천괴(天魁)로 하늘의 우두머리라고 하여 주로 일주에 적용하며 괴강살도 일, 시, 월, 년 순으로 강하게 작용한다.

* 양인살이 자존심과 쟁투라면 괴강살은 성격이 강하고 절대 남에게 안 굽히며 강직하고 고집이 센 것이 특징이다. 추진력이 뛰어나고 의협심과 봉사, 희생 정신이 있으며 의외로 단순하고 순수한 면을 갖추고 있다. 반면 자기중심적이며 극단적인 면이 있고 갑자기 확 돌변하여 너 죽고 나 죽자는 식으로 성질을 부리거나 괴팍한 면이 있다. 대체적으로 보수적이고 남자의 경우보다 특히 여자에게 나쁜 작용을 많이 한다.

* 여자의 경우 사회적 활동성은 좋으나 남편 운이 약해질 수가 있으며 남편이 무능력하거나 백수로 지낼 가능성이 높다. 한마디로 남편 복이 없다고 할 수 있는데 만약 남편이 사회적으로 성공한다면 독수공방을 하거나 첩을 볼 수 있다. 그러나 이때 따로 떨어져 지내면 괜찮다.

* 여자의 경우 몰락한 집에 시집가서 고생하고 살면 복을 받을 수 있는데 반대로 잘 사는 집에 가면 시집이 망해서 고생할 확률이 높다. 여자가 인물이 좋은 경우 더 심할 수 있으므로 독신으로 지내는 것이 좋다. 그러나 여자의 경우도 군인, 경찰, 간호사, 운전사 등 여자로서 험한 일을 하는 사람에게는 괜찮다. 보수적이면서도 청렴결백한 스타일이다.

✦ 5. 기타 신살(神殺)

(1) 삼살방(三煞方)과 대장군방(大將軍方)

* 삼살방은 해마다 바뀌는 신살로써 삼합의 중심 세력과 반대되는 방향을 말하는데, 만약 辛卯年이라면 卯가 속해 있는 삼합, 즉 亥卯未의 卯와 沖되는 酉방향, 즉 서

쪽 방향이 그해의 삼살방이다.

* 대장군방은 삼 년마다 한 번씩 바뀌는 것으로 방국을 기준으로 하여 만약 庚寅年
이라면 寅卯辰 봄의 방합이 시작되는 것이므로 이미 지난 亥子丑 겨울의 방향이 3년
동안 대장군방이다. 다시 말해 북쪽이 대장군방이 된다.

* 삼살방과 대장군방이라고 하는 것은 해당하는 해에 이 두 방향으로 이사나 장소
의 이동을 하면 좋지 않다고 하는 것인데 잘 자라던 나무도 이쪽으로 옮겨 심으면 성
장이 잘 안 된다. 그러나 이 방향으로 간다고 무조건 안 좋은 것은 아니고 다음에 열
거한 사람들만 주의하면 된다.

첫째, 삼대가 모여 사는 집. 둘째, 임신부나 임산부가 있는 집, 갓난아기가 있는 집
은 기운이 이미 지나간 쇠잔한 방향이라 삼신할머니가 따라가지 않는다. 셋째, 백일
기도 등 작정 기도를 하는 사람이나 기도, 신앙을 업으로 하는 사람, 집안에 신을 모
시고 있는 사람 등이다.

삼재에 해당하는 사람들도 사주의 구성이 안 좋으면 피하고 그 외의 사람들에게는
크게 적용되지 않는다.

(2) 천라살(天羅殺)

천문성(天門星)이라고도 하며 戌, 亥가 같이 있을 때 적용된다. 술해의 다음은 子時
로 새날이 시작되니 하늘 문이 열려 있는 것과 같다 하여 정신적인 면이 뛰어나다. 독
특한 정신력, 도 닦는 능력, 신앙, 활인업, 역학, 무당, 의사, 기공술, 수련, 수행 등을
의미하는데 종교 쪽에도 인연이 많다.

(3) 지망살(地網殺)

* 지망이라는 뜻은 땅에 그물이나 거미줄이 쳐져 있다는 것으로 무언가 하는 일과
앞길에 장애가 있고 애로 사항이 발생할 가능성이 많다는 흉살인데 사주에 辰, 巳가
있을 때 그러하며 특히 辰과 巳가 붙어 있을 때 영향이 더 큰데 일시, 일월, 년월 순으
로 강하다.

* 사주에 지망살이 있으면 인생행로에 장애가 많이 생긴다. 매사 걸리는 것이 많고 관재구설이나 송사에 휘말리기 쉽다. 그러나 사주가 잘 짜여져 있으면 그물에 물고기가 걸리듯이 좋은 역할을 하여 경찰, 군인, 검찰, 정보기관, 특수기관에 종사하는 사람들에게는 오히려 괜찮다.

(4) 고신, 과숙살(孤神, 寡宿殺)

* 고신, 과숙은 띠를 기준하여 파악하고 일지, 시지, 월지 순으로 본다. 남자의 경우 특히 시지가 고신이면 말년이 고독하고, 여자의 경우 월지를 보고 백호살, 괴강살과 같이 있으면 더욱 좋지 않다. 관성이 좋지 않으면 흉한 작용이 더 강해 부부 풍파가 많은데 경제적으로 고생하면서 살면 경우에 따라 부부 사이에 별 문제가 없는 경우도 있다.

* 일명 홀아비, 과부살이라고 하며 생년지, 즉 띠의 방국으로 산출한다.

과숙		고신
丑	寅卯辰생	巳
辰	巳午未생	申
未	申酉戌생	亥
戌	亥子丑생	寅

(5) 상문, 조객살(喪門, 弔客殺)

* 신살 중에서 년운을 가지고 보는 것 중에 가장 대표적인 것으로 상가에 함부로 출입하지 말고 험한 것을 보지 말고 함부로 행동하지 말라는 것인데 조객보다 상문이 더 작용력이 강하다. 상을 당한 직계가족에게도 해당하는 것이니 특히 조심해야 하며 잘못하면 집안에 우환이 들끓는다.

* 예를 들어 올해가 辛巳年이라면 巳의 두 번째 앞 글자 卯가 조객이고 巳의 두 번째 뒷 글자 未가 상문에 해당한다.

(6) 복음살(伏吟殺)

년운에서 오는 것으로 일주와 년운이 같은 것을 말한다. 엎드려서 신음을 한다는 뜻으로 복음살 운에는 마치 두 개의 내가 생겨 임금이 두 명인 것처럼 이럴까 저럴까 고민하고 갈등하게 된다. 혼자 끙끙거리며 속을 끓이고 자기 자신에 대하여 갈등과 원망을 많이 하게 되는데 대운에도 있지만 년운에서 오는 것이 훨씬 영향력이 크다.

(7) 목욕살(沐浴殺)

목욕살은 주색을 즐긴다는 살로 함지살이라고도 한다. 일주를 위주로 본다(십이운성의 욕지에 해당하며 일간 도화라고도 한다).

日干	甲	乙	丙	丁	戊	己	庚	辛	壬	癸
沐浴	子	巳	卯	申	卯	申	午	亥	酉	寅

(8) 도화살(桃花殺)

* 도화살은 日支와 年支를 중심으로 보는데 이 살이 있으면 남녀 모두 풍류를 좋아한다. 寅午戌이 卯를 만나면 음욕이 많고, 申子辰이 酉를 만나면 인륜을 어지럽히고, 巳酉丑이 午를 만나면 낭만이 있고, 亥卯未가 子를 만나면 투기심이 있다. 도화살이 년월지에 있으면 장내도화라 하여 부부 금실이 좋다. 그러나 충, 파되면 흉하다. 도화살이 일시지에 있으면 장외도화라 하여 꺾으려는 사람이 많아 매우 불길하다. 남명은 여색을 즐기고 여명은 더욱더 흉하다. 여명이 이 살이 있는데 역마살이 있으면 수치를 모를 정도로 음란하다.

年日支	申子辰	巳酉丑	寅午戌	亥卯未
桃花殺	酉	午	卯	子

(9) 사도화(四桃花)

사주에 子午卯酉가 모두 다 있으면 사도화라 하는데 이 살이 있으면 주색을 밝힌다. 남명은 주색을 좋아하나 대격을 이루는 경우도 있고, 여명은 이유를 불문하고 흉하다.

(10) 사장생(四長生)

사장생은 寅申巳亥가 모두 있는 것을 말한다. 남명은 대격을 이루는데 일주에 합치되면 부귀격을 이룬다. 그러나 여명은 천격이 되어 이방 생활로 명성을 얻는 경우도 있지만 행실이 부정하다.

(11) 사고장(四庫藏)

사고장은 辰戌丑未가 모두 있는 것을 말한다. 일주에 합치되면 남명은 대부대귀격을 이루나, 여명은 천지의 四獄에 앉아 있는 격이 되어 자식을 두지 못하며 고독하다. 만일 두 글자만 있으면 면할 수 있으나 부성과 자성이 묘고에 해당하면 남편 복과 자식 복이 모두 없다.

(12) 탕화살(湯火殺)

탕화살은 불이나 끓는 물에 화상을 입는다는 살로 몸에 흉터가 생긴다. 寅日生이 巳申이 있거나, 午日生이 辰午丑이 있거나, 丑日生이 午未戌이 있거나, 戊寅日生이 寅이 많거나, 戊子日生이 寅巳申이 있으면 이루어진다.

湯火殺	甲午	甲寅	乙丑	丙寅	丙午	丁丑	戊寅日
	戊午	庚午	庚寅	辛丑	壬午	壬寅	癸丑日

8장. 십이운성론

✦ 1. 십이운성의 의의

십이운성(十二運星)이란 일명 포태법(胞胎法)이라고 하는데 지지의 기가 천간에 미치는 순환의 원리이며 변화의 법칙을 뜻하는 것으로서, 한서온냉(寒暑溫冷)의 기가 사시에 두루 유행하나 그 차이가 있는 것을 생왕묘절(生旺墓絶) 등으로 구분한 것이다.

천간의 기운들을 지지에 따라서 인간이 출생과 더불어 생로병사 그리고 영고성쇠하는 과정을 그려놓은 것과 같이 비유하여 놓은 것으로, 세상 만물은 태어나서 자라고, 자라면 결실을 맺고 결실을 맺은 후에는 병들거나 죽어 없어진다는 이치로 사주를 추명할 때 선천적인 환경이나 기운을 파악하는 데 많이 참고한다. 불교에서 말하는 十二緣起法과 일맥상통하는 점이 있는데 생명체라면 어느 것을 막론하고 절대적으로 어길 수 없는 지상 불변의 진리라 하겠다.

십이운성의 순서는 절(絶) → 태(胎) → 양(養) → 생(長生) → 욕(沐浴) → 대(冠帶) → 록(建祿) → 왕(帝旺) → 쇠(衰) → 병(病) → 사(死) → 묘(墓) 순으로 이루어지는데 천간의 음양에 따라서 순환의 방법이 다르다. 陽干일 때는 십이운성이 순행하고, 陰干일 때는 역행한다. 그 이유는 陽生, 즉 陰死하여 陽干의 生에서 陰干은 死가 되고 반대로 陽干의 死에서 陰干은 生하기 때문이다.

그러나 실제로 활용하는 데는 음양을 구분하는 것이 이론상 무리가 많이 있다 하여 음양을 같이 취급하는 학자들도 있는데 많은 연구와 임상 경험을 거쳐 그 결과를 토대로 다시 정립해야 할 이론이라고 본다.

✦ 2. 십이운성의 성질

(1) 절(絶)[포(胞)]

만물이 땅속에서 그 氣는 있으나 아직 아무런 형체도 없이 고요히 잠겨 있는 것과 같은 상태로 끝과 시작이 함께 있는 때, 즉 無에서 有를 창조하는 시기로 보면 된다. 어머니 배 속에 아직 아버지의 씨가 떨어지지 않아 태아가 형성되지 않은 것처럼 극히 정적이고 무념무상인 상태와 같다. 그러므로 외부 자극에 쉽게 동요되거나 흔들리는 경향이 있고 단순하며, 인정에 끌리거나 소심하여 반항하지 못하는 탓에 실리적인 면에서 항상 손해를 보는 경우가 많다. 예를 들면 여자의 경우 남자의 거짓 사랑에 정조를 잃거나 금전적인 손실을 보는 일이 많으므로 매사에 신중을 기하고 침착해야겠다. 한편 절처봉생이란 말도 새겨볼 필요가 있는데 이는 모든 인연이 끊어지는 자리에서 새로운 인연이 다시 생겨난다는 뜻이요, 하나가 끝나면 또 하나가 그 자리에서 생겨난다는 이치를 말하는 것이다. 잠재의식, 연구와 사색, 단절과 이별, 시작과 끝, 신앙과 기도 등의 의미를 내포하고 있다.

(2) 태(胎)

사람이 父精과 母血을 받아 모체 내에 처음 생명체가 잉태됨과 같이 천지만물이 음양의 합으로 새 생명이 움트는 것과 같다. 장래 희망과 발전을 꿈꾸며 상상력은 풍부하나 아직 각별한 보호를 받아야 하고 주체성이 없는 상태이므로 의타심이 강하고 활동력은 약하다. 속으로의 생각과 계획은 탁월하고 매사에 능통한 것 같으나 외향적인 발표와 활동력 그리고 외교와 처세가 부족한 상태이다. 겉으로 드러나는 경쟁이나 정면 대립을 피하며 독자적인 노력으로 분수에 맞는 생활을 하고 특히 어린 생명이나 화초에 호기심을 가지거나 귀여워한다. 잉태와 태교, 애착과 소중함, 보호와 의타심, 구상과 發心 등의 의미를 내포하고 있다.

(3) 양(養)

양은 태아가 모체 내에서 자라나 태어나기 전까지의 과정으로 크게 외부적인 동요가 없이 안정 속에 양육하며 성장하고 보호되는 상태이다. 그러므로 신중하고 착실하며 온건한 특성을 지니는데 어려움을 당하면 두려워하고 뒤로 물러서는 때라 리더십이나 과단성은 부족하다.

(4) 장생(長生)

사람이 모체로부터 처음 출생하는 것과 같이 만물이 탄생하는 상태이다. 개척과 전진, 창조와 발전을 위한 강한 의욕이 앞서며 행동은 민첩하고 진취력이 있으나 性質은 온건하고 순수하며 남과 다투지 않는다.

(5) 목욕(沐浴)

사람이 태어나면 깨끗이 목욕시키는 것처럼 씨앗이 싹튼 후에 껍질을 벗어나는 상태로서 쓸모가 있고 강한 것은 기르고 약한 것은 뽑아버리는 시기와 같다. 아이가 출생 후 깨끗하게 목욕을 시키면 얼굴이 아름다워지고 겉보기는 좋지만 아이는 춥고 떨리며 공포와 고통을 느끼게 되는 것과 같다. 욕지는 어린아이들을 목욕시킬 때 아무 거리낌 없이 발가벗겨 놓은 상태와 같아 주색이나 낭비, 음란, 방탕 등을 수치를 모르고 행함과 같으며 매사에 실패를 의미하기도 한다.

(6) 관대(冠帶)

목욕이 어린아이의 천방지축을 의미하는 때라면, 관대는 제대로 의복을 갖추어 입고 규범을 배우며 사회에 진출하기 위한 학창 시절과 같은 상태라 하겠다. 교복을 입고 공부하며 활동하는 과정으로 이때는 부정과 불의에 대항하여 싸우려는 정의감이나 독립심에 사로잡히는 것이 특징으로 개성이 뚜렷하고 고집이 센 상태이다.

(7) 녹(建祿)

건록은 공부를 마치고 사회의 구성원으로 자기의 할 일을 찾아나가 직장이나 사업체에서 일하며 정당한 보수나 대가를 받는 상태로서 공사가 분명하며 명예와 체면,

상하 질서 관계와 책임을 중히 여기는 특징이 있으며 더 나은 자아발전과 완성을 위해 열심히 뛰는 때라 하겠다.

(8) 왕(帝旺)

제왕이란 말 그대로 장성함이 극에 달하여 왕성한 혈기로서 하늘 높은 줄 모르는 상태이니 최고로 강하고 극도로 흥한 상태라 하겠다. 건록과 제왕은 다 같이 왕한 것 같으나 록이 하루 중 오전과 같아 더욱 旺한 데로 향하는 상태라면, 제왕은 오후와 같아서 양이 극에 달해 음으로 향하는 상태의 차이가 있다. 그러므로 제왕은 불굴의 투지와 강인한 정신, 몸과 마음을 바치는 헌신과 의협심 그리고 솔선수범하는 정신 등은 좋은데, 너무 강하다 보니 타인의 조언을 잘 받아들이지 않고 불화와 독선을 초래하는 등 아집에 빠지기 쉽다.

(9) 쇠(衰)

쇠는 달도 차면 기우는 것처럼 만물이 왕성한 기운이 지나 점차 쇠퇴하는 시기이다. 사람에게 있어서는 모든 기능이 점차 쇠진해가는 갱년기나 또는 사회에서 정년퇴직하는 시기와 같은 상태다. 안정을 추구하는 방향으로 모든 생각이 흐르고 모험을 피하고 내실을 기하는 것은 좋으나 너무 보수적이거나 편협해지면서 자신감이 적어지는 경향이 있다.

(10) 병(病)

사람이 노쇠해져 병에 걸린 것과 같은 상태로 외적인 활동보다는 사색이나 공상 등 정적인 일에 치우치고 입으로는 허장성세를 부리나 실천은 이에 따르지 못하며, 난관에 부딪치거나 어려운 일이 생기면 가급적 피하려 하고 좌절하여 낙심하는 경향이 있다. 그러나 촛불은 꺼지기 전에 가장 밝다는 말처럼 마지막 투혼을 불살라 결실을 맺으려는 경향도 있다.

(11) 사(死)

사람이 수명을 다하여 죽듯이, 또 과일이 다 익어 수확을 하고 나면 낙엽이 떨어져 다시 땅으로 돌아가는 것처럼 본체와 모체에서 분리되는 시기다. 이별의 고통은 따르나 매사에 순리대로 처신하고 복종하며 사고가 깊어지는 특징이 있다.

(12) 묘(墓) = 고(庫)

만물이 창고에 저장되거나 사람이 죽은 후 묘 속에 들어가는 상태와 같이 저장과 예치, 작용력 상실을 의미한다. 하루의 모든 일과를 마치고 가정으로 돌아가 포근한 잠자리에 드는 것과 같이 안정되고 정적인 상태이며 침착한 것이 특징인데 보관, 정지의 상태로 일이 묶여 있는 것을 의미한다.

✦ 3. 십이운성의 활용법

십이운성을 구분하여 활용하는 데는 3가지 방법이 있다.

1. 봉(逢)하는 十二運
2. 거(居)하는 十二運
3. 인종(引從)하는 十二運이다.

봉하는 십이운이란, 일간을 年, 月, 日, 時 4지지에 각각 대비해 십이운성을 보는 법이다.

거하는 십이운이란, 생년월일시 각각의 천간에서 아래의 지지와 대비하여 십이운을 정하는 것으로서 대운, 세운에도 응용한다.

인종하는 십이운이란, 사주 중의 각 육친의 천간과 대운, 세운의 천간을 생년월일시 및 대운, 세운의 지지에 각각 대입하여 십이운을 정하고 파악해 보는 법이다. 예를 들면 일지에 관성의 묘가 있는 여명이라면 남편의 자리에 무덤을 가지고 있는 형태로 남편과의 인연이 박하거나 항상 근심 걱정을 묻어두고 살게 된다. 또 대운이나 세운에서 관성의 묘운이 와도 마찬가지의 해석을 한다.

◆ 십이운성 조견표 ◆

天干 運星	甲	乙	丙	丁	戊	己	庚	辛	壬	癸
長生	亥	午	寅	酉	寅	酉	巳	子	申	卯
沐浴	子	巳	卯	申	卯	申	午	亥	酉	寅
冠帶	丑	辰	辰	未	辰	未	未	戌	戌	丑
祿	寅	卯	巳	午	巳	午	申	酉	亥	子
旺	卯	寅	午	巳	午	巳	酉	申	子	亥
衰	辰	丑	未	辰	未	辰	戌	未	丑	戌
病	巳	子	申	卯	申	卯	亥	午	寅	酉
死	午	亥	酉	寅	酉	寅	子	巳	卯	申
墓	未	戌	戌	丑	戌	丑	丑	辰	辰	未
絶	申	酉	亥	子	亥	子	寅	卯	巳	午
胎	酉	申	子	亥	子	亥	卯	寅	午	巳
養	戌	未	丑	戌	丑	戌	辰	丑	未	辰

9장. 강약구분론

✦ 1. 사주 강약의 의미

(1) 억부론이란?

사주를 판단할 때 제일 중시하는 것이 억부론이다. 억부론이란 사주 전체의 상황과 일주의 강약을 따져 중화를 이루는 육신이나 오행을 용신으로 정하는 것이다. 그러나 일간의 강약을 따져 생조하거나 극설분하는 육신이나 오행을 찾는 것은 대단히 중요하지만, 억부용신 하나만으로 그 사주의 격국과 용신을 전부 판단하고 운세의 길흉화복을 논한다는 것은 조금은 문제가 있다.

억부용신은 일간이 다른 오행과 육신을 감당할 수 있는지의 능력과, 가족관계나 재물 등 육친에 대한 대처 능력의 판단 기준이 된다. 예를 들면 비겁으로 신왕한 일주가 처와 돈에 해당하는 재성을 대하는 태도와, 반대로 식상이나 관성이 많아 신약한 일주가 재성을 대하는 태도가 억부용신에 따라서 현격하게 다르게 나타난다.

그러므로 억부용신을 일간의 성격을 파악하고 육친을 감당하고 대처하는 자세와 능력을 판단하는 기준으로 삼는 것이 적합하며 그에 따라 일간 자신의 기호나 바람 그리고 가정에 관한 것을 판단할 때 잘 살펴보아야 하는 것이다.

그러나 억부용신 하나만을 가지고 한 사람의 직장이나 사업 등의 사회적인 모든 활동을 판단하는 것은 무리가 있다. 개인적인 상황을 파악하는 억부용신과 사회적인 상황을 파악하는 격국용신이 일치하면서 억부에 의한 중화가 시급한 편중된 사주라면 그 용신의 상태에 따라서 운명이 현저하게 달라지는 것은 당연하지만, 신강신약의 차이가 현격하지 않은 중화된 사주는 억부용신 하나만 가지고 사주의 길흉을 판단하기란 쉽지 않다.

특히 현대는 힘이 세고 무기를 잘 쓰는 장비나 항우가 뛰어난 장수로 평가받던 그런 시절이 아니고 옛날의 농경 사회처럼 튼튼한 근력과 힘이 생활에 중요한 비중을 차지하지도 못하고 지식과 기술, 정보와 전략이 모든 승패를 좌우하는 요인이 되는 시대이므로 억부용신만을 가지고 사주의 모든 것을 판단하여서는 안 된다.

사주를 추명하는 방법은 대략 다음과 같이 나눌 수 있으며 이외에도 더 많은 이론들이 있으나 넓은 의미에서 보면 다음의 범주에서 크게 벗어나지는 않는다. 그러므로 사주를 봄에는 아래의 이론들을 두루 참고하여야 할 것이다.

1) 억부론(抑扶論)
2) 격국론(格局論)
3) 조후론(調候論)
4) 신살론(神殺論)
5) 십이운성론(十二運星論)

(2) 통근(通根)과 강약(强弱)

고서에서 논하듯이 일간이 통근하지 못하고 태약하거나 합이 되었다고 해서 무조건 종격이나 화기격 등으로 판단하는 것은 상당히 위험한 판단이다. 이와 같은 외격의 이론은 과거 전제주의국가 또는 반상을 따지던 옛날에는 잘 통했을지 몰라도 현시대에는 잘 통하지 않는 이론이다. 요즘은 얻어먹을 힘만 있어도 남의 간섭과 지배를 받지 않으려 하고, 또 몸이 불편한 장애인이라도 머리로 세계를 지배하고 흔들 수 있는 세상이기 때문에 역학도 이런 시대의 흐름에 따라 바뀌어 해석해야 할 것이다.

그러므로 일주의 강약을 따져 사주의 중화를 살피는 것은 중요한 일이지만 너무 신강신약에 집착하거나 얽매이지는 말아야 한다.

아울러 일주의 강약을 논할 때에도 득령과 실령, 득지와 실지, 득세와 실세 등을 세밀하게 논하여 등급을 매기거나 간지 하나하나에 소수점까지 동원하여 점수를 매기는 방법으로 민감하게 세세한 방법으로 신약신강을 따지지는 않는다. 한때는 그런 방법을 비롯하여 여러 가지로 강약을 판단해 보았지만, 현실적인 효용에서 많은 괴리가 있으므로 일정한 기준 외의 신강신약은 너무 집착하지 않는 게 좋다.

사주의 강약을 구분하는 근본 기준은 일간의 통근 여부이다. 통근은 일간에만 국한되어 있는 것이 아니고 다른 육신 모두 항상 통근과 투출을 살펴야 한다. 통근에는 강약이 있다. 예를 들어 우선 먼저 어느 자리에 통근했냐 하는 것을 살펴야 하는데 일간의 경우 月支에 통근하는 것이 가장 안정되고 힘이 강한 것이며 그다음은 日支, 그다음이 時支, 마지막으로 年支 순으로 통근하는 위치에 따라 강약이 다르다.

그다음에는 같은 통근이더라도 어떤 상태의 통근인가를 살펴야 한다. 예를 들어 甲木이 통근하는 경우를 따지면 녹왕지인 寅卯에 통근하는 경우와 생지에 해당하는 亥水에 통근한 경우와, 여기에 해당하는 辰土에 통근하는 경우와 고지에 해당하는 未土에 통근하는 경우 각각 그 강약이 다르다. 통근의 강약을 정하는 우선순위는, 제일 강한 통근은 일간의 록왕지에 통근하는 것이 가장 강하며, 그중에서 子午卯酉 旺支에 통근하는 것이 1순위이다. 즉 甲木이나 乙木의 경우 卯木에 통근하는 것이 제일이고 그다음 寅木에 통근하는 것이 강하다. 다음으로 生地와 餘氣에 통근하는 경우는 지장간의 사령 여부를 따져서 우선순위를 가리고 마지막이 庫藏支에 통근하는 것이다.

꼭 알아야 할 것은 지장간에 동일한 오행이 없는 상태에서 생해 주는 인성은 통근으로 쳐주지 않는다는 것이다. 생조를 받는 것은 통근과는 엄연히 구별해야 하는 것이다. 예로 甲子의 경우는 통근이 아니고 생만 해 주는 것이다.

일단 일간이 월지에 통근하였다면 격국용신을 정할 때에는 어지간해서는 강약을 논하지 않고 일간이 어느 위치에 있든 녹왕지에 통근하면 어지간한 일은 감당할 수 있는 능력이 있는 것으로 간주해 신왕하다는 표현을 쓴다. 즉 고서에서 보면 신왕관왕한 사주니 신왕재왕한 사주니 하는 말들은 얼핏 판단하기에는 모순이 있는 말 같으나 위에 말한 통근의 개념과 신왕의 개념을 안다면 이해할 수 있다. 다시 말해 사주에 관살이 旺하면 일주는 자동으로 신약하게 되는데 어찌하여 신왕관왕한 사주가 될 수 있을까 생각하게 되는데, 여기서 신왕이란 말은 일주가 녹왕지에 통근하여 왕성한 관살도 충분히 감당할 수 있다는 뜻이 된다. 즉 일간과 관성이 똑같이 통근하여 힘이 있을 때 신왕관왕하다는 얘기를 쓰는 것이다. 이처럼 실제로 일간이 통근하고 관성이나 인성, 재성이나 식상이 천간에 있으며 통근이 잘 되어 있는 사주는 특별한 경우를 빼

놓고는 거의 좋은 명조로 보아도 무리가 없다. 그만큼 통근이라는 개념은 중요한 것이다.

〈통근의 우선순위〉
甲乙: 卯 寅 亥 辰 未
丙丁: 午 巳 寅 未 戌
戊己: 午 巳 未 戌 辰 丑
庚辛: 酉 申 戌 丑 巳
壬癸: 子 亥 申 丑 辰

* 생지와 고지에 통근했을 경우 사주 전체의 상황에 따라서 강약이 달라질 수 있으므로 주의해야 한다.

✦ 2. 강약 구분법

(1) 통근(通根)

통근이란 천간의 오행이 지지에 뿌리를 내렸다는 뜻이다. 사주에서 일간이 지지에 통근하면 강하게 되고 용신이나 희신이 통근을 하게 되면 튼튼하고 행동반경이 넓어 능력과 폭넓은 성과를 발휘하게 된다. 그러나 반대로 忌神이 통근하면 그 凶의 뿌리가 깊다. 같은 통근이라도 子午卯酉가 가장 강하고 그다음 寅申巳亥의 正綠과 生地를 구별하여 정하고 辰戌丑未의 지장간의 庫藏地에 통근하는 순서로 뿌리의 강약을 판단할 수 있다. 또한 지지육합, 삼합, 방합을 이루는 오행이 천간의 뿌리가 된다면 그 힘과 능력은 매우 강하게 된다. 그러나 천간의 뿌리가 되는 지지가 合하여 타 오행으로 변질될 경우 오히려 그 뿌리를 잃게 된다. 참고로 꼭 알아 두어야 할 것은 甲, 乙이 子에게, 丙, 丁이 卯에게, 庚, 辛이 辰土나 未土에게, 壬, 癸가 酉에게 생을 받는 것은 그 힘을 강하게 생해 주기는 하지만 지장간에 그 오행의 本氣가 없으므로 통근하였다고 하지 않는다.

천 간	오 행	통근강약의 순서
甲乙	木	卯, 寅, 亥, 辰, 未 (子는 통근이 아니고 生助)
丙丁	火	午, 巳, 寅, 未, 戌 (卯는 生助)
戊己	土	午, 巳, 未, 戌, 辰, 丑 (寅은 戊의 長生地)
庚辛	金	酉, 申, 戌, 巳, 丑 (辰은 生助)
壬癸	水	子, 亥, 申, 丑, 辰 (酉는 生助)

(2) 사령(司令)

사주의 월지 지장간 중 누가 주도권을 잡고 있는지를 본다. 월지에 사령한 것은 아주 든든한 배경이 있는 것과 같다. 월지에서 일간을 지지하는 것은 일간이 커다란 배경이 있는 것이다.

예) 甲 己 戊 辛
    戌 未 戌 巳

위 사주는 비겁으로 최강 사주이고 따라서 설기해야 하므로 억부용신은 辛金이다. 水가 없는데 위 사주에서 水는 財星에 해당한다.

통근과 사령을 따져보면 일간 己土는 지지 전체에 통근을 했고, 甲木은 未土에 통근했으나 술미형을 당해 뿌리가 잘렸다. 己土와 戊土를 비교하면 戊土가 강하다. 辛金과 甲木 중에서는 辛金이 월지에 뿌리를 내려 강하다.

월지, 자기가 앉은자리, 子午卯酉에 뿌리내린 경우, 겁재보다 비견에 뿌리를 내린 경우 더 강한데 戊土는 己土보다 정기에 뿌리를 내렸고 또한 록지인 巳火에 뿌리가 있다.

(3) 득령(得令)과 실령(失令)

득령이란 일간이 월지에서 그 기운을 얻었다는 뜻이다. 일간을 월지에 대비했을 때 육신으로 비견·겁재·정인·편인이 되는 것을 말하는데, 이를 두고 旺相이라고도 한다. 예로 甲, 乙일생이 寅, 卯나 亥, 子월에 출생하면 득령했다고 하는데 이는 일주가 旺하다는 뜻이다.

이와 반대는 실령이라 하는데 이는 월령의 기를 얻지 못했다는 뜻이다. 즉 일간을 월지에 대비한 육신이 식상·재성·관성이 될 때인데 이 경우 일간이 休, 囚, 死되었다고도 한다.

일간	월지(득령)
甲乙	亥子寅卯(辰未는 通根)
丙丁	寅卯巳午(戌未는 通根)
戊己	巳午辰戌丑未(寅은 戊의 長生地)
庚辛	辰戌丑未申酉(巳는 金의 長生地)
壬癸	申酉亥子(丑辰은 通根)

(4) 득지(得地)와 실지(失地)

득지란 일간을 일지에 대비하여 비겁이나 인성일 때를 말한다. 또는 지지에 뿌리를 내렸다고 하여 유근(有根), 땅에 발을 붙였다 하여 착근(着根)이라고도 하는데 이와 같이 되면 일주가 안정되고 강해진다. 이와 반대로 일지에 식상, 재성, 관성이 있으면 실지(失地)라 한다.

그러나 甲辰, 乙未, 丙戌, 丁未, 壬辰, 癸丑일 등은 예외로 득지(得地)한 것으로 특수하게 취급한다. 그 이유는 앉은자리에 통근했기 때문인데 이 점을 유의해야 한다.

일간	일지(득지)
甲乙	亥子寅卯(辰未는 通根)
丙丁	寅卯巳午(戌未는 通根)
戊己	巳午辰戌丑未
庚辛	辰戌丑未申酉(巳는 金의 長生地)
壬癸	申酉亥子(丑辰은 通根)

예) 丁 甲 戊 甲

　　卯 寅 辰 寅

甲木일간이 木旺節에 득령했고 득지했다. 위의 경우 월지에서 인성, 비겁이 아닌데
도 득령했다고 보는 것은 木이 자기 계절인 봄에 태어났기 때문이다.

(5) 득세(得勢)와 실세(失勢)

득세란 일간이 월지와 일지를 제외한 나머지 천간과 지지에서 인성과 비겁의 생조
(生助)를 많이 받고 있는 것을 말한다. 印星이 많이 있거나 비겁이 많이 있는 경우를 득
세했다고 말하는데 구체적으로 말하면, 사주 중에 비겁과 인성이 3자 이상 있어 비록
失令했더라도 일주를 돕는 세력을 강하게 형성하고 있을 때 득세했다고 하는데 이와
반대되는 것은 '실세(失勢)'라 한다. 다봉(多逢)을 판단할 때 주의할 점은 같은 숫자일
지라도 지지와 천간의 힘이 다르다는 것이다.

일 간	득 세
甲乙	壬癸甲乙 亥子寅卯 (辰 未는 通根)
丙丁	甲乙丙丁 寅卯巳午 (戌 未는 通根)
戊己	丙丁戊己 巳午辰戌丑未
庚辛	戊己庚辛 辰戌丑未申酉 (巳는 金의 長生地)
壬癸	庚申壬癸 申酉亥子 (丑 辰은 通根)

예) 甲 甲 戊 辛

　　戌 寅 戌 巳

실세 득지 실령 - 신약사주로서 중약(中弱)에 해당한다.

예) 辛 辛 辛 辛

　　卯 亥 丑 丑

득세 실지 득령 - 신왕사주이나 월지 丑 중에 癸水가 사령했을 때는 득령으로 보지 않
는다. 옆의 천간에 辛金이 3개나 있어도 월지에 酉金이 하나 있는 것과 그 힘이 비슷하다.

예) 丁 庚 己 己

　　亥 申 巳 丑

득세 득지 실령 – 일단 실령하여 신약한 사주다. 그러나 위 사주는 약변강 사주이다. 지지에 巳丑과 巳申으로 金이 삼합을 이루고 있다. 그러나 월지에서 득령하지 못하면 어지간해서는 신강하다고 판단하면 안 된다. 월지에서 실령하면 대개는 신약사주로 본다.

예) 乙 庚 庚 甲

　　酉 戌 午 申

득세 득지 실령 – 신약사주이다. 득지하고 득세했어도 火局을 이루고 있어 약하다. 그러나 통근과 득세로 일주 또한 旺하다.

(6) 종(從)

종(從)이란 사주에서 일간 외의 나머지 干支가 거의 다른 오행이거나 한 가지 오행으로 치우쳐 있을 때, 일간이 자신을 포기하고 강한 오행을 따라가는 것을 말한다. 도저히 자립할 능력이 되지 못해 다른 곳에 입양하는 것과 같은 상태로 이해하면 되는데, 입양을 하더라도 일간과 같은 오행인 비겁이나 인성으로 從했는가 식상이나 관성 또는 재성으로 從했는가에 따라 차이가 있다. 비겁이나 인성으로 從한 것은 자기와 같은 일가에 입양한 것과 같다.

하지만 일간이 약하게라도 지지에 통근을 하면 어지간해서는 종격으로 보지 않고 조금이라도 생조하는 오행이 있으면 종격으로 보지 않는다. 요즘 시대에는 언어먹을 힘만 있어도 절대로 남의 종살이를 하지 않는 것과 같이 사주를 볼 때도 약하게라도 지지에 통근을 한 경우에는 가능하면 종격으로 보지 않는다.

인성으로 강하여 종할 때는 → 종강격(從強格)

비겁으로 왕하여 종할 때는 → 종왕격(從旺格)

식상으로만 이루어져 있을 때는 → 종아격(從兒格)

관성으로만 이루어져 있을 때는 → 종살격(從殺格)

재성으로만 이루어져 있을 때는 → 종재격(從財格)이라 한다.

✦ 3. 왕상휴수사(旺相休囚死)

오행의 왕쇠강약을 쉽게 알기 위해서 왕상휴수사(旺相休囚死)라 하여 왕(旺)하고 쇠(衰)함을 구분하는데, 이는 주로 일간의 강약이나 용신, 희신, 기신 등의 강약을 파악하여 길흉의 정도를 판단하는 데 참고한다.

활용 방법은 일주 또는 그 밖의 오행을 월지에 대비하여 정하는 것으로써, 예를 들어 甲乙 木은 봄이 되면 木기운이 가장 왕성하므로 旺이라 하고 여름에는 木은 자식인 火를 생하고 휴식하는 것과 같다 해서 休라 한다. 가을에는 金기운이 왕성하여 金剋木이 되니 죽은 것과 같으므로 死라고 하며 겨울에는 다시 水生木으로 木의 기운이 살아나는 시기이므로 相이라 한다. 그리고 四季, 즉 辰戌丑未月은 木剋土로 木이 힘을 빼앗기고 갇혀 있는 것과 같아서 囚라 한다.

이것을 다시 木의 계절인 寅卯월에 대입하여 본다면 甲乙은 제 철인 봄을 만나 木기가 가장 왕성하여 旺이라 하고, 丙丁은 木으로부터 生을 받는다 하여 相이라 하며, 壬癸는 봄철에 水生木으로 그 기운을 빼앗기고 쉬게 되므로 休라 한다. 庚辛은 금극목으로 木을 극하면 죄인과 같다 하여 囚라 하고, 戊己土는 木으로부터 극을 당하여 죽은 것과 같으므로 死라고 한다.

天干	五行	春	夏	秋	冬	四季
甲乙	木	旺	休	死	相	囚
丙丁	火	相	旺	囚	死	休
戊己	土	死	相	休	囚	旺
庚辛	金	囚	死	旺	休	相
壬癸	水	休	囚	相	旺	死

✦ 4. 사주 강약의 단계

사주 강약은 크게 여덟 단계로 구분할 수 있다.

(1) 身强四柱

가) 최강(最强)사주: 득령, 득지, 득세한 사주

나) 중강(中强)사주: 득령, 득세하였으나 실지한 사주

다) 강(强)사주: 득령, 득지하였으나 실세한 사주

라) 약변강(弱變强)사주: 실령하였으나 득지, 득세한 사주

(2) 身弱四柱

가) 최약(最弱)사주: 실령, 실지, 실세한 사주

나) 중약(中弱)사주: 실령, 실세하였으나 득지한 사주

다) 약(弱)사주: 실령, 실지하였으나 득세한 사주

라) 강변약(强變弱)사주: 득령하였으나 실지, 실세한 사주

(3) 사주 강약 구분 조견표

구분	최강	중강	강	약변강	강변약	약	중약	최약
득령	●	●	●	×	●	×	×	×
득지	●	×	●	●	×	×	●	×
득세	●	●	×	●	×	●	×	×

* 최강사주, 최약사주는 종격사주(從格四柱)와 구분해야 한다.

* 종격인가 보통 격국인가를 구분할 때는 대운을 참고해야 한다.

* 신강신약을 판단할 때는 합과 형·충·파·해의 작용을 참고한다.

* 약변강사주나 강변약사주를 판단할 때는 신중을 기해야 한다.

✦ 5. 신강, 신약에 따른 특성 차이

(1) 신강[신왕]사주의 특징

1) 장점
* 비겁으로 신왕하면서 녹왕지에 뿌리를 내린 사주들은 배짱과 추진력이 강하며 자신감과 주관이 뚜렷하다.

* 인성으로 신강한 사주들은 주관과 개성이 뚜렷하고 자신만의 독특한 이론 체계를 가지고 있으며 정신 무장이 강하게 되어 있다.

* 인성과 비겁 둘 다 강하면 위의 두 가지 특성을 동시에 가지고 있다.

* 綠地나 旺地에 뿌리를 내리고 있고 인성 또한 갖추고 있다면 능력 있는 사주라고 할 수 있다.

* 신왕한 사주들은 세운의 영향을 잘 받지 않으려 한다. 즉 운에 따라 변화하려고 하지 않으며 신살의 작용도 크게 나타나지 않는다.

* 주위의 시선에 크게 괘념치 않고 누가 뭐라 하든 잘 흔들리지 않는다.

* 격국을 분석할 때도 대운을 참조하면서 직업의 변화를 살펴보는데, 신왕한 사람들은 대운이 바뀌어도 직업이 크게 바뀌지 않는 경우가 많다. 운에 따른 성격의 변화도 별로 없다.

* 독립 정신과 개척 정신이 강하다. 인내심, 끈기, 지구력이 강하다.

2) 단점

* 간섭이나 억압을 싫어하고 규제와 통제를 싫어한다.

* 인성으로 강하면 고집이 세고 남의 말을 잘 듣지 않고 상대방과 융화가 안 되는 경우가 많다.

* 매사 저돌적이다 보니 남들과 마찰 소지가 많고 행동이 앞서 무계획적이고 무원칙적인 경우가 많다.

* 욕심을 부리며 속전속결하려는 경향이 있어 무리수가 따른다.

* 배짱을 부리다 보니 어떤 때는 무사안일하기 쉽고 천지가 개벽을 해도 꼼짝하지 않는 것처럼 태평한 경우가 많다.

* 가진 것도 별로 없으면서 큰소리를 치는 경향이 있다.

* 돈 관리가 소홀하고 돈을 가볍게 여겨 재테크 능력과 관리 개념이 약하다.

* 신왕한 사주들은 재운이 오면 꼭 자기 사업을 하려고 하며 다른 사람까지 끌어들이려고 한다. 그래서 신왕한 사주들이 사업에 실패하면 주변 사람에게까지 막대한 피해를 입히는 경우가 많다.

* 신왕한 사람들은 성공하면 남에게 잘 베푼다. 그러나 실패하면 채무에 대해 배짱을 부리며 잘되면 벌어서 갚는다는 식의 생각을 갖고 상대방에 대한 죄책감을 별로

느끼지 않는다.

 * 신왕한 사람이 예의 바르고 겸손하면 뭔가 속셈이 있는 사람이 많은데 간혹 정신적으로 수행이 잘된 사람도 있다.

 * 여자의 경우 신왕한 것을 별로 좋지 않게 보는데, 그 이유는 집안 살림보다는 바깥일에 신경을 쓰며 웬만한 남자는 경시하기 때문이다.

 * 여자가 신왕하면 대체적으로 명랑하고 대인관계도 좋고 사회 활동이 왕성하나 남편을 무시하는 경향이 있다. 스스로는 남편에게 잘한다고 생각하는데 사실은 자기 위주인 경우가 많다.

 * 비겁으로 신왕하면서 관성이 없는 여자는 앞뒤 안 가리고 자기 방식대로만 행동하는 경우가 많다.

 * 남녀 모두 신왕하거나 신강할 때 가장 큰 단점은 한 번 실패하거나 꺾이면 회생하기가 힘들다는 점이다. 그 이유는 남에게 아쉬운 소리를 절대로 못하고 자존심이 강한 반면에 재테크 개념은 약하면서도 매사 자기 뜻대로만 하려고 하기 때문이다.

(2) 신약사주의 특징

1) 장점

 * 내성적이면서도 노력형이 많고 매사를 차근차근 계획성 있게 추진한다.

 * 보는 눈이 정확하고 날카로우며 눈높이가 높아 보기보다 콧대가 세다.

 * 남들이 자신을 알아 주고 도와주면 잘 따르는 경향이 있다.

 * 남에게 진 빚은 꼭 갚으려고 한다.

 * 재치 있고 순발력 있으며 영리하고 눈치가 빠르다.

 * 비겁이 없이 신약한 사람들이 직업을 택할 경우, 머리를 써서 하는 계획적이고 계산적인 일로 활동량이 적은 업무나 안정적인 사업이 잘 맞으며 지식이나 기술 또는 자격증을 활용할 수 있는 일이 좋다. 제조 생산업에도 잘 맞는다.

2) 단점

* 자기 꾀에 자기가 넘어가기 쉬운 경향이 있다.

* 강자에게는 약하고 약자에게는 강한 경향이 있다.

* 매사 의심이 많고 결단력과 추진력이 약해 망설이다가 기회를 놓치는 경향이 있다.

* 의타심이 있어 남에게 기대거나 다른 사람의 도움을 바라는 경우가 많다.

* 자신을 인정해 주지 않으면 상대를 모함하거나 원망하는 경향이 있으며, 어떤 수를 써서라도 방해하거나 앙갚음을 하려는 경향이 있다.

* 모험을 하지 않고 재테크나 사업을 하더라도 크게 벌이지 않고 매사에 뒷일을 계산하고 행동하기 때문에 크게 성공하지 못하는 경우가 많다.

* 주변에 대단히 민감하고 타인을 의식하며 때로는 대립하는 경향이 많은데 운이 나쁘면 잘 견디지 못하고 쉽게 무너지는 경우가 많다.

10장. 격국용신론

✦ 1. 격국과 용신이란?

명리학의 가장 기본 핵심은 격국(格局)과 용신(用神)이다. 지나온 역사 속에 명리학자들은 격국과 용신의 답을 구하기 위하여 끊임없이 연구하고 노력하여 왔다.

현재도 수많은 학자들이 격국과 용신의 다양한 이론을 정립하고 다각도로 연구하고 있으니 사주명리학에서 격국과 용신에 대한 이론은 가장 중요하고 심도 있게 다루어져야 할 부분이다. 혹자는 격국용신 무용론을 주장하기도 하나 사주명리학에서 격국과 용신을 무시하고 한 사람의 운명을 심도 있고 정확하게 간명하기란 실로 어려운 것이니 우리들은 더욱 깊이 격국용신의 이론을 연구하고 통합 정리하여 활용하도록 해야 할 것이다.

(1) 격국용신론의 변천사

격국용신론은 시대를 거치면서 다음과 같이 변화하여 왔다.

1) 과거 年柱 위주의 고법 사주학에서 서자평이 일간 위주의 신법 사주학을 창안한 후 낙록자삼명소식부주, 옥조신응진경주, 명통부 등을 저술하며 격국론을 주창하면서 격국에 따른 사주 그릇의 크기와 운의 성패를 예단하였다.

2) 사주학 서적 가운데 가장 일찍 출현한 정통 사주학의 고전이라 할 수 있는 연해자평에서는 서자평의 이론을 대부분 그대로 수용하면서 다양한 사주의 예를 넣고 격국론을 더욱 체계 있게 발전시켰다. 연해자평에서 종격을 처음으로 주창했는데 연해자평이 사주학의 모든 격국론과 용신론의 판단 기준이 된다고 해도 과언이 아니라 할 수 있다.

3) 명리정종은 연해자평과 격국의 명칭은 대부분 일치한다. 그러나 용신론에서는 동정설, 개두설, 병약설 등 독창적인 여러 학설을 주창했다.

4) 삼명통회는 그 이전의 모든 사주학의 이론을 집대성하여 사주를 판단하는 각종 이론과 비결을 모두 소개하였다. 그러다보니 사주학의 아주 방대한 체계를 갖추기는 했지만 오히려 복잡하고 난해한 면도 있다.

5) 명리약언은 명리에 대한 이론을 간단히 정리한 책으로서 격국용신론을 간략하게 요약 정리하면서 잡격을 배격하고 억부용신 한 가지만 강조하였다. 10정격과 종격, 화기격만을 인정하고 있는 것이 가장 큰 특징이다.

6) 자평진전에서는 연해자평의 육신론에 입각해서 순용과 역용의 격국용신론을 설정하였다. 四吉神과 四凶神의 격을 구별하고 그에 따라 격국과 용신의 원리를 설명하고 있다.

7) 적천수에서는 명리약언의 주장을 받아들여 잡격을 배격하고 억부용신을 중시하였다. 적천수의 가장 큰 특징은 4종격, 즉 종강격, 종왕격, 종기격, 종세격을 주창하여 격국용신론을 더욱 발전시켰다는 점이다.

8) 적천수 이후에 서락오가 자평수언에서 용신을 정하는 다섯 가지 원칙, 즉 억부(抑扶), 조후(調候), 병약(病弱), 통관(通關), 전왕(專旺)의 원칙을 정립했다.

이처럼 유구한 역사를 지닌 격국용신론은 현재도 계속 유지, 변형, 발전되고 있다. 그러나 안타깝게도 현재 사주명리학계에서는 위의 여러 격국용신론들이 통일되어 있지 못하다. 그러기에 각자 자기가 공부한대로 이론을 선택하여 그대로 사용하거나 또는 자신의 실관 경험을 덧붙여 창의적으로 활용하는 경우도 있다.

사주명리학에 훌륭한 이론의 기틀이 될 수 있는 새로운 학설이 없는 한, 사주를 분석하는 데는 격국과 용신의 틀을 벗어날 수 없으므로 명리학을 연구하는 사람들은 통일된 격국용신법으로 사주를 분석하고 심도 있게 운명을 예측하기 위하여 다 함께 노력하여야 할 것이다.

(2) 격국론의 정리

격국은 역사적으로도 실로 방대한 종류가 있었으며 세월에 따라 여러 번의 첨삭 과정을 반복하였다. 때론 허무맹랑한 이론으로 취급되던 부분들도 지금 와서는 공식화하여 정론으로 자리한 부분도 있으니 나름대로 공부와 실관 경험을 통하여 아래와 같이 정리한다.

1) 내격의 여러 명칭을 통일시켜 십정격(비견격, 겁재격, 식신격, 상관격, 편재격, 정재격, 편관격, 정관격, 편인격, 정인격)으로 부르기로 한다. 또한 내격 중에서 칠살격, 양인격, 건록격 등의 명칭은 매우 혼동을 준다. 그러므로 기본적인 십성의 명칭에 따라서 칠살격은 편관격으로, 양인격은 겁재격으로, 건록격은 비견격으로 그 명칭을 개정하여 사용하기로 한다. 그동안 주변에서 여러 사람이 개칭하여 사용해 왔으나 전혀 불편함이 없었으며 오히려 음간과 양간에 따라 격을 설정하지 못하는 문제마저 해결되었다.

2) 종살격, 종재격, 종아격, 종왕격, 종강격 등 외격은 까다롭고 난해한 일면이 있기는 하나 임상 실험 결과 분명히 하나의 격으로 취급해야 한다.

3) 화기격은 상당히 난해한 이론이기는 하나 실제 임상에서 극히 드물게 화기격, 또는 가화격으로 성립이 되는 경우가 있었다. 그러기에 많이 활용되지는 않더라도 하나의 격으로 인정한다.

4) 一氣格(곡직격, 염상격, 가색격, 종혁격, 윤하격)은 종왕격과 같은 것이다. 사주 전체의 오행상으로 나타나는 고유의 특성 이해를 위해 그 성립 과정을 설명은 하나 사주

를 분석하는 데는 별도로 취급하지는 않는다.

5) 암충격, 암합격, 일귀격, 일덕격, 복덕수기격, 형합격, 괴강격, 금신격, 시묘격, 비천록마격, 합록격, 자요사격, 축요사격, 임기용배격, 정란차격, 귀록격, 육음조양격, 공록격, 시상일위귀격, 도충격, 육을서귀격, 육임추간격, 육갑추건격, 구진득위격, 현무당권격, 일덕수기격, 복덕격, 오행구족격 등등을 포함한 기타 제반 특별격 및 잡격은 모두 견강부회하는 이야기들로서 오행의 원리상 논할 가치를 느끼지는 못하나 학문을 하는 사람으로서 역사적인 배경과 근원은 알아야 하는 것이니 활용하지는 않더라도 알아둘 필요는 있다고 생각한다.

(3) 용신론의 정리

용신론은 사주를 운용하는 이론과 격국이론의 변천에 따라 함께 변하여 왔다. 용신은 사주의 조건에 맞춰서 설정해야 한다. 그러기에 아래와 같이 용신의 종류를 정리한다.

1) 사주의 환경을 다각적으로 참고한 합리적인 용신법으로

억부용신(抑扶用神)

조후용신(調候用神)

병약용신(病弱用神)

통관용신(通關用神)을 들 수 있다.

2) 전왕용신(全旺用神)은 사주에서 거역할 수 없는 강한 세력을 따라서 용신으로 삼는 것을 말한다.

3) 자평진전에 따른 순역용신(順逆用神)은 4길신격(정관, 식신, 인수, 정재)은 순용하고 4흉신격(칠살, 양인, 상관, 편인)은 역용하는 것으로 용신을 정하는 것을 말한다.

하지만 현시대는 그야말로 개인주의 시대이며 다양성의 시대로 한 사람의 사회적 성공보다는 개인적인 동기와 만족도를 우선시하는 현실에 비춰 볼 때, 현대 명리이론에서의 용신법으로는 합당치 않은 일면도 있다. 하여 일반적으로 개인의 길흉을 단정함에는 순역용신법을 우선하지는 않는다. 하지만 한 사람의 적성과 사회성, 직업적

성취도 등을 분별함에는 환경과 동기를 중시하는 격국이론의 특성상 오히려 중시하여야 할 부분이 매우 많다.

◆ 順逆用神에 따른 成格表 ◆

1차 成格表

正官格	財星이나 印星이 있고, 형, 충, 상관, 겁재, 칠살이 없는 것
財格	財生官하는데 식신이 있는 것, 상관이 있으면 평범
印綬格	印綬와 정관이 兩全한 것, 印綬가 輕한데 칠살이 있는 것
食神格	食神生財, 食神帶殺에 無財, 棄食取殺에 인수 투출
七殺格	食神制殺, 殺印相生, 身殺兩停
傷官格	傷官生財, 傷官佩印(傷官旺한데 印綬有根) 상관은 旺하고 신약한데 칠살 투출하면서 인수가 있는 것 傷官帶殺에 재가 없을 것
羊刃格	官殺투출, 食財가 투출, 상관이 없을 것
建祿格	정관 투출하고, 食財를 만난 것

2차 成格表

正官格	상관이 있는데 인수 투출, 칠살이 있는데 合殺
財格	비겁이 있는데 식상 투출 비겁이 있는데 정관이 비겁을 제압하는 것 칠살이 있는데 식신으로 칠살을 제압하는 것 칠살이 있는데 羊刃이 있는 것
印格	財가 있는데 겁재가 財를 제압하는 것 財가 있는데 財星을 合去하는것
食神格	칠살이 있는데 편인 투출한 것
傷官格	재가 있는데 칠살이 투출하고 칠살이 합거된 것
羊刃格	관성이 용신이고 식상이 있는데 인수가 있는 것
建祿格	정관 용신인데 상관을 만나지만 상관이 합거된 것 재가 용신인데 칠살이 있지만 칠살이 합거된 것

◆ 順逆用神에 따른 破格表 ◆

1차 敗格表

正官格	상관을 만난 것, 칠살을 만난 것, 刑沖이 된 것
財格	財가 輕한데 비겁이 重한 것, 칠살이 투출한 것
印格	인수가 輕한데 財가 투출한 것, 신왕한데 칠살이 투출한 것
食神格	인수가 천간에 투출한 것, 재성이 있는데 칠살이 투출한 것
七殺格	인수가 용신인데 身印兩旺한 것 재를 만나고 칠살을 제압하지 못한 것
金水傷官 傷官格	격이 아닌데 정관이 있는 것 傷官生財가 되었는데 칠살이 있는 것 傷官佩印인데 상관이 輕하고 身이 太旺한 것
羊刃格 建祿格	사주에 관살이 없는 것, 재관이 없이 殺印이 투출한 것

2차 敗格表

正官格	재가 있는데 상관까지 있는 것 정관이 투출했지만 정관이 합거된 것
財格	정관이 있는데 상관까지 있는 것
印格	식신이 투출하면서 재까지 투출된 것 칠살이 투출하면서 재까지 투출된 것
食神格	식신대살, 인수가 있는데 재를 만난 것
七殺格	식신으로 제복하는데 인수가 또 있는 것
傷官格	傷官生財인데 재가 합거된 것 傷官佩印인데 인수가 沖去되거나 合去된 것
羊刃格 建祿格	정관이 투출했는데 상관을 만난 것 칠살이 투출했는데 칠살이 합거된 것 정관이 투출했는데 상관을 만난 것 재가 투출했는데 칠살을 만난 것

✦ 2. 격국과 용신의 이해

사주에서 월지는 그 사주 전체의 기후와 왕쇠강약을 주관한다. 그러므로 사주의 근본인 일간은 월지에 의해 가장 큰 영향을 받으며 본질적인 성격이 규명된다. 그다음 사주 내의 타 간지들과의 육친십성의 관계에 따라 기질과 작용력 등이 결정지어지는 것이다.

격국은 일간에게 월지 지장간 중 유력한 존재를 대입하여 정하는 것이며 대입된 각각의 형태를 놓고 격을 갖추었다는 의미로 격국이라 하고, 또 각각의 형태에 따라 십성의 명칭을 붙여서 부르는 것인데 그 격국에 따라 사주 주인공인 일간의 기본적 스타일이 정해지는 것이다.

고로 격국은 사주의 기본적인 형태를 말하는 것으로 격을 통하여 그 사주 그릇의 크기와 부귀빈천의 심도를 가늠할 수 있는 것이다. 하나의 사주에서 그 구조를 통하여 격을 정하고 그 격에 알맞게 유용한 용신을 설정하면 그때 비로소 사주를 정확하게 추명할 수 있는 기반이 이루어지는 것이다.

격국과 용신의 이름은 정관격, 편관격 그리고 정인용신, 정재용신 등으로 각기 다르게 쓰고 부르기도 하고 또는 사주가 정재격이고 식신용신일 때나 편재격에 상관용신일 때 정재용식신격 또는 편재용상관격 등으로 격국과 용신의 이름을 묶어서 부르기도 하며, 독특한 작용을 하는 사주는 식신제살격, 재다신약격, 살중용인격처럼 격국용신을 참고한 고유한 명칭으로 부르기도 한다.

(1) 격국과 용신이 설정되는 과정

격을 정하기 위해서는 사주의 월령을 보아야 한다. 일주가 어떤 월지에 출생했는가 보고 월지 지장간 중 천간으로 투출한 것이 무엇인가를 보아야 한다. 그다음 사령하고 있는 월령의 여부를 파악한 후 청탁을 구분하고 신강과 신약을 판단하여 사주에 맞는 용신을 정해야 한다.

〈적천수천미〉에서는 양인(羊刃)과 록(祿)은 격으로 취할 간(干)이 없으므로 월령 이외의 지지에서 투출한 간을 찾아 용신으로 쓴다고 했으나 이는 합리적이지 못하다고 생각한다. 그 이유는 현대 명리는 심리를 움직이는 십성의 작용이 더 유용하게 활용되니 8정격으로 논할 필요 없이 그대로 비겁을 격으로 인정하여 10정격으로 구분 호

칭하는 것이 오히려 타당하다고 생각한다.

전통적으로 격국법에는 생지나 왕지, 사고지의 지장간 활용법이 전래되지만 그대로만 적용되고 설정되지는 않는다. 사생지에서 여기(餘氣)는 격으로 쓰지 않는다고 하나 예를 들어 戊土가 투출했을 때 지지에 寅午火局을 이루어 생하거나 또는 巳月에 여기 戊土가 時干으로 투출되었을 때, 더하여 戊辰時, 戊午時 등으로 시지에서도 戊土를 도울 경우 격으로 삼지 못할 이유가 없다.

결론적으로 격국은 월지의 정기, 중기, 여기 중에서 투출된 유력한 干과 일간과의 십성의 관계에 따라 명칭을 붙여 격을 정하고 그에 따라 필요한 용신을 정하면 되는 것이다.

격에 따라 사주 그릇의 크기와 부귀빈천의 심도를 평가할 수 있으나 모든 사주가 격이 뚜렷하고 순순하여 귀하기란 그리 쉽지만은 않다. 격이 뚜렷하지 않아도 오행의 흐름이 반듯하고 용신이 건왕하면 편안한 삶을 살아가는 것을 충분히 볼 수 있다. 예를 들어 관살이 혼잡되어 사주의 격이 혼탁하나 인수가 건실하여 살을 중화시키면 마치 살인상생격과 같이 귀하게 사는 경우가 있다.

그러므로 사주를 분석하는 데는 격국뿐만이 아니고 사주 전체의 육친십성의 구성과 오행의 생극합충의 환경적 조건 또한 중요한 요소가 되는 것이다.

자, 그렇다면 왜 월지에서 격국을 정해야 하고 사주의 그릇을 판단하는 것이며 용신을 구해야 하는지 계절적 관점에서 알아보자.

1) 年支는 단지 오행의 기운일 뿐 사주 전체의 기후를 주관하지는 않는다.

연지는 단순한 오행의 기운만으로 일간과 사주 내의 타 간지 오행에게 생극합충의 영향을 줄 뿐이지 그 자체가 사주의 기온을 주관하지는 않는다.

예) 연지 亥는 단지 봄철의 水오행일 뿐이다.

    庚 丙 丁 己

    寅 申 卯 亥

위 사주는 丙火 일간이 卯月생으로 연지의 亥水는 봄철의 水임을 알 수 있다. 일간 丙火를 극할 수 있는 水의 역할이지만 기온을 주관하여 춥지는 않다. 이 사주에서는 시간의 庚金을 用神한다.

2) 月支는 사주의 기후를 주관한다.

월지는 12지지가 순환하여 寅卯辰(1·2·3월-봄), 巳午未(4·5·6월-여름), 申酉戌 (7·8·9월-가을), 亥子丑(10·11·12월-겨울)으로 태어난 달이 기온의 차이를 구분하여 계절이 된다.

위의 사주와 같이 연지에 亥水가 있다 해도 卯月 출생이라면 따듯함이 있는 것이며, 연지에 午火가 있어도 子月生이라면 寒氣가 있는 것이다. 이처럼 월지는 타 간지와 다르게 그 오행 자체의 기운도 중요하지만 그 사주의 기후(氣候)가 되어 일간에게 일생 동안 계절적 영향을 끼치게 되니 특별히 중요하지 않을 수 없다.

월지 지장간에서 투출된 유력한 干으로 격을 삼는 것은 그 계절에서 무엇이 일간에게 가장 뚜렷한 영향을 끼치는가에 따라 일간의 기본적 성향이 달라지기 때문이다. 사주에서 가장 강력한 작용을 하는 것은 월지가 되므로 일간은 어떤 월에서 태어났는가에 비중을 두어 감정하는 것은 기본이다.

대운도 월주에서부터 육십갑자가 순행과 역행을 하며 연장선상으로 진행되는 것이니 겨울에 태어나 봄, 여름으로 순행하거나 겨울과 가을로 역행하게 되며 그에 따라 일간에게 좋고 나쁜 환경이 되어 주는 것이다. 마치 甲乙 木이 겨울에 출생했다면 대운이 봄여름으로 향할 경우 아름답게 발전하겠으나 겨울과 가을로 향한다면 꽃을 피우기 어렵고 결실이 힘들게 되는 것과 같은 것이다.

예) 壬水가 가을 출생으로 대운이 順行하며 북·동방을 향한다.

　　　丙　壬　甲　乙　(女)

　　　午　子　申　卯

위 사주는 壬子 일주가 申月에 출생하여 필요한 것이 木, 火 방향이다. 대운은 출생한 月로부터 진행되기 때문에 기신 西 北方을 지나서야 東方을 만나서 좋아지게 되는 것이다.

3) 日支는 단지 오행의 기운일 뿐 사주의 기후를 주관하지는 않는다.

일지도 12지지가 있지만 연지와 같이 오행의 기운만 작용할 뿐이지 월지처럼 기후를 주관하지는 않는다. 그러나 일지는 간지 동체로서 내 몸이 되며, 또한 일심동체를 이루는 배우자가 되므로 일간과 아주 밀접한 작용을 하는 관계이다.

乙 丁 丁 甲

巳 亥 卯 午

위 사주는 丁火 일간이 卯月에 득령하여 일간을 도와주는 오행의 힘이 매우 강하다. 일지 亥水는 단지 오행 水氣運일 뿐이다. 이 사주의 기후는 월지 卯木이 주관한다.

4) 時支는 오행의 기운이나 낮과 밤으로 기온에 조금의 영향은 있다.

시지는 연지와 일지와 같이 오행의 기운으로만 작용하지는 않는다. 월지와 같지는 않지만 아침, 점심, 저녁, 밤으로 기온이 변화되고 있어 기후에 약간의 영향을 끼친다. 子月生이 午時에 태어났다면 겨울이라 춥지만 한낮의 온기는 있는 것이고, 만일 子月生이 子時에 태어났다면 겨울의 한기가 추운 밤에 더욱더 심할 것이다.

乙 甲 丙 丁

亥 戌 午 亥

위 사주는 甲木 일간이 午月에 출생하고 연월일에 火氣가 왕하여 신약하며 조열하나 乙亥時에 태어나 조후의 문제가 해결되었다.

위와 같이 월지는 사주에서 가장 커다란 작용을 하므로 일간을 월지에 대비하여 사주의 격을 정하고 사주를 판단하며 시에 따라서 일간의 능력이 변화되는 것을 알 수 있다.

5) 격국에 따른 알맞은 용신의 설정

사람마다 격국과 용신을 설정하는 기준이 조금씩은 서로 다른데 그것은 시대의 흐름 속에서 격국용신을 정하는 방법이 변천되어 오면서 학자들마다 다양하게 연구하여 저술한 결과이며 그에 따라 각기 다른 이론의 책으로 공부하게 되었기 때문에 생긴 결과이다.

여하튼 용신정법으로 가장 많이 쓰는 방법은 억부, 조후, 병약, 통관, 전왕, 종화용신이며, 이외 자평진전 용신론으로 4길신 격국은 순용(順用)하고 4흉신 격국은 역용(逆用)하는 것으로 순역용신 등이 있다. 격국은 사주의 전체적인 틀이고 용신은 그 격에 따라서 정해지는 中和의 요체이며 吉凶 판단의 기준이다.

월지에서 가장 유력하게 일간에게 영향을 미치는 육친오행으로 격국을 정하며, 그에 따라 사주의 전체적인 틀과 환경을 판단하게 되는 것이다. 이때 그 사주의 여러 가지 환경에 따라 일간에게 가장 이로운 작용을 하는 오행이 바로 용신이다. 하지만 이러한 격국용신법에만 국한되어 모든 사주가 분석되는 것만은 아니며 특수한 사주의 경우 특별한 격명(格名)과 함께 용신의 설정도 예외가 되는 경우도 있다.

6) 격국과 용신은 사주의 기본적 스타일과 성공의 핵심 키포인트이다.

격국과 용신은 따로 논할 수 있지만 사실은 별개가 아닌 것이며 따로 논할 수도 없다. 주택에 비유한다면 격은 그 집의 기본적 유형이고 스타일이며 용신은 그 집의 문을 열 수 있는 열쇠라고 볼 수 있으니 격국과 용신은 절대 함께 이해하여야 한다. 이와 함께 육친십성은 그 집의 환경으로 함께 작용하고 있다.

사주를 판단하는 데는 일간과 격국용신의 합리적 연계성을 필요로 하는데, 다양하고도 복합적인 연계성의 결과에 따라 한 사람의 인생의 성공과 실패, 부귀와 빈천 등을 판단하게 되는 것이다. 그러므로 그것을 옳게 판단하는 것은 사주를 정확하게 분석할 수 있는 최고의 능력이 되며 아울러 훌륭한 정보 자료를 소유하게 되는 것이니 그 능력을 최대한 기르는 것은 공부하는 여러분 각자의 몫이 된다.

(2) 用神이란?

1) 용신의 정의

용신이란 사주의 중화의 요체가 되며 길흉을 판단하는 가장 핵심적인 기준이 되고 그 사주에서 제일 필요로 하는 길신을 말한다. 한 사람의 사주를 판단하기 위해서는 선제 조건으로 사주의 강약을 구분하여 용신을 정해야 하며 그 용신의 상태와 흐름을 세밀히 관찰하여야 한다. 그러나 용신을 정하는 것은 그렇게 쉬운 일이 아니다. 그것은 사주마다 음양과 오행의 분포가 각기 다르고 합이나 충으로 오행의 기가 약해지거나 또는 강해지는 작용이 천변만화하기 때문이다.

용신은 다양한 형태로 있는데 사주팔자 중 어느 한 글자가 용신이 되기도 하며 오행 중의 하나가 용신이 될 수도 있고 사주의 구조 자체가 용신이 되는 경우도 있다. 용신은 일주를 위해 가장 필요한 요소이므로 일주를 떠나서는 존재할 수 없고 어떤 사주도 용신 없는 사주는 없으며 반드시 사주 내에서 용신을 정해야 한다.

용신은 일주, 격국과 더불어 사주 감명의 삼요소가 되니 그 셋 모두를 대비하여 판단해야 한다. 사주를 주택에 비유하면 일주는 집주인이며 격국은 그 집이 아파트냐 단독주택이냐의 건물 유형이고 용신은 그 집의 문을 열고 들어가는 열쇠와 같다 하겠다. 또 자동차에 비유하면 일주는 차주이며, 격국은 차종이요, 용신은 운전기사와 같다 하겠다. 따라서 차주와 가족(사주팔자의 육친), 운전기사가 함께 동승하고 목적지를 간다면 모든 사람들의 안전은 결국 운전기사(용신)에게 달린 것이다. 그러므로 운(자동차가 주행하는 도로)에서 용신을 잘 도우면 편안하게 목적지에 도착하게 되고 용신을 극하면 어려움에 봉착하여 목적지까지 가는 데 수많은 고생을 하게 되는 것과 같이 용신은 사주의 주인인 일주에게 직접적인 영향을 끼치게 된다. 이렇듯 길흉 판단의 요체는 바로 용신이 된다는 것을 명심하여야 한다.

단, 사주의 다양한 환경에 따라 그 상대적 관계가 작용하므로 용신 운에 임하였어도 사업에 실패할 수 있으며 기신운이라도 사업에 성공할 수가 있다는 점을 알아야 한다. 사주에서 용신이 제일 중요하지만 지지에 통근이 약한 중 여러 개가 있다고 무조건 좋은 것은 아니다. 용신에도 청탁이 있기 때문이다. 용신은 통근이 뚜렷하고 유기상생이 되며 健旺할수록 좋은 것이다.

참고로 용신을 剋制하는 忌神은 나쁘지만, 집에서 지저분한 화장실이 있음으로 도리어 실내를 깨끗이 유지할 수 있듯이 기신도 때로는 희신의 발판이 될 수도 있으며 사주 전체가 유기상생이 되는 경우도 있음을 알아야 한다. 그러기에 운에 따라서 정신적으로는 힘들어도 금전적으로는 편안한 경우가 있고, 반대로 금전적으로는 힘들어도 정신적으로는 안정되는 물질과 정신의 이원적인 작용이 일어나는 것이다.

길흉과 성패는 일차적으로 용신과 관계되지만 심리적으로 나타나는 성향이나 사회성, 직업적성 등의 활용성은 사주의 구조와 격국에서 분석해 내지 못하면 현대인들에게 유효적절한 상담 서비스를 제공하기에 어려움이 따를 수 있으니 이 또한 부단히 연구해야 할 부분이다.

2) 용신의 3요소
가. 사주 내의 용신(自意的) = 용신은 내가 원하는 것.

사주 내에 있는 용신은 언제나 일간의 삶과 직결되어 직접적으로 작용한다. 용신을 통하여 모든 운명적인 일들의 길흉이 함께하게 되기에 용신이란 항상 나를 도와주기를 바라는 내가 원하는 神인 것이다. 행운의 작용에 관계없이 내 사주 안에서 오로지

나를 위하여 작용하여 주기를 바라는 것이다.

나. 외부 행운의 용신(他意的) = 용신은 나를 위하는 것.

사주원국에 용신이 있지만 대세운에서 용신운이 올 때 비로소 발전하고 성공하게 된다. 그러니 운에서 용신운이 오거나 외부에서 용신을 돕는 운이 오는 것은 곧 나를 위하는 것이다. 이것은 나의 능력에 외부 귀인의 도움이 더해지는 것으로 볼 수 있다.

다. 사주 內外의 모든 용신 = 용신은 내게 필요한 것.

용신은 첫째 사주 내에서 健旺하고 일간과 有情하며 깨끗하여 그 쓰임이 좋아야 한다. 둘째 사주 내에서 용신이 그렇지 못할 경우 외부(대·세운)에서 강력한 조력을 받아야 용신은 일간을 제대로 도울 수가 있다. 어떤 사주는 두 가지 모두를 얻기도 하고 어떤 사주는 그중 하나만을, 어떤 사주는 그중 하나도 얻지 못하는 경우도 있다. 용신은 내외적으로 항상 모두 내게 필요한 것으로 公的인 것이다.

3) 용신의 조건
* 용신은 건왕해야 한다.
* 용신은 통근, 득지, 득국할수록 좋다.
* 용신은 지지에 뿌리를 두고 천간으로 투출하는 것이 우선이다.
* 용신은 년월보다 일시에 있어 일간과 가깝고 유정해야 좋다.
* 양간이 신강할 때는 관살을 좋아하고, 신약할 때는 인성을 좋아한다.
* 음간이 신강하면 상관의 설기를 좋아하고, 신약하면 겁재의 조력을 좋아한다.
* 오행이 一氣로 된 사주는 생하거나 설기하는 것 모두가 용신이 될 수 있다.
* 종격사주는 사주 內의 강왕한 오행이 용신이다.
* 사주 내의 오행들이 서로 相戰하고 있을 때는 그것을 통관시켜 주는 것이 용신이다.
* 사주가 지나치게 조열할 때는 金水가 조후용신이다.
* 사주가 지나치게 한습할 때는 木火가 조후용신이다.
* 용신을 生助하면 길하고 被傷하면 흉하다.
* 용신이 없는 사주는 없으며 필히 사주 내에서 정해야 한다.
* 대운, 세운에서 용신이 병살되면 극흉하게 된다.

4) 용신을 정하는 법

용신을 정하기 위해서는 먼저 일간의 强弱을 구분해야 한다. 강약을 구분하여 용신을 정한다는 것은 쉽지 않기 때문에 처음부터 음양오행의 生剋制化와 계절에 따른 旺衰强弱의 근본을 정확히 습득하여야만 제대로 용신을 설정할 수 있게 된다. 일간이 신강하면 관성, 재성, 식상으로 일간의 기를 유출시키고 일간이 신약하면 인성과 비겁으로 일간을 도와주어야 한다. 또한 사주 내의 오행이 강력하게 한 가지 기세로 이루어져 있으면 그 기세를 순응하여 용신을 정하여야 한다.

가. 인성이 많아서 신강하면 재성을 먼저 용신으로 정하고, 재성이 없으면 관성, 관성이 없으면 식상 순으로 용신을 정한다.

나. 비겁이 많아서 신강하면 관성을 먼저 용신으로 정하고, 관성이 없으면 식상, 식상이 없으면 재성 순으로 용신을 정한다.

다. 식상이 많아서 신약하면 인성을 먼저 용신으로 정하고, 인성이 없으면 비겁으로 용신을 정한다.

라. 재성이 많아서 신약하면 비겁을 먼저 용신으로 정하고 다음으로 인성을 용신으로 정한다.

마. 관성이 많아서 신약하면 인성을 먼저 용신으로 정하고 다음으로 비겁으로 용신을 정하며 재성이 없을 경우에는 식상으로 제살한다.

바. 일주가 대부분 비겁으로 이루어져 있으면 木 일주는 곡직격(曲直格), 火 일주는 염상격(炎上格), 土 일주는 가색격(稼穡格), 金 일주는 종혁격(從革格), 水 일주는 윤하격(潤下格)이라 하며 그 기세를 따라 격이 곧 용신이다.

사. 오행의 기운이 한곳으로 강왕하게 치우쳐 그 기세를 거역할 수 없을 때는 일간은 치우친 오행의 기세로 從해야 하니 인성이 대부분이면 종강격, 비겁이 대부분이면

종왕격, 재성이 대부분이면 종재격, 식상이 대부분이면 종아격, 관살이 대부분이면
종살격이 되어 형성된 격이 곧 용신이 된다.

◆ 억부용신 정법 도표 ◆

신 강 사 주	인수(印綬)가 많아 신강할 때	① 재성(財星) ② 관살(官殺) ③ 식상(食傷) ④ 종강격(從强格)
	비겁(比劫)이 많아 신강할 때	① 관살(官殺) ② 식상(食傷) ③ 재성(財星) ④ 종왕격(從旺格)
신 약 사 주	식상(食傷)이 많아 신약할 때	① 인수(印綬) ② 견겁(肩劫) ③ 관살(食居先殺居後格) ④ 종아격(從兒格)
	재성(財星)이 많아 신약할 때	① 견겁(肩劫) ② 인수(印綬) ③ 종재격(從財格)
	관살(官殺)이 많아 신약할 때	① 인수(印綬) ② 견겁(肩劫) ③ 식상(食傷制殺格) ④ 종살격(從殺格)

* 관성(官星)용신은 귀(貴)를 위주로,

* 재성(財星)용신은 부(富)를 우선하며,

* 식상(食傷)용신은 희생(犧牲)을 바탕으로,

* 인수(印綬)용신은 명예(名譽)를 중시하며,

* 견겁(肩劫)용신은 자신(自身)을 위주로 생활하라.

(3) 용신의 분류

사주 구조에 따라 용신이 정해지면, 용신의 명칭도 붙여지게 된다. 용신과 격국의 명칭 자체에 따라 사주의 귀천이 결정되는 것은 아니다. 사주 내에서 설정된 용신의 구조가 좋고, 또 운에서도 용신을 잘 돕는다면 성공적이며 부귀한 인생을 살게 되고, 반대로 용신이 충, 극 당하였거나 뿌리가 없이 약하거나 일간과 무정하게 존재한다면 귀한 命이 못되므로 운에서 도움을 받아야만 발복될 수 있다. 격국과 용신의 명칭이 세분화되어 있는 경우가 많으나 일반적으로 분류되어 있는 용신의 종류는 다음과 같다.

1) 용신의 종류
가. 억부(抑扶)용신

일간이 강하면 食, 財, 官으로 抑制하고 약하면 印, 比로 扶助한다.

나. 조후(調候)용신

사주가 한랭하면 木火로, 조열하면 金水로 조후용신한다.

다. 병약(病藥)용신

사주에 편중되어 病이 되는 오행이 있으면 이를 극제하는 藥神이 용신이다.

라. 통관(通關)용신

오행이 서로 상전(相戰)하고 있을 때는 중간에서 이를 통관시키는 것으로 용신한다.

마. 전왕(專旺)용신

오행이 한쪽으로 완전히 치우쳐 그 세력에 따라 從하거나 合化하거나 하나의 오행으로 全旺한 경우 그 旺한 오행이 용신이다(종격용신, 화기격용신, 일행득기격용신).

바. 격국용신(格局用神)

格에는 格이 원하는 용신(자평진전의 相神)이 있다. 4吉格은 순용하고 4凶格은 역용한다. 격국용신은 개인의 성패를 가늠하는 길흉의 기준이 되기보다는 사주 주인공이 타고난 스타일대로 사회성을 가지고 잘 살아갈 수 있는 사주의 구조에 따른 요구 조건이다.

2) 격국과 용신은 하나의 시스템이다.

사주에서 격국과 용신은 각기 다른 명칭을 갖고 있지만 별개의 것으로 생각해서는 안 된다. 격국이란 일간과 월지와의 생극비화 관계를 나타내는 것으로 기후가 관여되면서 사주의 근본적인 체질이 결정되는 것이 격이다. 그런데 그 사주가 갖는 음양오행의 체질로부터 가장 절실히 필요로 하는 음양과 오행이 바로 용신이 되는 것이다.

그러므로 우리는 격국과 용신을 통하여 하나의 사주로부터 정확히 무엇이 필요하고 요구되는가를 알 수 있는 것이다.

3) 사주 분석의 방법

사주를 분석(分析)할 때 가장 근본이 되는 것은 그 사주의 근본적인 체질이라 할 수 있다. 사주의 근본적인 체질은 일간의 성정과 특기를 나타낸다. 무엇보다 일간과 월령을 대비하여 격을 정하고 그 격에 적당하고 알맞은 용신을 쓸 수 있는가를 살펴야 한다.

사주의 격이 설정되고 특성에 맞는 알맞은 용신이 있다면 인생 전반에 안정을 도모할 수 있다. 그러나 만일 일간과 월지가 상당한 역행을 할 경우 이를 해소시킬 용신이 있다면 다행이지만 격이 역행하는데 그에 따른 용신이 적절히 준비되어 있지 않다면 안정을 도모할 수 없게 된다. 이런 편차의 여부를 격국용신을 통해서 알 수 있다. 그러나 이런 격국용신법에 의하여 사주 길흉의 모든 것이 결정지어지는 것은 아니다. 사주에는 干支 間의 생극제화와 형충회합하는 다변적 작용이 있기 때문이다. 다시 말해서 수학 공식과 같은 격국용신법을 정확히 익히고 터득하게 되면 사주를 보는 안목이 생기지만, 사실은 그 시점부터 더욱더 많은 학습(學習)을 요구하게 되는 것이다.

(4) 격국이란?

격국은 위에서도 밝혔지만 일간에게 월지 지장간 중 유력한 존재를 대입하여 정하는 것이며 대입된 각각의 형태를 놓고 격을 갖추었다는 의미로 격국이라 하고, 또 각각의 형태에 따라 십성의 명칭을 붙여서 부르는 것인데 그 격국에 따라 사주 주인공인 일간의 기본적 스타일이 정해지는 것이다.

* 격은 사주 주인공인 일간의 사회적인 목표를 말한다.
* 격은 사회 활동의 도구와 수단이 된다.
* 격은 활동 공간과 일터이고 직장과 사업장이 될 수 있다.
* 격은 개인적인 것으로만 쓰는 것이 아니라 사회 구성원으로써의 대외적인 기질을 표방한다.

1) 격은 하나의 틀을 의미하며 한 사람이 살아가는 인생의 근본이 되며 사회성이요, 선대의 가업이고 사회적 등급이며 부귀빈천을 나타내는 지표로서 자기가 근본적으로 타고난 어떤 무엇을 바라는 선천적인 능력이 된다.

2) 격도 上·中·下로 등급이 있다. 격이 튼튼하면 인생의 목표가 뚜렷하고 上級(상급)의 격은 근본이 뚜렷하고 인생의 목표도 뚜렷하다.

3) 격은 일간이 그렇게 살아갈 수밖에 없는 스타일과 조건을 말한다.

4) 파격(破格)도 격으로서 인수격이고 파격이면 운전이라도 가르치게 된다. 上格은 직업도 좋고 인물도 좋으며 주위의 도움도 많고 잘 살게 되나, 下格은 힘들고 가난하고 노력해도 잘 안 되고 좋은 직업도 못 갖는다.

5) 격과 용신은 업무 수행 능력으로 격이 튼튼하면 직업의 근본 틀은 좋으나 용신이 무력하면 업무 수행 능력이 부족하며, 격이 부실하면 직업의 근본 틀이 안정되지는 않으나 용신이 좋으면 적응력과 업무 수행 능력이 좋다.

6) 격에는 격이 원하는 용신이 있다. 예로 인수격은 인수격이 원하는 용신이 있는지가 중요하다. 財運으로 가면 돈 버느라 공부한 것을 못 써먹지만 관이 있으면 학문을 활용하여 나의 위치가 생긴다. 따라서 격에는 격이 원하는 코스가 중요하다.

(5) 격국에 대한 고찰

1) 격은 본질적으로 변하지 않는다는 전제를 두지만 꼭 그렇지만은 않다. 부분적으로 격은 운에 따라서 合과 沖에 의하여 변하게 된다.

辛 乙 癸 丙
巳 丑 巳 寅

위의 경우에서 대운에서 酉金운이 오면 월지 巳火가 상관격 역할을 하다가 巳酉丑金局으로 바뀌어 官印相生으로 생각이 바뀌게 된다.

그렇게 되면 본질적으로 상관격이지만 운에서 편관격으로 바뀌어 官을 쓰게 되고, 지금까지는 개인적인 삶을 살다가 자신이 스스로 하나의 조직(官)을 새롭게 구성하거나 외부의 조직(官)으로부터 스카우트를 받게 되는데 이때 용신의 역할이 없으면 자신의 의지와 관계없이 강제적으로 끌려가거나 당하게 된다. 이렇듯이 대운에서 사주 내의 십성과 대운과의 작용력을 잘 파악해야 한다.

2) 하나의 사주에 격은 꼭 하나만 있는 것은 아니다. 격은 하나에서 세 개까지 나올 수 있다.

丁 甲 戊 辛
卯 午 戌 酉

위와 같이 甲木이 戌월에 태어났는데 戌 중의 지장간 辛, 丁, 戊가 천간에 모두 투출되었다면 본기인 戊土가 월간에 투간되어 편재격이 격으로서 가장 강하지만 년간의 여기인 辛金 역시 월지에 강하게 뿌리를 두어 정관격의 기질도 무시할 수 없으며 시간의 중기인 丁火로 인해 상관격의 성격도 내재되어 있으므로 격국이 오로지 하나만 성립된다고 보기에는 무리가 있으며 운에서 어떤 십성이 개입하느냐에 따라 충분히 달라질 수 있는 것이다.

戊 甲 丙 甲
辰 戌 寅 午

위의 예와 같이 甲木이 寅月에 태어났는데 寅木 지장간의 本氣 甲木과 中氣 丙火가 천간으로 동시에 투간되었다면 본기 甲木이 투간되어 비견격이 기본적인 격이다. 하지만 천간지지로 木生火를 강하게 하기 때문에 중기인 丙火 식신격의 성격이 더 강하게 나타날 수도 있으며 여기인 戊土 또한 편재격의 특성으로 드러날 수 있는 것이다.

  * 격은 혼잡된 것보다 하나의 격으로 깨끗한 것이 좋다.
  * 격이 혼잡되어 많으면 그 사람의 정체성이 혼란하게 된다.
  * 격이 부실하며 여러 개가 있는 사람은 운에 따라서 이것저것 여러 가지 직업을 경험하고 여러 가지의 일들을 하며 살아가게 된다.

  3) 사주에서 격을 꼭 하나만 설정해야만 되는가? 그리고 격은 꼭 정해야만 하는가? 꼭 그렇지만은 않다. 가장 뚜렷한 것을 격으로 하지만 격을 꼭 정해야만 하는 것은 아니다. 위의 예와 같은 경우 格이 애매하면 꼭 하나로 정하지 말고 있는 그대로 세 가지로 분석해야 한다.

　　　己 甲 癸 壬
　　　巳 午 丑 申

  甲木일간이 丑月에 癸水가 투출하여 인수격으로 일차적으로 관인상생의 구조로서 직장 생활형이 기본적인 구조이지만, 또 한 본기인 己土가 투출해서 정재격이므로 운이 巳午未 火운이 되면 식상운으로 직장 생활을 청산하고 자영업을 하고자 하는 마음이 생긴다.

  * 격국이라는 틀 속에서 용신을 잘 활용하는 것이 바람직하다.
  * 격국을 보고 사주가 무엇을 말하는지 규정하는 것이 좋다.
  * 정해진 격 속에서 용신이라는 좋은 방향 제시를 해 줌으로써 적극적으로 인생을 개척하고 다듬어가며 살아가게 해 주어야 한다.

  ※ 격을 설정하는 월주는 어떠한 것인가?
  ① 월주는 선천성의 근본이며 정신적 기반이다.
  ② 월주는 타고난 전생의 업이며 출생 배경이다.
  ③ 월주는 사회적 배경과 환경과 조건이다.
  ④ 월주는 일간의 목적이며 목표의식이고 사상이다.

(6) 격국과 용신의 관계

1) 격이 튼튼하면 어려움이 있어도 극복 능력이 좋으며 흉운에도 큰 문제가 없고 근본적인 저력이 있다.

2) 격과 용신이 모두 좋으면 직업과 사회성이 뚜렷하고 목표의식과 정신력과 활용 능력이 좋다.

3) 격은 튼튼한데 용신이 미약하면 직업과 사회성은 뚜렷하나 정신력과 활용 능력이 약하다.

4) 격은 약한데 용신이 확실하면 직업과 사회성은 약하지만 정신력과 활용 능력이 좋다.

5) 격과 용신이 모두 미약하면 직업과 사회성도 약하고 활용 능력도 약하다. 이런 경우 사주에서 직업이 정확하게 정해지지 못하는 애매한 사주이면 무엇을 하든 어느 곳에 가든 그곳에 적응하고 재미를 붙이며 사는 게 좋다. 격이 미약하므로 직업도 조건 좋은 곳에 있는 게 좋고, 용신도 미약하므로 주어진 환경에서 최대한 적응하며 살아가는 게 좋다. 격이 확실하고 용신이 뚜렷하면 아무데나 적응하지 않고 정해진 틀에 따라 직업과 사회성을 가지고 확실하게 살아간다.

6) 파격이라도 용신이 뚜렷하면 뚜렷한 직업은 없으나 정신력은 강해서 변화에 잘 대처하고 응용 능력이 탁월하여 용신운에 발전한다. 그러나 용신운이 아니면 매우 어려워진다. 격이 약할수록 운의 영향을 많이 받게 되며 사회적 변화와 환경의 변화에 민감하여 용신으로 살아가게 된다.

7) 투출된 천간이 월지와 음양이 다르거나 투출이 여러 가지이면 직업의 변화가 많아진다.

8) 格이 우선이 아니고 억부와 조후의 용신이 우선되어야 하는 사주는 사회성이 약하여 개인적이게 되고 평범하게 살아가고, 항상 자신만 무탈하기를 원하게 되며 자기의 안녕만을 바라고 자기 이익만을 추구하게 된다. 그러나 격이 우선시되는 사주는 삶이 공공성을 띠게 된다.

9) 격은 코스를 요구하므로 억부용신법과는 다르게 보아야 한다. 예를 들면 식신과 상관격은 食傷生財로 가기를 원하기 때문에 만약 사주에 財星이 없으면 생활이 안일하게 되며 어떤 일에 있어 결과를 얻지 못하게 된다.

예) 편관격이 살인상생이 된 경우

    壬 乙 辛 癸

    午 酉 酉 卯

乙木 일간이 辛酉월에 태어나 편관격으로 근본적으로 무관적 기질이 있다. 편관이라는 것은 격으로 타고난 자신의 바람이며 그렇게 살아갈 수밖에 없는 것이다. 즉, 나는 근본적으로 권력과 자리와 명예와 직장과 조직을 늘 원하는 사람이다. 그런데 인수가 용신이 되면, 그 바람이 공부를 해서 순조롭게 이루어지게 되는 것으로 위 사주는 壬水가 있어 관인상생이 되니 이것을 잘 활용을 하면 성공하게 된다. 선천적으로 타고난 심리와 적성은 직장을 목적으로 하거나 자기의 권력, 자리, 명예 등을 바라는 사람이다. 즉, 공부를 해서 관인상생으로 활용하고자 하는 것이다. 이것을 격에 의한 선천적인 기질이라 한다.

예) 상관으로 제살하는 경우

    丙 乙 辛 戊

    戌 卯 酉 申

편관격이 강하면 丙火 상관을 용신으로 하여 제살해서 쓴다. 즉, 상관(언어, 활동, 아름다움, 변화, 특별한 기술, 재능, 아이디어, 모방과 창조)을 용신으로 쓰게 되면 격에 의하여 타고난 기질과 습성 바람이 순수하게 받아들여지지 않고 상관을 용신으로 하기 때문에 내가 자의적으로 변화시켜 사용하고자 한다.

예) 살인상생과 식상제살을 못하는 경우

　　壬 乙 辛 戊
　　午 丑 酉 申

재성(土) 때문에 살인상생도 잘 못하고, 인수 때문에 식상제살도 잘 못하여 이것도 안 되고 저것도 안 되는 경우는 힘들고 고통스럽다.

10) 사주의 격에 따라서 일간의 사회적인 목표가 달라진다.

예) 만약 인수격이면

　　○ 乙 壬 ○
　　○ ○ 子 ○

사회적 목표가 '나는 공부를 해서 어떻게 하겠다'이다.

예) 만약 편재격이면

　　○ 乙 己 ○
　　○ ○ 丑 ○

사회적 목표가 '나는 돈을 벌어서 어떻게 하겠다'이다.

예) 만약 편관격이라면

　　○ 乙 辛 ○
　　○ ○ 酉 ○

'나는 권력을 얻어서 어떻게 하겠다'로 각각 사회적인 인생의 목표가 설정된다.

✦ 3. 억부용신에 대한 이해

(1) 억부용신에 따른 특징

* 용신이란 일간이 제일 필요로 하는 것, 또는 일간이 원하는 것으로서 억부용신은 사주 주인공의 희망 사항이라 할 수 있다.

* 용신은 꼭 하나인 것으로 생각하고 있으나, 용신은 하나만 있는 것은 아니며 상황과 조건에 맞추어 용신을 정해야 한다.

* 사주에 용신이 없는 경우도 있는데 이러한 경우는 뚜렷한 능력 없이 대체로 별 볼일 없는 사람들이다. 그러다 운에서 용신운이 오면 받아서 쓸 수 있다.

* 억부용신은 그 사람의 정신력, 의지력, 희망 사항이다. 따라서 용신이 천간에 투출되지 않았거나 천간에 나와 있어도 통근을 못했다면 정신력, 의지력이 약한 것이다. 용신이 약하면 육신에 대처하는 능력이나 방향이 운에 따라 쉽게 바뀐다. 그러나 신강신약에 관계없이 용신이 강하면 의지력이 강하고 자기 능력을 제대로 발휘한다.

* 용신이 충, 형되면 안 좋은데 그렇게 되면 충동적으로 일을 벌인다. 또한 용신이 원진살이면 항상 갈등하고 어떤 일을 하더라도 매사 불만이며 일을 추진하면서도 불안해 한다. 용신에 귀인이나 길신이 붙으면 좋다.

* 용신이 합이 되면 정신력, 의지력이 약해지고 사사로운 쪽으로 변질될 소지가 있는데, 삼합이냐 육합이냐에 따른 변화를 잘 보아야 한다.

* 용신에 따라 사람들이 어떤 색을 좋아하는지 싫어하는지를 판단할 수도 있는데, 용신이 자기에게 좋다고 해서 모든 사람들이 용신에 해당되는 오행의 색깔을 좋아하지는 않는다. 운이 안 좋으면 오히려 좋지 않은 흉신인 색을 가까이 하는 경우가 더 많다.

(2) 용신의 성격과 특징

1) 육신에 따른 용신의 특성

* 비견이 용신이면 매사를 원만하게 타협적으로 해결하려고 한다.

* 겁재가 용신이면 솔직하고 담백한 스타일로 양보심이 강하며 의리와 신용을 중시한다.

* 비겁용신 운이 오면 자신감이 생기고 활기 있고 추진력이 생겨서 독립하려고 하거나 동업을 한다.

* 정인이 용신이면 총명하며 모범적이고 착실하다. 이지적이고 고상하며 점잖은 학자 스타일이다.

* 편인이 용신이면 활발하고 재치 있고 인기가 있으며 순발력과 아이디어와 기획력이 좋다. 기회 포착을 잘하며 센스가 있고 다재다능하며 머리가 좋다.

* 인성용신 운이면 부모, 조상, 윗사람과 스승으로부터 유산을 받는 일이 생긴다.

문서에 관한 좋은 일이 생기고 계약, 매매, 상장, 자격증, 인허가 등과 관련된 일이 생기며 직업의 전환점이 마련되는 경우가 많다. 새로운 일을 추진하고 건물의 신축이나 증권, 부동산 등을 취득하고 이사할 일이 생기며 질병, 관재, 소송 등이 해결된다.

　* 정관이 용신이면 아주 정확하고 반듯하다. 법대로 원칙대로 하는 사람으로 명예를 중시하며 흠잡을 데가 없는 사람이다.

　* 편관이 용신이면 민첩하고 용감한 지도자적 기질이 강하며 두뇌 회전이 빠르고 권모술수를 잘 쓸 수 있다.

　* 관성용신 운이 오면 명예, 취직, 승진, 추대가 있고 여자는 남편의 일이나, 남자는 자식으로 인해 좋은 일이 생긴다.

　* 편재가 용신이면 수완, 요령, 융통성이 좋고 재복이 있으며 풍류 기질이 있고 잘 벌고 잘 쓰며 사업에 소질이 있다.

　* 정재가 용신이면 근면 성실하고 부지런하며 가정적이고 효성이 지극하고 정직하며 알뜰한 재복이 있다.

　* 재성용신 운이 오면 재산이 불어나고 재물이 들어온다. 남녀 모두 결혼운이며 배우자로 인해 경사가 생긴다.

　* 식신이 용신이면 후덕하고 재능이 있다. 여자는 살림을 잘하고 음식도 잘하고 인정이 있으며 친화력이 좋다. 남자가 식신이 용신이면 처덕과 식복이 있는 사람이다.

　* 상관이 용신이면 언변이 좋고 임기응변이 뛰어나며 특이한 재주와 순발력이 좋다.

　* 식상용신 운이 오면 건강이 좋아지고 남자는 처가의 도움을 받을 수 있다. 몸도 불고 재물도 늘어나며 기억력도 좋아지고 새로운 일을 시작한다.

2) 오행에 따른 용신의 특징

　용신도 오행에 따라 그 성격과 특징이 다르다. 즉 같은 육친의 용신이라도 그 오행이 목, 화, 토, 금, 수 오행에 따라서 용신의 특징이 다르다.

　가. 木 - 시작, 추진, 어질고 인자함을 의미한다. 그러나 金剋木이 심하면 어진 것보다 꿋꿋하여 오히려 대항력이 생기며 정확하게 딱딱 끊는다. 그러나 木이 너무 많으면 인정에 치우치고 결단력이 없다.

나. 火 - 발산하고 확장하고 발휘하고 표현하는 것이며 밝고 화통하고 열성적이다. 火 역시 水가 있어야 하고 木이 뒷받침해야 한다. 그러나 火가 너무 많으면 지나치게 오버를 한다.

다. 土 - 변화와 중재, 포용력, 신용을 의미하며 土가 용신이면 중후하고 신용이 있다. 중용을 하며 무리를 하지 않고 안정적이다. 그러나 土가 너무 많으면 게으르고 의심이 많다.

라. 金 - 결단, 심판, 수확, 의리, 공정성을 의미한다. 金이 용신이면 독립심이 있고 결단과 의리가 있고 이지적이고 냉철하며 현실성이 있다. 그러나 金이 너무 많으면 경직되고 딱딱하며 살기가 있고 냉정한 스타일이 될 수 있다.

마. 水 - 지혜, 순환, 내실, 저장, 미래를 위한 준비를 의미한다. 水가 용신이면 머리가 총명하고 지혜로우며 상황 적응력이 좋고 미래를 위한 준비성이 좋으며 내실이 있다. 그러나 사주에 水가 너무 많으면 준비만 하다 시간만 빼앗기며 내심 음흉함이 있다.

3) 용신의 生, 旺, 墓地에 따른 특성
가. 인신사해(寅申巳亥)
남에게 베풀고 봉사하며 겸손하다. 공개적이며 활동적이고 스케일이 크다.

나. 자오묘유(子午卯酉)
자기본위이며 변화가 별로 없다. 품위를 중시하며 주위의 환심을 사려고 한다. 상당히 강하고 질기다.

다. 진술축미(辰戌丑未)
매사가 지체되고 시원스럽게 안 되며 생각과 고민이 많고 그 사람 속을 알기 어렵다.

✦ 4. 내격의 취용법

(1) 내격(內格)의 이해

내격은 正格을 말하는 것으로 일간과 월지와의 관계를 나타내는 것인데 오행의 자연적 생극제화에 의한 일반적인 원리에 따라 정해지는 격국을 말하는 것이다.

내격은 사주에 정인격, 편인격 등 명칭을 붙이고 또 인수용신, 식신용신 등 용신 명칭을 붙여 각기 다르게 쓰고 표현할 뿐만 아니라 독특한 작용을 하는 사주는 용신의 명칭과 그 기능이 포함된 고유한 명칭으로 식신제살격, 재다신약격, 살중용인격, 재자약살격, 상관패인격 등과 같이 합쳐서 부르는 경우도 많으니 이는 모두 정격에 해당하는 것이다.

정격은 비견격(건록격), 겁재격(양인격), 식신격, 상관격, 편재격, 정재격, 편관격, 정관격, 편인격, 정인격의 십정격이 있다.

참고로 그동안은 학계에서는 양간이 월지에 겁재를 두면 양인격, 비견을 두면 건록격으로 명칭하고 음간은 다른 명칭을 쓰기에 공부하는 사람들에게 매우 혼동을 주었다. 그러기에 앞서도 언급했듯이 음양간 구별 없이 월지가 겁재면 겁재격, 비견이면 비견격으로 명칭을 통일시켜 부르기로 한다. 다만 그 작용력의 해석은 양인격, 건록격 등과 동일하게 본다.

1) 내격을 정하는 방법

격이란 사주명조의 골격이며 근본 스타일이다. 그러기에 격에 따라 일간의 본질이 결정되며 가장 큰 영향을 받는데 월지 지장간 중 천간으로 투출된 유력한 천간을 일간과 대입한 육친의 명칭이 곧 격명이 된다.

하나의 사주에서 격은 1~3개가 될 수도 있기 때문에 사주를 보고 판별하는 사람에 따라서 격을 다르게 잡는 경우가 있는데, 서로 자기주장이 옳다고 우기기도 하지만 그럴 필요가 없다. 왜냐면 여러 개의 격이 구성될 조건을 가진 사주라면 여러 유형의 스타일과 삶의 모습을 내포하고 있기 때문이다.

외격을 제외한 십정격을 정하는 방법과 조건 등을 알아보자.

가. 월지의 지장간 중에서 투출된 천간으로 격을 잡는다.

庚 丙 丙 辛

寅 子 申 丑

申월의 丙火가 시간에 庚金이 투간하여 편재격이다.

나. 투출된 천간 중에서 정기·중기·여기 순으로 격을 잡는다.

己 甲 丁 丁

巳 申 未 酉

甲木 일간이 未月월에 정기인 己土와 여기인 丁火가 월간으로 투출하였는데 시상의 己土가 정기이니 정재격이 된다.

다. 월지에서 투출된 천간이 없을 때는 월지의 정기가 격이다.

庚 丙 壬 丁

寅 寅 寅 酉

丙火가 寅月에 월지 지장간이 천간으로 투출되지 않았으니 정기인 甲木을 격으로 삼아 편인격이다.

라. 삼합국을 이루었거나 강왕한 오행으로 격을 정할 수 있다.

丙 戊 丙 丙

辰 子 申 辰

戊土가 申월에 지장간이 투출되지 않아 戊土에게 월지 本氣인 庚金이 격이 되어 식신격이다. 그러나 申子辰 合 水局을 이루어 편재격으로 변하였다.

마. 사주에서 꼭 필요한 오행을 격과 용신으로 정할 수 있다.

辛 戊 戊 丙

酉 辰 戌 辰

戊土 일간이 戌月의 정기 戊土가 투출되어 比肩格이다. 그러나 사주가 비겁으로 旺하니 식상으로 설기함이 꼭 필요하다. 중기 辛金이 시간으로 투출되고 일·시지 辰酉合 金局을 이루어 有力하니 상관이 格이자 用神이 된다. 이런 것을 가상관격(假傷官格)이라 한다.

바. 간지의 음양이 다를 때는 천간으로 격을 정한다.

癸 壬 丁 丙

亥 子 巳 午

육십갑자 중에 亥子巳午는 체용이 다르기 때문에 정기와 다르게 간지가 성립된다.
즉 子水는 정기가 癸水이나 천간에는 壬水, 亥水는 정기가 壬水이나 천간에는 癸水, 午
火는 정기가 丁火이나 천간이 丙火, 巳火는 정기가 丙火이나 천간이 丁火로 다르다. 그
러기에 午火가 월지를 차지하고 있을 때 丙火가 연·월·시간에 있으면 午火 중 丁火
로 격을 정하는 것이 아니라 천간에 있는 丙火로 격을 정한다.

戊 乙 丙 壬

寅 未 午 子

乙木 일간이 午月생으로 정기 丁火를 격으로 하면 식신격이나 월간에 丙火가 투출
되어 있으므로 상관격이 된다.

사. 戊, 己 土일간이 辰·戌·丑·未월에 태어났을 때

과거에는 戊, 己가 辰·戌·丑·未月을 만나면 묘지라 해서 격으로 성립시키지 않
았다. 또는 계절의 오행으로 정 방위를 이탈하여 氣가 잡(雜)하다 하여 잡기격이라고
했다. 그러나 앞으로는 위에서 밝힌 바와 같이 십정격의 일반적인 격국법을 적용하여
격을 설정하기로 한다. 격은 일간에게 선천적 기질과 속성 또는 특기를 부여하는 것
으로 투출된 간이 일간에게 미치는 영향이 직접적인 것이므로 土일간도 비견이면 그
대로 비견의 스타일을 가장 강하게 갖고 있기 때문이다.

癸 戊 己 戊

丑 子 未 申

未月에 戊土 일간이 己土가 월간으로 투출하였으니 겁재격이다.

아. 지장간에 本身이 없어도 천간이 격이 될 수 있다.

甲 庚 壬 丙 庚 戊 甲 乙 丁 己 辛 癸

辰 辰 辰 戌 戌 午 子 亥 卯 巳 未 酉

위 육십갑자의 천간은 지장간에 자신과 똑같은 본신이 암장되어 있지 않으나 地支
로부터 생을 받거나 또는 뿌리를 둘 수 있기 때문에 月柱에서는 그 천간을 격으로 삼

을 수 있다. 그러나 상대적으로 사주 내 타 간지의 영향에 따라 변화가 많이 따른다.

　　丁 辛 甲 壬
　　酉 丑 辰 子

辛金 일간이 원래는 인수격이나 월간의 갑목이 진월에 뿌리를 두어 정재격으로도 본다.

　　庚 己 乙 己
　　午 未 亥 亥

己土 일간이 亥月生으로 원래는 정재격이나 월간 亥水에 乙木이 강한 뿌리를 두어 편관격으로 볼 수 있다.

자. 투출된 천간이 合去되거나 變하면 격으로 쓰지 않는다.

　　乙 癸 己 甲
　　卯 亥 巳 寅

癸水 일간이 巳月에 출생하고 편관 己土가 월간으로 투출되어 편관격이나 연간의 甲木과 甲己合되어 편관격이 성립될 수 없다. 巳中 정기 丙火로 격을 삼아 정재격이다.

* 참고 – 격은 상격에서부터 하격까지 여러 단계로 구분된다. 똑같은 격이라도 아예 破格이 되어 있거나 賤格으로 격 자체의 성립 조건이 문제가 되는 경우도 있으니 격의 구성에 따라 삶도 근본적으로 부귀하거나 아니면 빈천하게 되는 것이다. 사주 강약의 중화가 이루어지고 순역용신에 맞추어 成格이 되고 용신이 훌륭하면 최상격의 사주이고 비록 강약의 중화는 다소 부족하더라도 격이 건실하고 용신이 뚜렷하면 또한 상격이다. 사주의 강약이 편중되거나 격의 성립이 부실할수록 하격이 되는 것이다.

(2) 內格용신의 설정 방법

1) 억부용신

억부용신은 일간의 신강신약을 분별하여 정하는 것이다. 일간이 신강하면 관살로 극제하거나 식상으로 설기시키거나 재성으로 일간의 힘을 분산시켜 용신으로 잡는다. 일간이 신약하면 비겁이나 인성으로 일간을 도와주어 용신을 삼는다. 관살이 태강하여 신약한 중 인성이 없고 식상만 있을 때는 식상으로 용신한다(食傷制殺格).

가. 비겁 강 - 관살용신

丙 甲 戊 庚

寅 戌 寅 子

甲木 일간이 寅月에 출생하여 득령했고 또 시주 寅목까지 득세하여 비견으로 태강하여 억제가 필요한 사주다. 년간에 庚金이 戊土에 통근하여 강왕한 일주를 극제하는 편관용신이다.

나. 재살 강 - 인성용신

丙 丙 甲 丁

申 子 辰 酉

丙火 일간이 甲辰月에 출생하고 申·子·辰 水局을 이루어 재살이 태왕한 신약사주이다. 월간의 甲木이 진토에 통근하고 水生木, 木生火로 일간을 도우니 偏印용신이다.

다. 재성 강 - 비겁용신

壬 癸 癸 丙

子 巳 巳 午

癸水 일간이 巳月에 생하고 재성 火가 강하다. 월령에서 재성이 투출한 중 火氣가 강왕하므로 水 비겁을 용신으로 쓰고 金運을 기다려야 한다.

라. 비겁 강 - 상관용신

庚 庚 庚 癸

辰 寅 申 卯

庚금 일간이 申月에 득령하고 득세하여 신강하다. 시지 辰土 중에 癸水가 년간으로 투출되어 일간을 설기하니 용신이다.

마. 인성 강 - 재성용신

壬 乙 戊 乙

午 未 子 亥

乙木 일간이 子月生에 시간에 壬수가 투출하여 인수격으로 印星이 강한 신강사주

다. 일지 未土에 뿌리를 두고 午火의 생을 받는 월간의 戊土 재성이 용신이다.

2) 조후용신

사주를 보는 데 있어 또 다른 중요한 것은 바로 조후와 관계되는 부분이다. 사주가 한랭하면 木火로 따뜻하게 해 주어야 하고, 조열하면 金水로 시원하게 해 주어야 한다. 즉 음이 강하면 양을 보충해야 하며, 양이 강하면 음을 보충해 음양의 균형을 이루도록 하는 것이다. 고로 계절의 기후를 조절하는 오행이 용신이 되는 것이다. 그러나 조후가 필요한 경우라도 신약, 신강의 편차가 심할 경우에는 억부를 우선하며 차선으로 조후를 써야 한다.

가. 한랭한 사주 - 木火 조후용신

庚 丙 辛 壬
寅 午 亥 子

丙火일간이 亥月생으로 천간의 金은 차갑고 물은 냉하여 꽁꽁 얼어붙는 형국이다. 신약하기도 하지만 조후가 급한 사주다. 일지에 午火가 있고 시지에 寅木이 생해 주니 냉기를 녹여 줄 수 있어 木火를 조후용신을 삼는다.

나. 한랭한 사주 - 木火 조후용신

丙 庚 壬 壬
子 寅 子 申

申年 子月 子時 출생 庚金 일간이 金水 한랭하여 조후가 급하다. 時干의 丙火가 일지 寅木에 장생하여 따뜻하게 해 주니 丙火가 조후용신이 되며 식거선살거후의 명이다.

다. 조열한 사주 - 金水 조후용신

癸 辛 丙 壬
巳 未 午 申

辛金일간이 丙午월에 생하여 巳午未로 조열하니 火가 병이다. 연간의 壬水가 年支 申金의 생을 받아 火를 억제하고 시간의 식신 癸水로 火를 제할 수 있다. 식신제살격의 명이다.

라. 조열한 사주 - 金水 조후용신

```
己 甲 丙 壬
巳 子 午 寅
```

甲木일간이 丙午月생으로 뜨거운데 연지의 寅木과 시지 巳火로 木火가 치열한 사주다. 년간의 壬水가 일지 子水에 뿌리를 두고 火氣를 식혀 주니 조후용신이다.

마. 조후와 억부가 상반될 때는 조후보다 억부가 우선된다.

```
癸 乙 丁 甲
未 丑 丑 申
```

乙木 일간이 한랭한 계절인 丑月에 태어났으며 시상으로 癸水가 투출되어 겨울비와 같다. 조후로 丁火를 용해야 할 것 같지만 乙木이 재다로 신약하니 먼저 편인 癸水를 용신해야 하는 것이다.

3) 통관용신

사주 내의 오행들이 서로 심하게 상전하고 있을 때는 중간에서 통관시켜 주는 오행이 용신이 된다. 金과 木이 서로 相戰하고 있을 때는 水로 통관시켜 주고 水와 火가 상전하고 있을 때는 木으로, 木과 土의 상전은 火로, 火와 金의 상전은 土로서, 서로 상생관계를 이루도록 통관시켜 주는 오행이 용신이 되는 것을 말한다.

통관용신이 사주 내에 없으면 대운에서 올 때 발전하고 안정이 되며, 또 사주에서 기신과 희신이 상전하고 있다면 통관운이 올 때 발복한다.

가. 水 火상전 - 木 통관

```
丙 丙 壬 壬
申 寅 子 子
```

丙火 일간이 壬子年, 壬子月로 水火 相戰하니 木으로서 水生木, 木生火로 통관시켜야 한다. 왕한 관살 水氣를 유출시켜 다시 일간을 돕는 일지 寅木이 통관용신이다. 이와 같은 사주를 살인상생격이라고 한다.

나. 木 土상전 - 火 통관

```
甲  戊  乙  癸
寅  午  卯  卯
```

戊土 일간이 木旺節인 乙卯月에 출생하고 연월시에 卯, 卯, 甲寅으로 木局을 이루었다. 木土 상전으로 戊土가 심하게 극을 받고 있는데 다행히 일지 午火가 寅午 火局으로 木生火, 火生土로서 일간 戊土를 보호하게 되었다. 木土 상전을 통관시켜 준 午火가 통관용신이 된다. 살중용인격이라고 한다.

다. 火 金상전 - 土 통관

```
己  丁  丙  丁
酉  酉  午  巳
```

丁火일간이 午月에 득령하고 丙丁이 투간하여 강하다. 지지에 酉金이 둘로 火金이 상전하고 있으니 시상의 己土로 통관시킨다.

라. 土 水상전 - 金 통관

```
癸  己  己  戊
酉  亥  未  戌
```

己土 일간이 未月에 득령하고 비겁이 많아 신강한데 일지의 亥水와 시간의 癸水를 旺한 土가 剋하고 있다. 시지의 酉金이 土生金, 金生水로 상생시키는 통관용신이다.

마. 金 木상전 - 水 통관

```
辛  癸  壬  甲
酉  酉  申  寅
```

癸水 일간이 申月에 득령하고 일지 酉金, 연지 申金, 辛酉시의 생조로 신강해졌다. 金이 旺하여 金木이 상전하는 형으로 월간 壬水가 金과 木을 통관시키니 통관용신이다.

4) 병약용신

사주의 오행 중 지나치게 많거나 또는 없느니만 못한 것은 病이 된다. 이 병을 제거시켜 주는 오행을 病藥용신이라고 한다. 가령 木 일주가 수왕절인 亥子月에 출생하여

浮木이 되면 水가 병인데 사주 내에 土가 水를 제하면 土가 약으로 용신이 되는 것이다. 또 사주에 필요한 용신을 沖, 剋하여 괴롭히는 오행은 병이 되니 이때 用神之病이 되는 오행을 극제하여 용신을 구하는 오행은 약신이 된다. 행운에서도 용신을 극하는 운을 만나면 용신지병 운이 된다. 병이 되는 오행을 제거시켜 주는 오행이 약신이며, 사주 내의 병을 제거하는 운을 만나면 藥運이 되어 길하다.

가. 强火 病 - 水가 藥

戊 丙 丁 丁
子 申 未 巳

丙火 일간이 丁未月에 출생하고 사주 중에 丁, 丁, 丙과 년지의 巳火로 火氣가 태왕하여 병이 되고 있다. 시지 子水와 일지의 申金이 申子合水局을 이루어 병이 되는 火를 극제할 수 있으니 水관성이 병약용신이다(조후용신도 됨).

나. 强土 病 - 木이 藥

甲 甲 戊 己
子 戌 辰 丑

甲木 일간이 戊辰月에 출생하고 연주 己丑, 일지 戌土까지 財가 많아서 병이 되고 있다. 시주에 비견 甲木이 병이 되는 왕한 土를 극제할 수 있으니 시상 甲木이 藥神인 용신이 된다.

다. 强水 病 - 土가 藥

庚 壬 庚 丙
子 戌 子 申

壬水 일간이 子月生으로 金水로 한냉하다. 연간 丙火로 조후하고 강한 인성 金을 제하여야 한다. 그러나 丙火를 생해 줄 木이 없는 중에 水氣가 태강하여 火를 끄니 병이다. 일지 戌土가 조토로서 子水를 극하여 丙火를 보호하는 藥身이다.

라. 强土 病 - 木이 藥

```
己 戊 甲 戊
未 辰 子 戊
```

戊土 일간이 子月에 실령했으나 득지득세하여 신강하고 군겁쟁재를 이루어 비겁이 병이다. 子水의 생을 받는 월간의 甲木이 겁재를 극제하니 藥神으로 편관용신이다.

(3) 십정격의 취용법

1) 비견격 = 건록격

비견격은 월지가 일간의 비견이 되어야 한다. 甲日은 寅月에, 乙日은 卯月, 丙日은 巳月, 丁日은 午月, 戊日은 巳月, 己日은 午月, 庚日은 申月, 辛日은 酉月, 壬日은 亥月, 癸日은 子月생을 말한다.

가. 비견용비격

```
癸 丁 壬 庚   男 1대운
巳 丑 午 申
```

丁火 일간이 午月에 득령했으나 金水가 태과하여 신약한 사주이다. 인성 木이 없는 가운데 午月에 생하여 비견격이자 용신이다.

나. 비견용식상격

```
辛 己 己 己   女 4대운
未 亥 巳 酉
```

己土일간이 己巳月에 생하여 비견격이며 사주에 강한 비겁들로 신강하다. 관성이 있어 비겁들을 剋制하여 주어야 하나 사주에 관성이 없으므로 시간의 辛金 식신을 용신하여 비겁의 기운들을 설기시켜 생재를 하게 만든다. 첫 남편과는 돈 문제로, 두 번째 남편과는 술과 구타 등의 문제로 이혼하고 현재는 꽃집을 하며 辛卯년에 새 남자를 만나 살고 있는 여자이다.

다. 비견용재격

```
壬 乙 己 乙
午 亥 卯 巳
```

乙木 일간이 卯月에 출생하여 비견격이다. 시간의 壬水 년간의 乙木과 일지의 亥水로 득령, 득지, 득세하여 신왕사주가 되었다. 월간 己土를 희신하고 년지 巳火를 용신한다.

라. 비견용관격

```
乙 己 己 戊   女 5대운
丑 卯 未 辰
```

己土 일간이 己未月에 득령하였으니 비견격이다. 신강사주로 비겁이 강하여 乙木 편관을 용신한다. 배드민턴 국가 대표 선수의 사주이다.

마. 비견용인격

```
丙 壬 戊 壬   男 4대운
午 午 申 戌
```

壬水 일간이 申月에 壬水가 투출하여 격을 삼으니 비견격이다. 사주에 火土 財殺이 태과하여 신약하므로 편인 申金으로 용신하고 비견 壬水로 희신한다. 현재 하사관에 지원하여 직업 군인으로 생활하는 사람이다. 현철한 어머니께서 상당한 부동산을 보유하고 있다.

2) 겁재격 = 양인격

겁재격은 식상으로 잘 설기되어야 하고 아니면 관성으로 극제할 수 있어야 길하다. 만일 식상이 없고 관성만 있으면 보수적이고 식상만 있고 관성이 없으면 약자에게는 잘하나 예의가 없고 제멋대로이다. 겁재격에 비겁과 인성이 많으면 하격으로 성격적 단점은 조급하고 질투와 의심이 많다. 장점은 비견과 마찬가지로 자신감과 추진력이 있고 책임감도 강하다.

가. 겁재용겁격

癸 辛 甲 乙　男 4대운
巳 卯 申 丑

辛金 일간이 申月에 출생하여 득령은 했으나 신약사주로서 겁재 申金를 用神하는 사주다. 위 사주의 주인공은 국가 대표 야구선수 출신으로 실업팀에서 현역으로 활동하고 있다. 편인과 겁재 식상으로 이루어진 사주 구조에 강한 재성은 야구, 골프 등의 운동에 천부적 재능을 나타낸다.

나. 겁재용식상격

辛 癸 乙 己　女 1대운
酉 亥 亥 亥

癸水 일간이 득령, 득지, 득세하여 매우 신강하다. 亥月 본기 壬水로 격을 삼는 겁재격이다. 乙木이 亥 중의 甲木에 뿌리를 두고 월간으로 투출하여 용신한다. 위 사람은 남자와 연애에 실패한 후 결혼을 하지 못하고 자식도 없으며 여러 가지 장사에 실패한 후 어렵게 직장 생활을 하고 있는 사람이다.

다. 겁재용재격

戊 壬 丙 己　男 3대운
申 申 子 亥

壬水 일간이 子月생이니 겁재격이다. 겁재격의 신강사주는 재물을 혼자 소유할 수 없고 언제나 주변에 도둑이 많다. 식신이 왕성하여 食神生財한다면 성공할 수 있다. 그러나 사주에 식상이 없으니 관성을 희신으로 財를 보호해야 한다. 맹인 안마사의 사주인데 壬辰년에 췌장암이 발병하여 투병 중이다.

라. 겁재용관격

丙 甲 癸 壬　男 5대운
寅 申 卯 申

甲木 일간이 卯月생으로 겁재격이다. 득령, 득세하여 신강사주로 일지 申金 편관을 용신한다. 30년을 도봉산에서 수행하며 수상학으로 후학을 지도하고 있는 선생의 사주이다.

마. 겁재용인격

격과 용신이 상생하지만 격이 약하여 주변 윗사람의 도움을 많이 받아야 되므로 항상 적을 만들지 말고 인내로 극복하고 공부와 수양을 하는 게 살길이다. 이 格은 얼굴에 비해 마음이 유순하다.

> 丁 庚 癸 己　男 9대운
> 亥 寅 酉 亥

庚金 일간이 酉月생으로 겁재격이다. 비록 득령하였으나 실령, 실지하여 신약하고 金水가 旺하여 한랭하다. 년간의 己土 인수로 용신하고 丁火로 조후를 맞추어 준다.

3) 식신격(食神格)

식신격은 월지 지장간의 식신이 천간에 투출하였거나 월지 본기가 식신인 것을 말한다. 식신격은 일간이 洩氣되고 계절적으로는 휴수에 해당하니 신강하면 좋다.

가. 식신용겁격

겁재는 財가 旺할 때 財를 다스리는 경우에 용신으로 쓰지만 때로는 인수가 없을 때 假用神으로 쓰기도 한다.

> 己 戊 庚 戊
> 未 子 申 申

戊土 일간이 申月생으로 庚金이 월간으로 투출하여 식신격이다. 식신격은 신왕함을 요하나 인수가 없으니 안타깝다. 시지 未土에 뿌리를 두고 있는 시간의 己土 겁재를 용신하고 火運을 기다려야 한다. 이런 경우는 未 중의 丁火가 眞용신이 되어 지장간을 용신하는 경우이다.

나. 식신용식상격

> 甲 己 丙 丙　女 10대운
> 戌 巳 申 午

己土 일간이 申月에 생하여 財星이 없는 중 비겁과 인성이 왕한 신강사주로 식상이 격이자 용신이다. 관성 甲목은 甲己合으로 기반되고, 격이자 용신인 식상 申金은 정편인에 火剋金을 당하여 편인도식이 되니 파격이 된 사주이다. 지체 장애인 자녀를 둔

사주 상담가의 사주이다.

다. 식신용재격

격이 용신을 생해 주니 출신보다 더욱 발전하며 일이 순조롭다. 아랫사람 잘 만나 재주는 곰이 부리고 돈은 사람이 버는 격이다.

丁 丙 甲 丁　男 9대운
酉 寅 辰 未

丙火 일간이 辰月에 생하고 투출한 지장간이 없어 정기 戊土를 격으로 삼아 식신격이다. 실령했으나 지지에 木 方局을 이루고 월간에 甲木이 투출하였으니 중화를 이룬 신강사주로 강한 인성 木을 제하는 시지의 酉金 재성을 용신한다.

라. 식신용관격(건록격도 됨)

丙 甲 戊 庚　女 4대운
寅 戌 寅 子

甲木 일간이 寅月에 시간에 丙火가 투출하여 식신격으로 得令하고 지지에 子水와 寅木으로 신강하다. 년간의 편관 庚金이 戌土에 뿌리를 두고 있으니 강한 비겁을 억제하는 용신으로 삼는다. 남편의 외도와 사업 실패로 불화를 겪은 초등학교 교사의 사주이다.

마. 식신용인격

辛 丙 壬 癸　女 10대운
卯 戌 戌 卯

丙火 일간이 戌月에 생하여 식신격이다. 일간이 신약하여 인수 卯木을 용신한다. 木이 용신이니 水木火가 길하다. 대운의 흐름이 좋아 남편과 함께 농산물 과일 유통업을 잘하고 있는 사람이다.

바. 식신생재격

丁 庚 丁 乙　男 6대운
丑 申 亥 卯

庚金 일간이 亥月生으로 卯재성을 생재하는 중 亥卯合 木局까지 이루게 되는 전형적인 식신생재격이다. 亥水는 재성 乙木을 키우고 乙木은 丁火를 꽃피우니 아름답다. 정주영씨의 사주로 월지가 식상을 이루고 식상은 다시 재성을 생하는 격으로 시지의 丑土로부터 土生金, 金生水, 水生木, 木生火로 주류무체를 이루니 복록이 많고 총명하며 대인관계가 원만하므로 사업 수완이 대단히 좋은 사주이다.

4) 상관격

상관격은 月支 지장간 본기 상관이 년월시에 투간되었을 때와 주중의 상관이 有氣하거나 또는 상관용신일 때 성립된다. 상관은 본래 일주의 氣를 洩氣하기 때문에 신왕을 요하는데 그중에서도 인수와 균형을 이루고 있으면 인수가 상관을 剋하여 상관의 나쁜 작용을 制하여 주므로 길하다.

가. 상관용겁격

상관용겁격은 신약하여 인수가 필요하나 사주에 인성이 없어 비겁을 용하는 것을 말한다. 인수운(印綬運)으로 향하면 인성이 병(病)이 되는 상관을 제하므로 귀하게 된다. 사주가 상관용겁격인 사람은 부모덕이 없으며 관성과 재성이 흉하여 큰 뜻을 이루기 어려운 경우가 많으므로 일찍 기술을 습득하거나 오직 학업에 정진하여 자격증 및 전문적인 특기를 갖추는 것이 이롭다.

癸 癸 壬 丁　男 4대운
丑 卯 寅 巳

癸水 일간이 寅월에 태어난 水木상관격으로 인성이 없이 실령, 실지, 실세하여 신약하다. 신약한 일간 癸水를 도와줄 인성이 없어 비겁으로 용신한다. 어머니를 도와 시장에서 꽃집을 하던 청년이다.

나. 상관용상관격

상관격에 일간이 신강하여 상관을 용신으로 하는 격을 말한다. 특성상 상관견관 작용으로 일생 가정적 분란이 끊이지 않고 따라다니는 불미한 격이다. 특히 남자는 자손 운이, 여자는 남편 운이 부실하다. 이런 사주의 격은 희생 정신으로 살아야 하니 교육계나 육영 사업, 기획, 연구, 예체능 분야가 적당하다.

癸 戊 辛 辛　男 8대운

丑 辰 丑 丑

戊土 일간이 丑月에 생하여 득령, 득지, 득세하여 비겁으로 신강하다. 丑월에 辛金이 강하게 투출하여 상관격으로 강한 비겁의 기운을 설기시키는 상관이 용신이다. 삼성전자를 퇴직한 후 43세 酉대운부터 기계 부품 제조업을 시작하여 대기업에 납품을 하고 있다.

다. 상관용재격

상관용재격이 성립될 수 있는 조건은 일간이 신강해야 한다. 재성을 용신하므로 재성운과 식상운을 만나면 부귀해지고, 인수와 비겁운을 만나면 용신을 극하여 어려움을 겪는다. 이 격은 재복이 좋아 유산을 물려받고 생산 유통업 등으로 성공을 하고 처복까지는 좋으나 자손과 인연이 박한 게 흠이다.

乙 丁 戊 丙　男 4대운

巳 卯 戌 申

丁火 일간이 戌月생으로 火土 상관격이나 비겁과 인수가 중첩되어 신강하다. 그러므로 申金인 재성을 취용하니 부모로부터 물려받은 유산이 풍부하다.

라. 상관용관격

상관용관격은 일간이 신강하여 관살을 용신으로 하여도 격과 용신이 상관견관으로서로 상전하는 형국이다. 고생이 따르고 식상은 부하로서 관을 극하게 되는 이치로서아랫사람으로부터 명예를 실추당할 수 있으므로 손아랫사람의 관리를 잘해야 하고가급적 하나의 목표를 향해 정진해야 이로운 삶을 살게 된다.

丙 庚 戊 庚　女 7대운

子 寅 子 子

일간 庚金이 子月에 태어나 金水 상관을 이루고 지지에 子水 상관이 무리를 지어 희생과 봉사 정신이 배어 있다. 金水傷官으로 寒冷하여 조후용신으로 時上의 丙火를 써야 한다. 木火土운이 길하다. 상관패인격의 사주로 무용 예술 분야에 종사했으며 탁월한 아이디어와 기획력으로 방범창에 대한 특허를 출원한 사람이다.

마. 상관용인격

상관용인격은 사주가 중화를 잘 이루게 되면 박사나 대학 교수, 변호사, 전문가 등으로 재능이 많으나 일간이 허약하여 중화를 잃으면 매사에 용두사미가 된다. 상관용인격에 財가 없고 인성운으로 가면 귀하게 되나 재성과 식상이 왕한 운으로 가면 어려운 삶을 살게 된다.

    辛 丁 壬 戊　女 5대운

    丑 卯 戌 申

丁火 일간이 戌月에 실령하고 실세하여 신약사주다. 戌中 戊土가 투출하여 상관격이며, 일지의 卯木 편인이 신약한 일간을 생하는 용신이다. 월간의 壬水가 卯木 용신을 돕고 있어 좋다. 현재 모 방송국의 인기 드라마 작가이다.

* 상관패인 – 상관격의 사주가 신약할 때 인수가 상관을 제화해 주고 있는 구조의 사주

바. 가상관격

상관격은 월지에서 육신이 상관을 이루어야 격이 성립된다. 그런데 신강한 일간을 상관으로 설기하여야 하는데 상관이 월지가 아닌 곳에 있어 격으로 삼게 되는 경우를 가상관격이라고 한다. 월지오행의 기준으로 격을 설정하는 상관격의 원칙을 벗어났으니 가상관격이라고 하는 것이다.

    辛 癸 乙 甲

    酉 丑 亥 寅

운보 김기창 화백의 사주로써 癸水 일간이 亥月에 득령하고 일시지가 酉丑 金局을 이루었으며 시간으로 편인 辛金이 투출하여 일간을 생하니 신강하다. 연주의 甲寅木 상관으로 일간의 왕한 水기운을 설기하는 가상관격이다. 水木 상관격으로 문필과 예능 방면으로 천부적 소질을 타고 났는데 대운이 희용신 火운으로 흘러 한국 화단에 큰 이름을 남겼다.

5) 정재격

정재격은 월지의 지장간 중 정재가 투출된 경우이고, 투출되지 않았을 경우 본기가 정재면 성립된다. 정재격이 신약하면 비겁과 인성이 필요하며, 신강하면 식상이 필요하다. 정재격이 신강한 중 겁재가 많으면 하격이며(군겁쟁재), 신약한 중 식상이 많아도 하격이 된다.

가. 정재용겁격

癸 丙 己 丁　女 2대운
巳 辰 酉 亥

丙火 일간이 酉月에 생했으니 정재격이며 실령, 실지, 실세하여 신약하다. 年干의 丁火 겁재로 용신한다. 젊은 시절 고생하다 42세 이후 甲寅 乙卯 喜神대운에 귀인을 만나 대체 의학을 공부하여 성공한 사람의 사주이다.

나. 정재용식상격

丁 甲 己 庚
卯 子 丑 子

甲木 일간이 己丑月에 태어나 정재격이다. 丑월에 年支와 日支의 子水와 時支의 卯木 겁재로 매우 신강하다. 시간의 丁火 상관으로 조후용신을 한다. 51세 乙未대운 庚寅년에 뇌종양으로 사망한 저자의 동생 사주이다.

다. 정재용재격

戊 辛 戊 乙　男 9대운
戌 未 寅 酉

辛金 일간이 寅월에 월지 본기 甲木으로 정재격이며, 일시지에 酉 未 戌 비겁을 이루고 천간에 戊土가 투출되어 신강하다. 년간의 乙木을 용신하나 일간 辛金을 유출하는 식상 水가 없어 金木이 상전되어 일간의 세를 감당하기 어렵다. 목공예 조각가인데 부인과 이별하고 고독하고 외롭게 살고 있다.

라. 정재용관격

　丁　辛　庚　辛　　女 7대운

　酉　酉　寅　酉

辛金 일간이 寅月에 생하여 실령하였는데 비겁이 태강하여 군겁쟁재가 일어나 있다. 월지 寅木 정기 甲木으로 격을 삼으니 정재격이며 旺한 비겁 金을 제하는 시상 丁火를 용신한다.

마. 정재용인격

　乙　癸　丙　己　　男 4대운

　卯　亥　寅　酉

癸水 일간이 寅月생으로 寅 중의 丙火가 월간으로 투출하여 정재격이며 신약하다. 년지의 酉金 편인으로 용신하여 신약한 일간을 도와주어야 한다. 34세 壬戌대운에 친구의 보증을 잘못 섰다 크게 실패를 보고 44세 辛酉 대운을 맞아 건설 장비 및 고철업을 하며 열심히 노력하고 있는 사람이다.

바. 탐재괴인 - 격국과 용신을 고려한 명칭

탐재괴인이란 신약한 사주가 어쩔 수 없이 약한 인수를 용신으로 삼을 경우, 재성운에 이르게 되면 재성이 약한 용신 인성(印星)을 극하는 것을 말한다. 즉, 재물을 탐한 결과 인성인 직장을 상실하거나 부도가 나거나 신용 불량자가 되고, 직장인은 여자나 뇌물로 인해 망신을 당하는 사주 등을 貪財壞印된 사주라 할 수 있다.

　戊　甲　丁　己　　女 10대운

　辰　午　丑　亥

甲木 일간이 丑月에 생하여 실령, 실지, 실세하여 신태약이 되었다. 일간 甲木은 오직 亥水 인성에 의지하고 있는데 년간 己土와 월지 丑土가 인수를 위협하고 있다. 庚辰 대운에 탐재괴인이 되어 재물을 탐내게 되어 문구 도매업을 하다 크게 부도를 내게 되었다. 이후 김치 공장 등 여러 사업을 하며 노력을 하였으나 무리한 욕심으로 결국에는 壬午대운 壬辰년에 패망을 한 여자의 사주이다. 재물을 탐하면 인성인 亥水가 극을 받아 어려움을 겪게 되는 경우다.

6) 편재격

월지의 지장간 중 편재가 투출하면 편재격이다. 또한 천간으로 투출된 것이 없을 때는 월지의 본기가 편재면 편재격(格)으로 정한다.

가. 편재용겁격

　甲 庚 乙 甲　女 7대운

　申 寅 亥 午

庚金 일간이 亥月에 실령하고 재성이 중중하여 財多身弱의 편재격 사주가 되었다. 시지 申金이 용신이 된다. 식당을 하다 현재는 요양 보호사로 병원에 근무하는 사람이다. 지난 세월 비겁대운이 오며 돈놀이를 하여 경제적으로 안정을 이루고 사는데 이런 경우를 득비이재(得比理財)라 한다. 재다신약이란 사주에 財星이 무리를 지어 太强한 것을 말하는 것으로 재성은 왕성하고 일간은 신약하여 도리어 사주에 많은 재가 病이 되는 것을 말한다.

나. 편재용식상격

　戊 戊 丁 庚

　午 辰 亥 子

戊土 일간이 亥月에 生하고 투출된 干이 없으니 亥 중 壬水로 편재격이다. 戊土가 실령했으나 월간과 일지, 시주에 비겁과 인성으로 득지, 득세하여 신강하다. 비겁이 강하면 관성을 용신하나 투출된 관성이 없으니 년간의 식신 庚金을 용신하며 상관생재한다. 초등학교 부장 교사로 자녀들을 잘 키우고 있는 여자의 사주이다.

다. 편재용재격

　甲 甲 甲 己　女 10대운

　戌 子 戌 亥

甲木 일간이 戌月에 실령했으나 年支 日支의 亥子水 인성과 천간에 투간된 甲木 비견으로 득지, 득세하여 신강하게 되었다. 월지 본기를 격으로 삼으니 편재격이며 인성 水가 강하니 재성 土를 용신한다. 인사동에서 필방을 운영하며 전각을 하는 분의 사주이다.

라. 편재용관격

甲 己 丙 癸 女 4대운
子 丑 辰 丑

己土 일간이 辰월에 년간에 癸水가 투출하여 있어 편재격이다. 재격에 비겁이 강하면 爭財가 일어나니 시간의 甲木 정관을 용신하여 비겁을 다스려야 한다. 甲己合, 子丑合으로 희용신이 기반이 되어 파격이 된 사주이다. 未대운에 무능력하며 외도를 한 남편과 이혼한 후 庚申대운에 미용 기술을 배워 미장원을 운영하며 사는 고씨 성의 여자이다.

마. 편재용인격

乙 丁 辛 戊 女 6대운
巳 未 酉 戌

丁火 일간이 酉月生으로 辛金이 월간으로 투출하여 편재격의 신약한 사주이다. 시간에 乙木 편인이 용신이다. 중국집을 운영하다 40세 巳대운에 남편과 헤어진 후 장남이 2004년 甲申년에 교통사고를 당하여 전신마비가 되어 고생을 하는 여자의 사주이다. 50세 辰대운에 식당을 차려 장사가 안 되어 경제적으로 크게 고생을 하고 있다. 남동생은 알코올 중독으로 오랫동안 속 썩이다가 己丑년에 간암으로 사망했다.

7) 정관격

월지 지장간 중에 정관이 투출하면 정관격이 성립된다. 투출된 지장간(支藏干)이 없다면 월지의 본기가 정관일 때 정관격이 성립된다.

가. 정관용겁격

甲 甲 辛 辛 女 5대운
辰 辰 丑 酉

甲木 일간이 丑月에 실령, 실지, 실세하여 신약하며 丑월의 중기 辛金을 격으로 삼으니 정관격이다. 신약한 일간 甲木을 생해 줄 인성이 없으므로 시간의 甲木 겁재를 용신으로 삼는다. 水木火운이 길하다. 법무사 사무실에 근무하며 부동산 경매 업무를 배워 30세 이전에 일찌감치 경공매로 상당한 돈을 번 아가씨이다.

나. 정관용식상격(살거선식거후격)

辛 戊 乙 癸　女 8대운
酉 戌 卯 亥

戊土 일간이 卯月에 정기 乙木이 투출하여 정관격이다. 년간의 癸亥水의 생을 받아 관살이 태중하다. 시상의 辛金 상관으로 제살을 하여야 한다. 정관도 太重하면 편관과 같고 관살이 태왕하여 신약한 사주에 인성이 없을 때는 식상은 일주 편이 된다.

다. 정관용재격

庚 丙 甲 癸　女 3대운
寅 午 子 卯

丙火 일간이 子월에 癸水가 투출하여 정관격이다. 丙火가 寅午 火局을 이루고 卯木, 甲木으로 신강하여 관성을 용신해야 할 것 같으나 木氣가 强한 것이 문제이니 木氣를 제하는 庚金 편재로 용신하여 재생관을 해 주어야 한다. 직장 생활형의 사주가 33세 戊辰대운부터 육류 납품업을 하며 열심히 노력하였으나 크게 성공을 하지 못하였다.

라. 정관용관격

己 壬 乙 癸　男 1대운
酉 申 丑 未

壬水 일간이 丑月에 시간의 己土가 투출하여 정관격의 사주로서 득령하고 申酉金과 년간의 癸수 비겁으로 신강한 사주이다. 시간의 己土 정관을 용신한다. KBS방송국의 카메라 감독으로 정년퇴직한 사람으로 현철한 자식을 두었다.

마. 정관용인격

辛 甲 癸 甲　女 8대운
未 申 酉 辰

甲木 일간이 酉월에 실령, 실지, 실세한 극신약사주로 월간 癸水 정인을 용신한다. 時干 辛金으로 정관격이며 官印相生을 이루었다. 위 사주의 주인공은 남편이 은행의 지점장으로 집에서 조용히 살림을 잘하고 있는 사람이다.

8) 편관격

편관격은 월지 지장간 중 편관이 투출하거나 주중에 편관이 유기하여 강왕하면 편관격이 성립된다. 월지에서 투출된 지장간이 없다면 월지의 본기가 편관일 때 격으로 정한다.

가. 편관용겁격

己 癸 壬 癸　女 5대운

未 巳 戌 丑

癸水 일간이 戌月생으로 실령한 중 사주에 온통 官殺局이 되어 극신약하나 년지 丑 중의 癸水에 통근한 비겁 壬 癸가 투간되어 종살격이 성립될 수 없다. 土 水 相戰으로 통관용신인 金이 절실하고 木운은 旺土를 제살하여 무난하다. 편관격에 비겁을 용신으로 정할 수는 있으나 이는 다른 용신이 없어서 용신하는 假用神이다. 위 사람은 부모님이 고위 공직자 출신으로 오빠가 외국에 있어 그 도움으로 외국에서 여행사를 운영하다 현재는 국내에서 피부 관리실의 원장을 하고 있는 사람이다. 이렇게 편관격에 비겁을 용신하는 사주는 일생 일복이 터진 사주로 남자 뒤치다꺼리로 고생을 하는 경우가 많다.

나. 편관용식상격

庚 戊 甲 戊　女 5대운

申 戌 寅 寅

戊土 일간이 甲寅月에 생하여 월간의 甲木의 뿌리가 강하니 편관격이다. 신약한 일간을 생해 줄 인성이 없으므로 시상의 庚金으로 식신제살하여 용신으로 삼는다. 이 학생은 부모님이 모두 국어 교사인데 육상에 대한 재능을 부모님으로부터 인정을 받지 못하고 하기 싫은 공부를 강요받아 학업에 흥미를 잃고 제대로 진로 선택을 못하고 있다.

다. 편관용재격

辛 壬 壬 丙　男 8대운

亥 申 辰 寅

壬水 일간이 辰月생으로 시주 辛亥와 일지 편인 申金에 득지하여 신강하며 전체적으로 한습하다. 辰 中 본기 戊土로 편관격이다. 기신 편인을 다스리고 조후하는 년간 丙火 편재를 용신하고 寅木으로 丙火를 돕는다.

라. 편관용관격

辛 癸 己 庚　女 5대운
酉 丑 丑 子

癸水 일간이 丑月에 己土가 투출하여 편관격이다. 丑월에 지지에서 酉丑金局과 子丑 습水로 한냉하여 월간의 己土 편관이 격이자 용신이다. 의정부 서북병원에서 보건 행정 업무를 보는데 인성과 비겁이 태과한데 財星이 官을 생해 주지를 못하니 官이 설기되어 무력해지므로 남편이 외도를 하고 가출하여 떠났다.

마. 편관용인격

庚 丁 癸 癸　女 6대운
戌 卯 亥 卯

丁火 일간이 亥月에 癸水가 투간하여 편관격이다. 칠살이 중중하여 신약하므로 일지의 卯木 편인으로 살을 洩氣하여 일간을 生助하는 것이 가장 좋다. 명리학을 열심히 공부하며 서예를 익히고 있는 사람의 사주이다.

바. 살중용인격 - 격국과 용신을 고려한 명칭

관살이 중복된 사주가 신약할 때 편인이나 인수가 있으면 그 인성으로 강왕한 관살의 기운을 설기하여 일주를 도와주도록 한다.

甲 戊 甲 癸　女 4대운
寅 午 子 未

戊土 일간이 甲子월 甲寅시에 출생하여 殺이 重한 신약사주이다. 다행히 일지에 午火가 寅午合으로 살의 기세를 유출시켜 戊土 일간을 돕게 되었으니 유정하게 되었다. 54세 庚대운에 남편과 사별을 한 후 목사님이 된 분이다. 필자에게 한동안 명리 공부를 배운 적이 있다.

사. 식상제살격 - 격국과 용신을 고려한 명칭

사주 내에 官殺이 왕하고 일간이 太弱하지 않을 경우 印星이 없거나 있어도 무기력하면 食神 또는 傷官으로 관살을 억제하여 일간을 보호하도록 하는 것을 말한다. 이 格은 자신의 희생과 노력으로 세상을 살아가야 하니 재능을 이용하거나 후배나 부하, 자식의 덕으로 세상을 살아가야 한다.

己 丙 壬 壬　男 2대운
丑 申 子 子

丙火 일간이 子月에 年月干에 편관 壬水가 투출하고 申子에 통근되어 편관격이며 丙火 일간을 충극하니 살이 강한 사주로 제살을 해야 한다. 時上의 기토로 관살을 억제하니 상관용신이 된다. 건설회사를 다니며 입찰 업무를 보다 37세 辰대운을 지나 폭압적 언행으로 壬辰년에 부인과 이혼을 하고 청주 고향으로 내려가 42세 丁巳대운에 형제가 운영하는 회사에 의탁을 한 사람이다.

아. 재자약살격 - 격국과 용신을 고려한 명칭

재자약살격은 사주 내에서 용신이 된 관살이 약할 때 재성의 도움으로 관성을 보호하고, 또한 관살을 돕는 재성이 비겁으로부터 극을 당할 때 관살이 비겁을 극제하여 재성을 보호하는 사주 유형을 말한다.

壬 癸 癸 庚　男 9대운
子 亥 未 午

癸水 일간이 未月에 태어나 실령하였으나 년간의 庚金과 일지의 亥水 시주의 壬子水 비겁으로 신강한 사주이다. 월지 未土에 편관격으로 용신하고 년지 午火는 약한 관성을 生할 수 있으므로 財殺이 서로 상부상조하는 財慈弱殺格이다.

자. 합살유관격 - 격국과 용신을 고려한 명칭

사주에 정관과 편관이 투간되어 관살혼잡을 이루었어도 다른 육신이 편관을 간합하여 작용을 못하게 하면 정관만 남게 되니 이를 합살유관이라고 한다. 또한 정관과 칠살이 투간된 관살혼잡의 명에서 정관이 합화되고 편관만 남게 되면 합관유살이라고 하며 관살이 혼잡된 중 정관을 충거하게 되면 거관유살이라고 한다. 이것은 모두 육신에 따라 명칭만 다를 뿐 같은 유형의 사주를 말한다.

癸 丙 壬 丁　女 1대운

巳 申 寅 亥

丙火 일간이 월간에 편관 壬水가 있고 시상에 정관 癸水가 있으므로 관살혼잡의 명이다. 그러나 월간 壬水는 년간 丁火를 습하여 木으로 화하므로 관살의 작용을 하지 않게 되었으니 시간의 癸水 편관만 일지 申金의 생을 받아 남으니 사주가 깨끗하고 용신이 건왕해졌다.

차. 관살혼잡격 - 격국과 용신을 고려한 명칭

사주에 정관과 편관이 같이 투간하여 있는 경우를 관살혼잡격이라 한다. 일반적으로 관살이 혼잡된 사주의 명은 격을 낮게 평가하거나 천한 명으로 보기 마련인데 관살이 혼잡되었어도 살이 약하며 化殺이 잘되어 일간을 도우면 귀한 명을 살게 된다.

己 辛 丙 丁　男 6대운

亥 亥 午 巳

辛金 일간이 천간에 丙丁火로 관살혼잡이 되고 일시지의 亥水로 극설이 교가하여 흉한 명으로 보인다. 그러나 용신 己土가 지지 巳午화에 통근하여 일간과 유정하게 돕고 있어 대운의 흐름만 좋다면 군, 검, 경, 법관, 의약 계통의 직장 생활로 성공할 수 있는 사주이다. 사주 내에 관성을 돕는 木이 없고 왕한 살을 설기하여 일간을 돕는 己土 편인을 용신으로 쓰게 되니 살중용인이 되었다. 경영학과를 졸업하고 26~30세 사법고시에 낙방한 후 31~34세 국회의원 보좌관을 하다 36~37세 수학 학원 사업에 실패한 후 직업의 안정을 못 이루고 있는 사람이다.

카. 제살태과격 - 격국과 용신을 고려한 명칭

사주에 식상이 태왕하여 관살을 과중하게 극하는 사주를 제살태과격이라 한다. 제살태과 사주는 식상이 병이고 인수가 약이다. 약한 인성을 생조하는 관살 입장에서 식상운을 만나면 살이 극제되기 때문에 큰 재앙이 따르게 된다. 인수운이 최고 길운이다.

己 丙 戊 辛　女 9대운

亥 戌 戌 卯

시지에 있는 亥水 官殺을 네 개의 식상이 극제하고 있으므로 제살태과가 되었다. 年支의 卯木으로 용신한다.

타. 시상일위귀격 - 격국과 용신을 고려한 명칭

甲 戊 己 己　男 3대운

寅 戌 巳 亥

戊土 일간이 비겁이 많아 신강하다. 시상의 甲木 편관이 旺한 土를 제하는 용신으로 시상일위귀격이라 칭하는 것이다. 이런 사주는 귀함이 따라 고위직의 공직자나 정치인의 사주가 많다. 모 문화재단 이사장을 맡고 있는 전각 서예 교수의 사주이다.

9) 정인격

일간을 대비하여 월지 지장간 중 정인이 투출하였으면 정인격이 성립된다. 투출하지 않았을 경우에는 월지 본기가 정인이면 정인격이 성립된다.

가. 인수용겁격

丁 丙 辛 辛　男 4대운

酉 申 卯 酉

丙火 일간이 卯月생으로 인수격이다. 卯月에 득령하였으나 사주에 재성 金오행이 무리를 지어서 월지 卯木 인수를 극하여 탐재괴인이 되고 사주에 水가 없어서 통관을 못 시키고 있다. 旺한 金이 病이 되는 사주가 되었다. 시상 丁火를 병약용신하여 왕한 金을 극제해야 한다. 이러한 사주는 1선이 무너져 2선에 의지해야 하므로 한 번 이상의 실패는 면할 수 없으며 형제, 친구의 덕은 있으나 사업은 불리하다.

나. 인수용식상격

丙 乙 辛 壬　女 8대운

戌 亥 亥 寅

乙木 일간이 亥月에 득령, 득지, 득세하고 년간으로 壬수가 투출하여 매우 신강한 인수격이 되었다. 월지의 정기인 년간의 壬水로 격을 취하니 인수격이다. 辛金은 水多金沈 되어 용신을 할 수 없으며 조후와 억부상으로 丙火 식상으로 설기하니 時干의 丙火가 용신이 된다. 35세 이혼 후 딸을 키우며 지방에서 살고 있는 국어 교사의 사주이다.

다. 인수용재격

      壬 癸 甲 庚   女 9대운
      戌 酉 申 午

癸水 일간이 申月생으로 庚金이 년간으로 투출하여 인수격이다. 일지 酉金의 세력 까지 얻어 신강한 癸水에게 필요한 용신은 억부와 조후상으로 년지의 午火가 용신이 다. 경인년에 동계 올림픽 금메달에 빛나는 김연아 선수의 사주이다.

라. 인수용관격

      壬 戊 甲 辛   女 4대운
      戌 子 午 丑

戊土 일간이 午月에 출생하여 정인격이다. 午月에 지지의 丑戌土 비겁으로 신강하 다. 월간의 甲木 편관으로 용신하며 水로 희신한다. 34세 戊戌대운에 고생을 하고 44 세 이후 己亥대운을 맞아 가정적으로 안정을 하고 사는 사람이다. 그러나 辛卯년을 지 나며 뇌경색으로 건강에 이상이 생겨 고생을 하였다.

마. 인수용인격

      戊 丙 己 庚   女 5대운
      戌 戌 卯 午

丙火 일간이 卯月에 생하여 인수격이다. 비록 득령은 하였으나 실지, 실세하여 신약 한 사주가 되었다. 월지 정인으로 태과한 식상을 제화하고 일간을 도와야 하니 卯木 정인이 용신이다. 실용 음악과를 전공한 학생의 사주이다.

10) 편인격

일간을 대비하여 월지 지장간 중 편인이 천간에 투출하였으면 편인격이 성립된다. 천간으로 투출한 간이 없을 때는 월지 본기가 편인일 때 성립한다.

가. 편인용비겁격

      丁 丁 辛 辛   男 5대운
      未 酉 卯 酉

丁火 일간이 卯月생으로 월지 본기를 격으로 하여 편인격이다. 편인에 득령하였으나 실지, 실세하여 선강후약이 되었다. 金木이 相戰되어 水로 통관시켜야 하나 사주에 水가 없으니 시간의 비견 丁火을 용신으로 旺金을 극제하여야 한다.

나. 편인용식상격
乙 丙 甲 戊　女 10대운
未 寅 寅 午

丙火 일간이 甲寅月생으로 甲木이 通根하여 편인격이다. 印星과 比劫이 많아 신왕한 명조로 년간 戊土 食神으로 설기함이 매우 좋다. 위 사주 주인공은 30세 辛亥대운에 감정 평가사 시험에 합격하고 한국 감정원에 근무하는 저자의 제자이다.

다. 편인용재격
庚 丙 壬 丁　男 6대운
寅 寅 寅 酉

丙火 일간이 寅月생으로 월지 본기 甲木으로 편인격이며 년간의 丁火와 지지 寅木의 세를 얻으니 신강사주다. 시상 庚金 편재를 용신한다. 편인은 예술이고 火는 빛으로 모 대학에서 후학을 지도하고 있는 서양 화가의 사주이다.

라. 편인용관격
甲 戊 己 己　男 3대운
寅 戌 巳 亥

戊土 일간이 巳月에 득령하고 득지, 득세하여 신강하다. 월지 巳火의 지장간 정기 丙으로 격을 정하니 편인격이며 시상 甲木편관 용신을 쓴다. 사단 법인 평화문화재단을 이끌며 서예와 전각으로 후학을 지도하고 있는 대학 교수의 사주이다.

마. 편인용인격
癸 戊 庚 丙　男 1대운
亥 辰 寅 申

戊土 일간이 월지 寅木에서 丙火가 년간에 투출하여 편인격이다. 일간이 실령, 실세

하여 신약의 명이 되었다. 年干의 丙火 편인으로 일간을 도와 용신한다. 은행원으로 근무하다 퇴직한 후 명리학을 공부하는 사람의 사주이다.

✦ 5. 외격의 취용법

외격(外格)은 변하여 격을 이루었으므로 변격(變格)이라고도 하며 내격(內格)과는 달리 사주에서 가장 강왕한 오행의 기를 따른다. 즉 일간을 기준으로 사주 내의 오행이 한 가지 오행의 기(氣)로 구성될 때를 말하는 것으로 일간이 木이며 타 간지가 모두 木으로 구성되어 있으면 곡직격(曲直格) 등으로 명칭이 되며 왕신 木을 기준으로 순기(順氣)하는 오행을 따라 水木火가 길신이고 木과 상극되는 金土가 흉신이 되는 외격의 용신법을 따라야 한다. 또한 일주 자체가 아예 무근, 무기하고 타 육신 한가지로 강할 때 그 세력을 쫓아 격과 용신을 이룰 때 종격이라 하며 종하는 오행 운이나 종한 오행을 생조하는 운이 길하다. 외격에서는 용·희·기·구·한신을 구별하기보다는 길운과 흉운으로 구별함이 바람직하다. 주의하여야 할 것은 특별 격들은 사주의 기가 모두 편향적으로 이루어졌고 월지의 기가 주도적 역할을 하기 때문에 월지를 충(沖)하는 것이 매우 민감하며 흉하다.

〈외격의 종류〉
가) 종격 - 종아격, 종재격, 종살격, 종강격, 종왕격, 종세격
나) 일행득기격 - 곡직격, 염상격, 가색격, 종혁격, 윤하격
다) 화기격 - 갑기합화토격, 을경합화금격, 병신합화수격, 정임합화목격,
　　　　　　무계합화화격
라) 양신성상격, 신살양정격

(1) 종격(從格)

종격이란 인수, 비겁, 식상, 재성, 관살 등 어느 한 육신이 그 세력이 너무 강하여 통제가 불가능할 때 섣불리 통제하기보다는 그 세력에 따라 從하는 것이다. 그러므로 일주가 태왕하면 비겁에 따라 從하고 반대로 일주가 태약할 때 식상, 재성, 관성 중 어느

한 육친이 태왕하면 그 육친에 따라가는 것을 종격이라고 한다. 종격에서 가장 조심스럽게 보아야 할 것은 假從格이다. 세력을 거역할 수 없기에 從을 하기는 하나 일간에게 약간의 인성이나 비겁의 생조가 있어 순수하게 종하지 못하는 경우를 말한다.

1) 종아격(從兒格)

종아격의 용신은 食傷이며 식상과 財星운이 길하고 인수와 관살의 운은 흉하다. 종아격은 반드시 월지가 식신, 상관이라야 하며 食傷局을 이루게 되면 성립되고 成格이라 할 수 있다. 다른 종격과는 달리 종아격은 비겁이 있어도 식상을 생하여 문제가 없고, 재성이 없고 식상만 旺할 경우보다는 재성이 있어 식상생재로 재물을 만든다면 더 부귀하게 된다. 종아격은 문예, 교육, 육영 사업 등에 길하지만 남편궁은(남자는 자식궁) 불리하다.

　　　乙　癸　丁　甲　女 4대운
　　　卯　卯　卯　寅

癸水 일간이 식신 卯月에 태어나 사주가 거의 木으로 이루어졌으며 癸水를 생하는 인성과 비겁이 없으니 일간은 식상에 종할 수밖에 없다. 종아격이 되며 월간의 丁火 편재가 식상을 꽃피워 좋은 사주이다. 木火운이 길하고 土金운이 대흉하다. 비겁 水運은 식상을 생하여 흉하지 않다.

2) 종재격(從財格)

종재격은 일간이 무근하고 사주가 대부분 재성으로 구성되어 있어서 일간이 財의 세력을 따라 종할 때 종재격(從財格)이라 한다. 食財官운이 길하며 인수와 비겁운은 흉하다. 사주가 재성과 재를 생하는 식상이 강하면 최상이고, 식상이 약하고 財官이 강하면 富와 貴를 좋아한다. 대운에 따라 식재관의 활용을 적절히 선택할 수 있다.

　　　庚　乙　戊　丙　女 3대운
　　　辰　酉　戊　戌

乙木 일간이 戊戌月에 태어나고 연간의 丙火가 土를 생하고 년지 시지가 財局으로 종재격을 이루었다. 火土金運은 길하고 水木운은 흉하다.

己 甲 己 戊　女 1대운
巳 戌 未 午

甲木 일간이 未月에 생하여 실령했다. 사주가 모두 다 재성 土로 이루어져 종재격이 성립된다. 위 사주의 주인공은 소위 강남 며느리의 사주이다. 火土金운이 길하고 水木운은 흉하다(갑기합화토격도 됨).

3) 종살격(從殺格)

종살격은 일간이 신약하여 강한 관살(官殺)을 따라 從하니 관살을 생하는 재성이 길운이며 인수와 비겁운은 흉하다. 관살이 태왕하면 좋고 관살을 극하는 식상(食傷)이 없어야 종살격이 성립한다. 관살이 태왕해도 인성이 조금이라도 있으면 관살을 설하여 일간을 도우므로 종할 수 없다. 그럴 때는 殺重用印格이 된다. 종살격이 성립되면 인성은 忌神이 된다. 종격이 청하지 못하거나 가종격이 되면 부는 누리나 귀할 수 없거나 귀함이 있으면 부를 누릴 수 없다.

乙 己 乙 癸　女 1대운
亥 未 卯 亥

己土 일간이 지지에 亥卯未 木局을 이루고 천간으로 乙木 七殺이 강하게 투출하여 종살격이 되었다. 水木운은 길하며 火土金운은 대흉하다. 대운의 흐름이 좋지를 못하여 크게 발전하지 못하고 결혼 후 화장품 장사를 하는 시어머니와 갈등으로 고생을 하고 있다.

丁 癸 丁 己　男 4대운
巳 未 丑 巳

癸水 일간이 丑月에 생하여 천간지지가 전부 財와 殺로 되었고 연간에 己土가 투간하여 종살격을 이루었다. 火土운은 길하고 金水木운은 흉하다. 이 집안에는 이 사람이 태어난 후 종재살격의 특성대로 아버지가 발전하였다. 丙子대운에 대운의 흐름이 흉하여 학교에서 친구들에게 왕따를 당하였으나 현재는 호주에 유학을 하여 호텔 조리학을 전공하고 있다.

4) 종왕격(從旺格)

종왕격은 사주의 대부분이 비겁으로 이루어져 극신강한 격을 말하며 용신은 비견

(比肩)이 되며 인수와 식상운이 길운이고 관살과 재성의 운이 흉하다. 일간을 극하는 관살은 매우 흉하고 아울러 재성은 관성을 생조(生助)하므로 꺼린다.

　　戊 辛 甲 庚　男 7대운
　　戊 酉 申 申

辛金 일간이 申月에 태어나 일지 酉金에 酉戌金局이 되고 年柱의 庚申이 월간의 甲木을 甲庚충하여 그 세를 따라 종왕격이 되었다. 土金水운에 길하고 木火운에 대흉하다. 27세 丁대운 동안 공무원 시험에 도전했다 실패하고 전문가 프리랜서로 인생을 새롭게 출발한 사람이다.

　　庚 癸 辛 壬　男 3대운
　　申 亥 亥 子

癸水 일간이 亥月에 생하여 득령, 득지하고 지지 亥木 중 壬水가 투출하였으며 庚辛金이 일간 癸水를 생하고 있다. 사주에 水를 거역하는 오행이 전혀 없으니 水종왕격이다. 金水木운은 길하고 火土운은 흉하다. 경영학과를 졸업 후 아버지의 건축 회사를 물려받아 건설업을 하고 있다. 물에 들어가서는 하루 종일도 놀 수 있는 사람으로 별명이 물개이다.

5) 종강격(從强格)

종강격은 사주의 대부분이 인성으로 이루어진 것을 말하며 용신은 印綬이며 비견과 인수는 길운으로 보며 食財官운을 흉운으로 본다. 인수와 비견은 일간을 생해 주고 신강하게 해 주어 길운이 되나 재성과 관살은 일간을 剋하므로 꺼리게 된다. 따라서 인성운에서는 대길하며 식상운은 인성의 극제를 당하므로 불길하다.

　　庚 庚 己 戊　男 7대운
　　辰 辰 未 午

庚金일간이 未月에 생하고 사주 전체가 인성으로 이루어져 종강격을 이루었다. 초년에 庚申 辛酉대운의 흐름이 좋아 어머님이 화장품 장사로 크게 부를 일으켰으나 이후 27세 壬戌 대운부터 운이 좋지를 못하고 태과한 土가 오히려 病이 되어 어머니가 암으로 고생을 하는 사람의 사주이다. 土金운이 길하고 水木운이 흉하다.

6) 종세격(從勢格)

종세격이란 사주에 일간을 생하는 인성과 비겁이 없고 식상, 재성, 관성이 서로 비슷한 세력을 이루고 있는 중에 식신과 관성의 사이에서 재성이 통관시키고 있는 유형의 사주격을 말하며 그 세력에 따른다 하여 종세격(從勢格)이라고 한다.

월지를 득한 것을 왕자로 보며 또 재성을 용신으로 기준 삼아 재를 생하는 식상이 강하면 식재로, 관성이 강하면 재관으로 용신을 정하며 食, 財, 官 삼자가 모두 희신이나 결과는 모두 吉로만 나타나지는 않는다. 대운에 따라 식재운에는 사업으로 성공하고 재관운에는 공관직으로 진출하여 변화가 많이 따른다.

```
庚 丁 己 辛   男 3대운
戌 未 亥 亥
```

丁火 일간이 亥月에 출생하였으나 인성과 비겁이 없고 戌土와 未土 식상이 있고 戌土에 통근한 庚金과 辛金 재성 또한 왕한 중에 연지, 월지에 亥水가 있어 食,財,官의 기세가 고른 종세격을 이루었다. 食財官운은 길하고 印比운은 흉하다.

```
丙 乙 甲 辛   女 2대운
戌 未 午 丑
```

乙木 일간이 午月에 생하여 실령, 실지, 실세하였다. 월간에 甲木이 있어 신약한 일간에 의지가 되어 종하지 않는다고 볼 수도 있으나 겁재 甲木 또한 지지에 입묘가 되고 뿌리가 없어 종세격이 되었다. 시상으로 丙火가 투간되어 귀하며 식신 또한 왕성하니 총명하다. 연주의 재성이 통관시켜 주고 있는 종세격으로 食財官운이 吉하며 인성, 비겁운은 凶하다. 편안한 성장기를 지나 결혼 후 안정적인 가정생활을 해오다가 47세 이후 亥대운을 맞아 흉운에 우연히 피부 관리실을 인수하여 운영하다 오히려 가정적 불화를 겪게 된 사람이다. 철저히 우뇌형(比-食-財 구조)의 사주가 대운에서 좌뇌(官-印)를 사용할 것을 강요당하게 되니 자신의 가치관과 행동관습의 변화로 인해 심리적 갈등을 겪게 된 예이다. 식신과 관성의 발달로 교사의 자질이 있어 향후 庚子대운에 보건 대학원에 진학하여 교육자로서의 꿈을 이루고자 한다.

(2) 일행득기격(一行得氣格)

일행득기격은 연해자평(淵海子平)에서 취급한 격국 중의 일부이다. 후에 적천수(適天髓)에서 말하는 다섯 가지(종아·종재·종살·종강·종왕격) 종격 중에 대부분 비겁으로 이루어진 종왕격(從旺格)과 같은 구조기에 별도로 취급할 필요는 없다. 그러나 一氣로 이루어진 오행의 특성을 좀 더 깊이 이해하기 위하여 특수격의 사주일수록 고전의 이론을 참고하는 것도 바람직하다. 주의해야 할 점은 일행득기격에서 왕한 오행과 대적하는 오행의 운에서는 흉함을 면하기 어렵지만 사주에 방어 능력이 있을 경우에는 그런 흉함을 피해갈 수 있다. 예로 木으로 이루어진 곡직격이라도 火식상이 발달되어 있을 때는 재운이 와도 木生火, 火生土로 수기되어 평범한 운이 될 수도 있다.

1) 곡직격(曲直格)

곡직인수격이라고도 하며 나무가 자라는 특성을 딴 것으로 곡직격이라 하였다. 木이 곡직격을 이루려면 甲乙日생이 亥, 子, 寅, 卯月에 생하고 지지에 亥卯未 목국(木局) 및 寅卯辰 목국을 이루거나 寅卯亥子로 구성되어 있고 천간에도 甲乙木을 만나 주중에 木이 태왕하여 타 오행이 기세를 제할 수 없으면 그냥 木에 종(從)하게 된다. 사주 가운데 金이 있으면 진격(眞格)이 못 되고, 운에서 土金을 만나는 것도 크게 꺼린다. 인수·비겁·식상운을 만나면 길하고 재살운을 꺼린다.

　　乙 甲 乙 甲　男 9대운

　　亥 寅 亥 寅

甲木 일간이 亥月에 태어나 지지가 寅亥木局을 이루고 木氣를 극하는 金氣가 없으므로 순수한 곡직격(曲直格)을 이룬다. 강한 木局을 따라 水, 木, 火운이 길하고 격을 극하는 土金운이 흉하다.

2) 염상격(炎上格)

염상격은 火가 용신이며 木, 火, 土가 길신이며 水가 기신이다. 즉 丙丁日생이 사주에 火氣가 태왕하여 火에 從하는 사주를 염상격이라 한다. 염상격이 이루어지려면 丙丁日생이 寅午戌이나 巳午未가 대부분이고 천간에도 木, 火가 많으며 火를 극하는 水오행이 없어야 한다. 그러므로 丙丁日에 火가 태왕하더라도 壬, 癸, 亥, 子, 水가 사주 내에 있으면 염상격이 될 수 없다.

　　甲 丁 丙 丁　男 4대운

　　午 未 午 巳

丁火 일간이 午月에 출생하여 지지 巳午未가 火局이며 연·월간이 丙丁 비겁으로

이루어져 염상격이다. 火勢를 거역할 수 없어 火氣를 따를 수밖에 없으니 木, 火, 土운이 길하고 金, 水운이 대흉하다.

3) 종혁격(從革格)

庚辛日생이 巳酉丑과 申酉戌을 이루고 土, 金이 합세하거나 庚申, 辛酉가 사주 대부분을 차지하여 일주가 태왕해지면 종혁격이 된다. 이 격도 종왕격과 마찬가지로 용신 金을 극하는 官殺 火가 없어야 하며 지지에 관살이 암장된 경우에는 격은 성립되어도 병이 있는 사주가 된다. 종혁격은 金이 용신이며 土, 金, 水가 길운이고 木, 火가 흉운이 된다.

　　戊 辛 庚 庚　　男 6대운

　　戌 酉 辰 申

辛金 일간이 辰月에 지지가 申酉戌金局을 이루어 왕하며 시간 戊土는 金을 도우므로 金 세력을 거역할 수 없어 종혁격이 성립된다. 격의 기세에 순응하는 土, 金, 水운이 길하고 木, 火운은 대흉하다.

4) 윤하격(潤下格)

윤하격이 되려면 壬癸日생이 지지에 申子辰이나 亥子丑으로 水가 대부분을 차지하고 천간에도 金, 水가 많아야 한다. 丑土는 亥子를 만나면 亥子丑으로 水局을 이루고 辰土는 申子를 만나면 申子辰으로 水局을 이루므로 무방하다. 윤하격은 水가 용신이며 金, 水, 木이 희신이고 火土는 기신이다. 물은 부드럽고 윤기 있게 만물을 적셔 준다. 윤하격은 이처럼 水의 흐르는 성질을 가리켜 칭한 것이다.

　　壬 壬 壬 壬　　男 3대운

　　子 辰 子 子

壬水 일간이 子月에 태어나고 지지에 子辰水국을 이루었으며 사주 전체가 水로 이루어져 윤하격이 성립된다. 金, 水, 木운이 길하고 火, 土운이 대흉하다.

5) 가색격(稼穡格)

가색격은 土가 용신이며 火土金운은 길하고 水木운은 흉하다. 일간이 戊己土로서 地支가 辰戌丑未 土로 이루어지고 사주 내에 木이 없어야 한다. 가색(稼穡)이란 농사를 지어 곡식을 거둔다는 의미로 사주에 온통 土가 많으므로 붙여진 명칭이다.

己 戊 戊 己　男 5대운

未 午 辰 未

戊土 일간이 지지가 모두 火土이며 사주 전체가 土로 이루어져 가색격이다. 火, 土, 金운은 길하고 水, 木운은 흉하다.

(3) 화기격(化氣格)

화기격이란 천간오합이 木, 火, 土, 金, 水 다섯 가지 오행으로 합변하여 이루어지는 격이다. 화기격이 성립되면 역시 합화한 오행을 기준으로 길신과 흉신이 정해지며 化하는 오행을 방해하는 오행이 있으면 가화격(假化格)이 되거나 또는 화기격 자체가 성립되지 않게 되므로 잘 살펴서 정해야 한다.

종격은 따르는 오행이 용신이지만 化氣格은 화하는 오행을 생하면 길하고 극하면 흉하다.

1) 甲己合化土格

甲日이 己를 만나거나 己日에 甲이 있으면 甲己합을 해서 土가 되는데 土의 절기인 辰, 戌, 丑, 未月에 출생했고 사주의 구성에 辰, 戌, 丑, 未의 土가 많으면 갑기합화토격이 된다.

甲 己 戊 丙　女 6대운

戌 未 戌 午

己土 일간이 시간의 甲木와 합을 하고 戊戌月에 戊月에 未戌土가 있어 갑기합화토격이 성립된다. 火, 土운은 길하고 水, 木운은 흉하며 金운은 사주의 구성에 따라 吉, 凶이 달라질 수 있다.

2) 乙庚合化金格

庚日생이나 乙日생이 사주의 천간에서 乙이나 庚을 만나 간합을 하여 金이 되는 격을 말한다. 월지가 申, 酉, 戌月에 출생하고 巳酉丑, 申酉戌 金局을 이루거나 사주가 대부분 金으로 이루어져 있으며 사주에 丙, 丁, 巳, 午가 없으면 화기격이 되어 金을 용신으로 삼는다. 土, 金운은 길하며 木, 火운은 흉하다. 사주에서 水는 水生木으로 乙木의 기운을 생하여 합화에 방해가 되며 만일 亥水가 있어 乙木의 根이 된다면 합이불화

(合而不化)로 가화기격(假化氣格)이 될 수 있다.

　　乙　庚　辛　戊　　男 1대운

　　酉　戌　酉　申

　庚金 일간이 酉월에 당령하고, 年月日지가 申酉戌 金局으로 월간에 辛金이 투출했으며 시지 乙木과 일간 庚金이 합하여 을경합화금격이 되었다. 土, 金, 水운이 길하며 木, 火운이 대흉하다.

3) 丙辛合化水格

　丙日생이나 辛日생이 사주의 천간에서 辛이나 丙을 만나 합하여 水로 변화되는 격을 말한다. 亥, 子月에 출생했고 壬, 癸, 亥, 子의 水가 많으면 화격(化格)이 된다. 水로 용신을 삼고 金, 水운으로 가면 길하고 火, 土운은 불길하다. 木운은 사주의 환경 조건에 따라 수기할 경우는 吉하고 丙火의 뿌리가 되거나 생을 해 주는 역할이 될 경우는 불리하다.

　　丙　辛　壬　壬　　男 2대운

　　申　亥　子　辰

　辛金 일간이 子月에 태어났고 지지에 申子辰合水局을 이루고 시상 丙火와 병신합(丙辛合)으로 화하니 병신합화수격이 된다. 金, 水운은 길운이고 火, 土운은 흉하다. 위에서 언급했듯이 木운은 사주의 환경 조건에 따라 길흉이 나타난다.

4) 丁壬合化木格

　丁日생이나 壬日생이 사주의 천간에서 壬이나 丁을 만나 합하여 木으로 변화하여 되는 격을 말한다. 寅卯月에 생하고 甲, 乙, 寅, 卯가 많으면 정임합화목격이 된다. 단 木을 극하는 庚申, 辛酉의 金이 없어야 한다. 水오행은 천간으로 투간하여 丁火를 극할 경우 파격(破格)이 되어 크게 흉할 수도 있음을 참고해야 한다.

　　丁　壬　乙　癸　　女 7대운

　　未　寅　卯　亥

　壬水 일간이 卯월에 출생하여 월간에 정기 乙木이 투출하고 지지에 亥卯未 木局을 이루니 정임합화목격이 되었다. 水, 木, 火운은 길하고 土, 金운은 흉하다.

5) 戊癸合化火格

戊日생이나 癸日생이 사주의 천간에서 癸나 戊를 만나 합하여 火가 되는 격을 말한다. 이 경우 巳, 午月에 출생하고 다른 곳에 水가 없고 丙, 丁, 巳, 午의 火가 많으면 화격이 성립된다. 주의할 것은 水가 투간하였거나 癸水의 뿌리가 될 경우 합이불화(合而不化)로 흉한 작용이 나타나고 특히 己土가 투간하여 癸水를 극하면 파격이 되어 불길하다.

　　丁　戊　癸　丙　男 4대운

　　巳　戌　巳　戌

戊土 일간이 巳月에 출생하고 지지에 火土가 왕성하니 戊癸合化 火格이 된다. 木, 火, 土운이 길하고 金, 水운이 대흉하다.

(4) 양신성상격(兩神成象格)

양신성상격(兩神成象格)이란 서로 상생하는 두 개의 오행으로 구성된 것을 말한다. 즉, 木火, 火土, 土金, 金水, 水木 등과 같이 상생되는 양신으로만 구성되어 있는 사주를 말한다. 사주 전체에 두 가지 오행으로 구성되어 양신이 되었다 하더라도 火金, 木土, 水火, 土水, 金木과 같이 상극되어 이루어지면 양신성상격이 성립되지 않으며 억부법(抑扶法)의 용신에 따라 용신을 정해야 한다. 즉, 양신성상격이란 두 가지 오행이 상생하여 이루어질 때만 성립된다.

1) 양신성상격(兩神成象格)

　　戊　戊　戊　戊　男 4대운

　　午　午　午　午

사주가 土와 火로만 이루어졌으니 양신성상격이 되었다. 戊土 일간이 종왕격이다. 사주에 양신을 방해하는 水와 木이 없으니 순수한 양신성상격이다. 火, 土운은 길하고 水, 木운은 흉하다.

　　庚　戊　庚　戊　男 7대운

　　申　辰　申　戌

土와 金 두 가지 오행으로 반반씩 양신으로 구성되어 양신성상격이 되었다. 戊土 일간을 수기하는 庚金 식신을 용신으로 삼고 격을 파하는 오행이 전무하니 양신성상격이 되었다. 수기하는 土, 金, 水운이 길하며 木, 火운은 대흉하다.

2) 신살양정격(身殺兩停格)

신살양정격은 양신성상격과 같이 사주 내에 두 개의 오행 세력이 있으나 상생관계가 아닌 서로 대립을 하고 있는 것을 말한다. 주의할 것은 양성격의 용신법으로 보아서는 안 된다는 것이며 이때는 일주의 강약을 구별하여 신약하면 일주를 도와주는 내격의 용신법을 적용하는 것이다.

癸 戊 癸 戊   男 7대운
亥 戌 亥 戌

두 개의 오행으로만 이루어져 있어 양신성상격으로 볼 수 있으나 이 경우는 신강신약을 구별하여 내격법으로 취용해야 한다. 일간과 水가 相戰을 하고 있으므로 火, 土운이 길하며 金, 水, 木운은 흉하다.

11장. 사주와 심리론

✦ 1. 음양에 따른 심리구조와 사회성의 차이

(1) 음양의 심리구조

1) 음양의 단계별 분석

가. 日干의 음양에 따른 차이점
① 陽干 - 정신적인 면 추구, 양성 표출, 능동적, 적극적, 외향적
② 陰干 - 물질적인 면 추구, 음성 표출, 수동적, 소극적, 내향적

나. 월지의 음양에 따른 차이점
① 金水 - 음체성 - 한습구조 - 사색적, 분석적, 인내심, 내밀성
② 木火 - 양체성 - 난조구조 - 외향적, 율동적, 단순성, 조급함

다. 신강, 신약에 따른 차이점
① 身强 - 양성적 - 적극적, 자신감, 능동적, 자만심
② 身弱 - 음성적 - 소극적, 수축감, 피동적, 방어심

라. 사주 구조에 따른 차이점

① 官→印→比구조-陰-내향형, 직장형, 보수적 성향

② 比→食→財구조-陽-외향형, 사업형, 개혁적 성향

마. 육친의 正(음), 偏(양)에 따른 차이점

① 正(정인, 비견, 식신, 정재, 정관) - 공익적, 고지식, 답답, 완만함, 소심함, 정형성

② 偏(편인, 겁재, 상관, 편재, 편관) - 개인적, 융통성, 시원, 신속함, 과감함, 변용성

바. 간지의 음양에 따른 차이

① 陽干支(陽八通) = 남성적, 외향적, 적극적, 표면적, 원대함, 능동적 성향이 강하다.

② 陰干支(陰八通) = 여성적, 내향적, 소극적, 내면적, 소심함, 수동적 성향이 강하다.

사. 행운의 음양 차이

陽간지일 때는 행동반경이 넓고 적극적이며 陰간지일 때는 행동반경이 좁고 소극적이다. 용신운이며 陽간지라면 일을 크게 벌여 큰 성공을 거두고 반대 경우라면 그 반대의 성향이 나타난다. 또 기신운이며 陽이라면 일을 크게 벌여 커다란 손실을 입고 반대의 경우라면 일을 작게 벌이고 손실도 작게 입는다.

아. 陰日干에 陽이 많을 때는 조용하고 부드러우나 내심은 진취적이고 陽日干에 陰이 많을 때는 밝고 활달하나 내심은 소심하다. 음양이 고르면 중용의 미덕이 있다.

2) 사주의 위치별 음양의 활동성
가. 년주-초년기

① 陰-어린 시절 조용한 성격으로 수동적, 소극적, 소심함

② 陽-어린 시절 성격이 활달하고 능동적, 적극적, 대범함

나. 월주-청년기

① 陰-청소년기에 소극적이나 뛰어난 계획성으로 침착하게 실행하며, 차분하게 미래를 준비한다.

② 陽 - 청소년기에 적극적이며 추진력이 좋고 대인관계의 폭이 크며 활동반경이 넓고 능동적으로 미래에 도전한다.

다. 일주 - 중년기
① 陰 - 조용한 사회 활동으로 생활 환경을 안정적, 실리적으로 추구해 나간다.
② 陽 - 왕성한 사회 활동으로 자신의 입지를 구축하고 실리보다 명예를 추구한다.

라. 시주 - 말년기
① 陰 - 조용하고 안정된 자기 역할로 내면의 실익을 추구한다.
② 陽 - 왕성한 활동력을 과시하며 정신적 만족을 추구한다.

3) 천간과 지지의 속성
가. 天干 - 陽 - 정신, 마음, 심리, 생각, 원인

나. 地支 - 陰 - 물질, 육체, 행동, 실천, 결과

다. 월지는 일간의 출생지이고 사계절로서 오행의 旺, 相, 休, 囚, 死를 주관하며 생존 환경을 선천적으로 제공하는 곳이기 때문에 모든 오행의 氣는 월지에 기초한다.

라. 천간, 지지, 지장간의 구분
天干 - 德 - 심리구조 - 사회성 - 정신 - 행
地支 - 福 - 환경상태 - 사생활 - 물질 - 동
地藏干 - 德과 福의 근원 - 활동반경 - 반경

4) 천간지지 음양의 심성과 행동성
가. 천간은 치솟고 발산하며 예민하기에 주위 상황에 즉흥적이고 민감하게 반응한다.

나. 일간의 정신적인 마음과 심리 상태는 천간에서 드러난다.

다. 천간의 뜻이 행동으로 실행되는 것은 천간에서 지지로의 오행의 상호 작용을 통해서 나타난다.

라. 행운도 일간에 대입하여 천간은 심리적 작용으로 마음의 변화를 주관하며 지지는 행동과 실천으로 나타난다.

* 모든 사주는 월주 천간과 5번째 대운의 천간은 합이 되고, 월지와 6번째 대운의 지지와는 항상 충이 성립된다. 그러기에 이 시기에는 소위 格이 바뀌어 인생의 커다란 변화와 함께 가치관과 직업, 사상과 행동의 반대적인 현상이 발생한다.

5) 사주의 위치별 의미와 활동성에 따른 福과 德

時	日	月	年	구분
실(미래의식)	화(현재의식)	묘(잠재의식)	근(무의식)	의식
후배, 종업원	동료, 협조자	상사, 관리자	회장, 대표자	신분
부하, 손아래	동료, 파트너	선배, 기획자	사장, 기관장	관계
후손, 자녀	배우자	부모, 형제	선대, 조상	육친

↓

미래와 현재 ↔ 과거와 경험

가. 희용신이 어느 곳에 있는지를 보고 일주에 있다면 가정적으로 배우자에게 인정을 받고 가정이 안정이 되고 배우자의 덕이 있는 것이다. 다른 간지에 있다면 그에 해당한다고 보면 된다.

나. 천간지지의 合, 沖은 용신과 함께 변동, 변화를 발생시킨다. 時干과 日干이 沖, 剋되어 있다면 자녀나 아랫사람 덕이 없고 노후나 미래가 불안하다. 시지와 일지가 沖하면 말년에 갈 곳이 없고 후배나 자녀로부터 배척을 받아 근본적 고민을 한다.

다. 년, 월간이 일간을 沖, 剋하면 조상과 부모덕이 없고 항상 조상, 선대, 사회문제 등으로 고생하고 년, 월지가 일지를 沖, 剋하면 부모 복이 없고 선대로부터 유산이나 도움을 받지 못한다.

6) 사주의 위치에 따른 심리적 관계

시	일	월	년	구분
후세, 미래	현세, 현재	금세, 과거	전생, 면 과거	시간
약속, 비밀	현재, 활동	기억, 생활	경험, 근본	공간
창의력	실행력	통제력	사고력	개념
창조 능력	실천 능력	기획 능력	상상 능력	능력
희망과 예견	행복과 불행	그리움과 의지	동심과 추억	심리

* 음양오행에 따른 육신들을 위에 말한 위치별로 추론할 수 있으나 더 중요한 것은 각각의 육신들은 사주 내의 타 간지들과, 또한 대운, 세운의 간지들과 生, 剋, 合, 沖 등에 의한 상호 작용 반작용이 이루어지고 있다는 것이다. 또한 각각의 육신은 위치를 통하여 반드시 상대적 상호관계에 의한 작용이 일어난다.

✦ 2. 일간의 기본 성정

(1) 甲

1) 장점 - 예의 바르고 사교적이며 리더십이 강하고 진취적이다. 인자하고 자상하며 남을 배려하고 이해하는 이타심이 강하고 설득력과 논리성이 강하다.

2) 단점 - 편협하고 비타협적이어서 자기주장을 너무 내세우며 호기심이 많아 남의 일에 지나친 관여를 한다. 이기적이고 독선적이며 스스로 이해가 안 되면 마음을 바꾸지 않는다.

(2) 乙

1) 장점 - 겸손하고 예의 바르며 부드럽고 섬세하여 아름답고 사랑스럽다. 주변과 잘 융화하며 분위기 파악을 잘하여 처세술이 좋다.

2) 단점 - 신경이 예민하여 주위 반응에 민감하며 질투심이 강하고 참을성이 부족하여 즉흥적이다. 허풍이 많고 그 속을 알 수가 없으며 계산적으로 행동한다.

(3) 丙

1) 장점 - 예의 바르고 감동적이며 명랑하다. 추진력이 강하며 활발하여 대인 친화적이다. 정신적인 성찰이 깊으며 목적의식이 강하다.

2) 단점 - 소유욕과 집착이 강하며 자기주장이 너무 강하고 명분을 앞세운다. 조급하고 흥분을 잘하여 주변을 의식하지 않고 사치스러우며 분위기에 잘 휩쓸린다.

(4) 丁

1) 장점 - 부드럽고 침착하며 예의 바르고 따듯하여 온화한 심성을 지녔다. 주변 환경과 조화를 잘 이루며 타인을 잘 배려한다.

2) 단점 - 주관이 약하여 자기 의견을 강력히 주장하지 못하고 남의 말에 잘 흔들리며 의지력이 약하니 중도 포기를 잘한다. 겉으로 드러나지 않은 내면의 이기심이 강하다.

(5) 戊

1) 장점 - 신용이 있고 인품이 중후하며 믿음직하여 포용력과 응집력이 강하다. 목표한 것을 꾸준히 실행하며 충성심이 있고 규칙을 잘 지킨다.

2) 단점 - 융통성이 부족하고 고집불통으로 행동이 느리고 기회 포착에 약하다. 자만심이 강하고 과거사에 집착하여 고정관념이 강하다.

(6) 己

1) 장점 - 목소리가 좋고 언변과 표현력이 뛰어나며 다정다감하고 친절하다. 생각보다 주관이 강하며 자기 관리가 치밀하다.

2) 단점 - 감정 변화가 심하여 마음의 상처를 잘 받으며 속마음을 표현하지 못한다. 이기적이며 욕심이 많고 타인의 충고를 무시한다.

(7) 庚

1) 장점 - 정의감이 강하고 포용력이 있으며 결단력과 추진력이 좋다. 머리가 좋고 자긍심이 있으며 몸이 빠르고 부지런하며 결과에 책임을 진다.

2) 단점 - 자기주장이 너무 강하여 남의 말을 안 듣고 스스로 사서 고생한다. 허세가 강하여 잘난 척하고 독선적, 비타협적이며 잔인하여 살생과 자해를 한다.

(8) 辛

1) 장점 - 외모가 깨끗하고 깔끔하며 논리력이 뛰어나고 언변이 좋다. 총명하고 냉철하여 깊이 생각하고 침착하니 행동이 조심스럽고 실수를 하지 않는다.

2) 단점 - 욕심이 많고 지기를 싫어하며 자존심이 강하여 양보심이 없다. 성격이 급하고 도전적이며 주관적이고 냉소적이다. 너무 세심한 성격으로 꼼꼼히 따지는 습관이 있다.

(9) 壬

1) 장점 - 총명하고 머리 회전이 빠르며 스케일이 크고 대범하다. 친화적이며 실천적이고 부지런하니 활동력이 강하고 업무 기획력이 뛰어나다.

2) 단점 - 참을성이 없고 변덕을 잘 부리며 모사와 권모술수를 잘 부린다. 나서기를 좋아하고 허세를 부려 앞서고 일을 잘 저지르는데 시작은 잘하나 마무리를 못한다.

(10) 癸

1) 장점 - 친절하고 다정다감하며 합리적이고 지혜로우니 재주가 많다. 적응력이 뛰어나며 섬세하고 치밀하여 외유내강하다.

2) 단점 - 신경이 예민하고 주관적이며 이중의 마음을 가지고 있다. 감성적이고 차가워 의지력이 약하고 비애스럽다. 의심이 많고 응큼하여 배신을 잘 당한다.

* 일간에 따른 성정은 일차적으로 일간 자체의 성정이 발현되고 이차적으로는 일간과 합되는 오행의 성정이 발현되며 마지막으로는 합화하는 오행의 성정이 발현된다.
* 각각의 천간의 오행들은 합하는 오행의 기운을 끌어오게 되므로 일간에게 있어 사주에 없어도 있는 것과 대등한 십성의 기질과 작용력을 가지게 한다. 단 사주에 각각의 천간과 합하는 오행이나 십성이 없을 때 그러한 현상이 두드러지게 드러난다.

✦ 3. 십성의 성격

(1) 비견

1) 긍정적인 면 - 자존심이 강하고 성취욕과 추진력이 강하며 독립적 행동이 투철하다. 자신감과 주관이 뚜렷하고 사리사욕이 없으며 불의와 타협을 안 한다. 책임감이 투철하고 바른말을 잘하고 성격이 곧다. 작은 고통을 잘 감내하고 인내심이 강하며 어려운 환경에서도 실의에 빠지지 않고 재생 능력을 발휘한다.

2) 부정적인 면 - 강한 자존심으로 시비, 쟁투가 많으며 타인의 간섭을 배척하고 주위의 충고와 권유를 무시한다. 여명에 비견, 겁재가 태왕하면 시어머니께 불손하다. 천간의 비견 다자는 남의 비밀을 털어놓고 시비를 일삼는다. 근심 걱정이 많고 감정의 기복이 심하다. 관성의 제화가 없으면 절제심이 없다. 참을성이 없고 조급하며 즉

흥적이고 실수가 많다. 의심이 많고 자기중심적이며 고집이 세다.

(2) 겁재

1) 긍정적인 면 - 강자에 강하고 약자에 측은지심을 발휘한다. 자존심이 강하고 독립심, 성취욕, 추진력이 강하다. 신약사주에 겁재가 길성이면 의학계, 기자, 사업 등으로 성공한다. 주관이 뚜렷하고 사리사욕이 없고 불의와 타협하지 않는다. 투철한 책임감으로 바른 말을 잘하고 아부를 싫어한다. 직무에 최선을 다하며 대인관계에 경쟁력을 발휘한다.

2) 부정적인 면 - 자존심이 강하므로 타인을 쉽게 무시한다. 질투심이 많고 교만하여 불손한 성향이 짙다. 투쟁심이 강하고 투기와 요행을 바란다. 이중인격 기질이 다분하고 도벽심이 강하다. 스스로 불평불만을 자초하여 배우자를 억압한다. 비열하고 음흉하다. 겁재격이 충, 파되면 성격이 난폭하여 건달이 된다. 공연히 남을 시기와 질투하고 방해하는 것을 좋아한다.

(3) 식신

1) 긍정적인 면 - 예절과 겸손을 알고 온화하여 사람들에게 인기가 좋고 대인관계도 원만하다. 성격이 관대하고 서비스 정신이 좋다. 예의범절이 바르고 도량이 넓으며 문예와 기예에 능하다. 식도락가 타입으로 처세술이 능통하며 허영과 이상보다는 현실적인 면을 추구한다. 냉정한 결단보다는 주변과 화합을 도모하고 협조력이 탁월하다. 총명하고 박학다식하며 연구심이 많아 창조적이며 박사, 발명가로 능력을 발휘한다.

2) 부정적인 면 - 식상이 혼잡하고 태과하면 성격이 괴팍하고 잘 나서는 경향이 있다. 과소비가 심하고 허례허식으로 이론과 말이 앞서며 행동실천이 안 된다. 바른말을 잘하고 잘난 체 허풍을 떨며 일을 잘 벌이고 인내심이 부족하여 마무리를 잘 못한다. 식욕이 좋고 부지런하지만 절제를 못하여 내면의 공허로움이 심하다. 화려하고 변덕이 심해 기분 내키는 대로 행동한다. 여명에 식신이 태왕하면 정조가 없고 화류계에 종사한다.

(4) 상관

1) 긍정적인 면 - 총명하고 부지런하고 영리하며 다방면에 재능이 있다. 자존심과 승부욕이 강하고 임기응변에 능하다. 획기적 아이디어로 논리적이며 지적이고 세련된 멋쟁이로 예지 능력이 탁월하여 발명과 연예계, 예술계에 탁월한 재능을 보인다. 박학다식하며 미를 추구하고 언변이 뛰어나 상대를 말로 잘 설득한다. 지지상관은 창의력과 생산력이 좋다. 사교성이 좋고 대인관계 능력이 탁월하며 강자에 강하고 약자에 동정심을 보인다.

2) 부정적인 면 - 총명하고 재주는 뛰어나지만 온화하지 못하고 거만, 불손하여 상대의 비밀을 잘 못 지키고 자존심을 건드린다. 이해타산이 빠르고 목적을 위해 행동하며 타인의 능력을 무시한다. 화려하고 요사스럽고 시비를 잘 따지고 말이 많고 불평불만이 심하다. 허영심으로 사치 낭비하며 무례하고 오만불손한 기질이 있다. 상관격 또는 상관다자는 말이 많고 입이 가볍고 이중인격자가 많다.

(5) 편재

1) 긍정적인 면 - 이재, 취재 능력이 탁월하여 큰돈을 유용하는 재능과 財物에 대해 아이디어와 요령이 좋다. 타인의 도움을 싫어하고 수단과 수완 요령으로 개척 정신이 뛰어나다. 사주체성이 좋으면 성품이 곧고 인정이 많으며 자선 사업을 한다. 작은 일에 신용을 지켜 큰일에 사용하며 기회와 심리와 형세를 이용하여 취재하고 찬스에 강하여 파산했다가도 즉시 재기한다. 편재격 사업가 - 악의 없는 거짓말을 잘한다. 신왕재왕 - 낙천적 기질이 있다.

2) 부정적인 면 - 가무 풍류를 즐기고 즉흥적이며 일확천금을 노린다. 재물 집착이 강하고 때로는 재물을 경시하기도 하며 민첩한 성격으로 지구력이 없다. 언어가 낙천적이며 과장되어 경솔하고 사기성이 있다. 타인의 아첨을 좋아하고 대범한 척하며 말주변이 좋고 허풍과 큰소리를 친다. 남을 도와주기를 좋아하나 자기 기분에 좌우되는 경향이 있다.

(6) 정재

1) 긍정적인 면 - 정확하고 성실하며 치밀하고 꼼꼼하다. 거짓말을 싫어하고 정직하며 성실하여 의식주 걱정이 없다. 직장 생활에 충실하고 시간 약속을 잘 지킨다. 검소한 저축 생활로 부당한 재물과 노력 이상의 대가를 안 바란다. 경영 능력으로 이익을 창출하며 안정적 업무 수행 능력과 기획력으로 실언과 실수가 없고 탁월한 계산 능력으로 회계 업무에 능하다.

2) 부정적인 면 - 신약하고 재성이 태왕하면 단명한다. 재성이 고지에 있으면 구두쇠 기질이 있고 정재태왕하면 주관과 결단성이 없다. 이해득실의 계산은 빠르나 최종 결론을 내리는 적기를 놓친다. 고지식하고 원리 원칙을 고수하여 융통성이 부족하다. 너무 정확한 계산으로 인심이 박하고 인색할 수도 있다. 양보심이 적고 작은 실리에 집착해 큰 것을 놓친다.

(7) 편관

1) 긍정적인 면 - 책임감이 강하며 권위적이고 총명하고 결단성이 있어 조직 생활에 적합하다. 강한 의협심으로 약자를 보호하고 강자에 대항한다. 감정 표현이 분명하고 담백한 면이 있으며 개척 정신, 모험심, 의협심으로 위엄이 있고 당당하다. 무관 체질로 성격이 곧고 의지를 관철하여 승진의 행운이 강하다.

2) 부정적인 면 - 투쟁심과 야당성으로 상대방을 은근히 무시한다. 성질이 과격하고 권모술수에 능하여 목적 달성에 수단 방법을 안 가린다. 이론과 타협보다는 행동으로 움직이니 조급하고 편굴하여 시비와 형액이 잦다. 난폭한 깡패 기질로 고집이 세고 타협을 모르고 반항적 기질도 있고 잘 나서고 위선과 허풍, 거드름으로 구설을 자초한다.

(8) 정관

1) 긍정적인 면 - 품위와 명예, 도덕심과 질서로 타인의 모범이 된다. 청렴결백하고 윤리의식과 준법정신이 있으며 충성심과 공익 정신, 공명심과 중용의 자세로 교만하지 않다. 책임감이 강하며 조직에서 상사를 우대하고, 수려하고 귀한 용모로 중후한

성품을 지닌다.

2) 부정적인 면-자존심이 강하고 지나친 원리 원칙주의로 관용과 이해가 부족하다. 너무 정확한 자기 관리로 주변을 피곤하게 한다. 정관이 태과하면 성정이 옹렬하고 무능하며 융통성이 부족하여 큰일을 못한다. 수단이 없어 한 가지 일에 집착하며 소심하고 옹졸하여 변화에 취약하다. 환경 적응 능력 부족으로 주변과 갈등을 겪는다.

(9) 편인

1) 긍정적인 면-재치 있고 순간의 발상과 임기응변 능력이 탁월하다. 밝고 명랑한 기분파로 기회 포착을 잘하고 예체능계에 탁월하다. 신앙심으로 종교에 심취하며 이상을 꿈꾸는 사람이다. 자신이 원하는 일에 적극적이며 융통성과 희생심, 배려심이 있고 남을 위해 헌신한다. 주어진 기회를 적극 활용하며 다재다능하여 두 가지 직업도 잘 소화해 낸다.

2) 부정적인 면-기회주의로 자기 것만 챙기며 사치와 허례허식으로 고독하다. 불평불만과 의심이 많고 인간관계가 불안하며 상대방을 교묘히 농락하고 희롱한다. 비밀이 많고 솔직하지 못하며 신경이 예민하여 남의 탓을 잘한다. 시작은 적극적이나 마무리가 미흡하고 계책을 잘 꾸미나 초지일관하지 못하며 용두사미로 유종의 미를 거두지 못한다. 남의 일에 잘 나서고 참견하며 눈치가 빠르고 위선적이다. 부부관계에 불화가 많고, 변태성, 즉흥성, 괴상한 행동과 망상으로 망신을 자초한다. 스스로 오버하여 자가당착에 빠진다.

(10) 정인

1) 긍정적인 면-학문에 재능이 있고 인의를 존중하며 인정이 있다. 전통과 명예를 중시하는 선비적 기질과 보수성을 준다. 자비심과 봉사 정신으로 어머니같이 편안하고 지혜로우며 단정하다. 박학다식하며 성품이 인자하고 사려 깊다. 생각이 깊고 총명하며 정직하고 예의 바르고 효성심이 있다. 인품이 중후하고 군자의 상으로 신의를 지키며 사리에 밝고 자존심으로 명분을 존중한다.

2) 부정적인 면 - 인성이 태과한 경우 자존심과 고집이 강하고 가치관의 혼란으로 생각이 많으니 머릿속이 복잡하다. 구두쇠와 이기주의적 성향 때문에 재물에 인색하고 융통성이 부족하다. 자신의 실력을 믿고 외골수적이며 편협하고 계획과 설계는 좋으나 실천력이 부족하다. 인수태과면 나태하고 게으르고 의존적이며 신약에 인수가 없으면 기억력이 약하고 끈기가 없고 조급하다. 인수태과자는 예술성과 문학적 재능은 있지만 큰 복이 없고 마마보이다.

✦ 4. 격국에 따른 성격

(1) 比劫格

비겁격은 四柱의 구성이 좋지 않으면 예전에는 대부분 도적이었으며 나중에는 은둔하여 僧道의 길을 가는 유형이었다. 이렇듯 비겁격은 타 격에 비해 사회성이 떨어진다. 고로 비겁격은 자기 스스로 官이나 설기하는 食傷에서 사회성을 찾아야 한다. 서양 심리학적 분류로는 사회형 또는 종교형에 속한다.

1) 比肩格은 친구 사귀기를 좋아한다. 比肩格은 독립심이 강하고, 한편으로는 남의 도움을 받아 활용할 수 있으며 집을 떠나 自力으로 전도 개척하여 자수성가할 수 있다. 比肩은 독립과 자주성을 가지나 日干이 쇠약하면 남의 助力을 받을 수가 없고 성공을 거두기가 어렵고 命 중에 比肩이 過多하면 격렬한 성격으로 인간관계를 악화시킬 수가 있다. - 사회형

2) 劫財격은 比肩格에 비하여 완강하고, 분발하며, 신속함이 있다. 劫財를 지닌 사람은 義를 重히 여기고 투기나 도박을 좋아하며 그로 인해 빈털터리가 되는 수가 있다. 겁재격을 가진 사람에게 가장 중요한 것은, 官殺로 이를 剋制하여 올바른 길로 이끌든가(규제) 혹은 食傷으로 이를 洩하여 한 가지 長技를 살려 나간다면 성공할 수 있다. - 종교형

(2) 食傷格

식상격은 총명하며 가무를 즐기고, 희노애락의 표현이 확실하다. 옛날에는 대부분 문인, 학자, 예술인이다. 서양 심리학적 분류로는 문학형 또는 예술형에 속한다.

1) 傷官格은 총명하며 구속당하는 것을 싫어하고 자신 속에 내재하는 지혜를 학술, 기술, 예술로 경주하여 발전시키는 성격이다. 그러나 다분히 과격하며 원만함이 모자라고 요설과 독설 때문에 사람들로부터 질투나 혐오를 사게 되고 이로 인해 실패를 초래하는 경우도 있다. 命 중에 상관이 과다하면 口德의 흠이 있으며, 사람을 말로써 상하게 하는 특성이 있다. 또한 남한테 지기 싫어하며 고독한 면을 갖는다. – 예술형

2) 食神格의 특징은 상관격에 비하여 그 성질이 순화하며, 상관과 마찬가지로 총명하지만 그것을 겉으로 심하게 나타내지 않는다. 성격은 온화하며 남을 가리켜 나쁜 말을 하지 않으며 食福이 많고 쾌락을 추구한다. 먹는 것을 즐기는 미식가이고 정신적 풍요로움을 희구하여 음악, 예술, 가무 등에 관한 일에도 많은 관심을 갖는다. – 문학형

(3) 財格

재격을 지닌 사람은 열성적이고 온후하며 근면하고 부지런하다. 서양 심리학적 분류로는 경제형이나 상업형에 속한다.

1) 正財格은 신용을 重히 여기고 침착하며 온당하고 정직하다. 정재격은 무엇을 해도 견실하며 검약하여 미래를 개척하는 데에 노력을 하고 잔돌을 하나하나 모아 공든 탑을 세우는 경향이 있다. 正財는 노력한 만큼의 수확을 바라며 신용을 重히 여기고 침착하며 친절하고 온당하고 정직하다. – 경제형

2) 偏財格은 義를 중히 여기고 財를 가볍게 보며 대부분 주색을 좋아한다. 편재는 횡재나 뜻밖에 들어오는 재물을 의미한다. 偏財는 노력하지 않고 쉽게 얻는 재물이므로 이를 사용하는 데는 아깝게 생각하지 않으며 통이 크다. – 상업형

(4) 官殺格

관살격의 성격은 준법정신과 복종심, 충성심이 강하다. 그러기에 공관직의 유형인 것이다. 서양 심리학적 분류로는 정치형 또는 군사형에 속한다.

1) 正官格은 사물의 핵심을 파악하는 장점을 갖고 있으며, 正道를 가기를 좋아한다. 그러므로 일단 무엇을 결정하면 확실하게 그것을 실행에 옮기는 정신을 가지고 있다. 正官格은 원칙과 정도를 상징하며 신용과 품격이 있으므로 주변으로부터 신뢰와 존경을 받는다. 정관격의 사람은 규범이나 예의를 중히 여기며 반듯하고 낭비를 싫어하며 높은 효율을 목표로 삼는다. 군자의 성격으로 신용과 품격을 중시하고 규범과 예의를 지킨다. - 정치형

2) 偏官格은 야성과 이지를 겸비하며 난폭한 경향도 있다. 편관격은 평탄하고 담담하게 인생을 보내는 사람은 적다. 급격히 변화하는 생활을 자위하며 잘 적응한다. 편관격은 때로는 간사한 성질을 띠지만, 자위의 효용성이 좋고 사람을 압박하는 경향이 있으며, 권모술수를 사용하여 목적을 달성하는 특성을 지닌다. 正官이 민주적이라면, 偏官은 전제적인 의미를 함축하고 있다. 시의에 적절하게 능력을 발휘하므로 무관직이나 정사에 임하면 능력을 발휘할 수 있다. - 군사형

(5) 印綬格

인수격의 성격은 자비와 지혜가 풍부하다. 서양 심리학적 분류로는 학문형 또는 이론형에 속한다.

1) 正印格은 대부분 지혜가 높고 성격이 좋으며, 품행이 방정하고 친절하며 종교에 열중한다. 또한 正印은 학문과 명예를 상징하는데 命 중에 正官이 있으면 관인상생으로 그 재능을 발휘하게 되어 명예와 지위를 얻을 수 있게 된다. 지혜롭고 성적이 좋으며 자애롭고 친절하다. 그러나 命 중에 印星이 태과하면 모친이 자식에게 사랑을 너무 쏟게 되니 의타심이 생겨 속칭 마마보이 기질이 있다. - 학문형

2) 偏印格은 偏母를 나타내므로 그 성질이 상당히 편협하다. 偏印格은 총명하며 창조력이 뛰어나므로 단조롭고 평범한 직업에는 적합하지 않다. 命 중에 偏印이 과다하면 총명하나, 策士策에 빠져 총명함이 도리어 결점이 된다. - 이론형

✦ 5. 조후에 따른 특성

(1) 한습한 사주의 특성

금수한냉(金水寒冷)하여 냉기가 감돈다. 일점 火氣가 없으니 나무가 자랄 수 없다. 생산을 하려 해도 열매를 얻지 못하니 배우자 자식과 인연이 없고 고독하여 비애스럽고 편협한 삶이 된다. 일반적으로 陰賤하여 서비스 계통에 많이 종사하게 되는데 간혹 가정을 꾸리고 잘 살기도 한다. 작가, 심리학자, 의학계, 종교계, 철학 등에서 크게 성공하는 경우가 있다.

1) 정신적인 면

神氣가 있고 직관력과 예지력이 뛰어나 이상 세계의 신비성을 경험할 수 있다. 유동적이며 한곳에 정착하기를 싫어하여 변화가 많고 쉽게 포기하는 형이다. 인생의 성공과는 상관없이 총명하며 권모술수에 능한데 사색적이고 분석적이며 고독하고 비애스럽다. 혼자 생활하는 것을 즐기지만 외롭고 물속이 훤히 비치듯 자신의 감정을 쉽게 노출한다.

2) 건강적인 면

우울증, 과민증세, 공포증, 불안의식, 심장기능저하, 근육위축증, 시력장애, 신체의 왜소함, 신장, 방광, 자궁 및 혈압관계 이상(저혈압).

3) 직업적인 면

종교계, 무속인, 역학계, 간호사, 임상병리학, 정신과, 유흥업, 서비스업 등.
대체적으로 한습한 사주는 요식업에 종사하는 등 저급한 직업과 한직의 전문직에 많이 종사한다.

(2) 난조한 사주의 특성

화염토조(火炎土燥)와 같이 火氣가 太旺하여 땅이 메마르고 갈라진다. 습기가 있어야 씨앗이 발아되어 뿌리를 내리고 잎을 내고 꽃을 피워 결실을 맺는데 메마르고 갈라진 땅이므로 결실을 보기가 힘들다. 그러므로 이런 사주는 재물이 모이지 않고 부모나 배우자 복도 없고 종교계에 귀의하는 경우도 많다. 심리구조상 정서순환이 되지 않고 공감기능이 떨어지고 정신분열과 조울증적 증세가 나타나고 사회성이 떨어져 집단 생활이 어렵다.

1) 정신적인 면

동적이며 기교적인 사교성을 갖는다. 이기적이고 지기를 싫어한다. 꼼꼼히 따지고 손해 보는 일에 인색하다. 항상 타인과의 관계 속에 있기를 원하며 자신의 감정을 은폐하고 무상심을 동경한다. 지구력과 협동심, 근로 의지가 결여되어 있다. 조급함과 강박증이 있으며 내면의 독립심이 강하다. 불의에 대한 반발이 강하고 부정적인 생각이 들면 타협하지 않는다.

2) 건강적인 면

기억력 감퇴, 정서불안과 적개심, 혈압 이상(고혈압), 신장 방광 계통 이상, 대장, 골격, 폐 기능 저하, 인후염 계통, 내분비 계통과 신진대사 이상, 피부 건조증 및 아토피 피부 질환, 생식기능 이상, 비만, 고혈압, 당뇨, 순환계 이상.

3) 직업적인 면

종교계, 연구직, 광고직, 과학계, 전자통신, 발명, 기술직, 자유 직업(구속을 싫어함). 火는 달변, 연구, 발명을 의미하므로 강사, 기술, 종교계에 적합하다.

✦ 6. 오행이 편중된 사주의 특성

오행이 편중된 사주란 사주 오행이 한쪽으로 과다하게 편중되어 균형을 이루지 못한 경우로 太弱하거나 太旺한 사주를 말하며 별격(別格)이나 가종격(假從格) 등을 말한다. 중화된 정격사주, 眞從格, 全旺格, 一行得氣格 사주 등은 편중 구조에서 제외한다.

편중된 사주는 그 상극 구조에 따라 심신의 문제점을 나타낸다.

(1) 强木 剋 弱土의 관계(木→土)

심리적 박탈감, 과민한 불안의식, 불신감과 회의적 성향, 정신분열증, 신경성 위장 질환, 알레르기성 피부 질환, 근육위축무력증, 전신권태증.

(2) 强火 剋 弱金의 관계(火→金)

전신무력증, 대인기피증, 강박증세, 결단성 결여, 억제력 상실, 중도 포기, 신경 계통, 뇌혈관 파열, 골격 이상, 호흡기 이상, 치아 질환, 피부 질환, 백혈병, 대장 이상, 후각 이상, 비염, 척추 디스크.

(3) 强土 剋 弱水의 관계(土→水)

정신박약, 억압적 복종심리에 대한 경계성, 강박적 결벽증, 중심력 약화, 내분비 호르몬 이상, 위무력증, 신장 및 방광 이상, 생식기능 이상, 고혈압, 당뇨, 고지혈증, 암 발병, 혈액순환장애, 청각 이상.

(4) 强金 剋 弱木의 관계(金→木)

정서 변화, 사고력 저하, 기억력 감퇴, 집중력 저하, 사회성 변화, 직업의식 해이, 안정성 실조, 신경쇠약, 정신 질환, 두뇌 질환, 정신적 피로감, 건망증, 간, 담, 갑상샘 이상, 뇌하수체 호르몬 이상.

(5) 强水 剋 弱火의 관계(水→火)

위축감, 분노, 조울증, 상실감, 억압에 대한 공포, 타인 혐오증, 비현실적 도피 성향, 인화력 결핍, 심장 질환, 순환계 이상, 혈압 이상, 시력장애, 정신장애.

(6) 木 强勢와 弱金의 剋하는 관계(木→金)

과도한 신경성에 의한 의지 감소, 상대적 열등감, 자긍심 실조, 자기 방종, 가치관의 혼란, 정체성 불안으로 인한 방황.

(7) 火 强勢와 弱水의 剋하는 관계(火→水)

억압에 의한 우울증, 자기 과소평가, 자기혐오, 현시 욕구, 반발심 증대, 심장 이상, 저혈압, 과도한 소비욕구로 해소하는 자기 연민.

(8) 土 强勢와 弱木의 剋하는 관계(土→木)

정체성 불안, 다중인격 증후, 억압에 대한 공격적 반응, 책임으로부터 도피, 폐소공포 심리, 무조건적 복수심, 지구력 약화, 공동체 생활 부적응, 단체 이탈, 도덕성 결여.

(9) 金 强勢와 弱火의 剋하는 관계(金→火)

반발심 극대, 공격적 대인관계, 조울증에서 조증 기간 길어짐, 정신 착란, 다중인격 증후, 과대망상, 인격 장애.

(10) 水 强勢와 弱土의 剋하는 관계(水→土)

의존성 우울, 의식적 억압, 인격 분열, 중심력 실조, 과거 집착 심리, 자기 신뢰 불신으로 오는 자기 유기, 기억 상실 증세, 보존 능력 불안.

✦ 7. 오행 不在 심리

(1) 木星 부재의 심리(생동감이 부족하다)

사고와 정신을 관장하는 木星 – 정신적 문제로 불안과 우울을 동반하며 일에 집중적으로 매진하기 어렵다. 이로 인해 산만해지고 대인관계에 두려움이 발생하며 생동감 부족으로 진보적 발상도 결여된다.

(2) 火星 부재의 심리(열정이 부족하다)

정열과 에너지, 표현의지를 나타내는 火星 – 정신적 생산력 저하로 비사교적이며 타인에 대한 박탈감으로 스스로 정신 손괴가 발생하고 편협한 사고로 인화력이 결핍된다.

(3) 土星 부재의 심리(안정감이 결여된다)

중용과 수용력, 포용과 생성력의 근원인 土星 - 무기력과 권태를 유발하며 따라서 비생산적인 일에 흥미를 갖는다. 획일성의 결여로 산만해지며 주체성과 의지박약으로 회의적 심리를 갖는다.

(4) 金星 부재의 심리(결단력이 부족하다)

추진력과 판단력, 지성과 이성의 힘인 金星 - 무계획적이고 사리분별력이 약하며 그로 인해 시작은 있으나 결과가 부족하다. 자기중심적으로 타인을 배려하지 않는 심리 구조를 나타낸다.

(5) 水星 부재의 심리(지혜로움이 부족하다)

순응성, 적응력, 상황 응용력, 탐구력의 주체인 水星 - 상황 대처 능력 부족으로 대인관계의 위기상황 극복 능력이 부족하며 수용 정신 부족으로 이해력에 대한 모순심리를 나타낸다.

✦ 8. 십성의 욕구와 심리구조

(1) 십성의 욕구, 가치관, 정신계, 지적능력, 미적감각

1) 비겁 = 自我의 욕구, 대인 중시 가치관, 본능계, 지구력, 육체미
비겁은 권위와 성공, 자존심, 허영심 등 모든 것을 타인에게 인정받고 싶은 욕구로서 자기 관철을 목적으로 하는 이기적이며 이타적인 자아의 욕구를 말한다. 비겁은 타인의 지배를 싫어하고 자신감이 넘쳐 당당한 면과 배짱이 있다. 경우에 따라 자신만의 우월주의로 착각에 사로잡혀 고립의 세계로 빠지게도 된다. 비겁은 언제나 존중과 인정을 받고 싶은 욕구이다.

2) 식상 = 친화의 욕구, 활동 중시 가치관, 감정계, 표현력, 세련미
식상은 희생과 양보, 배려를 실행하여 타인과의 관계를 유지하려는 친화의 욕구를 말한다. 식상이 발달한 사람은 호기심이 많아서 참고 기다리는 것에 익숙하지 못하여 말없이 인내하는 것이 고통스럽고 앞서서 자신의 의견과 뜻을 피력하는 것이 일상화 되어 있다. 그러므로 상대가 있는 것을 두려워하기보다 상대가 있음으로 자신의 마음을 열 수 있는 것을 더 즐거워한다. 식상은 인간과 인간 사이의 친화적 커뮤니케이션을 말한다.

3) 재성 = 실현의 욕구, 재물 중시 가치관, 욕망계, 수리력, 노련미

재성은 인적, 물적, 자원요소를 말하는데 잠재된 가능성을 최대한 실현하여 결과를 만들어 낼 수 있다는 자신감을 관장한다. 재성은 물질에 대한 소유의 실현 가능성을 의미하며 목적이 있는 실현의 욕구이다. 그러므로 재성은 한 사람에게 강한 의욕과 욕망을 가져다 준다.

4) 관성 = 안정의 욕구, 명예 중시 가치관, 통제계, 판단력, 절제미

관성은 질서를 바로 잡고 규범을 준수하며 불안정한 상황을 정리하여 안정을 얻고 싶은 욕구이다. 그러므로 외부의 위험, 위협, 협박, 박탈 등으로부터 자신을 보호하고 불안을 회피하고자 하며 함부로 승부수나 도박수를 두지 않는다. 약자는 강자에게 보호받고 싶어 하고 강자는 약자를 보면 보호 본능이 발동하여 강약 속에서 질서가 함께 공존하는 것이다. 관성은 인간이 누리고 싶은 貴를 통한 안정의 욕구이다.

5) 인성 = 생리적 욕구, 실적 중시 가치관, 사고계, 이해력, 지성미

인성은 부모의 관심과 사랑을 말한다. 인간은 인성을 통해 부족한 자신의 생리적 욕구를 채우려 한다. 마치 배고플 때 젖을 먹는 것과 같다. 인성은 내면을 채우려는 가장 기본적인 욕구로서 알고 싶은 것을 배우고 익혀 자신의 두뇌 공간에 채워서 이것을 에너지로 사용하는 능력을 말한다. 즉, 언어를 익혀서 대화에 사용 능력, 기술을 습득하여 생활에 이용하는 능력, 지식과 방법을 구하고 새로운 아이디어를 찾는 능력을 말한다. 인성은 내가 사랑을 받고자 하는 생리적 욕구이다.

(2) 십성의 심리구조 분석[2]

1) 비견 = 독립과 분리, 자아의 星

긍정심리 - 독립적 주체심리　부정심리 - 편향적 자만심리

2) 겁재 = 강압과 교만, 파괴와 실패의 星

긍정심리 - 주도적 지배심리　부정심리 - 배타적 우월심리

3) 식신 = 여유와 풍족, 의식주 및 재능의 星

긍정심리 - 희생적 양보심리　부정심리 - 주관적 도취심리

4) 상관 = 방해와 모사, 끼와 유행의 星

긍정심리 - 감각적 표현심리　부정심리 - 파격적 이탈심리

5) 편재 = 재물의 유용, 투기와 허욕, 욕정의 星

긍정심리 - 다변적 유용심리　부정심리 - 탐욕적 소유심리

6) 정재 = 관용과 축재, 근면과 성실의 星

긍정심리 - 구조적 실현심리　부정심리 - 소극적 회의심리

7) 편관 = 강압과 억제, 개혁과 투쟁의 星

긍정심리 - 기획적 지배심리　부정심리 - 공격적 경쟁심리

8) 정관 = 도덕과 전통, 명예와 품격의 星

긍정심리 - 조직적 자율심리　부정심리 - 자학적 수축심리

---

2)　김배성, 『사주심리치료학』, p. 338.

9) 편인 = 상상과 꿈, 위선과 이별의 星

긍정심리 - 분석적 직관심리   부정심리 - 냉소적 가학심리

10) 정인 = 지혜와 자애, 학문과 인정의 星

긍정심리 - 학문적 탐구심리   부정심리 - 폐쇄적 극단심리

(3) 십성에 따른 활용력

1) 인성 - 기억력, 분석력, 기획력, 창조력, 수집력, 논리성

2) 비겁 - 지구력, 협동심, 추진력, 실천력, 적극성

3) 식상 - 표현력, 친화력, 섭외력, 설득력, 어휘력, 민첩성

4) 재성 - 수리력, 구성력, 분석력, 추구력, 실현력, 활동성

5) 관성 - 판단력, 관리력, 분별력, 통제력, 인내력, 도덕성

(4) 십성의 상호 행동 자극 체계

십성 간에는 서로 극제하고 반발하는 속에서 자극이 되고 동기부여가 되어 행동체계를 이루게 된다.

1) 我(나, 일간) → 財星(재산, 소유물, 인적, 물적, 자원요소)

일간은 재성을 보면 실현의 욕구와 욕망으로 의욕이 생기고 소유욕이 발동한다. 재성은 강한 목표의식을 준다. 내가 살기 위해서는 재물이 필요하다.

2) 財(재물, 목표의식) → 印星(공부, 실력, 자격증)

목표의식은 소유 욕망을 달성하려면 실력을 쌓고 공부하여 자격을 갖추도록 요구, 유도한다. 인성은 자격증이다. 재물을 획득하려면 지식과 방법을 알아야 한다.

3) 印星(공부, 실력, 자격증) → 食傷(연구, 노력, 생산, 노하우)

공부한 지식과 자격증은 그것을 사용하여 일을 할 것을 요구한다. 식상은 기술과 노하우이다. 전문 자격증을 가지려면 기술력과 노하우가 있어야 한다.

4) 食傷(노하우, 활동, 연구) → 官星(명예, 직업, 단체, 국가)

노하우를 가지고 일을 하고 활동하고 연구하려면 직업과 직장이 있어야 하고 학교, 단체, 국가, 정부의 시스템이 갖추어져야 한다. 관성은 사회성을 준다. 기술력과 노하우를 활용하려면 직장과 일터가 필요하다.

5) 官星(직업, 직장, 단체) → 비겁(무리, 군중)

직장과 직업을 만들고 사회단체를 구성하려면 사람과 대중이 있어야 한다. 추진력이 필요하고 책임감이 있어야 한다. 비겁은 자기정체성이다. 사회성을 가지려면 자기정체성이 확실해야 한다.

✦ 9. 십성에 의한 선천지능[3]

인간은 출생과 동시에 한 순간도 우주의 영향으로부터 자유로울 수 없다. 사주 속에는 그 사람이 출생할 당시의 우주의 음양오행의 기가 있으며 그에 따라 각 개인은 차별화된 성격과 지능 및 적성을 소유하게 된다. 사주는 바로 우주가 인간에게 주는 천부적인 유전자이다. 그러기에 사주에 따라 타고난 자신만의 스타일이 있으며 그에 따라 각기 차별화된 성공 요소를 가지게 된다. 이러한 사주의 선천성은 흥미롭게도 하워드 가드너 박사의 다중지능과 상통되는 열 개의 지능을 가지고 있는데 이를 사주 십성에 의한 선천지능이라 한다. 십성은 각각 개별적인 선천지능을 소유하는데 하나의 사주는 십성이 복합적으로 구성되었으므로 인간은 선천적으로 다중적인 지능을 소유하게 된다. 그러므로 사주 내 십성의 분포 정도에 따라 사고, 인지, 행동, 흥미, 적성, 직무 능력, 사회성 등의 개별적 기능을 측정할 수 있다. 또한 그 측정 결과에 따라 한 사람이 성공적인 인생의 길을 걸을 수 있도록 출생과 동시에 효과적인 양육 및

---

3) 김기승, 『과학명리』, 2016, 다산글방, pp.402-438.

교육 방법을 제공할 수 있고 적성에 맞는 전공 학과 및 직무 능력에 적합한 업무를 선택하도록 도움을 줄 수 있다. 이것은 사주의 십성 분포가 각기 다르기 때문인데 열 가지 지능과 특성을 가지는 십성을 설명하면 아래와 같다.

(1) 비견 – 자존(自存)지능

자존이란, 자기 인격의 절대적 가치와 존엄을 스스로 깨닫고 품위를 지키며 자기를 높여 잘난 체하는 것 등을 말한다. 비견은 협력지능, 모둠지능, 동질성지능과 수행 능력을 준다.

* 열정적, 자기중심적, 현재에 초점, 공동의식, 협동심, 경쟁심, 자존심, 적극성 등의 이유로 스스로 분발하는 형태의 학습과 업무 수행에 능력을 발휘하는 지능이다.

* 비견은 자기 내부의 몰입력과 지구력이 강하고 이해하고 긍정하는 사안에 적극적이며 심취한다.

예) 태권도 금메달리스트 김소희

0 乙 乙 癸
0 卯 丑 酉
丙 丁 戊 己 庚 申 壬 癸 甲
辰 巳 午 未 申 酉 戌 亥 子

(2) 겁재 – 경쟁(競爭)지능

경쟁은 둘 이상의 관계에서 재물, 명예, 성적, 대상과 같은 목적들에 대하여 이기거나 앞서기 위해 서로 겨루는 것을 말한다. 겁재는 경쟁지능, 나눔지능, 이질성지능과 실행 능력을 준다.

* 독립적인 성향이 강하고 투철한 경쟁력, 주관적, 모험적, 자존심, 질투심, 적극성이 강하며 체험과 경험, 책임을 감수하는 형태의 학습과 업무에 능력을 발휘하는 지능이다.

* 겁재는 자기 내부의 집중력이 매우 강하고 현재에 초점을 맞추어 주어진 책임을 확실하게 수행한다.

예) 프로 골퍼 박인비
己 戊 己 戊
未 辰 未 辰
戊 己 庚 辛 壬 癸 甲 乙 丙
寅 卯 辰 巳 午 未 申 酉 戌

(3) 식신 - 연구(研究)지능

연구란, 어떤 일이나 사물에 대하여 깊이 있게 생각하고 조사하여 진리를 따져보는 일을 말한다. 식신은 활용지능, 공감지능, 대인관계지능과 수가공 능력을 준다.

* 이해와 친화적, 사교적, 기술과 노하우, 이행 능력, 협조적, 감성적, 연구력, 창의성, 양보심, 교합성 등의 지능으로 대인관계의 설득력 등이 우수한데 다중지능에서의 대인관계지능과 유사하다.

* 식신은 타인에 대한 배려와 주어진 프로그램을 수행하는 연구 능력과 창의적인 사고와 생산 능력을 발휘한다.

예) 故 정주영 회장
丁 庚 丁 乙
丑 申 亥 卯
戊 己 庚 辛 壬 癸 甲 乙 丙
寅 卯 辰 巳 午 未 申 酉 戌

(4) 상관 - 표현(表現)지능

표현이란, 생각이나 느낌 등을 언어나 몸짓 등으로 나타내고 시각적으로 보이는 사물의 여러 모양과 형태 등을 구술하는 것을 말한다. 상관은 말하기지능, 산출지능, 흥미지능과 감각 능력을 준다.

* 표현력, 사교성, 감각성, 감수성, 구술 능력, 미적 감각, 감정적 묘사, 직설적, 독창적, 모방과 응용, 발상의 변화, 외교력 등의 지능으로 예능적 성향을 말한다.

* 상관은 임기응변과 언어 표현 능력이 강하고 직설적이고 비판적이며 감수성과 미적 감각이 발달한다.

예) 운보 김기창 화백
辛 癸 乙 甲
酉 丑 亥 寅
丁 戊 己 庚 申 壬 癸 甲
卯 辰 巳 午 未 申 酉 戌

(5) 편재 - 평가(平價)지능

평가는 사물의 가치나 수준 따위를 평하는 것과 또 사람의 능력, 재능, 실적, 업적 등의 정도에 대한 수준 및 가치를 따지는 것을 말한다. 편재는 직관지능, 관리지능, 수리지능 및 공간지능을 준다.

* 수리 능력, 방향 감각, 가치판단력, 기회포착력, 응용력, 외향적, 활동적, 결과에 초점, 유동적, 공간 감각 등의 지능으로 목표에 대한 강한 지향성을 말한다.

* 편재는 사물의 가치평가에 대한 판단과 수리 계산 능력이 강하며 변화와 개혁 및 기회 포착과 적응력이 뛰어나다.

예) 땅값이 올라 거부가 된 농부

庚 辛 乙 癸
寅 卯 卯 酉
癸 壬 辛 庚 己 戊 丁 丙
亥 戌 酉 申 未 午 巳 辰

(6) 정재 - 설계(設計)지능

설계란, 어떠한 목적을 세우고 그 목적에 따라 앞으로 할 일의 절차, 방법, 규모 등을 미리 헤아려 실제적인 계획을 수립하는 일을 말한다. 정재는 구성지능, 계획지능, 맞춤지능과 수학지능을 준다.

* 공간 능력, 구성력, 계산 능력, 치밀함, 섬세함, 현실적 가치판단, 계획성, 논리성, 검소성, 세밀성 등의 지능이며 노력과 실리적 성향을 말한다.

* 정재는 실리적이고 현실적이며 작은 공간과 작은 수치까지 정교하고 세밀하게 활용하는 능력이 강하고 계획성 및 설계 능력이 뛰어나다.

예) 연예인 강호동

甲 壬 壬 庚
辰 戌 午 戌
庚 己 戊 丁 丙 乙 甲 癸
寅 丑 子 亥 戌 酉 申 未

(7) 편관 - 행동(行動)지능

행동이란, 인간 생활의 육체적, 정신적, 사회적 영역에서의 명시적 또는 잠재적인 활동을 말한다. 편관은 신속지능, 지휘지능, 분별지능과 판단지능을 준다.

* 기억력, 도전 정신, 행동력, 결단력, 수행력, 분별력, 신속성, 개혁성, 인내력 등의 지능이며 결단과 행동적 성향을 말한다.

* 편관은 충성심과 책임감, 신속한 판단과 결정력이 강하고 과감한 개혁과 도전 정신을 발휘한다.

예) 대학 교수가 된 이만기
壬 癸 己 癸
子 酉 未 卯
庚 辛 壬 癸 甲 乙 丙 丁 戊
戌 亥 子 丑 寅 卯 辰 巳 午

(8) 정관 – 도덕(道德)지능

도덕이란, 관습이나 관행에 의해 학습된 개인의 준법의식, 올바른 심정과 태도, 성격 또는 도덕성 그 자체를 의미한다. 정관은 중용지능, 준법지능, 공정지능 및 변별지능을 준다.

* 지각력, 도덕성, 합리성, 정확성, 공정성, 공익성, 내향적, 보수적, 의무성, 책임감 등의 지능이고 논리성, 규범과 모범적 성향을 말한다.

* 정관은 신사적인 처사와 공정한 판단력이 뛰어나고 정교하고 세심한 업무 파악과 합리적으로 수행하는 능력을 발휘한다.

예) 예의 바른 공무원
庚 癸 戊 甲
申 巳 辰 辰
丙 乙 甲 癸 壬 辛 庚 己
子 亥 戌 酉 申 未 午 巳

(9) 편인 – 인식(認識)지능

인식이란, 인지 과정의 결과로, 넓은 의미로는 인간 지식의 총체를 말하며 좁은 의미로는 일정 범위의 대상에 대한 깊은 지식을 뜻한다. 편인은 통찰지능, 유머지능, 창작지능 등을 준다.

　* 추리력, 순발력, 상상력, 종교성, 자율성, 심리성, 직관성, 선별적 수용성, 예술성의 지능이며 재치와 추구적 성향을 말한다.

　* 편인은 재치와 순간 발상, 풍부한 공상 및 상상력이 뛰어나며 대상과 사건에 대한 추리 능력과 가설 능력이 탁월하다.

　예) 미모의 탤런트 김태희

　壬 辛 己 庚
　辰 丑 卯 申
　辛 壬 癸 甲 乙 丙 丁 戊
　未 申 酉 戌 亥 子 丑 寅

(10) 정인 - 사고(思考)지능

　사고란, 목표와 계획, 희망과 바람에 따라 생각과 마음으로 느끼고자 하는 정신 상태를 말한다. 정인은 순리지능, 투입지능, 글쓰기지능을 준다.

　* 이해력, 기록 능력, 인지력, 사고력, 수용적 태도, 역사성, 보수성, 정직성, 시간성, 정리를 통한 안정성 등의 지능으로 과정을 중시하는 명예와 의무적 성향을 말한다.

　* 정인은 모든 일을 순서와 순리로 행하는 안정감과 어떠한 교훈이나 이론적 지침을 여과 없이 수용하여 장기적인 안목으로 수행하는 능력이 뛰어나다.

　예) 생명 공학자 황우석 박사

　丙 乙 壬 壬
　戌 未 子 辰
　己 戊 丁 丙 乙 甲 癸
　未 午 巳 辰 卯 寅 丑

✦ 10. 십성의 강약에 따른 심리 특성과 대안

사주는 한 개인의 심리와 성정, 특기, 건강, 질병, 적성, 인간관계 등의 포괄적이며 상세한 정보 명세이다.

사주학에서 가장 논란이 되는 것이 과연 한 사람이 일생을 살아 나가는데 사주대로만 사느냐 그렇지 않느냐에 관한 것이다.

사람의 팔자는 출생과 동시에 이미 정해져 있지만 인간이 사주팔자대로만 살지 않는 이유는 유전적 요소, 환경적 요소, 문화적 요소 등 여러 가지가 있다. 그중에 가장 중요한 이유는 인간에게는 자유의지에 의한 자기 선택권이 있기 때문이다. 미래는 결정되어 있지만 그 미래를 선택하는 것은 바로 자신의 몫이다.

사주팔자도 마찬가지다. 사주팔자는 고칠 수 없지만 마음을 고쳐먹고 사주팔자의 장단점을 분석하여 보완 노력을 한다면 그만큼 인생의 성공 가능성을 높여 체감 행복 지수가 높은 행복한 삶을 영위할 수 있을 것이다.

여기에서는 사주에 따른 행동방법론을 통해 각 개인의 사주에 따른 성공적이며 차별화된 행동방법을 제공해 보고자 한다. 사주를 통하여 한 사람의 장단점을 파악하여 최대한 생활에 활용한다면 더욱 높은 성공을 이루게 될 것이다.

(1) 비겁

비겁은 동질성과 이질성의 경쟁 에너지를 근원으로 한다. 또한 비겁은 갈등과 긴장을 생리적 조건으로 전제한다. 그러므로 긍정적으로는 무엇이든 이룰 수 있다는 가능성을 나타내고, 부정적으로는 배척과 독단, 박탈과 공격성으로 발현된다.

1) 강(强)할 때
가. 심리특성

財星을 剋하므로 상대적 우월의식이 잠재되어 있다. 독립심이 강하고 사물을 자기 위주로 생각하며 이기적이다. 매사 혼자 결정하고 주변을 경쟁 상대로 의식해 스스로 고독하고 외로우나 겉으로 표현하지 않으려 한다. 너무 자신감이 넘쳐 자만하게 행동하다 오히려 어려움을 겪는다. 독단적 행동으로 과잉 행동력을 보이며 재물을 경시한다.

나. 행동방법

되는 일과 안 되는 일에 대하여 분명한 선을 긋는다. 장점을 최대한 살리고 타협하고 양보하는 심성을 갖는다. 지나친 통제보다 칭찬하고 배려하여 인간애를 심어 준다. 이해력과 포용력을 기를 수 있는 환경을 제공한다. 박애정신을 실천하도록 노력하고 역사와 전통문화를 존중한다. 개인의 특기를 장점으로 살릴 수 있는 전문 기술을 습득하라. 상대를 무시하지 말고 관용과 이해로 포용하도록 하라. 자존심을 앞세우지 말고 타인의 충고, 충언을 귀담아 들으라. 강한 상대를 적대시하지 말고 남도 나를 이해하고 있다는 마음가짐을 가지는 것이 좋다.

다. 직업적성

지배적 성향이 强하니 독자적 영역을 구축할 수 있는 전문성을 갖도록 한다. 동업, 관공직, 명령 체계는 부적합하다. 기자, 대리점, 의학, 기술, 관리, 스포츠, 독자 경영 등이 좋다. 개인적 공간에서 주관적으로 개척하는 직업이 적합하다.

2) 약(弱)할 때

가. 심리특성

지구력이 弱하고 소극적이며 종속적이다. 관살에 대항할 능력이 약하여 피해의식이 강하다. 겁이 많고 자신감이 부족하여 의존적 성향이 강하다. 편굴하고 비겁한 면이 있으며 기회주의에 강하다. 아부를 하고 비밀과 약속을 지키지 못하고 신용이 없다. 주관성이 결여되고 인내력이 弱하며 우유부단한 심성이 있다.

나. 행동방법

긍정적 마음가짐과 자신감을 갖도록 한다. 자신이 하는 일에 대해 책임을 지고 결과를 만들도록 하라. 사람들과 잘 어울리도록 하고 공동체 의식을 함양한다. 이론보다 행동과 결과를 우선하는 습관을 갖도록 한다. 영웅전, 성공 전기 등을 많이 읽어 호연지기를 배양한다. 많은 사람과 의형제를 맺고 협력을 생활화하도록 한다. 독단적 행로를 피하고 대중의 다수 행동에 동참한다. 지킬 수 있는 약속과 지키지 못할 약속을 분명하게 한다.

다. 직업적성

자영업, 책임자, 사업, 경호 등은 불리하다. 기술직, 역사, 지리, 학계, 동업, 대리점 등이 좋다. 가급적 개인 사업보다 직장 생활이나 위탁 관리직이 최선이다.

(2) 식상

식상은 감성과 감정의 순환 장치로서 내면에 퇴적된 감정 영역의 욕구, 가치, 갈등, 상상, 현시성, 호의 등을 표현 욕구의 다양한 모드를 통해 전환 표출시키는 이미지 체계의 한 기능을 뜻한다.

1) 강(强)할 때
가. 심리특성

일간이 극설되므로 정신적 허무감이 급속히 잦아진다. 감정 변화가 심하고 항상 말이 앞서며 허풍이 세다. 관성(법)을 극하므로 구속을 싫어하고 자유분방하다. 사교성은 좋으나 약속을 지키기 어려워 사기성이 다분히 있다. 자기가 감당하지 못할 언행을 서슴없이 하고 후회한다. 세련된 멋쟁이나 스스로 자화자찬하는 것이 습관처럼 되어 있다. 속이 허무하고 외롭고 슬픈 마음이 많이 생긴다. 타인을 비방하거나 반대로 자신이 인정받고 싶은 욕망이 강하다. 과대망상으로 거짓과 위선이 있고 충동과 반항적 언행으로 신중성이 결여되어 있다.

나. 행동방법

바른 자세와 예의를 지키는 습관을 갖는다. 적절한 통제력이 필요하며 남의 말을 끝까지 듣도록 한다. 문제를 구체적으로 이해하고 타당한 결과를 인정하도록 한다. 내면을 볼 수 있는 사고력과 감정의 다양성을 갖도록 하라. 자격증을 갖추도록 노력하고 끊임없이 이론 습득에 주력한다. 타고난 적성과 개성을 살려서 특기를 갖도록 한다. 위인전기, 다큐멘터리, 전통 계승 등에 관한 서적을 탐독한다. 자기 통제력을 발휘하여 충동적이지 않도록 한다. 말을 앞세우지 말고 실천을 통해 신뢰를 얻도록 한다. 타인의 단점을 지적하기보다 장점을 칭찬하도록 한다.

다. 직업적성

법조계, 직장 생활, 경호, 조직 생활 등에는 부적합하다. 기술, 마케팅, 예능, 서비스, 디자인 등에 적합하며 중개소 개업, 자격증을 소유한 자유 전문직 등에 적합하다.

2) 약(弱)할 때
가. 심리특성

감정 순환이 되지 않아 정서 불안, 자폐증, 우울증 등을 수반한다. 희생과 양보심의 결여로 이기적 성향이 강하다. 진보적이지 못하고 현실감이 부족하여 능력 발휘가 안 된다. 표현력 부족으로 대인관계가 원만치 못하다. 선심이 부족하여 결국에는 타인들에게 배려와 사랑을 못 받는다. 도식될 우려가 많아서 항상 앞서지 못하는 경우가 많다. 비합리적 성향으로 불만과 변명을 하며 소극적 행동으로 희생심이 결여되어 있다.

나. 행동방법

자유로운 표현을 하도록 하며 자신감을 갖는다. 불만 표출을 참지 말고 합리적 대응 방법을 찾도록 하라. 지나친 통제와 규범에 얽매이지 않도록 한다. 사회봉사와 심리철학이 깃든 교양서를 읽도록 하라. 신뢰를 바탕으로 자존심을 지키며 긍정적 생각을 하도록 하라. 도덕과 윤리에 바탕을 둔 행동을 하도록 하라. 약한 자에게 관용을 베풀고 남을 이해할 수 있도록 하라. 자기 의사를 명확하게 표현하고 합리적 결과를 수용하도록 하라. 상대에게 얻고자 한다면 먼저 자신이 양보할 수 있도록 하라.

다. 직업적성

서비스, 사회복지, 연구직, 교육직 등은 부적합하다. 사무직, 직장 생활, 인류학, 역사, 고고학, 관공직, 경호 업무 등에 적합하며 고전을 지키고 법을 준수하는 계통에는 길하다.

(3) 재성

재성은 자신의 능력을 사회화시키며 소유하려고 하는 욕구이다. 따라서 재성은 욕구 실현의 일차적 자기 반사이며 사회적 가치로 전환하려는 잠재적 역량의 상대이다.

1) 강(强)할 때
가. 심리특성

소유욕이 강하고 욕심이 앞서 무모하게 일을 벌이게 된다. 성격이 급하며 서두르고 의지력이 약하다. 일시적으로 큰 재물을 얻어도 오래도록 지키기 어렵다. 성실한 노력으로 결과를 얻으려 하지 않고 허황된 꿈을 꾼다. 여자들에게 호의적이고 주관을 지키지 못하는 경향이 있다. 재성이 강하면 인성이 파괴되어 공부한 것을 사용하기 어렵다. 돈을 버는 일에 항상 힘겨워하고 불평과 불만이 많다. 물질만능주의와 과도한 이기주의로 무위도식하며 진실성이 결여된다.

나. 행동방법

스스로 절제하고 실천할 수 있는 자세를 갖도록 한다. 어머니의 따뜻한 배려와 관심이 함께한다는 신뢰감을 갖는다. 욕심을 분산시키고 같이 소유하는 사고와 습관을 갖도록 한다. 책을 많이 읽고 자격증을 갖추도록 한다. 결과보다는 과정을 중요시하는 자세가 필요하다. 수리 능력이 우수한 장점을 이용하여 생활한다. 검소한 생활을 하고 말보다 실천이 앞서는 모범적 태도를 갖도록 한다. 시간 관념을 철저히 하고 약속을 잘 지키도록 한다. 절제된 공간과 시간을 절대적으로 활용하도록 한다. 관심 분야를 보다 지적인 차원으로 상승시키도록 한다.

다. 직업적성

아이디어 사업, 전문 기술, 연구직, 교육 등에는 부적합하다. 경제, 경영, 금융, 증권, 재정계, 사업 등에 적합하며 음식점, 투자업, 유흥업, 의학, 유통업, 세무사, 회계사, 정치인 등이 적합하다.

2) 약(弱)할 때
가. 심리특성

관리 능력이 약하여 일의 결과를 창출하기 어렵다. 자신의 영역 확보에 대한 부족함이 가중되어 매사가 불만이 많다. 실현의 욕구가 충족되지 않으므로 모든 일에 의욕을 상실하게 된다. 관성도 약할 경우 직장이나 공직에서 어려움을 겪게 된다. 자신의 노력에 비해 얻는 결과가 미진하다. 비현실적 에너지 소모로 불만족이 팽배하다.

환경 적응 능력이 취약하여 결과가 부진하다.

나. 행동방법

다양한 환경과 공간에 적응할 수 있도록 하라. 과정과 결과를 스스로 확인할 수 있도록 하라. 수리와 계산 능력 배양에 중점을 두고 노력하라. 지속적이며 계획성 있는 생활 자세가 필요하다. 작은 결과라도 구현하고 노력의 결과를 획득할 수 있도록 한다. 일에 대한 명확한 이해와 실현 가능성을 갖도록 하라. 공간의 활용을 넓게 하고 주어진 기회는 필히 활용하도록 하라. 성실한 언행으로 대인관계를 유지하고 신용을 얻도록 하라.

다. 직업적성

경영, 사업, 투기, 무역 등 관리 업무에는 부적합하다. 직장 및 기술이나 공동 사업, 위탁 관리 등 단조로운 직업에 길하며 디자인, 종교, 무역, 부동산, 전문직, 프리랜서 등이 좋다.

(4) 관성

관성은 축적된 경험과 정신적 능력에 기초하고 경험하여 실증된 현실 구조의 제반조건을 크게 사회화하여 외적, 내적으로 상승하고자 하는 공적인 권력 지향의 욕구이다.

1) 강(强)할 때
가. 심리특성

자신감이 결여되고 기가 약하여 도사리게 된다. 불만이 심하게 축적되어 기존 질서에 대항하는 성향을 갖게 된다. 강박 관념이 강하여 부정적이고 소극적이다. 흑백을 가리려는 심성이 강하여 시비가 잦다. 항상 피해의식에 사로잡히며 양보할 줄을 모른다. 형제나 동료관계에서 경쟁심을 갖고 의심하며 경계한다. 법과 질서를 기피하므로 결국 죄를 스스로 청한다. 불평불만의 팽배로 과격하고 반항적이며 피해의식과 불신이 깊다.

나. 행동방법

이해와 양보심을 가지고 공동생활에 잘 어울릴 수 있도록 한다. 강박 관념을 갖지 않도록 하고 용기를 갖고 관용을 베풀도록 한다. 강요하지 말고 자발적인 행동을 습관화하도록 한다. 안정감을 확립하고 무리한 자극을 피하도록 한다. 선의의 경쟁을 하고 서정적인 시집 등을 읽도록 한다. 피해의식을 갖지 않도록 하고 자부심을 갖도록 한다. 지나친 책임감에 사로잡히지 않도록 하라. 부드러운 자세로 많은 사람들과 친교하도록 하라. 자신의 판단만을 앞세워 타인을 억압하거나 공포 분위기를 만들지 않도록 한다.

다. 직업적성

연구직, 경제, 로비스트, 교육, 연구 등에는 부적합하다. 군인, 경찰, 법관, 경호원, 군무원, 교도관, 종교인, 상담 등에 적합하며 법조계, 행정계, 공무원, 회사원, 외교관, 재정계, 입법기관 등의 업무에 좋다.

2) 약(弱)할 때

가. 심리특성

책임감이 부족하고 주관이 분명치 못하다. 법과 질서를 무시하거나 잘 지키지 않는다. 사회적으로 안정적이지 못하며 자신의 위치를 지키기 어렵다. 불평불만이 많고 인내심이 부족하고 옹졸하다. 스스로 절제를 못하며 통제력이 부족하다. 절제력이 부족하여 자만심이 표출되고 행동이나 자세가 불량하다. 정직하지 못하고 이기적이며 모사에 능하다. 결단성이 부족하고 준법성이 결여되며 통제력이 부족하다.

나. 행동방법

다소 절제된 환경과 습관을 갖도록 한다. 시작한 일은 끝까지 스스로 마무리 하도록 한다. 조용한 음악과 아늑한 환경을 만든다. 삼국지 등의 무협지를 읽고 영웅심을 고양한다. 행동에 절도가 있도록 하며 인내심을 갖도록 한다. 질서와 법을 지키고 도덕 생활에 관심을 갖도록 한다. 책임감이 강한 언행을 피하도록 한다. 대인 간에 친화적 관계를 유지하고 믿음을 갖는 것이 바람직하다. 약속을 할 경우 문서로 남겨서 필히 확인을 하도록 한다.

다. 직업적성

공무원, 관공서, 별정직, 통제 관리직은 부적합하다. 기술, 전무직, 교육, 서비스, 영업 등에 적합하며 의사, 약사, 언론, 작가, 조각가, 강사, 컨설팅, 요리사 등이 길하다.

(5) 인성

인성은 자신의 내면을 채우려는 가장 기본적인 욕구로서 알고 싶은 것을 배우고 익혀 자신의 두뇌 공간에 채워서 이것을 에너지로 사용하는 능력을 말한다.

1) 강(强)할 때
가. 심리특성

인성은 식상을 도식하므로 희생과 양보심이 결여되는 경우가 많다. 이기적이며 자신의 이익을 우선하고 저장 강박증이 생긴다. 생각이 많아서 이해득실을 따지는 경향이 있다. 서비스는 말뿐이며 본심은 목적을 위한 수단이다. 이기적이고 양보심이 부족하여 스스로 피해의식을 갖는다. 고지식하고 고집이 세고 게으르고 자기 위주로 생각한다. 자기중심적이며 비양보, 비타협으로 이기주의 성향이 있다. 과도한 신중성으로 방어형이며 공연히 피해의식을 갖는다. 주관적 관점의 성향과 사고의 경직성으로 갈등과 정신적 권태에 빠진다.

나. 행동방법

남에게 의지하지 말고 스스로 해결하는 습관을 갖는다. 양보심과 희생 봉사 정신을 몸소 행동으로 보여 준다. 공동생활에 참여하여 공동의식과 협동심을 갖는다. 이론적 처세보다 현실적이고 구체적인 행동을 하도록 하라. 효율적인 행동방법을 터득하도록 한다. 충분한 휴식과 적당한 오락, 유흥을 갖도록 하라. 너무 생각에 빠지거나 미래에 다가올 고민을 미리 하지 않는다. 자신의 할 일을 부모나 타인에게 미루지 않는다.

다. 직업적성

서비스 계통이나 장사, 사업가로서는 부적합하다. 직업과 취미 생활을 별도로 하여 정신을 맑게 한다. 계획하고 통제하거나 종교, 역사, 독서 등 관리하는 직업이 길하며 방대한 프로그램에 의한 기획 업무에 적합하다. 수직 및 수평구조의 사회에서 모든 지식 활용의 기회를 부여하여 인식 능력의 재생산을 최대한 이룰 수 있도록 한다.

2) 약(弱)할 때
가. 심리특성
기억력이 약하여 과거의 약속을 쉽게 잊어버린다. 공부를 해도 사회 생활에 응용하지 못하는 경우가 많다. 위계질서를 따르지 않고 옛것에 대한 불신이 많다. 기획력이 부족하며 스스로에 대한 불신과 불안감을 갖는다. 인내심이 부족하고 소극적이며 통찰력이 부족하다. 기억력의 둔화로 자신감이 결여되고 정서해리현상으로 집중력이 저하된다. 사고력의 결여와 수용력의 함몰로 인화력이 결여되고 그로 인해 생산성이 결핍된다.

나. 행동방법
지식에 대한 관심과 노력으로 생리적 욕구를 충족시키도록 하라. 의무감과 책임감을 배양하고 끈기와 인내심을 길러 준다. 암기하는 습관과 기록하는 습관이 필요하다. 시작한 일을 끝까지 마무리하는 습관을 갖도록 하라. 계획성을 가지고 사전 준비하는 습관이 필요하다. 최대한 상대방의 말을 귀담아 듣는 습관을 키워라. 말과 행동으로 옮기기 전에 한 번 더 생각하도록 하라. 항상 받아들이는 자세와 사색, 분석하는 습관이 좋다.

다. 직업적성
기획, 마케팅, 머리를 많이 쓰는 직업은 부적합하다. 단순한 업무, 서비스, 소개업, 마케팅, 홍보, 영업, 기능사 등이 좋다. 수직구조에서는 조직력, 기획력, 마케팅 등의 창의성이 요구되므로 수평구조에서 소속감을 가지고 단순 에너지를 활용하도록 한다.

✦ 11. 합의 작용과 변화 현상

(1) 천간합의 속성[4]

합하여 새로운 오행이 탄생된다. 합하여 오행의 힘이 강해진다. 합하여 오행의 작용력이 묶여 억제된다. 합하여 오행의 힘이 약하거나 제거된다. 합은 오행의 기를 변화하거나 전환시키는 것으로 사주 일간의 마음을 동하게 하며 행동으로 실천하게 하는 원인이 된다. 이에 따라 일간의 생각과 행동, 운명의 방향이 변동된다.

1) 갑기합화토 - 작용정지 - 甲목의 작용력이 중앙에 정지된다.

2) 을경합화금 - 세력강화 - 乙목이 金의 방향으로 세력을 강화한다.

3) 병신합화수 - 신규창출 - 水의 방향으로 새로운 창조와 변화를 한다.

4) 정임합화목 - 방향전환 - 木의 방향으로 행로를 전환한다.

5) 무계합화화 - 이동변동 - 火의 방향으로 이동변동을 한다.

(2) 천간습의 작용

일간을 중심으로 사주의 천간들과 대세운의 천간들이 만나 합할 때 아래와 같은 작용들이 나타난다.

1) 甲己습土
가. 사주에 있는 甲木이 대세운의 己土와 합할 때
* 갑목 일간이 기토를 운에서 만날 때 용신 희신이면 결혼, 재물, 승진, 취직, 부동산, 사업 등에 대한 성사가 되고 자신의 작용이 강화되어 영역을 확보한다.

---

4) 김배성, 『사주심리치료학』, p. 150.

* 흉신 또는 기신이면 만용, 물욕, 구속, 과욕, 부정, 투기, 위조, 여자관계 등에 빠져 본연의 임무를 망각한다. 결국 자신의 욕망과 이기심으로 주어진 위치의 작용이 정지되고 망신과 후회를 낳게 된다.

* 갑목이 비겁일 때 - 형제, 친구, 동창생, 선후배, 협력자, 동업자, 경쟁자 등의 작용정지로 인한 길흉사가 발생한다.

* 갑목이 식상일 때 - 자녀, 후배, 경영, 연구, 생산, 마케팅, 발명, 통신, 유통, 수출, 창의력 등의 작용정지로 길흉이 발생한다.

* 갑목이 재성일 때 - 처, 시모, 부친, 이성, 투자, 사업, 적금, 업무, 금융, 부동산 등의 작용정지로 길흉이 발생한다.

* 갑목이 관성일 때 - 남편, 자녀, 이성, 직책, 직장, 직위, 업무, 결단성, 명예, 승진 등의 작용정지로 인한 길흉이 발생한다.

* 갑목이 인성일 때 - 모친, 명예, 학업, 시험, 연구, 문서, 여행, 발명, 기획, 매매, 순발력, 기억 등의 작용정지로 길흉이 발생한다.

나. 사주에 있는 己土가 대세운의 甲木과 합할 때

* 기토가 사주에 있고 대세운에서 갑목을 만날 때 그 육신의 작용이 정지되는 것이 아니라 반대로 밖의 작용력을 확보하게 된다. 즉 강한 기신의 기토가 사주에 있다면 운에서 오는 갑목에 의해 약화되므로 사주 당사자는 오히려 더 편하게 된다. 己土가 희용신이라면 그 오행의 힘을 강탈당하므로 흉함이 나타난다.

* 기토 일간이 운에서 갑목을 만날 때 - 희신 용신이면 승진, 영전, 취직, 결혼 등 신분 상승

* 기토 일간이 운에서 갑목을 만났는데 기신 흉신이면 직강, 구속, 건강, 삼각관계, 모사, 사기, 유혹, 채무관계 등의 흉사가 발생하거나 자신이 이와 같은 일을 저질러 자신은 물론이며 상대에게도 본분을 잃게 한다.

2) 乙庚合金
가. 사주의 庚金이 대세운의 乙木과 합할 때

* 경금 일간이 을목을 운에서 만날 때 용신 희신이면 결혼, 재물, 승진, 취직, 부동산, 사업 등에 대한 성사가 되고 자신의 세력강화로 영역을 확보한다.

* 경금 일간이 을목을 만났는데 흉신 기신이면 만용, 강탈, 구속, 폭행, 강간, 투기, 망신, 사업 실패, 도박 등을 하지만 뜻대로 안 된다. 결국 자신의 무모한 세력을 사용하게 되어 억지 무리수를 자행하므로 흉한 꼴을 당하게 된다.

* 사주 내의 경금이 비겁일 때-형제, 친구, 동창, 동업자, 경쟁자, 협력자, 선후배 등이 세력강화되어 길흉으로 작용한다.

* 식상일 경우-후배, 경영, 생산, 연구, 마케팅, 발명, 통신, 유통, 수출 등이 세력강화되어 길흉으로 작용한다.

* 관성일 경우-남편, 이성, 자녀, 직장, 직위, 업무, 이동, 취직, 승진 등이 세력강화되어 길흉으로 작용한다.

* 인성일 경우-모친, 명예, 학업, 시험, 연구, 종교, 문서, 발명, 기획, 순발력, 아이디어 등이 세력강화되어 작용한다.

나. 사주의 乙木이 대세운의 庚金과 합할 때

* 을목 일간이 경금을 운에서 만날 때 용신 희신이면 승진, 영전, 취직, 결혼 등 자신의 신분 상승이 도모된다.

* 흉신 또는 기신이면 구속, 건강악화, 약탈, 분실, 납치, 폭행 등과 같은 흉사가 발생하고 자신의 본분을 잃는다.

3) 丙申合水
가. 사주 내의 丙火가 대세운의 辛金과 합할 때

* 병화 일간이 신금을 운에서 만날 때 용신 희신이면 결혼, 재물, 승진, 취직, 부동산, 사업 등에 대한 성사, 자신의 직업과 경제성에 대한 새로운 창출을 해 낸다. 흉신 또는 기신이면 과욕, 부정, 속박, 이혼, 분쟁, 투기, 사치, 유혹, 부도, 술수 등으로 망신이 따르게 된다. 결국 자신의 무모한 변화를 추구하다 예의를 못 지키고 인색하고 추한 모습이 된다.

* 사주에서 병화가 비겁일 경우 형제, 친구, 동창, 동업자, 경쟁자, 협력자, 선후배 등이 새로운 변화로 인하여 길흉이 발생한다.

* 사주에서 병화가 식상일 때는 후배나 경영, 연구, 생산, 마케팅, 발명, 통신, 유통, 수출 등이 새로운 변화로 인하여 길흉으로 작용한다.

* 병화가 재성일 경우는 처, 시모, 부친, 이성, 사업, 투자, 적금, 금융 등이 새로운 변화로 인하여 길흉으로 작용한다.

* 관성일 경우는 남편, 이성, 자녀, 직장, 직위, 업무, 이동, 취직, 승진 등이 새로운 변화로 인하여 길흉으로 작용한다.

* 인성일 경우는 모친, 명예, 학업, 시험, 연구, 종교, 문서, 발명, 기획, 순발력, 아이디어 등이 새로운 변화로 인하여 길흉으로 작용한다.

나. 사주 내의 辛金이 대세운의 丙火와 합할 때

* 신금은 운에서 오는 병화에 의해 피동적으로 움직이는 성향이 된다. 즉 강한 신금에게 병화가 합을 하여 사랑을 한다면 당연히 새로운 창출로의 기대와 관으로서의 명예 직책을 부여받게 된다. 반대로 신약한 신금에게 병화가 합을 하면 관재구설이 따르고 실패하며 질병 등에 시달리게 된다. 곧 자신의 실체를 잃을 수도 있다.

* 신금 일간이 병화를 운에서 만날 때 희용신이면 승진, 영전, 취직, 결혼, 새로운 경영과 명예를 얻게 된다.

* 신금 일간이 운에서 병화를 만날 때 흉신 기신이면 구속, 건강, 폭행, 납치, 망신, 사치, 유혹, 정신 이상 등의 흉사와 함께 자신의 본분을 잃게 된다.

4) 丁壬合木
가. 사주의 壬水가 대세운의 丁火와 합할 때

* 임수 일주가 정화를 운에서 만날 때 희용신이면 결혼, 재물, 취직, 승진, 부동산, 사업 등에 대한 성사가 이루어지고 인생이 새로운 곳으로 방향전환을 한다. 흉신 기신이면 만용, 욕심, 부정, 분쟁, 사기, 사치, 망신, 학업 중단, 유혹을 당하거나 자신이 그런 일을 저질러 결국 자신의 무모한 아집으로 인한 폐해가 나타난다.

* 사주 내의 임수가 비겁일 때 - 형제, 친구, 동창, 동업자, 경쟁자, 협력자, 선후배 등이 방향을 전환하여 길흉으로 작용한다.

* 사주 내의 임수가 식상일 때 - 후배, 제자, 연구, 생산, 마케팅, 발명, 통신, 유통, 수출 등이 방향을 전환하여 길흉이 발생한다.

* 재성일 때 - 처, 시모, 부친, 이성, 사업, 투자, 적금, 업무, 금융 등이 방향전환을 하여 길흉이 발생한다.

* 관성일 때 - 남편, 이성, 자녀, 직장, 직위, 업무, 이동, 취직, 승진 등이 방향전환을 하여 길흉이 발생한다.

* 인성일 때 - 어머니, 명예, 학업, 시험, 연구, 종교, 문서, 발명, 기획, 순발력, 아이디어 등이 방향전환을 하여 길흉이 발생한다.

나. 사주의 丁火가 대세운의 壬水와 합할 때

* 정화는 운에서 오는 임수에 의해 피동적으로 움직인다. 즉 강한 정화에게 임수가 합을 하여 길하다면 새로운 방향의 진출로 승진의 기대와 관성으로서 명예와 직책이 부여된다. 반대로 신약한 정화에게 임수가 합을 하여 새로운 방향으로 추락시키면 파산, 퇴직 등 일신이 힘들고 질병에 시달리게 된다.

* 정화 일간이 임수를 만날 때 희용신이면 승진, 영전, 취직, 결혼 등 자신의 신분 상승을 도모한다.

* 임수가 기신 흉신이면 구속, 건강, 약탈, 분실, 납치, 모사, 유혹, 폭행 등과 같은 흉사가 발생하거나 자신이 이와 같은 일을 저질러 본분을 잃는다.

5) 戊癸合火
가. 사주의 戊土가 대세운의 癸水와 합할 때

* 무토 일간이 계수를 운에서 만날 때 희용신이면 결혼, 승진, 취직, 시험, 변동, 부동산, 사업 계약 등의 성사, 이동과 변동으로 새로운 전기를 맞게 된다. 흉신 기신이면 과욕, 부정, 강탈, 이혼, 분쟁, 투기, 관재, 이성, 부도, 도박 등의 변화로 고통과 망신, 무모한 변동의 추진으로 추한 모습으로 전락한다.

* 사주 내 무토가 비겁일 때 - 형제, 친구, 동업자, 동창, 경쟁자, 협력자, 선후배 등이 새로운 변화로 길흉이 작용한다.

* 식상일 경우 - 후배, 경영, 연구, 생산, 마케팅, 발명, 통신, 유통, 수출 등에 새로운 변화로 길흉이 발생한다.

* 재성일 경우 - 처, 시모, 부친, 이성, 사업, 투자, 적금, 업무, 금융 등에 이동, 변동이 발생하여 길흉이 작용한다.

* 관성일 경우 - 남편, 이성, 자녀, 직장, 직위, 업무 등에 이동과 변동이 발생하고 취직, 승진 등에 새로운 변화로 인해 길흉이 발생한다.

* 인성일 경우-모친, 명예, 학업, 시험, 연구, 종교, 문서, 발명, 기획, 순발력, 아이디어 등이 새로이 변화하여 길흉으로 작용한다.

나. 사주의 癸水가 운에서 오는 戊土와 합할 때

* 계수 일간이 운에서 오는 무토와 만날 때 희용신이면 승진, 취직, 영전, 결혼 등 새로운 곳으로 진입하는 과정의 이동과 변동을 하게 되어 기쁨이 따른다.
* 흉신 기신이면 억압, 관재, 상해, 구속, 망신, 파직, 질병, 스트레스, 정신 질환 등과 같은 어려움과 고통을 당하거나 자신이 이런 일을 저지르게 된다.

(3) 地支의 合化

지지의 합은 음과 양의 만남이며 오행과 오행 간의 결속이고 또 계절과 방향이 모이며 같은 기가 모임을 의미한다. 化는 그렇게 모이고 합해서 새롭게 오행이 탄생됨을 의미한다. 합해서 변화할 수도 있고 化를 일부만 하는 경우도 있고 합의 뜻만 있지 化를 못하는 경우도 있다.

1) 六合

가. 子丑合土-水旺節의 계절과 방위성이 강하여 토로 化하기는 어렵다. 다만 그들에 해당되는 육친 간은 유정하다. 사주의 위치별로 시간과 공간의 통변을 할 수 있다. 적과의 동침.(토극수)

나. 寅亥合木-木을 생하는 水와의 합으로 수생목으로 상생관계의 합이므로 최강의 결속을 나타낸다. 우호적이고 서로의 희생을 감수해 줄 수 있는 결합이다. 그러나 지장간 안에서의 丙壬沖으로 선합후파가 됨도 보아야 한다.

다. 卯戌合火-나무가 가을을 만나면 단풍이 드는 격. 목과 토의 극합으로 불협화음의 합이다. 합으로 火氣가 강화되지는 않는다. 火의 기운과 친화를 원하는 심정으로 주변 상황이 불리해지면 언제든지 돌아서 배신, 공격할 수 있는 합이다.

라. 辰酉合金 - 토생금의 상생관계로 유정하다. 합과 생을 동시에 할 수 있으므로 유연하고 부드럽지만 강력한 금의 기운을 발휘한다.

마. 巳申合水 - 사화는 금의 장생지이나 가을과 여름의 합으로 마지못한 합이다. 火와 金이 적대시하는 관습을 깨고 합을 통하여 새로운 이상향을 구축한다. 주변 상황에 따라 유동적이며 대립관계가 될 수 있다. 先合後刑이 된다.

바. 午未合火 - 오행의 변화는 없다. 화생토로 자연히 흐르는 상호관계의 합으로 새로운 오행이 탄생되지 않는 더운 계절의 공생관계이다. 그러나 조열함으로 겉과 속이 다른 상황이 잘 연출된다.

2) 三合

강한 사상성과 사회성의 연대로 주식회사와 같은 합이다. 사계절의 生, 旺, 墓地가 만나 회국을 이루는 합으로 局을 이루고 용신이면 성공을 하는 데 커다란 도움이 된다. 국을 이루고 기신이면 반대의 현상이 나타난다. 일간에게 삼합이 관이 되면 관국, 식상이면 식상국, 재성이면 재국, 인성이면 인수국으로 직업과 적성도 이들의 局을 따라 선택되는 경우가 많다. 삼합은 새로운 사상과 기운을 만들며 강력한 사회성을 준다.

3) 方合

가족, 혈족 간의 동맹관계와 같으며 동창동문의 의미이며 春, 夏, 秋, 冬의 계절끼리 모인 것이다. 방향의 결속력으로 대운이나 세운에서 사주의 원국과 방합을 이룰 때 출장, 이사, 전출, 이민, 유학, 이동, 변동을 많이 하게 된다. 방합을 이룸은 정확한 방향이 제시되는 것이며 사주 일간이 이를 수용할 수 있다면 실행에 옮기게 된다.

✦ 12. 충의 작용과 변화 현상

(1) 천간의 충

양이 양을 극하고 음이 음을 극하는 것으로 음양이 배합을 못 이룰 때에 沖이 된다. 음양이 배합을 이룰 때는 습이 된다.

1) 甲庚, 乙辛, 丙壬, 丁癸는 沖이 된다.(동과 서, 남과 북의 충)

2) 丙庚, 丁辛은 헨은 되지만 沖은 안 된다.

3) 戊己는 중앙에 위치하므로 헨은 되지만 沖은 안 된다.

충은 서로 충돌하는 것으로 양측 모두가 피해를 입는다. 극은 한쪽이 다른 한쪽에게 피해를 입히는 것이나 오행의 세력 차이에 따라 극하는 쪽이 反傷되기도 한다. 충은 파괴도 하지만 강한 세력을 유연하게도 한다. 그렇기 때문에 단순히 충 하나만으로 흉하다고 속단할 수는 없다. 사주의 구조적 상황에 따라 충의 길흉이 다르게 나타난다.

(2) 지지의 충

상충과 상극은 합과는 반대로 서로 충돌, 파괴, 분리 등 근본적으로 뿌리를 흔들어 놓는 작용을 한다. 한편으로는 뭉친 것을 분산시키고 정체된 기를 유통시키며 새로운 발동의 동기부여를 주기도 한다. 육충의 조건은

1) 음은 음, 양은 양으로 상대될 때
2) 오행상 상극 조건이 될 때
3) 방위상으로 정반대로 이루어졌을 때이다.
  * 천간은 줄기나 가지의 충으로 운 좋게 다시 살아날 수도 있으나 지지의 충은 뿌리를 상하게 하므로 작용이 강하고 흉이 중복되면 회복되기 어려운 상황이 발생한다.

(3) 궁의 위치에 따른 충

1) 년지의 충(년지=무의식=먼 과거)

자아의식, 도덕의식, 균형 감각의 변화, 의식의 변화, 국가관의 변화, 선대 및 산소 등의 문제 발생, 사회적 변화, 직장, 직위, 윗사람, 과거지사 등의 문제가 발생한다.

년지는 경험과 과거를 말하는데 십성으로는 관성의 의미이고 과거의 숨기고 싶은 추억을 말한다.

2) 월지의 충(월지=잠재의식=가까운 과거)

사회 적응력과 참여성의 변화, 대외적 관계와 직업의 변화, 부모 형제 문제의 발생, 급작스러운 거주지 이동, 직위, 직책의 변화가 온다.

월지는 잠재의식이고 늘 마음먹고 있는 것으로 필요에 따라서 의식으로 표출된다. 십성으로는 인성의 의미이며 하고자 하는 일을 이루거나 실행할 수 있는 곳이다.

3) 일지의 충(일지=의식=현재)

목표와 가치관의 변화, 배우자 문제, 건강 문제, 현실적인 문제, 자신의 심리 변화나 상대방의 심리 변화 등이 발생한다.

일지는 현재 나에게 가장 소중한 것이다. 십성으로는 비겁의 의미이며 현재 깨어 있고 느끼는 것으로 의식 상태를 말한다.

4) 시지의 충(시지=의식이 표면화된 현상계=미래)

자녀 문제, 아랫사람 문제, 미래의 계획, 희망 사항, 비밀 사항, 장래 문제 등이 발생하고 여행 심리가 발동한다.

시지는 십성으로는 식상과 재성의 의미로서 표면화된 상태이며 현상계이다. 현재 존재하는 모든 것이며 미래지향적인 문제이다.

(4) 기의 분류에 따른 충

1) 生地의 沖

진행 상황의 시간적 문제로서 결과는 실제 상황의 피해로 나타난다.

가. 寅申沖

관재, 형액, 교통사고, 시비, 이별 등이 발생하고 간장, 담, 폐, 대장, 골절, 수족 이상 등의 발병을 한다.

나. 巳亥沖

근심, 걱정, 배신, 지체, 화재, 낙상 등 정신적 육체적 고통이 발생하고 심장, 혈압, 소장, 비뇨기, 방광, 신장 등의 발병을 한다.

2) 旺地의 충

장소 환경의 문제로 공간 이동, 즉 직위나 자리 변동은 있으나 직업 직종은 안 변한다.

가. 卯酉沖

인간배신, 변동, 골절 사고, 친인척 부부간 불화가 발생하고 간장, 담, 폐, 대장, 수족 이상 등이 발병한다. 변화, 변동의 폭이 크다.

나. 子午沖

계약 파기, 문서 사고, 가출, 수재 사고, 일신의 불안정 등이 발생하고 신장, 방광, 생식기, 심장, 소장, 혈압 등의 발병을 한다. 水火의 충으로 공간의 다툼이 발생하니 환경이나 공간에 대한 이동, 변동이 발생한다.

3) 墓地의 충

방위의 충으로 土의 본질이 상하지는 않는다. 土沖은 겉모습보다 내부에서 지장간의 충이 발생한다. 지장간에 뿌리를 두고 투간한 것이 있으면 섬세히 관찰해야 한다. 庫藏地는 창고의 의미이므로 지나간 과거사의 문제가 발생한다.

가. 辰戌沖

이성 문제, 토지 문제, 구설, 송사 등의 시비가 발생한다. 비장, 위장, 신장, 피부, 생식기 등의 발병을 하고 각종 암이 발병한다. 乙辛沖, 丁癸沖이 내부에서 발생한다.

나. 丑未沖

형제간 불화, 사업 실패, 음독, 배신 등의 구설과 시비가 발생한다. 비장, 위장, 맹장, 췌장, 피부 질환 등이 발병한다. 乙辛沖, 丁癸沖이 내부에서 발생한다.

(5) 五行에 따른 충극의 작용

1) 木이 충극을 받을 때 - 金剋木 구조

어질지 못하고 불만이 많고 비판적이며 불안하다. 간염, 안과 질환, 신경 계통, 체모, 손, 발가락의 상처 등이 발생.

2) 火가 충극을 받을 때 - 水剋火 구조

예의 없고 화를 잘 낸다. 짜증과 변덕이 심하다. 혈압, 정신혼동, 기억력 감퇴, 우울증과 소화불량, 정신분열, 내분비 기능 이상, 위산, 생리 현상 불순, 심장병, 시력 이상 등 발생.

3) 土가 충극을 받을 때 - 木剋土 구조

약속과 신용을 잘 못 지킨다. 군소리와 불평이 많고 불안, 초조 증세를 보인다. 위염, 식도염, 위산과다, 위궤양, 혈압, 피부, 입병, 타박상 등이 발생.

4) 金이 충극을 받을 때 - 火剋金 구조

의리가 없고 돌변한다. 조급하며 생각 없이 과격한 행동을 한다. 폐렴, 대장암, 식중독, 척추, 뼈 이상, 치아, 코뼈, 골절상 등 발생.

5) 水가 충극을 받을 때 - 土剋水 구조

지혜를 잃고 무모한 행동을 한다. 비관적이며 이동이 많다. 신장, 방광, 생식기 질병, 중이염, 전염병, 근육통 등이 발생.

(6) 육신에 따른 충의 작용

1) 비겁의 충(본능계 영역 – 육체적, 본능적, 원초적 자아)
가. 원국의 충
자아실현 욕구의 손상과 미래의 불확실성으로 자기 손괴감에 시달리고 자기 방어 기제가 심하게 나타난다. 형제간 우애가 없고 자존심과 주관이 약하고 인내력이 약하다. 자신감이 결여되고 경쟁력이 약하다. 페어 플레이 정신이 약하다.

나. 운에서 충될 때(자아에 변화가 온다.)
형제와 불목한다. 해외, 군대 등으로 떠나는 일이 생긴다. 친구, 동창, 친목회, 회사, 단체 등에서 곤경에 처하거나 믿었던 사람에게 배신을 당한다. 여명에는 이성 문제로 망신수가 발생한다. 신강한 경우에는 경쟁자가 떨어져 나가 문제가 해결될 수도 있다.

2) 식상의 충(감성계 영역 – 노하우, 기술, 전문성)
가. 원국의 충
상상과 의사의 표현 구조인 감정 체계의 분열이 나타난다. 서비스 정신이 없고 이기적이고 조급하고 짜증을 낸다. 입맛이 둔하고 재능을 못 살리고 실언과 실수, 불평불만을 한다.

나. 운에서 충될 때(언행에 변화가 온다.)
표현력, 생산력, 창의성이 외부 변화로 인해 부진과 하락에 빠진다. 배달 사고, 생산중단, 매출 중단, 불량품 생산이 발생하고 학생은 공부를 안하고 연구가 안 되고 낙태나 유산이 발생한다. 자손에 사고와 질병이 생기고 생식기 수술 등이 발생한다.

3) 재성의 충(욕망계 영역 – 소유욕, 목표의식, 가치평가)
가. 원국의 충
실현의 의지와 사회성의 결함이 나타나고 목표의식의 붕괴와 실조가 나타난다. 수리 능력이 부족하고 결과 도출력이 미진하다.

나. 운에서 충될 때(목표의식에 변화가 온다.)

재물 손실, 현금 손실, 부동산 매매, 사기, 식중독, 부친 우환, 처에게 사고 및 수술, 이혼 등이 발생하고 학생은 가출하거나 부친에 불효한다.(재성의 충이란 소위 내 음식이 상하거나 쏟아진 꼴이다.)

4) 관성의 충(통제계 영역 - 깨우침과 분별심, 결단성)
가. 원국의 충

통제와 절제 그리고 성찰과 함양, 자기 계발 의지 등의 손상과 괴리현상의 징후가 나타나고 관리와 통제력의 손괴로 자만심이 강하고 불손하며 예의가 없다. 그 결과 직위, 직책을 맡을 수 없고 공직이나 직장 생활이 불가능하며 결단성과 참을성 부족으로 인품이 저하된다.

나. 운에서 충될 때(사회성에 변화가 온다.)

판단력, 분별력 실종, 도덕적 해이, 직장 퇴직, 좌천, 권고사직, 실직, 시험 낙방, 명예훼손 발생, 자녀문제 근심, 부부 이별, 남편의 사고나 장거리 출장 등으로 별거와 이별 등이 발생한다.

5) 인성의 충(사고계 영역 - 생각과 아이디어, 지식의 수용력, 역사와 전통, 교훈)
가. 원국의 충

사고체계의 구성인 정신력, 사고력, 기억력, 이성적 판단의 혼란에 빠지는 징후가 나타나고 기억력이 나쁘며 예절을 모르고 주위산만하며 공손하지 못하다. 인내심이 없고 투쟁심과 오기가 있고 변덕이 심하다.

나. 운에서 충될 때(생각에 변화가 온다.)

기존의 심리와 정서, 가치 지향성 등의 변환을 초래하고 시험 낙방, 계약 파기, 부도, 허위 문서, 명예훼손, 경고장 등의 흉사와 사건이 발생한다. 모친 낙상과 발병, 사망이 발생한다. 학생은 공부에 관심이 없고 학업을 포기하고 공상이 많다.

12장. 사주와 적성론

✦ 1. 직업적성 분석 방법

　명리학은 과거로부터 오랜 세월 동안 직업 상담을 해 온 학문이다. 과거에는 사회가 양반과 천민이라는 二分法的이며 從的인 사회 구조를 이루고 있었고 직업 체계가 士農工商이라는 지극히 단순한 구조를 이루고 있었기에 명리학을 이용하여 직업 상담을 하기가 아주 쉽고 간단하였다. 그러나 지금은 세상이 평등해졌고 橫的구조의 다양성의 사회가 되었으며 그에 따라 전공과 직업이 무수히 많아졌다. 대학에는 전공 학과가 300여 개가 넘으며 노동부에서 분류해 놓은 우리나라 직업의 종류만 약 2만 4천여 가지가 넘는다고 한다.

　그러기에 이제는 명리학을 이용하여 효과적인 직업 상담을 하기 위해서는 체계적이며 전문적인 직업에 대한 지식이 있어야 하겠으며, 사주를 이용하여 직업에 대한 적성을 분류하는 방법이 좀 더 세밀하고 과학적이며 합리적이라야만 하게 되었다. 작금 명리학계에는 학과와 직업에 대한 적성 검사의 방법들이 다양한 모델로 연구, 제시되어지고 있는데 딱히 무엇이 옳고 그르다 할 수는 없으며 나름의 방법마다 장단점이 있다 하겠다.

　여기에 사주 선천 적성에 따른 직업적성 분류 방법의 대강을 소개하니 잘 익혀서 실전에 유용하게 활용하기를 바란다.

(1) 전체 사주의 구조를 보라.

1) 수직형 – 공직 종사형, 직장 생활형, 계급 사회형, 상하종적 구조의 직업 유형

官星 – 印星 – 比劫으로 된 구조의 사주는 수직형(in‑course)으로 일차적으로 사회성, 구조성, 수행성, 책임성에 따른 직장 생활형이다.

① 官을 기준으로 官이 合去, 沖去 및 기반(羈絆)되지 않고 유기상생(財生官, 官印相生)하는 구조.

② 官 – 印 – 比 구조의 사주.

③ 官의 지배가 확실한 구조(財生官, 官殺格, 從官格 등).

이러한 사주들은 종적 구조의 직업에 잘 적응하고, 만약 직장 생활이 아닌 자유 직업을 선택할 경우 원칙과 규정을 고수하므로 신용과 안정은 있을지라도 커다란 이익을 창출하는 데는 비능률적이다.

2) 수평형 – 제조, 생산, 판매, 유통 등 독자적인 사업, 좌우 횡적구조의 자영업 유형, 사업형

比劫 – 食傷 – 財星으로 된 구조의 사주는 수평형(out‑course)으로 일차적으로 경쟁성, 자율성, 활용성, 활동성, 실현성에 따른 사업가 유형이다.

① 比 – 食 – 財 구조의 사주.

② 官이 合去, 沖去되거나 기반(羈絆)되어 무력하여 일간에게 영향을 끼치지 못할 때.

③ 官이 무정할 때.

이러한 사주들은 횡적구조의 직업에 잘 적응하고 창조적이며 자유로운 일에 능동적이다. 반대로 수직구조의 직업에는 부적응성을 나타낸다.

3) 프리랜서형 – 자유직, 전문직, 프리랜서 강사, 중개인, 예체능계 등 개인 전문성을 활용하는 자유 직업 유형, 전문가형

印星 – 比劫 – 食傷으로 이루어진 구조는 직장 생활도 아니고 자영업도 아닌 중간형인 프리랜서형으로 수용성, 자기 중심 전문성, 활용성에 따른 자유업 유형이다.

① 사주에 관성이 없거나 합화 및 기반되어 쓸모가 없어진 경우.

② 인 – 비 – 식 구조의 사주(無官星 無財星) – 이러한 사주들은 창조적이며 자유로운 일

에 능동적이다.

4) 財星-官星-比劫의 사주 구조

이 유형의 사주는 인성과 식상이 없어 재성과 관성만을 활용하여 사회성, 자기 주체성, 활동성, 권력성을 가지고 격과 운에 따라 직업 구조가 변한다.

5) 혼합형-직장 생활, 자영업, 프리랜서, 체제 구조형의 다양한 직업, 선택적 직업형(대운에 영향 받음)

관인상생(in-course)과 식상생재(out-course)가 복합된 사주는 혼합형(full-course)으로 수직형과 수평형의 두 가지 직업 유형을 모두 소화할 수 있으나 우선적으로 지지보다 천간에서 이루어진 구조를 따르며 아니면 일시보다는 년월에서 이루어진 구조를 일차적으로 따른다. 여기에 구조가 불확실한 사주는 대운에서 이루어지는 구조에 따라 커다란 직업의 패턴을 따르게 된다.

① 사주에 관이 있으나 뿌리가 약하고 일간에게 영향력이 약할 때.

② 관성이 비록 뚜렷해도 상생구조가 안 되거나 印星, 比劫, 食傷, 財星이 더 강할 때.

③ 官-印-比-食-財가 모두 이루어진 구조.

천간과 지지, 년월주와 일시지의 구조 상태에 따라 선용하며 대운에 따라 직업 유형을 선택적으로 바꾸어 쓴다. 이러한 경우에는 대운에 따라 자신의 흥미나 관점이 바뀌고 주변의 환경적 영향에 따라 직업을 선택한다.

(2) 사주의 격국(스타일)을 보라.

격은 그 사람의 근본적 스타일을 말하고 사회성을 말하며 사회적 등급과 부귀빈천의 심도를 나타낸다. 격은 그 사람의 사회적 능력과 목표이고 활동 공간과 일터이며 대외적 기질을 나타내고 사회 생활의 도구와 수단이 된다. 격국은 출생과 동시에 의무적으로 부여받는 직업적성이며 목표 지향성이다. 격은 한 사람이 살아가는 인생의 근본이 되며 사회성이요, 선대의 가업이고 사회적 등급이며 부귀빈천을 나타내는 지표로서 자기가 근본적으로 타고난 어떤 무엇인가를 바라는 선천적인 능력이 된다.

격은 사회적인 목표를 말한다.

격은 사회 활동의 도구가 되고 수단이 된다.

격은 활동 공간이나 일터이고 직장과 사업장이 될 수 있다.

격은 대외적인 기질이며 자기 자신만이 안다.

격은 개인적으로만 쓰는 것이 아니라, 사회 구성원으로써의 대의적인 기질을 표방한다. 그러므로 격에 따라 크게 열 가지의 직업적성을 나타낸다.

1) **비견** - 프리랜서, 의사, 변호사, 언론사, 기자, 대리점, 조경, 스포츠, 물류 유통, 지회, 지부, 출장소, 건축, 납품, 사금융업 등(체질과 체력의 활용)

2) **겁재** - 전문 기술, 스포츠, 경호, 경비, 기자, 투기업, 구매, 고리대금업, 유흥업, 요식업, 보석 세공, 요리사, 운수업, 조각가 등(체질과 체력의 활용)

3) **식신** - 교사, 의사, 연구원, 생산, 예능, 보육사, 유치원, 음식업, 제조업, 호텔, 사회복지사, 서비스, 농산업, 식료품업, 슈퍼마켓, 제조, 생산, 판매, 유통업, 농림, 수산, 축산업(기술과 창조성의 활용)

4) **상관** - 예체능계, 과학, 발명, 대변인, 연설, 강사, 디자인, 아나운서, 코디네이터, 역술, 유통업, 전문 제조업, 변호사 등(모방과 언변의 활용)

5) **정재** - 금융업, 상업, 무역, 세무사, 회계사, 생산 제조업, 부동산, 경리, 관리, 건축업, 도소매업, 학원, 신용 사업, 봉급생활자 등(성실과 노력 자본의 활용)

6) **편재** - 무역, 부동산, 금융업, 증권, 투자 사업, 전당포, 음식점 경영, 유흥업, 물류 유통업, 도소매업, 생산업, 여행사 등(요령과 융통성 자산의 활용)

7) **정관** - 학자, 행정관, 관공 계통, 사법관, 군인, 경찰, 공무원, 회사원, 비서관, 총무, 위탁 관리, 지배인 등(원칙과 사회성의 활용)

8) **편관** - 군인, 경찰, 법관, 경비원, 경호원, 교도관, 군무원, 형무관, 별정직, 정치가, 종교 지도자, 기술직 등(리더십과 조직성의 활용)

9) 인수 - 교육, 학원, 육영, 문화, 예술, 언론, 출판, 통역, 번역, 행정, 방송작가, 저술, 가사, 창작, 특허, 인증 등(지식과 자격증 활용)

10) 편인 - 여행사, 소개업, 예체능, 종교가, 디자인, 인테리어, 골동품, 수집, 오락, 역술, 부동산, 가이드, 출판업, 언론, 인쇄업, 요리업, 여관, 이·미용, 부동산 등(지식과 자격증, 아이디어 활용)

※ 십성의 격에 따른 활용성
① 비견격 - 자존지능, 지구력, 체질, 체력, 협동심, 수행력, 추진력, 자기 주도성, 자기책임감

② 겁재격 - 경쟁지능, 신체지능, 대인지능, 체질, 체력, 경쟁심, 도전성, 자신감, 추진력, 독자성

③ 식신격 - 연구지능, 발표력, 연구심, 성실성, 창의성, 기술력, 생산력, 친화력, 봉사 정신, 친절성

④ 상관격 - 표현지능, 언변, 예리함, 전문성, 미적 감각, 모방과 창조성, 희생심, 서비스 마인드

⑤ 편재격 - 평가지능, 수리지능, 공간지능, 구성력, 목표성, 추구성, 감(통박), 의욕과 욕망, 유용성

⑥ 정재격 - 설계지능, 수학지능, 공간지능, 치밀함, 정밀성, 구조력, 목적성, 소유심리, 결과 도출력

⑦ 편관격 - 행동지능, 규율성, 조직성, 순간 암기력, 판단력, 리더십, 강압성, 도전정신, 결단력, 행동성

⑧ 정관격-도덕지능, 규칙성, 준법성, 도덕정신, 분별력, 지도력, 관리력, 책임감, 안정성, 절제력

⑨ 편인격-인식지능, 상상력, 기획력, 변화적 사고, 사고의 확장성, 문학성, 예술성, 외국어, 특이 자격증

⑩ 정인격-사고지능, 이해력, 통찰력, 논리력, 정리성, 학습 능력, 기억력, 정규 자격증, 학위, 학문성

※ 육신의 사회 생활의 도구와 수단
① 비겁-수행성, 자기 주도성, 자율성, 경쟁성

② 식상-활용성, 기술성

③ 재성-활동성, 실현성

④ 관성-사회성, 구조성, 권력성

⑤ 인성-수용성, 사고성, 지식과 학문

(3) 체질적이며 천성적인 요소를 보라.

사주에서 가장 강력하거나 일간과 첩신하여 있는 오행과 십신은 그 사람이 체질적으로 가장 잘할 수 있는 것이다. 어떠한 분야의 달인이 될 요소로서 사주의 격국이 확실하지 못한 경우 직업에 더욱 영향을 끼친다. 해당 오행과 십성에 따라서 직업적 주특기와 취급 종목으로 발현된다. 가장 강력한 성분, 가장 잘할 수 있는 것, 가장 잘 발달된 지능(생활의 달인)으로 동종요법에 따라 비록 사주에서 흉성이더라도 직업적성면으로는 유효하게 활용된다. 서양의 다중지능 이론에 의하면 가장 발달된 지능을 이용하면 가장 높은 성과를 낸다는 것과 같이 격국이 가장 하고 싶은 것에 해당된다면 천성은 가장 잘할 수 있는 것에 해당한다. 사람이 하고 싶은 일을 잘할 수 있다면 가

장 바람직한 직업적성이 되겠지만 그렇지를 못하고 둘 중에서 선택을 하여야 한다면 잘할 수 있는 일을 해야 사회적으로 인정을 받게 되고 남보다 한발이라도 앞서게 된다. 그럴 때 그 사람이 그 분야의 전문가로서 대접을 받게 되고 소위 생활의 달인이 될 수 있는 것이다. 이 천성에 해당하는 부분은 한 사람의 사주의 격국이 확실하고 建旺하게 서 있지 못할 경우 격국에 앞서 직업의 선택 유형에도 영향을 끼치나 그보다는 해당하는 오행과 십성에 따라 취급하는 품목과 종목으로 더 많이 발현되어 나타난다.

1) 木 오행

* 직업 – 사무직, 법, 행정, 교육, 의약, 출판, 방송, 작가, 기자, 승려, 음악, 통신, 인테리어, 디자인, 섬유, 가구, 의류, 문구, 조경, 원예, 약초, 지물, 청과, 산림, 농장, 임업 등

* 전공 – 인문계, 교육계, 언론정보학과, 의약계, 인문사회계열, 신경과, 농학, 바이오생명공학, 한의학, 미술학과, 의상학과, 섬유학, 육군

2) 火 오행

* 직업 – 기자, 방송, 정치, 언론, 교육, 예술, 예능, 의사, 약사, 디자인, 발명, 화장품, 예식장, 사진관, 조명, 극장, 안경, 천문기상, 이·미용, 항공, 운수업, 설계, 전기, 전자, 통신, 정보처리, 화공, 화학, 섬유, 약품 등

* 전공 – 언론학, 인문학, 의학, 약학, 법학, 이공계, 정신과, 방사선과, 안과, 섬유학과, 의상학과, 전기과, 전자과, 방송통신학과, 정보처리학과, 화학공학과, 화학과, 섬유학, 공군 등

3) 土 오행

* 직업 – 군인, 교도관, 부동산, 소개업, 농산물, 토목, 건축, 종교, 철학, 무속, 예술, 사찰, 조경, 원예, 축산, 낙농, 도공예, 임업, 골동품, 공원 묘지, 정육점, 독서실, 유통, 스포츠, 운동 선수 등

* 전공 – 이공계, 흉부외과, 지질학과, 실업계, 농공계, 종교계, 자연계, 내과, 피부과, 소아과, 한의학, 외과, 육군

4) 金 오행

* 직업 - 정치가, 군인, 경찰, 법관, 공무원, 의사, 금융업, 경호, 선박, 자동차, 중장비, 요리사, 운수업, 기계공업, 피부 미용, 철물, 금은보석, 도축업, 철도, 모터사이클, 사채, 광업, 치과, 의사 등

* 전공 - 이공계, 재정계, 의약계, 인문계, 자연계열, 외과, 성형외과, 정형외과, 피부과, 치과, 이비인후과, 해병대, 공수부대

5) 水 오행

* 직업 - 의사, 약사, 법관, 정치, 교육, 금융, 경제, 보험, 무역, 관광, 경영, 유통, 호텔, 숙박, 목욕탕, 냉동업, 수산물, 해운업, 수도업, 유흥업, 양조장, 정수기, 양어장, 음료 식품업, 요식업, 접객업, 장의사 등

* 전공 - 법학, 의학, 교육학, 경상계열, 경제경영학, 산부인과, 비뇨기과, 임상병리학, 식품영양학과, 생명공학, 물류학, 유통학, 종교학, 사상철학, 해군

(4) 용신을 보라.

용신은 성공의 키포인트로 활용 가치성을 나타낸다. 성공을 위한 바람직한 방향, 하면은 좋은 것, 성공을 위한 조건부적인 환경과 여건, 생각과 행동, 인간관계 등을 말하는데 인생에 성공하기 위해서는 해당 용신을 잘하라, 추구하라, 위하라, 가까이하라, 조건을 갖추라. 흥미와 권유와 추구적인 성분으로 노력의 방향과 성공의 전제조건을 말한다.

격국은 사주의 기본적 스타일로 선천적으로 받은 고정적인 성분을 말하고 용신은 인생의 성공 핵심 키포인트로 노력과 권유로 추구되어지는 성분을 말하며 체질적 천성은 주특기와 취급 품목으로 흥미와 관심, 인연으로 맺어지는 성분을 말한다.

격국이 하고 싶은 것으로 사람에게 목표 지향성을 부여한다면 용신은 활용 가치성으로 사람의 능력을 바람직한 방향으로 유도하여 성공하도록 유도하는 중요한 역할을 한다.

1) 비겁이 용신이면

친척, 형제, 배우자, 동료, 동창생 등의 복덕이 많다. 공공사업, 정당, 조합, 인권 문

제, 인류학, 군인, 경찰, 공관직, 공업, 단체 생활에 길하다. 독단적인 직업에 발전하며 자신감과 주관을 가지고 뚜렷하게 앞장서 행동으로 옮겨야 한다.

2) 식상이 용신이면

자식과 후배의 덕이 좋으며 식성이 좋고 후덕하며 인덕이 많다. 교육, 언론, 어학, 예체능, 약사, 외식업, 생산, 제조, 판매, 유통, 에너지, 발명 등에 길하다. 부지런하고 실천적이며 희생과 봉사 정신으로 서비스와 관용을 베풀어야 한다.

3) 재성이 용신이면

처덕이 좋고 편재일 경우 부친 덕이 많으며 횡재수가 있다. 재정계, 재무부, 은행, 금융업, 경리부, 정치, 사업가 등에 길하다. 치밀한 계산력과 관리 능력을 기르고 무슨 일이든 결과를 산출하는 실현성을 추구하도록 한다.

4) 관성이 용신이면

남편이 현철하고 훌륭한 자식을 두게 되며 직업운이 길하다. 판사, 검사, 관공직, 정치, 행정, 관료 등에 길하다. 준법정신의 생활화와 결단력이 필요하고 윤리와 도덕 정신을 투철하게 하여 정의를 추구하여야 한다.

5) 인성이 용신이면

부모와 상사의 덕이 있고 성품이 어질고 인자하다. 정직한 학자풍으로 학문, 학자, 교사, 연구직, 공무원, 행정직 등에 길하다. 전통의 계승을 중시하고 예의를 바르게 하고 모든 일을 문서화하여 실수를 하지 않도록 하여야 한다.

(5) 전체 사주의 정편의 배합 비율을 보라.

1) 안정추구형 正形(正印, 正財, 正官, 食神, 比肩)

정직하고 노력형이며 보수적이고 안정성을 지향한다. 正은 원론적, 보수적, 변화에 수동적이며 정직하고 규정대로 생활하며 고지식하다. 正形은 從的 직업에 적응도가 높다. 내근직, 행정 업무, 분석, 봉급 생활

2) 위험감수형(실험지향형) 偏形(偏印, 偏官, 偏財, 傷官, 劫財)

수완과 요령으로 융통성이 있고 실험성을 지향한다. 偏은 변용적, 개혁적, 의욕적이며 변화에 능동적이고 과장과 허풍, 변덕과 모사, 도전과 포기가 빠르다. 偏形은 橫的 직업에 적응도가 높다. 외근직, 기술직, 투자, 사업가, 자유 직업

* 예를 들면 편관은 군인, 경찰, 무관만이 아니고 수단이 좋아 기술자, 상업, 사장, 보스도 가능하다.

3) 혼합형(선택적유용형), 정편혼잡형

混合形은 내외근 복합 적응, 자유 직업 및 직장 생활 등 양면성 - 대운에 따라 직업 유형을 선택적으로 바꾸어 유용하다.

◆ 사주 적성 검사 복합적 판단법[5] ◆

1차 직업 유형	2차 업무 유형	3차 복합 판단
1. 수직구조	정형	종적안정지향형 - 책임감, 의무감, 끈기와 인내, 직분에 최선, 직장 생활에 최적합
2. 수직구조	편형	종적실험지향형 - 카리스마, 리더십, 책임감, 열정적, 외향적, 모험적, 야심형 CEO
3. 수직구조	혼합형	종적선택적유용형 - 대운에 따라 영향을 받음, 이해심, 사교적, 동정적, 직장 생활형
4. 수평구조	정형	횡적안정지향형 - 무난한 직장 생활도 가능, 정직, 계획적, 성실, 직장의 변동이 많음
5. 수평구조	편형	횡적실험지향형 - 혁신적, 응용적, 창조적, 감정적, 아이디어와 재능, 자유업 유형
6. 수평구조	혼합형	횡적선택적유용형 - 일차 직장 생활로 시작, 운에 따라 자유 직업, 이해심, 사교심, 동정적

---

5) 김기승, 『명리직업상담론』 인용.

7. 혼합구조	정형	혼합적안정지향형 – 원칙과 규칙, 체계적 환경, 현실적, 성실성, 종적 직업, 내근직
8. 혼합구조	편형	혼합적실험지향형 – 변혁과 실험, 외향적, 유동적 환경, 가식성, 적극적, 자유직, 외근직
9. 혼합구조	혼합형	혼합적선택유용형 – 외부의 자극과 대운의 영향, 환경에 따라 가변적(기술, 사업, 투자 등)

(6) 사주 전체의 십성을 보고 기질과 속성을 파악하라.

사주 전체의 십성을 보고 그 사람의 기질과 속성을 파악하여 세부적인 요소를 판단한다.

(7) 업무 수행 능력을 분석하라.

1) 리더형(재생관이 잘 된 구조의 사주)

통솔력을 바탕으로 조직과 단체를 이끌며 관리하는 업무 수행 능력으로 남의 지시를 따르기보다 스스로 많은 사람을 관리하고 부귀와 명예를 추구한다.

2) 참모형(재성이 없이 관인상생된 구조의 사주)

지략과 사명감을 구비하고 지도자나 단체를 보좌하는 업무 수행 능력으로 주변의 인정과 확고한 사회적 위치를 추구한다.

3) 전문가형(印比食구조의 사주)

전문 지식과 능력을 갖추고 기술 및 서비스를 활용하는 업무 수행 능력으로 스스로 독립된 조직력을 확보하고 자신의 고유한 능력과 영역을 인정받기를 추구한다.

직장형	리더형	조직력을 갖춘 수직관계의 직장에 적합한 직업 유형이며 주도적이고 분별력 있는 리더십을 바탕으로 조직을 관리하는 업무 수행 능력이 우수하다
	참모형	조직력을 갖춘 수직관계의 직장에 적합한 유형으로 사명감을 가지고 조직과 리더를 보좌하여 전체의 이익을 창출하는 업무 수행 능력이 우수하다
	전문형	수직관계의 직장에 잘 적응하는 직업 유형이며 조직력과 전문 지식 능력을 바탕으로 우수한 기술력과 서비스를 활용하는 업무 수행 능력이 우수하다
사업형	리더형	자립적 사업을 직접 경영하는 직업 유형에 적합하며 사업가들의 의견을 규합하고 주도적인 리더십을 발휘하여 다수의 이득을 창출하는 업무 수행 능력이 우수하다
	참모형	자립적 사업을 직접 경영하는 직업 유형에 적합하며 주도적 경영자의 리더십을 벤치마킹하여 안정된 이익을 창출하는 업무 수행 능력이 우수하다
	전문형	자립적 사업을 직접 경영하는 직업 유형에 적합하며 독자적인 지식과 기술력을 갖춘 전문 서비스를 사업적 체계를 통해 제공하는 업무 수행 능력이 우수하다
자유형	리더형	수직적 구조에 얽매이지 않는 유동적인 직업 유형에 적합하며 개별적 세력을 규합하여 주도적이고 분별력 있는 리더십을 발휘하는 업무 수행 능력이 우수하다
	참모형	수직적인 구조에 얽매이지 않는 유동적인 직업 유형이 적합하며 전문 프리랜서의 기술 및 서비스를 벤치마킹하여 안정된 이익을 창출하는 업무 수행 능력이 우수하다
	전문형	수직적인 구조에 얽매이지 않는 유동적인 직업 유형에 적합하며 독자적인 지식과 기술력을 바탕으로 우수한 전문 서비스를 제공하는 업무 수행 능력이 우수하다

---

6) 김기승, 『명리직업상담론』 인용.

(8) 일간의 흥미를 분석하라.

1) 일간이 흥미를 이루는 작용
시간의 오행과 십성

월간의 오행과 십성

일지의 오행과 십성

사주 내에서 강력한 합국을 이룬 오행과 십성

사주 내에서 세력이 일방적으로 강한 오행과 십성

사주 내에 없는 오행과 십성은 콤플렉스와 배고픔으로 작용

일간이 꼭 필요로 하는 오행과 십성(용신)

2) 일간의 흥미를 유발하는 코스
천간의 오행들은 외면적 흥미를 유발한다.

지지의 오행들은 내면적 흥미를 유발한다.

월간과 시간이 건강할 때 우선적으로 흥미를 유발한다.

천간으로 투출된 오행과 십성이 흥미에 우선한다.

투출된 천간 중 뿌리가 강한 오행이 흥미에 우선한다.

음간은 상관에 관심을 보이고 양간은 식신에 관심을 보인다.

(9) 현재 대운을 보고 마지막 판단을 내려라.

대운은 그 시기의 환경과 여건을 말해 주고 그 당시의 그 사람의 마음과 생각과 행동과 인간관계와 직업을 말해 준다.

* 직업은 격국이 뚜렷하면 격국을 따라가고 격국이 건왕하면 직업이 대운의 영향을 덜 받고 일생 한 가지 직업을 가지고 산다. 그러나 격국이 부실하거나 혼잡되면 대운에 따라서 직업의 변동이 심하다. 격국이 부실하고 용신이 건왕할 때는 용신을 따라 직업을 선택하는 경우가 더 많다. 사주에 가장 강왕한 오행은 그 사람의 체질과 주특기(主特技)와 주품목(主品目)으로 발현된다(예: 북극곰과 펭귄은 북극의 차가운 얼음물 속에 사는 것이 오히려 편하다).

(10) 십성에 따른 학과적성의 분류

사주 전체의 흐름을 보고 그중에서 경쟁력이 강한 특성을 보아야 한다. 대운에 따른 성장 환경 속에서 자연스럽게 접하고 흥미를 갖게 된 학과(둘째 대운 지지가 가장 큰 영향을 끼침)와 사주원국에서 분류한 적성군의 학과가 일치한다면 매우 이상적이다. 위 학과가 서로 다른 경우 사회적 활동이 가장 왕성한 시기인 30~50대 대운의 흐름에서 도움을 받을 수 있는 학과가 유리하다.

1) 比肩

독립심과 자존심이 강하고 책임감이 강하다. 식신이 있을 경우 좋은 연구에 몰두한다.

경제학과, 경호학과, 장의사학과, 안경학과, 체육학과, 약학과, 한의학과, 치과, 기계공학과, 수의학과, 방사선과.

2) 劫財

자존심과 독립심, 추진력이 강하고 재물에 대한 욕구가 강하다. 상대와의 관계에 선의적 경쟁으로 이끌지 못하는 경우가 있어 오해 발생 소지가 있다. 경쟁심이 강하고 겁 없고 승부 근성이 강하다.

경제학, 경호학, 장의사학, 안경학, 체육과, 약학과, 외과, 치과, 국제금융학과, 국제정치학과, 국제변호사, 조소과.

3) 食神

연구하는 심성으로 고찰과 사색, 내면적 실험 정신을 갖는다. 미래에 대한 관심이 많고, 희생과 봉사 정신이 크며, 연구와 창의성이 있다.

경영학과, 교육학과, 사회복지학과, 의학과, 미래과학과, 미술학과, 작곡과, 어문학과(희곡전공), 사회심리학과, 섬유공학과, 미생물학과, 식품공학과, 아동심리학과.

4) 傷官

자신을 표현하고 상대를 설득할 능력이 있으며 주제를 설명하고 이해시키는 탁월한 능력이 있다. 순간 발상이 있고 발명과 예능적 소질이 강한 독창성으로 자유로운 업무에 좋다.

정신과, 정치외교학과, 연극과 영상학과, 어문학과, 성악과, 관광통역과, 무역학과, 언론정보학과, 사진예술학과, 언론학과, 천문기상학과, 호텔학과, 의상학과, 정보통신과, 종교학과, 문예창작과, 의약학과.

5) 偏財

자기 영역을 확보하려는 심리가 강하다. 수리 계산이 빠르다. 강한 실천력을 가지고 행동, 설계, 시공, 개척을 하며 물리적 변화에 매력을 느낀다. 활동 범위가 넓어 역마성이 있고 사무 행정에는 적성이 맞지 않다. 탁월한 사업 능력이 있다.

수학과, 경영학과, 건축과, 항공학과, 토목과, 물리학과, 무역학과, 외교학과, 철도학과, 정형외과, 설치미술, 조소학과, 산부인과, 실내건축.

6) 正財

치밀한 관리력이 있으며 편재보다는 가공한 완제품이나 차려진 밥상의 음식을 다루는 일에 민감하다. 편인이 함께한다면 실속 위주로 활동하며 심리적 이익 창출에 탁월하다. 신용을 바탕으로 하기 때문에 실수가 적어 장기적 관리나 행정도 적절하다.

식품영양학과, 경제학과, 경영학과, 금융학과, 원예학과, 분석심리학과, 내과, 성형외과, 재료분석학과, 회계학과, 건축공학과, 토목과, 물리학과, 통계학과, 가정관리학과.

7) 扁官

도전하는 기분을 즐기며 새로운 것에 대한 모험을 원한다. 담백하며 화끈한 성격으로 군인, 경찰 등과 같이 힘을 사용하여 명예를 얻고 많은 사람을 지키는 것에 만족한다. 칼, 창, 대포, 무기를 다루는 일에 적합하며 군중의 리더가 되는 학과나 직업이 무난하다.

요리학과, 국방대학, 경찰대학, 경호학과, 사관학교, 정치학과, 체육학과, 신학대학.

8) 正官

명예와 권위를 중시하며 원리 원칙을 고수하고 올바른 이론을 추구한다. 시시비비를 가리고 약자를 보호하는 보호 정신도 강하다. 행정직을 담당하는 학과나 법학과 등에 적절하며 군자지도의 형이다.

법학과, 행정학과, 사회과학과, 정치학과, 독서지도학과, 교육학과, 비서학과.

9) 偏印

재치있고 순발력이 있으며 신비주의적 성향이 强하고 비현실적이다. 비구상적인 면이 많다. 종교에 심취하거나 예술적 성향을 보이고, 보이지 않는 곳에 흥미를 느낀다. 항상 두 가지 이상을 동시에 생각하므로 이런 면에 강점을 두는 학과가 좋다.

종교학, 심리학과, 디자인학과, 철학과, 정신과, 약학과, 교육학과, 정보학과, 무용학과, 음악과(관현악), 신문방송학과, 외국어학과, 의학과.

10) 正印

명예와 전통을 계승하고 자유분방함을 싫어한다. 보수 성향이 강하다. 고지식한 편이고 정확히 받아서 정확히 주려는 성향으로 교육자에 吉하다. 식상이 있을 경우 아이디어가 풍부하고 직관성을 발휘하며 글 쓰고 작가나 시인도 하며 논설에 탁월하여 신문방송에 吉하다.

교육학과, 행정학과, 국문학과, 신문방송학과, 문예창작과, 사학과, 유아교육과, 어문학과, 종교학과, 문화인류학과.

13장. 사주와 건강 질병론

✦ 1. 간지에 따른 질병

질병은 병신(病神)이 강하면 병이 무겁고, 병신(病神)이 약하면 병이 가볍고, 병신(病神)을 생조하면 병이 무겁고, 병신(病神)을 극설하면 병이 가볍다. 일간이 약하면 허증으로 치료 기간이 길고, 일간이 강하면 실증으로 치료 기간이 짧다. 병신(病神)이 하나 있으면 한 가지 병이고, 병신(病神)이 두 개 있으면 두 가지 병이 있다.

(1) 천간에 따른 질병

가) 甲: 담, 머리

나) 乙: 간, 목

다) 丙: 소장, 어깨

라) 丁: 심장, 가슴

마) 戊: 위장, 늑골 등

바) 己: 비장, 배

사) 庚: 대장, 배꼽, 단전

아) 辛: 폐, 넓적다리, 대퇴부

자) 壬: 방광, 종아리

차) 癸: 신장, 발

(2) 地支에 따른 질병

가) 子: 방광

나) 丑: 배, 자궁, 비장, 위장, 다리

다) 寅: 담, 모발, 손, 넓적다리

라) 卯: 손가락, 간

마) 辰: 어깨, 가슴

바) 巳: 얼굴, 목구멍, 치아

사) 午: 눈, 머리

아) 未: 위장, 척추, 어깨, 명치

자) 申: 대장, 경락, 폐

차) 酉: 폐장, 혈액

카) 戌: 넓적다리, 다리

타) 亥: 머리, 다리, 신장

(3) 방위에 따른 질병

가) 丙, 丁, 巳, 午는 南方이니 상체에 질병이 있다.

나) 壬, 癸, 亥, 子는 北方이니 하체에 질병이 있다.

다) 甲, 乙, 寅, 卯는 東方이니 왼쪽에 질병이 있다.

라) 庚, 辛, 申, 酉는 西方이니 오른쪽에 질병이 있다.

마) 戊, 己, 辰, 戌, 丑, 未는 중앙이니 중앙에 질병이 있다.

✦ 2. 일간과 五行에 따른 질병

질병이란 정신기혈의 주체가 손상됨이 있는 것인바 안으로는 오장육부요, 밖으로는 팔, 다리 등 외지(外支)이다. 八字 干支의 오행 간 生剋의 이치로 판단하니 주로 약하거나 파극된 오행으로 판단한다.

천간이 내부에 소속한 것은 乙은 간, 甲은 담(쓸개), 丁은 심장, 丙은 소장, 己는 비장, 戊는 위, 辛은 폐, 庚은 대장, 癸는 신장, 壬은 방광이며 천간이 외지(外支)에 소속한 것은 甲은 머리, 乙은 목, 丙은 어깨, 丁은 가슴, 戊는 옆구리, 己는 배, 庚은 배꼽, 辛은 넓적다리, 壬은 정강이, 癸는 발이다.

지지의 子는 산증(疝症, 고환 등의 이상으로 허리와 아랫배가 아픈 병, 복부신경통)이요, 丑은 위장, 寅은 어깨나 사지, 卯는 눈과 손, 辰은 등과 가슴, 巳는 얼굴과 치아, 午는 심장과 복부, 未는 비장과 흉부, 申은 해수병(기침, 기관지 계통 질환), 酉는 간과 폐, 戌은 등과 폐, 亥는 머리와 간이다.

(1) 木

木 일간이 과다한 金을 보고 申, 酉의 金 旺地에 임하면 간, 담에 병이 생기는데 놀라고 겁내며 폐결핵이나 피를 토하거나 머리가 어지럽고 눈이 침침하다. 가래 천식, 각기병(脚氣病, 다리가 붓는 병)이다. 중풍, 반신불수, 눈이 돌아가거나 근육, 뼈의 동통(신경통), 피부 건조증이나 눈병이 생긴다. 머리카락과 수염이 빠지고, 손발을 다치기도 한다. 여명은 낙태를 하거나 血氣가 조화롭지 못하며 어린아이는 경기(驚氣)를 일으키며 울고 보채거나 기침병이 있다. 고서에 이르기를 근골동통(신경통)은 木이 金으로부터 극상(剋傷)을 받기 때문이라고 했다.

(2) 火

火 일간이 과다한 水를 보고 亥, 子의 水 旺地에 임하면 소장(小腸)과 심장에 병을 앓는다. 안으로는 급(急) 만성(慢性)의 경풍(驚風, 놀람증)이 있고 우울증으로 가슴이 답답하거나 아프며 소리를 지르고 발광하기도 한다. 밖으로는 눈이 어둡고 실명하기도 하며 부스럼, 고름, 종기 등 피부병이 생길 수 있고 어린아이는 홍역과 마마를 앓는다. 부녀는 피가 건조하여 피땀이 나며 안색이 붉다. 고서에 이르기를 눈이 어두운 것은 대개 火가 水의 극상(剋傷)을 만났기 때문이라고 했다.

(3) 土

土 일간이 과다한 木을 보고 寅, 卯의 木 旺地에 임하면 비장, 위장이 손상을 입는다. 안으로는 목이 메어 음식이 막히고 소화 기능이 떨어지고 설사와 위장의 종양이 생긴다. 따라서 음식을 먹을 수 없어 토하니 비장이 상한다. 밖으로는 왼손이나 입이

나 배에 질환이 생기고, 피부가 건조하고 거칠다. 어린아이는 위가 나빠져 몸이 야위고 헛배 부른 증상이 생기며 자주 체하고 안면마비가 되거나 얼굴이 누렇다. 고서에 이르기를 土가 허(虛)하고 목이 왕(旺)할 때에는 비장이 상한다고 했다.

(4) 金

金 일간이 과다한 火를 보고 巳, 午의 火 旺地에 임하면 폐, 대장에 손상이 생기며 해수(기침), 천식(숨을 헐떡거림)이 있고 치질이 생긴다. 정신병(도깨비에 홀려 정신을 잃고 겁이 많은 증세)을 앓기도 하며 밖으로는 피부가 마르고 두풍(頭風, 머리가 늘 아프거나 부스럼이 나는 병)으로 코가 붉고 악창종기가 생긴다. 고서에 이르기를 金이 약하고 화염지(火焰地)에 임하면 혈질(血疾)이라고 했다.

(5) 水

水 일간이 과다한 土를 보고 土 旺節에 임하면 신장, 방광에 병을 얻는다. 안으로는 유정(遺精, 밤에 잘 때 정액이 저절로 흘러나감)이 있고 귀녀(鬼女)와 동침하는 꿈을 꾸기도 한다. 정기가 빠져나가니 귀가 먹거나 상한(傷寒, 추위 때문에 생기는 감기나 전염성 질병), 감기 등에 걸린다. 밖으로는 치통과 산증(疝症, 아랫배와 생식기에 탈이나 붓고 아픈 병)이 있고 복부신경통, 허리통증, 설사복통, 임질 등에 걸린다. 여자는 낙태를 하거나 냉대하 등이 있다. 水는 주로 손발을 차게 하니 안색이 붉고 검다. 고서에 이르기를 하원냉질(下元冷疾, 배꼽을 기준하여 아래로 냉병이 있는 것)은 水가 土의 극상(剋傷)을 만나기 때문이라고 했다.

위의 내용들은 일간을 위주로 설명하였으나 일반적으로 오행을 적용하여 보는 것이 마땅하다. 火 일간이라고 하여 어찌 심장, 소장에만 질병이 생기겠는가? 火 일간이라도 간장이나 위장, 폐, 신장에도 질병이 생길 수 있으니 사주에서 태왕(太旺)한 오행이 무엇인지, 또 이 태왕한 오행으로부터 극상(剋傷)을 받고 있는 약한 오행이 무엇인지를 보고 질병을 판단하여야 한다.

✦ 3. 질병의 개요

* 甲木은 풍이니 庚金이 沖, 剋하면 풍증이 있다.

* 乙木은 간담이니 土, 金이 극상(剋傷)하면 황달로 고생한다.

* 사주에서 金이 木을 극상(剋傷)하고 甲庚沖이나 乙辛沖이 있고 양인살이나 곡각살이 있으면 수족에 이상이 생긴다.

* 木이 水를 받아들이지 않으면 혈병이 따른다. 木이 충(沖)되거나 허(虛)하면 水를 받아들이지 않는 것이니 혈병이 따른다. 간은 木에 속하니 혈을 거둬들이는데 水를 받아들이지 못하면 병이 생긴다.

* 丙火는 태양이니 눈이다. 약한 丙火는 木이 生하면 火가 살아 있으나 木의 생조(生助)가 없으면 시력이 좋지 않다.

* 强水가 弱火를 剋傷하면 시력이 나쁘고 심장의 氣도 약하다.

* 丁, 乙이 癸와 辛을 만나 심장(火), 간장(木)이 극상(剋傷)되면 마음이 상하며 氣가 우울하고, 木日主가 三刑의 剋을 만나면 피부병이 있다.

* 戊土는 위장이니 수다토류(水多土流)되면 위장병이 생긴다.

* 戊일주나 己일주를 木의 관살이 심하게 극하면 위장이 약해 구토가 심하다.

* 비장은 습한 것을 꺼리고 위장은 차가운 것을 꺼린다. 따라서 土가 습한 기운이 과도하면 봄과 겨울에 병이 생기고, 또 반대로는 火의 극심한 조열함도 꺼리는데 土가 너무 메마르면 여름과 가을에 병이 생긴다.

* 피부는 土, 金에 속한다. 土는 따뜻함을 기뻐하는데 따뜻하다는 것은 윤택함을 말한다. 그러나 지나치게 메마르면 아토피, 피부병이 생기고, 지나치게 습하면 부스럼이 생긴다.

* 金은 폐와 대장을 관장하니 火가 金을 극상(剋傷)하면 폐, 대장에 질병이 생긴다.

* 金일주를 火 官殺이 심하게 剋傷하면 광증, 정신 이상이 생긴다.

* 庚, 丙이 상극하면 血이 불순하여 하혈을 하고 혈증을 앓는다.

* 어린아이는 눈이 木에 속하고, 어른은 눈이 水에 속한다. 火, 土가 癸水를 열건(熱乾)시키면 안과 질환이 있고 木, 火가 너무 태왕(太旺)하여도 시력이 좋지 않다.

* 癸水는 신장이니 己土가 극상(剋傷)하면 고환과 임질을 앓는다.

* 관살이 태왕(太旺)하여 일주가 쇠약하면 잔병이 끊이지 않고, 火日主가 子運과 극운을 만나면 세균성 질환이나 이질이 생긴다.

* 五行이 유기하면 질병이 적다. 五行이 유기하다는 것은 五行의 흐름에 전체적으로 결함이 없으며 충극하지 않는 것을 말한다.

* 혈기가 어지러우면 평생 질병이 많다. 혈기가 어지럽다는 것은 五行의 氣가 상극하거나 불통되거나 편중된 것을 말한다.

* 사주에서 金, 木이나 水, 火가 서로 심하게 다투거나, 행운이 용신에 역행하거나, 木이 태과하여 金이 반상되거나, 木이 왕성하여 水를 너무 빨아들이거나, 火가 태과하여 水가 마르거나, 火가 왕성하여 木을 불사르거나, 水가 태과하여 土가 붕괴되거나, 水가 왕성하여 金을 잠기게 하거나, 土가 태과하여 木을 꺾어버리거나, 土가 왕성하여 火를 어둡게 하거나, 金이 태과하여 火가 꺼지거나, 金이 왕성하여 土를 약하게 만들

면 오행이 전도되어 질병이 많이 생긴다.

* 사주에 있는 기신(忌神)을 충(沖)하거나 흩어지게 하지 못하고 제화(制化)하지 못하면 기신이 오장을 극하여 병이 발생한다.

* 土가 너무 강하면 비장과 위장이 실(實)해서 생기는 병인데 진(辰), 술(戌), 축(丑), 미(未) 운에 발생하고, 土가 너무 약하면 비장과 위장이 허(虛)해서 생기는 병인데 木運이나 金運에 발생한다. 다른 오행도 이와 같이 보면 된다.

✦ 4. 적천수에 따른 질병론

* 사주가 조열(燥熱)하고 水나 습토(濕土)가 전혀 없으면 생기(生氣)가 없으니 담(痰, 기침, 가래, 천식, 간질)병, 열병(熱病)이요, 설령 운에서 水가 온다고 하여도 火를 제압하지 못하여 흉하다.

* 金이 용신인데 허약무기(虛弱無氣)하고 水가 없거나 있어도 忌神으로 화하였고 木, 火의 극을 받으면 폐가 약한데 운로가 火地로 가면 水氣도 고갈될 것이니 폐병(肺病), 담(痰, 기침, 가래, 천식, 간질)으로 흉하다.

* 사주에 木이 태과(太過)한데 水가 약하면 목다수삼(木多水滲)으로 水氣가 木으로 설기되어 고갈되며 더구나 金이 없거나 있어도 旺木의 극을 받으면 그 기세를 거스를 수 없으므로 운에서 木火운으로 가야 한다. 만약 太旺한 木火를 거슬러 金水운이 오면 木火가 더욱 날뛰니 병고로 신음하게 된다. 이를 고서에서는 왕자충발(旺者沖發)이라 하는데 인체의 항상성의 원리이다. 항상성이 무너질 때 질병이 발생한다.

* 만약 기신(忌神)이 지지에 깊이 암장되어 있고 힘이 있는데 용신이 허약하다면 이를 제거하기가 어려우니 흉하다.
① 土 용신인데 木 기신이 지지 암장되었다면, 예컨대 亥 중 甲木이라면 비장과 위장에 병이 발생한다.

② 金 용신인데 火 기신이 지지 암장되었다면, 예컨대 寅 중 丙火라면 대장과 폐, 해수병 등이 발생한다.

③ 水 용신인데 土 기신이 지지 암장되었다면, 예컨대 巳 중 戊土라면 신장과 방광에 병이 발생한다.

④ 木 용신인데 金 기신이 지지 암장되었다면, 예컨대 丑 중 辛金이라면 간장과 담에 병이 발생하고 풍질(風病)을 앓는다.

⑤ 火 용신인데 水 기신이 지지 암장되었다면, 예컨대 申 중 壬水라면 심장과 소장에 병이 발생한다.

* 土가 太旺하여 木으로 소토(疎土)하지 못할 때에는 비위가 너무 유여(有餘)하니 병이 된다.

① 비장은 습한 것을 싫어하고 위장은 찬 것을 싫어한다.

② 사주에 습토(濕土)가 많다면 그 병은 봄, 겨울에 발병한다.

③ 사주에 조토(燥土)가 많다면 그 병은 여름, 가을에 발병한다.

④ 사주에 조토(燥土)가 부족하다면 그 병은 봄, 겨울에 발병한다.

⑤ 사주에 습토(濕土)가 부족하다면 그 병은 여름, 가을에 발병한다.

* 기신이 천간에 노출되어 있고 지지에 뿌리가 없어 허(虛)하면 운에서 쉽게 제화할 수 있으므로 병이 비교적 가볍다. 희신운에는 문제가 없으나 기신운에는 흉하다.

* 사주가 木, 火로 되어 있는데 金이 없고 水가 미약하다면 오히려 水가 병이 되니 水運이 오면 혈병(血病, 혈액순환 관련 질병)이 된다.

* 土가 조열하면 火의 生을 받지 못한다. 반드시 습토라야 火를 설기하고 金을 生할 수 있다. 土가 火의 생을 받아들이지 못하면 金이 극을 받으니 폐(肺)가 손상되며, 水가 손상되면 혈액순환에 관련된 병이 생긴다.

* 木은 火가 왕성하면 불에 타버린다. 이때는 木에 관련된 질병, 즉 풍질(風疾), 담(痰, 기침, 가래, 천식, 간질)의 질병이 발생한다. 木, 火가 왕성하면 水가 火의 극을 받을

것이니 혈액순환 질병과 신장, 방광에 질병이요, 또 火와 조토(燥土)가 왕성하여 조열하면 金이 극을 받으니 폐와 관련된 질병, 즉 기침, 가래, 천식 등이 생길 것이고 피부 가려움증(피부는 金)이 생길 것이고 습(濕)하다면 종기, 부스럼 등이 생길 것이다.

　* 火가 치열할 때 金氣가 역행하여 위로 올라오면 간(肝)과 신장도 피해를 입고 혈액순환에도 장애가 되어 독(毒)을 이루어 우울증이 생긴다. 水, 木이 태왕하여 土가 극을 받아 허약하면 비장, 위장이 해를 받으니 소화불량, 위장장애 등이 생긴다.

✦ 5. 性情과 健康

　사람의 성정은 인체의 오장육부와 관련이 있어서 마음을 어떻게 쓰느냐에 따라 장부(腸腑)에도 영향을 미쳐서 건강 상태가 달라질 수 있다. 사람의 감정이 도를 넘지 않고 절제되면 건강에도 좋은 영향을 미치고, 감정이 도를 넘어 절제되지 못하면 건강에도 나쁜 영향을 미치게 된다.

　① 木(간, 담)은 분노(怒)
　② 火(심, 소장)는 기쁨(喜)
　③ 土(비, 위)는 근심과 걱정(憂思)
　④ 金(폐, 대장)은 슬픔과 비관(悲)
　⑤ 水(신, 방광)는 놀람과 두려움(恐驚, 공경)을 주관한다.

　그러므로 木이 태과하거나 불급하면 화를 잘 내고, 火가 태과하거나 불급하면 잘 웃고 감정 기복이 심하며, 土가 태과하거나 불급하면 근심 걱정이 많고, 金이 태과하거나 불급하면 비관적이고, 水가 태과하거나 불급하면 잘 놀란다.

(1) 화를 많이 내는 사람

　木氣가 자주 發하니 비, 위장이 극을 받아 소화불량이나 식체(食滯)가 된다. 또 土가 극을 받으면 金을 생하지 못하니 金(폐, 대장)도 영향을 받는다. 따라서 이런 습관이 지속되면 폐가 약화되거나 변비 등 대장 관련 질환이 생길 수 있다. 더구나 木氣가 발하여 화가 나서 피우는 담배는 더욱 폐를 망가지게 한다.

(2) 지나치게 웃고 기뻐하는 사람

火氣가 자주 發하니 열이 오르고 폐, 대장에 압박이 가해진다. 심장 활동이 너무 왕성해지면 폐가 극을 받으니 천식 등 호흡곤란이 생길 수 있는데 이런 습관이 지속되면 폐가 극을 받아 약화되고 폐가 약화되면 신장이 생을 못 받으니 신장 역시 약화된다. 심장이 무리한 활동을 하면 간도 약화된다. 담배를 피우면 폐가 더욱 나빠진다.

(3) 생각이 많고 항상 근심 걱정을 하는 사람

土氣가 자주 發하니 신장이 항상 극을 받는다. 편안한 잠을 자지 못하고 수면 시간에도 끊임없이 근심 걱정을 하니 신장의 精氣가 소모되어 약화되며 신장이 약화되면 간장도 생을 받지 못하니 피가 탁해진다. 수생목이 안되어 간이 약해지니 항상 피로하고 안색이 초췌하고 눈이 침침하다. 여기에 술까지 많이 마시면 간장이 더욱 나빠진다.

(4) 자주 슬퍼하고 비관하는 사람

金氣가 자주 發하니 간장이 극을 받는다. 간장이 약화되면 심장이 생을 못 받으니 심장도 약화된다. 여기에 술까지 많이 마시면 간장이 더욱 나빠진다. 혈관에 노폐물(칼슘 등)이 쌓이면 간장이 제거해 주어야 하는데 간장이 제 기능을 못하므로 심장의 혈관에 이상이 생겨 심혈관과 관련된 질병이 생길 수 있다.

(5) 자주 놀라고 두려워하는 사람

水氣가 자주 발하니 심장이 위축되며 혈액순환에 문제가 생길 수 있다. 또 몸의 체온이 저하되니 비, 위장이 영향을 받아 소화불량, 위궤양 등이 생길 수 있다. 과식을 하거나 한밤중에 야식을 하는 사람은 위장이 더욱 부담을 받아 약화된다. 오랫동안 가슴앓이를 하면서 자주 놀라는 사람은 심장 발작을 일으켜 심장마비가 올 수도 있다.

✦ 6. 사주와 중증 질환(癌)과의 상관성(相關性)

질병은 육체적 질병, 정신적 질병, 심리적 질병이 있는데 질병의 발병 이유는 크게 음식의 섭생에 의한 요소, 환경에 의한 요소, 정신적 스트레스에 의한 요소 등이 있다. 질병을 볼 때는 오행의 강약에 의한 오장육부의 이상 여부, 격국의 성패에 따른 정신적 스트레스 여부, 조후에 의한 심리적 이상 유무 등을 종합적으로 살펴야 한다.

① 건강을 보기 위해서는 사주에서 우선적으로 오행편성의 강약과 생극제화와 합충에 의한 변화를 살펴야 한다.

② 암(癌)은 사주에서 土오행(백호대살 괴강살, 고기류 섭취를 통한 고혈압, 당뇨, 고지혈증, 혈액순환장애 등)과 가장 관련이 깊다.

③ 辰戌충, 丑未충, 寅申충, 卯酉충, 巳亥충, 子午충, 甲庚충, 乙辛충, 丙壬충, 丁癸충 등 상충살은 인체 장부나 호르몬에 이상이 있는 경우나, 주변 환경에 의한 정신적 트라우마로 인한 스트레스 장애 등으로 인한 암 및 중증 질환의 발병과 관련이 깊다.

④ 천간합은 암의 발병 요소이다. 특히 甲己합, 乙庚합, 戊癸합은 호르몬 이상(木오행이 취약해짐)으로 인한 암의 발병과 관련이 깊다. 합으로 기반이 되고 변해버린 오행에 질병이 발병한다.

⑤ 사주원국이나 운에서 재생살(財生殺), 칠살중첩(七殺重疊)은 과로, 스트레스, 심리적 위축감, 오염된 생활 환경 등으로 인한 암의 발병 요소이며, 편중되거나 태과한 오행은 암의 발병 요소가 된다.

⑥ 사주에서 水오행이 꼭 필요한데 土剋水와, 사주에서 木오행이 꼭 필요한데 金剋木은 혈액순환장애와 뇌하수체 이상 등으로 인한 면역 체계의 이상으로 암의 발병 요소이다.

⑦ 일반적으로 火剋金은 발병한 癌에 대한 항암 치료 및 약물 치료와 방사선 치료

등의 대항 능력이다.

⑧ 일반적으로 水生木, 木剋土는 생활 환경의 변화 등으로 인한 자연 치유와 면역 체계 및 호르몬 기능의 회복 등으로 인한 발병한 癌에 대한 자가 치유 능력이다.

⑨ 사주원국의 辰, 丑土를 운에서 戌, 未가 沖할 때는 암이나 위장병 등이 잘 발병하고 원국의 戌, 未를 운의 辰, 丑이 충할 때는 암이나 위장병이 덜 발병한다.

⑩ 木旺土弱 사주가 辰年이 오면 왕자충발의 이치로 그때 木剋土가 발생해 위암이나 위궤양이 발병한다. 이는 용신이 미력한 사주가 용신운에 사망하는 경우이다. 고로 질병의 발병은 용신 여부로 보지 말고 오행의 生, 剋, 合, 沖, 刑, 破, 害로 보라. 다른 오행도 동일하다.

⑪ 사주에서 三合이 이루어질 때 많은 질병이 발병한다. 합하여 강왕해진 오행이 상대를 극하여 다치게 한다. 예를 들어 巳酉丑金局이 되면 木오행이 손상되므로 질병이 발생한다.

⑫ 합으로 기반되고 변해버린 오행에 질병이 발병한다. 특히 子丑合, 卯戌合, 巳申合 등 지지육합은 오행의 기반으로 본다. 이는 호르몬의 변화로 신체 장부(腸腑)에 면역력이 무너질 때 암이 발병함을 말한다.

⑬ 왕신충쇄(旺神沖衰) 쇄자발(衰神跋), 쇄신충왕(衰神沖旺) 왕자발(旺者發)의 원리는 질병에 가장 잘 적용된다. 이는 신체적으로 항상성이 깨질 때 암이 잘 발병함을 말한다.

⑭ 사주에 없는 오행이 운에서 왔을 때 사주 오행의 구조상 수용되면 괜찮지만 보호받지 못하고 극상(剋傷)될 때 해당 오행에 질병이 발생한다.

⑮ 일반적으로 일간이나 용신이 십이운성으로 死, 絕, 墓되는 운에 잘 발병하고 사망하기도 한다.

* 위의 여러 조건들은 사주 주인공인 일간에게도 발병이 되지만 오히려 그 오행에 해당하는 육친에게도 많이 발병하니 꼭 참고하여야 한다.

* 암 발병 사례를 조사, 분석한 결과 일반적으로 가을, 겨울생인 金水체질이 봄, 여름 출생인 木火체질보다 암 발병률이 3배 이상 높았다. 또한 봄, 여름생이 암이 발병하는 경우는 주로 金, 水 대운이었다. 이는 암의 발병은 사주명리학적으로 보아도 저체온과 밀접한 관련이 있다는 것을 말하는 것이다.

* 격국이 바르지 못하고 파격이 되는 사주가 암 발병률이 더 높다. 운에서도 파격이 되는 운에 암이 많이 발병한다. 이는 사회성의 저조함에서 오는 정신적 스트레스가 암 및 중증 질환의 발병 이유임을 말하는 것이다.

* 암이란 당해년도에 갑자기 발병하는 게 아니라 적어도 수년에서 십수 년 전부터 체질적 유전자에 의하거나 주변 환경의 요인에 의하여 발생하고 성장한다. 그러므로 흉운뿐만이 아니고 길운에도 암이 많이 발견된다. 좋은 운에 암이 발견되면 치료 후 완치되고 나쁜 운에 암이 발견되면 주로 사망한다.

사례1) 췌장암, 간암으로 사망
丙 癸 乙 辛
辰 丑 未 丑
己 庚 辛 壬 癸 甲 4대운
丑 寅 卯 辰 巳 午

* 癸水 일간이 乙未월에 출생하여 식신격의 身弱사주이다. 辛金편인을 억부용신하나 편관칠살이 중중하니 乙木식신의 제살작용력이 꼭 필요한 사주이다.
* 식신격이 乙辛沖으로 편인도식이 되어 破格이 된 사주이다. 이 사주는 억부용신과 격국상신이 상전(相戰)하여 대표적으로 단명하는 사주이다.
* 癸丑白虎, 乙未白虎, 乙辛沖, 丑未沖, 칠살중첩(七殺重疊) 등은 체질적인 암의 발병 인자를 말한다.

* 직업은 일용직 근로자로 전처 자식이 둘 있었는데 외할머니가 키웠다. 前妻는 辰대운, 1991년(辛未)에 암으로 사망하였다. 44세 庚대운 甲申년(2004년) 조선족 여자를 만나 재혼하였는데 평생을 알코올 중독으로 살았다.

* 52세 寅대운 壬辰년에 췌장암이 발병하여 간암으로 전이되어 사망하였다.

사례2) 뇌종양으로 사망

丁 甲 己 庚
卯 子 丑 子
乙 甲 癸 壬 辛 庚 1대운
未 午 巳 辰 卯 寅

* 甲木 일간이 己丑월에 출생하여 정재격인데 신강하여 丁火상관을 조후용신 및 격국상신으로 한다.

* 연월일에서 子丑合水로 수목응결(水木凝結), 수다목부(水多木腐), 수다토류(水多土流), 수다금침(水多金沈)이 되니 사주에 水오행이 문제가 되어 평생 직업이 불안정하였으며 주거가 불명하였고 결혼을 하지 못하였는데 사후관곽(死後棺槨)의 사주이다.

* 甲己合은 뇌종양, 간암, 갑상샘암, 신경암이며 지지의 子丑合으로 水氣가 탁해지니 水生木이 안되고 癌이 된다. 또한 사주의 甲庚沖, 子卯刑殺, 甲己合, 子丑合, 甲庚沖 등은 체질적으로 발암 요소가 많음을 말한다.

* 41세 甲대운 庚辰년 甲己合 甲庚沖 丑辰破살의 작용력으로 뇌종양이 발병하여 수술을 하였는데 2002년 壬午년에 丁壬合과 子午沖이 발생하니 뇌수술의 후유증으로 시각 장애인이 되었다.

* 47세 午대운 丙戌년에 완치 판정을 받고 보험금을 수령하여 집을 장만하였으며 수술로 한쪽 눈의 시력도 회복하였다. 그러나 완치 판정 이후의 방심에 의한 음주, 흡연 등으로 2009년 己丑년 뇌종양이 재발하여 51세가 되는 乙대운 2010년 庚寅년에 사망하였다.

* 51세 乙未대운에는 乙庚合으로 金의 세력이 강화되며 丑未충으로 癌이 재발하는 운이다.

사례3) 간암으로 사망

甲 戊 庚 戊

寅 辰 申 戌

丙 乙 甲 癸 壬 辛 7대운

寅 丑 子 亥 戌 酉

* 戊土 일간이 庚申월에 출생하여 식신격인데 식거선살거후(食居先殺居後)格으로 甲木 偏官이 용신이다.

* 無印星과 無財星의 사주로 金과 木이 상전(相戰)하는 사주인데 戌 중의 丁火와 辰 중의 癸水가 丁癸沖을 하고 寅 중의 丙火와 申 중의 壬水가 丙壬沖을 하고 있다. 오행이 심하게 상전하는 사주는 생활 환경에 의한 트라우마와 스트레스로 암이 발병할 가능성이 높다. 어렸을 때 부모가 성격 갈등으로 심하게 다투는 것을 보고 성장하여 내적으로 트라우마가 심한 사람이다.

* 戊辰, 戊戌 魁罡殺과 甲庚충, 寅申충, 辰戌충의 상충살은 등은 암의 발병 요인이다.

* 평소에 알코올 의존증이 심했으며 의처증도 심했는데 도시가스 회사에 근무 중 간암으로 사망하였다.

* 乙丑대운에 乙庚合金으로 金의 세력이 강화되고 丑土가 土生金을 하며 丑戌刑殺, 丑辰破殺로 용신인 木오행이 다쳐 무력하게 된다. 51세 戊子년 간암으로 사망하였다.

사례4) 심장마비로 사망

壬 癸 壬 乙

戌 巳 午 巳

丁 丙 乙 甲 癸 10대운

亥 戌 酉 申 未

* 癸水 일간이 午월에 출생하여 편재격의 身弱한 사주이다. 乙木이 투출하여 식신생재는 되었으나 일간이 통근하지 못하고 신약하니 사주의 格이 떨어진다. 壬水 겁재가 억부용신이다.

* 사주가 木火土로 조열(燥熱)한데 金이 없고 水가 미약하므로 水運이 오면 갑자기

혈병(血病, 혈액순환 관련 질병)이 발생한다.

  * 남편과 딸이 너무 속을 썩여서 매일 싸우고 살았는데 사실 이는 자신의 체질이 너무 뜨겁고 급하여 스스로에게 문제가 있는 것이다.

  * 40세 丙戌대운은 丙壬충(沖)이 되고 財生殺이 되니 고혈압으로 사망하는 운이다. 2007년 丁亥년에 丁癸沖 巳亥충이 되니 갑자기 심장마비가 발생하여 사망하였다.

  사례5) 폐암 합병증으로 사망
  乙 乙 戊 辛
  酉 酉 戌 卯
  乙 甲 癸 壬 辛 庚 己 9대운
  巳 辰 卯 寅 丑 子 亥

  * 乙木 일간이 戊戌월에 출생하여 정재격인데 재생살이 되어 파격이 되었다. 비견 乙木을 억부용신하니 힘들고 고달프고 골병 드는 팔자이다. 戊戌魁罡殺, 酉酉自刑殺, 卯戌合으로 卯木기반, 乙辛沖 등은 체질적으로 간 기능 및 뇌하수체 기능의 약화로 호르몬에 이상이 생겨 암의 발병 요인이 된다.

  * 남편과 함께 화장품 가게를 하였는데 辛丑대운에는 재생살이 되니 시집살이를 심하게 하였다.

  * 甲辰대운 壬辰년 초 辰戌沖으로 자궁내막암 수술을 하였는데 庚戌월 골반과 폐에 癌이 재발하고 전이되어 입원하였다. 癸巳년 상태가 호전되어 퇴원했었는데 乙未년 乙辛沖, 戌未형살로 암이 재발하여 사망하였다.

  사례6) 난소암 사망
  甲 乙 戊 壬
  申 巳 申 寅
  壬 癸 甲 乙 丙 丁 9대운
  寅 卯 辰 巳 午 未

  * 乙木이 申月에 태어나 정관격인데 년간에 壬水가 투출하여 관인상생이 되니 成格

이 된 것으로 볼 수 있으나 년간의 壬水가 월간의 戊土에 극제를 당하여 成格이 생각보다 잘되지 못하였다. 또한 정관격이 月干에 戊土가 투출하여 재생관으로 成格을 이룰 수 있는 것으로 볼 수 있으나 時干에 겁재 甲木이 투간하여 탈재를 하니 재생관이 안되어 成格이 잘되지 못하였다.

* 이 사주의 경우는 결론적으로 묘하게도 천간에서 財生官도 잘 안되고 官印相生도 잘 이루지 못한 애매한 사주가 되었다. 그런데 지지에서 정관 申金이 寅巳申 삼형살로 沖破되니 철저히 破格이 되어 버렸다. 정관격이 파격이 된 사주가 암이 가장 잘 발병을 한다.

* 일지의 寅申沖과 巳申刑으로 상관견관(傷官見官)이 되어 정관이 흐트러진 것은 원칙과 규정이 흔들린다는 것인데 세상에서 제일의 원칙과 규정은 우주 자연의 섭리이고 이에 따르는 인간의 생체리듬이다. 암이 발병하는 사람들은 체온과 맥박, 호흡, 수면 시간 등의 기본적인 생체리듬이 무너진 경우가 많은데 상관견관된 사주들은 생체리듬이 깨져 있어 암 발병이 되기 쉽다.

* 寅巳申 三刑殺로 평생 몸에 수술을 많이 하였으며 부모 형제도 비명횡사했다. 寅巳申 삼형살은 암의 발병 요인이다.

* 사주에서 木剋土와 巳申刑으로 위장이 약하고 寅申沖으로 간 기능이 약하여 늘 골골하다가 49세 癸卯대운 들어오며 戊癸合과 卯申귀문관살의 작용으로 난소암이 발생하였다.

* 53세 甲午년에 난소암으로 자궁을 들어내고 항암 치료를 했으나 55세 丙申년에 암이 재발되었는데 丙申년에는 일간 乙木이 絶胎地에 임하고 乙亥월은 일간 乙木이 死地에 임하니 운명하였다.

사례7) 설암 사망
己 壬 辛 壬
酉 戌 亥 辰
丁 丙 乙 甲 癸 壬 9대운
巳 辰 卯 寅 丑 子

* 亥月의 壬水가 건록격으로 신강하니 正官 己土를 억부용신 및 격국의 상신으로 한

다. 관성을 용신으로 하는 사주에 재성이 없어 사주의 격이 떨어진다. 희신이 없는 사주는 주변에 인덕이 없다.

 * 壬辰, 壬戌 괴강살, 辰戌충, 辰亥원진살 등의 흉악살이 중첩되고 전체적으로 사주가 한랭하여 암이 발병할 가능성이 높다.

 * 59세 丁巳大運에 丁壬合과 巳亥沖으로 火의 기운이 合去, 沖去되니 설암이 발생하였다.

 * 암 발병은 주로 흉운이거나 월지와 合沖으로 인해 항상성이 깨지고 체질이 변하는 운에 많이 발병한다.

 * 2014년 甲午年 午월 설암이 발병하여 수술하였으나 2015년 乙未년 午월에 재발하여 사망하였다.

14장. 사주와 궁합론

✦ 1. 궁합이란?

우리는 세상을 살아가면서 사람과 사람 사이의 수많은 만남과 헤어짐을 겪어 나간다. 그런데 어떤 사람하고는 특별히 정감이 가고 사이가 좋은 경우가 있는 반면에 누군가와는 별 특별한 이유도 없이 배짱이 맞지 않고 불화하거나 불협화음을 일으키게 된다.

그 이유는 무엇일까? 서로 간에 소위 궁합이 잘 맞느냐 안 맞느냐에 따라서 그 작용이 다르게 나타나기 때문인 것이다.

궁합만을 가지고 사람과 사람 사이의 관계의 길흉을 판단한다는 것은 적지 않은 무리가 따르겠지만 만약 사주가 한랭하여 불의 기운이 절실히 필요한 사람에게 상대가 불의 기운이 강한 사람을 만난다면 굳이 말하지 않아도 많은 도움이 되고 원만한 관계를 유지할 것이다. 하지만 반대로 상대가 木이나 火의 기운이 강한 사람을 만난다면 불균형이 심화되어서 서로가 무언가 맞지 않고 도움이 되지 않으며 다투게 되거나 꺼리게 될 것이다.

이렇게 사람과 사람 사이의 좋고 나쁜 인연을 구별할 수 있는 궁합을 보는 방법에는 여러 가지가 있으나 그중에서 가장 많이 사용하고 합리적이라 생각되는 방법을 소개하고자 한다.

✦ 2. 궁합을 보는 법

(1) 납음오행으로 보는 궁합법

납음오행으로 보는 궁합법은 과거에 쓰던 방법인데 상호 간에 태어난 년도의 간지 납음오행을 찾아 서로 상생이 되느냐 상극이 되느냐에 따라 흉료를 분별하는 방법인데 합리적이지 못하고 그다지 많이 이용되지 않는다. 납음오행(納音五行)이란 음(音)오행인데 수(數)로써 음(音)을 붙이고 이치로써 상(象)을 취하여 오행의 성정과 형질의 변화를 밝힌 것으로 기(氣)의 오행을 말하는 것이다.

1) 납음오행을 쉽게 찾는 법
① 천간, 지지의 오행 수

甲 乙: 1, 丙 丁: 2, 戊 己: 3, 庚 辛: 4, 壬 癸: 5

子 午 丑 未: 1, 寅 申 卯 酉: 2, 辰 戌 巳 亥: 3

② 납음오행 수

木: 1, 金: 2, 水: 3, 火: 4, 土: 5

③ 천간과 지지의 오행 수를 합하면 납음오행 수가 된다. 합한 수가 5를 안 넘으면 그대로 쓰고, 5를 넘으면 5를 뺀 나머지 숫자를 납음오행 수로 본다.

예) 己亥生이면 己는 3이고 亥도 3이므로 합하면 6이므로 5를 빼면 1이 남는다. 1은 木이므로 납음오행은 木이 된다.

2) 납음오행에 따른 궁합법

납음오행 궁합법(納音五行 宮合法)은 태어난 출생년도를 가지고 보는 궁합법으로 남녀 각각 출생년도의 오납음행이 어느 것에 해당하는지 알아본 뒤 서로 간에 상생과 상극을 따져보는 법이다. 생년의 간지를 기준으로 하는 궁합법으로 큰 의미를 두지는 않는다. 그러나 요즘도 일부 역술인이나 무속인들은 납음오행으로 궁합을 본다. 틀린 것은 아니지만 시대에 뒤떨어지는 궁합법이다.

남자가 여자를 극하거나 여자가 남자를 생하는 것은 좋고, 남자가 여자를 생하거나

정석명리학개론

여자가 남자를 극하는 것은 매우 나쁘다. 남녀가 비화되는 것은 토, 수는 길하고 금, 목, 화는 나쁜 궁합으로 본다.

예) 己未生 남자와 壬戌生 여자의 납음오행 궁합

己未生은 천상로, 火가 납음오행이고, 壬戌生은 대해水로 水가 납음오행이다. 그러므로 두 사람의 관계는 水剋火로 여자가 남자를 극하는 관계가 되니 매우 나쁜 궁합이 된다.

(2) 태어난 년도를 비교하여 보는 법

일반적으로 가장 손쉽게 많이 보는 방법으로 남녀 상호 간의 띠를 가지고 비교한다. 서로 간의 년지끼리 삼합이나 육합이 되면 길하고 형, 충, 파, 해, 원진이 되면 흉하며 이 두 가지 이외는 보통의 관계로 본다.

년지는 조상궁을 나타내므로 년지의 합충으로 두 가문 사이의 근본적 화합과 대립의 관계를 규명하는 것이다. 현대는 집안보다는 개인의 삶을 중요시하므로 요즘에 와서는 제일 가볍게 보는 부분이다.

(3) 태어난 달로 궁합을 보는 법

태어난 달로 보는 궁합은 서로 간의 월지의 상태를 비교하여 보는 법으로 월지끼리 합하면 길하고 충하면 흉하게 보는 것이다. 나머지의 관계는 보통으로 본다. 월지는 가정궁으로 월지의 합충의 상태로 두 집안 간의 화합과 대립의 관계를 가늠하여 볼 수 있다.

이 방법은 년지를 비교하여 보는 것보다 훨씬 더 잘 맞는다고 볼 수 있다. 태어난 달만을 가지고 궁합의 길흉을 따져 볼 수 있으므로 간편함의 장점이 있다고 하겠다.

(4) 태어난 날을 비교하여 보는 법

태어난 날로 보는 궁합법은 속칭 겉궁합과 속궁합이 나쁜지 좋은지에 대한 분별법을 말하는데 겉궁합은 서로의 일간을 가지고 합이냐 충이냐의 관계로 서로 간에 외견상으로 성격이 잘 맞느냐 안 맞느냐를 분별하는 것이다. 일반적으로 생과 합의 관계는 길하고 상극과 충의 관계는 흉하다고 본다. 속궁합은 일지끼리 합이나 상생의 관계는 잘 맞는 것이며 형, 충, 파, 해, 원진이 되면 안 맞는 것으로 본다.

(5) 태어난 시로 궁합을 보는 법

태어난 시로 보는 궁합은 서로 간의 시지의 상태를 비교하여 보는 법으로 시지끼리 합하면 길하고 충하면 흉하게 본다. 나머지의 관계는 보통으로 본다. 시지는 미래궁으로 시지 합충의 상태로 두 사람 간의 영구적 화합과 대립의 관계를 가늠하여 볼 수 있다.

이 방법은 태어난 시를 가지고 궁합의 길흉을 따져 말년까지의 화합의 상태를 보므로 년지나 월지를 비교하여 보는 것보다 훨씬 더 의미 있다고 볼 수도 있다.

(6) 사주 전체를 비교하여 오행의 보완 여부를 보는 법

이렇게 일차적으로 서로 간의 년, 월, 일, 시를 비교하여 단식 판단을 하고 난 다음에 남녀 간의 사주를 분석하여 한 사람에게 부족하여 꼭 필요한 오행을 상대가 많이 가지고 있어 보완을 하여 준다면 좋은 궁합이 되고 그 반대일 경우에는 나쁜 궁합이라 할 수 있다. 또한 상대의 용신을 生助하여 주면 좋은 궁합이 되고 충극하면 나쁜 궁합이라고 본다.

(7) 사주를 분석하여 가치관과 심리를 비교하여 보는 법

위와 같은 방법으로 궁합을 보고 좋은 궁합이라 하여 결혼을 하였다면 물어 볼 것도 없이 백년해로하고 행복하게 잘 살아야 할 것이다. 하지만 아이러니한 점은 세계에서 거의 유일하게 결혼 전 궁합을 보는 우리나라가 OECD 회원국 중에서 이혼율이 2위에 올라 있다는 사실이다. 이러한 현실에 비추어 볼 때 위의 방법들을 통한 궁합을 과연 우리가 얼마나 신뢰할 수 있는 가에 대한 의문을 제기하지 않을 수 없다.

과거 우리가 하루 세끼 주식을 걱정하던 시절에는 그저 여자는 의식주 문제만 해결되면 모든 심리적 고통을 감내하고 참고 살 것을 강요당하여 왔다. 그러나 지금은 사회적으로 경제적 문제가 해결되고 여권이 신장하여 여성 상위의 시대가 되었으며 소위 말하여 배곯아 굶어죽는 사람이 없는 시대인 것이다. 과거에는 부부간 이혼의 사유가 주로 배우자의 부정과 경제적 문제였었는데 지금은 성격과 가치관의 차이로 이혼하는 경우가 상대적으로 제일 많이 늘고 있는 추세이다.

　지금은 문화적, 사회적, 직업적으로 다양성의 사회이며 사람들이 원하는 것은 육체적, 경제적 문제를 넘어서 정신적, 심리적 만족을 추구하는 것이다. 그러기에 최상의 궁합 여부를 알기 위해서는 기존의 궁합법에 따라 일차적으로 궁합을 본 연후에 두 사람의 사주를 분석하여 육친십성에 따른 기질과 속성을 살피고 서로의 성정을 비교하여 가치관이나 기호도의 공감대 형성 여부를 꼭 살펴보아야만 한다.

1) 남자 사주의 분석 방법

　* 식상생재의 관계를 보라. 식상생재가 잘된 남자는 여자에 대한 애정 표현의 매너가 좋고 자상하다. 식상이 없으면 애정 표현이 매끄럽지 못하다. 반대로 식상이 너무 태과하면 과도한 애정 표현과 관심으로 상대를 질리게 할 수도 있다. 남자에게 식상은 소위 립서비스란 단어와 등식이 성립된다.

　* 비겁과 재성의 관계를 보라. 군겁쟁재가 일어난 사람은 여성을 사랑은 하나 집착하고 소유하려고 하며 상대의 의견과 인격을 무시한다. 사랑의 방식이 다분히 일방통행적이며 아름다운 꽃을 보면 일단 꺾고 보려는 심리가 강하다.

　* 財, 官, 印의 상생관계를 보라. 財生官 官印相生이 된 남자는 여자의 마음과 사랑을 잘 받아들인다. 다분히 헌신적인 배우자를 만나 상대에게 모성애를 일으키게 하며 사랑의 흡입력이 좋다.

　* 식상과 관성의 관계를 보라. 식상과 관성이 적절히 제화를 잘 이루고 있다면 섹스 환경에 지배를 받지 않고 자유로운 체위를 즐기며 매우 만족스러운 성생활을 즐긴다. 그러나 식상과 관성이 서로 심하게 상극하는 사주는 배우자와 행동습관의 차이나 문화적 차이, 가정적 환경의 차이로 서로 집안 간의 다툼과 성격 갈등을 일으키는 경우가 많다.

　* 조후를 보라. 조후가 안 맞거나 편중편고한 사주는 건강과 정서에 문제가 생긴다. 이 경우 부부관계의 성생활에 문제가 발생하기 쉽다. 정신적인 섹스와 사랑을 추구하는 경우가 있어 상대의 성적 욕구가 강할 때는 심각한 불만족을 초래할 수 있다.

2) 여자 사주의 분석 방법

* 재생관의 관계를 보라. 재생관이 되는 여자는 한마디로 남자를 섬기고 편안하고 안락하게 모실 줄을 안다. 남자에게 자신의 몸과 마음을 바쳐 정성을 들이고 존중하며 상대의 자존심을 높여 주고 성공을 시키고자 하는 심성을 가진다.

* 관인상생의 관계를 보라. 관인상생이 잘 이루어진 여자는 남자의 사랑을 잘 받아들이므로 상대 남성을 식상이 잘 발달하여 센스와 매너가 좋은 사람을 만나게 되나, 사주에 인성이 없어 관인상생이 안 되어 있으면 남성으로부터 사랑이 유입되는 코스가 약하여 사랑의 정서에 둔감한 경우가 생긴다.

* 식상과 관성의 관계를 보라. 식상이 관성을 적절하게 극하는 여성은 남자에게 자신의 감정과 사랑을 적절하게 표현을 할 수 있다. 상대를 자신의 패턴대로 끌고갈 수 있는 능력이 있는데 사주에 재성이 없고 식상이 너무 태과한 경우에는 남성을 무시하고 함부로 대하는 심성이 있다. 반대로 식상이 없는 경우에는 사랑의 감정과 표현이 부족하여 남자를 잘 다루지 못하고 그로 인하여 상대의 불만을 초래할 수 있다.

* 비겁과 관성의 관계를 보라. 관성이 비겁을 적절히 극제하는 경우에는 배우자와의 관계에 균형을 이루나 약한 비겁을 강한 관성이 극제할 경우에는 상대의 억압적 행동에 수치와 모멸을 느끼는 억압 심리가 있으며 반대로 강한 비겁이 약한 관성에 대항하는 여명은 자신의 욕구를 충족시키지 못함에 남성을 존중하지 못하고 경시하는 심리가 있다.

* 조후관계를 보라. 조후가 안 맞거나 편중편고한 사주는 건강과 정서에 문제가 생긴다. 이 경우 부부관계의 성생활에 문제가 발생하기 쉽다. 정신적인 섹스와 사랑을 추구하는 경우가 있어 상대의 성적 욕구가 강할 때는 심각한 불만족을 초래할 수 있다.

3) 남녀 사주의 상대성 비교

예1) 궁합 측정 사례

남자(현직 경찰)	여자(가정주부)
癸 癸 甲 乙 丑 卯 申 巳	乙 辛 丙 庚 未 巳 戌 戌
식상생재의 관계: 매우 발달 비겁과 재성의 관계: 균형 재관인의 관계: 불미 식상과 관성의 관계: 불균형 조후관계: 무난	식상과 관성의 관계: 불균형 비겁과 관성의 관계: 균형 관인상생의 관계: 매우 발달 재생관의 관계: 안됨 조후관계: 난조함

위 두 사람은 사주의 오행상으로 상호 보완관계가 이루어져 연애결혼을 하였다. 남자는 식상생재가 잘되고 비겁과 재성의 관계가 무난하여 상대를 존중하며 사랑하는 감정이 발달하였으나 식상과 관성의 균형이 안 맞아 섹스 행위에 있어서의 자유로움과 변형적 체위의 요구 등으로 상대의 거부 반응을 일으킬 수 있다. 재관인의 상생이 불미하여 상대의 모성애적이며 헌신적인 사랑을 유도하지 못하며 여자의 마음과 사랑을 잘 받아들이지 못한다. 조후관계에는 문제가 없다. 여자는 식상이 없어 사랑의 감정과 표현이 약하여 상대의 불만을 초래할 수 있다. 비겁과 관성의 관계는 균형을 이루나 관인상생이 너무나 발달하여 남자들의 사랑을 너무 잘 받아들이며 상대 남성들을 식상이 잘 발달하여 센스와 매너가 너무나 좋은 사람을 만나게 된다. 그러나 재생관의 관계가 없고 조후가 난조하여 남자를 편하게 섬길 줄 모르고 정신적인 섹스와 사랑의 추구로 상대의 심각한 불만을 초래하게 된다. 여자가 사랑에 대한 이상 추구 심리로 외도를 하여 庚寅년 癸卯월 현재 이혼 소송 중에 있는 부부이다.

위에 예시한 바와 같이 남녀 간에 사주에 따른 심리 상태와 사랑의 유형이 적합도가 높으면 결혼 후 바람직하며 무난한 부부 생활을 영위할 수 있으나 단순히 오행이 서로 보완관계만을 이루는 만남일 경우에는 일시적인 관심과 사랑으로 육체적 관계를 맺고 결혼을 한다 해도 정신적, 육체적으로 서로의 부적합함을 극복하지 못하고 불만이 쌓여 불행한 결과를 초래할 가능성이 높다.

15장. 종합론

✦ 1. 결혼하는 시기 보는 법

1) 행운과 일주가 천간합을 하거나 지지합을 할 때 결혼이 많이 성사된다. 고서에 天地가 合하면 사람이 들어오며 좋은 일이 생긴다고 했다. 남자 사주에 合하여 재성을 이루거나, 여자 사주에 合하여 관성을 이루면 결혼이 성사된다.

2) 남명의 일주가 행운의 천간 정재와 合되거나, 여명의 일주가 행운의 천간 정관과 合하면 결혼이 성사된다.

3) 남명이 행운에서 정재나 편재를 만나거나, 여명이 행운에서 정관이나 편관을 만나면 이성의 인연이 좋아진다. 만일 남명에 재성이 없거나, 재성이 지지에만 있는데 행운의 천간에 재성이 오면 더욱더 가능성이 높고 여명에 관성이 없거나 지지에만 있는데 행운의 천간에 관성이 오면 인연을 만날 가능성이 매우 높다.

4) 남자 사주에 있는 재성이 충극되어 있는데 구해 주는 행운이 오거나, 여자 사주에 있는 관성이 충극되어 있는데 구해 주는 행운이 오면 결혼이 성사된다.

5) 일지 부부궁이 합이나 충이 되면 결혼이 성사된다. 청소년기에 일지가 합이나

충이 되면 연애를 하고 혼인 적령기의 사람은 결혼을 한다.

6) 배성(配星)과 부부궁이 모두 움직이는 해에는 결혼이 성사되며 행운에서 도화살이나 홍염살을 만날 때도 결혼이 성사된다.

7) 여명의 官殺은 남편이나 이성을 나타낸다. 따라서 행운에서 관살의 천을귀인을 만나면 배우자를 만나기 쉽고 배우자에게 여러 가지 도움을 받는다.

8) 여명의 사주와 행운이 습하여 상관을 이루거나, 남명의 사주와 행운이 습하여 겁재가 되면 결혼이 성사될 듯하다 깨지기 쉽다.

9) 희신운이나 용신운을 만나면 결혼이 성사된다. 다시 말해 일주가 약한데 印綬運을 만나거나, 남명이 일주가 강한데 식상이나 재성운을 만나거나, 여명이 일주가 강한데 재성이나 관살운을 만나거나, 조후용신을 만나는 때를 말한다.

10) 신약한 사주는 남녀 모두 인성운에 결혼하기 쉽고 중화된 사주의 경우에는 격국용신에 해당하는 운에도 결혼이 많이 이루어진다.

11) 용신운에도 결혼하기 쉬운데, 이때는 자신이 원하는 사람이나 좋은 상대를 만난다. 반대로 기신운이나 살상효인(殺傷梟刃)의 사흉신(四凶神)년에 결혼할 경우에는 자기의 의지와 상관없이 갑자기 결혼하거나 아니면 마음에 들지 않는 사람이나 열악한 상대를 만나기 쉽다. 또는 거의 이루어지던 혼인도 파혼이 되는 경우가 많고 배성이 쟁합이나 투합이 되는 경우에도 결혼에 지장이 생기거나 파혼이 되는 경우가 많다.

12) 일주 외의 간지와 세운이 합해서 배성으로 바뀌었을 때 우연한 기회에 생각지 않은 사람과 타의에 의해서 결혼하기 쉽다.

13) 관살이 혼잡하거나 정편재가 혼잡한 경우 세운에 의해 둘 중의 하나가 合去되거나 沖去될 때도 많이 결혼한다.

14) 남명에 재성운이 오거나, 여명에 관성운이 오면 결혼을 하는데 여명에 관살이 重하면 식상운에 결혼을 하고, 관살이 약하면 재성운이나 관살운에 결혼을 하고, 관살이 약하고 식상이 태중하면 인성운에 결혼을 하고, 관살이 重하고 재가 많으면 비겁운에도 결혼을 한다. 남명에 재성이 重하면 비겁운에 결혼을 하고, 재성이 약하면 식상운이나 재성운에 결혼을 하고, 재성이 약하고 비겁이 태중하면 관성운에 결혼을 하고, 재성이 重하고 식상이 많으면 인성운에도 결혼을 한다.

✦ 2. 자식을 얻는 시기를 보는 법

1) 일반적으로 남명은 관살운이 오면 자식을 얻는다. 그런데 남명에 관살이 重하면 식상운에 자식을 얻고, 관살이 약하면 재성운이나 관살운에 자식을 얻고, 관살이 약하고 식상이 태중하면 인성운이나 재성운에 자식을 얻고, 관살이 重하고 재가 많으면 인성운이나 비겁운에 자식을 얻는다.

2) 일반적으로 여명은 식상운이 오면 자식을 얻는다. 그런데 여명에 식상이 重하면 인수운에 자식을 얻고, 식상이 약하면 비겁운이나 식상운에 자식을 얻고, 식상이 약한데 인수가 重하면 재성운에 자식을 얻고, 식상이 重하고 비겁이 많으면 관살운에 자식을 얻는다.

3) 행운에서 子息星이 밝게 나타나면 자식을 얻는다.

4) 남녀 모두 子息星이 충극을 받을 때는 구해 주는 해가 오면 자식을 얻는다.

5) 여름에 태어난 여명이 조후용신인 水가 윤택하게 해 주어야 할 때 水運을 만나거나, 겨울에 태어난 여명이 火로 따뜻하게 해 주어야 하는데 火運을 만나면 자식을 얻는다.

6) 행운에서 子息星과 子女宮이 모두 감응할 때 자식을 얻을 수 있으며 대운이나 세운이 용신운에 해당하면 자식을 얻을 수 있다.

7) 忌神이나 仇神운에 자식을 보았는데 자식의 사주가 좋지 않을 경우에는 자식이 병약하거나 나쁘게 풀리는 경우가 많다.

8) 사주가 조열하거나 한습한 경우에는 억부용신이나 격국용신과 관계없이 조후용신운에 자식을 낳는 경우가 더 많다.

✦ 3. 육친관계의 길흉 보는 법

정인은 어머니요, 편재는 아버지요, 비겁은 형제자매이고 남명에서 재성은 아내요, 관살은 자식이고 여명에서 관살은 남편이요, 식상은 자식이다. 이것은 십성으로 육친관계를 보는 방법이다. 이외에 宮으로 보는 방법은 년주는 조상, 월주는 부모 형제, 일간은 자신, 일지는 배우자, 시주는 자식으로 본다.

1) 육친관계의 길흉을 보기 위해서는 십성과 宮의 희기(喜忌)를 종합적으로 살펴야 한다. 십성의 희기로는 해당하는 육친의 성공 여부나 도움과 운세의 길흉 등을 살피고 宮의 희기로는 해당하는 육친의 인품이나 성격과 덕망의 관계 등을 살핀다. 宮에 용신이 있을 때는 해당하는 육친의 덕이 있고, 해당하는 십성이 용신일 때는 육친의 복이 있다. 만일 십성과 궁의 길흉이 서로 모순되거나 다툼이 있을 때는 십성이 먼저고 宮이 그 다음이다. 가장 좋은 것은 십성과 궁이 모두 길신인 경우이다. 반대로 십성과 宮이 모두 흉성이면 그 육친의 복덕이 매우 흉하다.

2) 육친관계의 길흉을 보기 위해서는 먼저 十星과 宮이 같은 곳에 있나 본다. 만약 득위를 하면 자신과 해당하는 육친이 그 책임과 본분을 다하고, 그 육친이 자신에게 강한 영향을 미친다. 예를 들어 정인이 월지에 있으면 어머니가 그 본분을 다하여 어머니의 영향이 크다. 해당하는 十星이 제 위치에 없으면 해당 육친과의 인연이 약하고 刑, 沖이 되면 더욱 심하다. 만일 十星이 제 자리에 있으면 해당하는 육친이 그 본분을 다한다. 만일 子息星이 시주에 없으면 자식이 성장한 후에 인연이 멀어지고, 子息星이 시주에 있으면 자식이 성장한 후에도 말년까지 가까이 지내는 경우가 많다. 配偶者星이 득위하면 부부간에 유정하다.

3) 육친관계의 힘을 보기 위해서는 十星의 강약을 살핀다. 十星의 강약으로 해당하는 육친의 능력, 운세, 영향력 등을 본다.

4) 육친관계의 길흉화복을 보기 위해서는 十星의 沖剋會合을 살핀다. 十星의 충극회합으로 자신과 해당 육친의 길흉화복, 수명과 건강, 질병 등을 본다. 예를 들어 정인이 沖剋되면 어머니에 문제가 있거나, 자신과 어머니의 인연이 약하거나, 질병과 재앙이 있거나, 어머니를 일찍 여의게 된다. 十星이 용신을 극하면 해당 육친이 자신에게 피해를 주고, 용신이 十星을 剋하면 자신이 해당 육친에게 피해를 준다. 예를 들어 식상을 용신하는데 정인이 식상을 극하면 평생 어머니로 인해 앞길이 막히게 된다. 十星과 일주가 습하면 해당하는 육친과 인연과 정이 많다.

5) 十星이 다른 간지와 습을 하면 해당 육친의 정이 그곳으로 향하기 쉬운데 그 습의 희기를 살펴 해당 육친의 도움이나 피해의 여부를 파악한다. 十星이 타 간지와 합이 되면 해당 육친이 부정하다고 본다. 예를 들어 정인이 합이 되면 어머니가 부정하고, 비견이 합이 되면 형제자매가 부정하며, 재가 합이 되면 아내가 부정하다고 보는데 이것은 사주 전체의 상황을 보고 판단해야 한다.

6) 육친의 인연을 보기 위해서는 十星의 유무를 본다. 천간과 지지 그리고 지장간에도 없는 십성은 해당 육친이 없거나 인연이 박하게 된다. 예를 들어 남명에 재성이 없으면 결혼을 늦게 하거나 독신주의자이거나 처를 중요하게 생각하지 않는다. 만일 정인이 없으면 어머니와 일찌감치 인연이 끊기거나 다른 사람 밑에서 양육되기도 한다.

7) 육친관계의 상태를 보기 위해서는 宮의 충극회합을 살핀다. 宮이 충극되지 않으면 해당 육친의 상태가 안정되어 쉽게 변화가 생기지 않는다. 宮이 충극당하면 자신과 해당 육친의 관계에 충돌이 생기며 분리되기도 한다. 宮을 沖, 剋, 刑, 破, 害하면 자신과 해당하는 육친 사이에 마찰이나 분리가 생긴다. 宮이 회합되면 해당하는 육친과 화목하고 다른 육친과의 관계도 좋다. 宮이 충도 되고 합도 되면 길한 가운데 흉하고 흉한 가운데 길하다. 그리고 합이 되면 습變 후의 흉륜를 살펴 자신에게 도움이 되는지 손해가 되는지를 판단한다.

8) 행운에서 육친의 관계를 본다. 행운에서 나타나는 十星은 그 육친과의 관계가 해당하는 기간 동안 강하게 형성된다. 그 十星으로 자신의 사주가 중화되면 해당 육친과 유정하며 강한 영향을 받고 그 시기에 해당하는 육친과 자신의 운세가 좋아진다. 여기서 참고할 것은 대운의 시기별 영향력이다. 대개 1, 2 대운은 부모가 영향력을 행사하고, 3, 4, 5 대운은 배우자가 영향력을 행사하며 대운의 후반기에는 자녀가 영향력을 행사한다. 형제자매는 3대운 이후이다.

9) 宮과 十星의 묘고와 공망을 살핀다. 만일 해당하는 십성이 묘고에 들면 해당하는 육친의 건강, 질병, 운세, 조건 등이 좋지 않다. 또한 공망이 되면 해당하는 육친과 생사 이별이 따르거나 운세가 불리하며 있어도 없는 것과 같다.

10) 十星의 正偏 여부를 살핀다. 남명에 정재가 없으면 편재를 아내로 보고, 여명에 정관이 없으면 편관을 남편으로 본다. 그러나 정인이 없다고 해서 偏印으로 친어머니를 대체할 수는 없고, 편재가 없다고 해서 정재로 친아버지를 대체할 수는 없다. 正은 유정한 극이고, 偏은 무정한 극이다. 대체되는 상대를 얻었을 때는 파란과 좌절이 많이 따른다.

11) 운에서의 星과 宮의 변화를 살핀다. 星과 宮이 변하면 자신과 육친 사이에 결합 · 출현 · 분리 · 사망 · 길흉 등이 따른다.

✦ 4. 부부궁을 판단하는 방법

(1) 부부궁의 길흉을 판단하는 기준

① 配星의 상태를 살핀다.
② 日支(배우자궁)의 상태를 살핀다.
③ 배성을 극하는 육신의 향방을 살핀다.
④ 격국용신과 배성과의 관계를 살핀다.
⑤ 일주의 강약을 판단해 배성의 감당 능력 여부를 살핀다.

(2) 配星에 의한 판단

1) 배성의 기준

* 남자는 재성을 보고 여자는 관성을 본다. 배성은 정재나 정관을 원칙으로 하지만 정재나 정관이 나타나지 않고 편재나 편관만 나타나 있을 경우에는 편재나 편관을 배우자로 정한다.

* 배성이 혼잡되어 있을 경우에는 정재나 정관의 상태를 자세히 살핀다.

* 배성을 생해 주는 육신과 설기해 주는 육신의 상태를 보며 배성과 월령과의 관계와 배성의 통근과 투출된 상태를 본다.

* 배성이 연월일시 어느 곳에 위치하고 있는가를 보며 배성의 합, 형, 충, 원진, 공망 등의 관계를 보고 배성과 신살과의 동궁 여부도 본다.

* 배성이 없을 경우에는 배성을 생하는 육신을 배성으로 본다. 즉 남자는 식상을 보고, 여자는 재성을 배성으로 보는데 배성이 없을 경우는 용신을 배성으로도 본다.

* 무재인 남자나 무관인 여자는 배우자의 사주에서 무관이나 무재인 사람을 만나는 경우가 많다.

2) 남자

* 재성이 희용신이면 처복이 있고 처덕으로 출세하는 경우가 많으며 처가 아름답거나 가문도 좋은 현모양처를 만난다.

* 재성으로 처복과 재물을 보고 일지로 처덕을 본다. 덕이란 정신적인 면과 언행을 의미하고, 복이란 물질적인 면과 타고난 것을 말한다.

* 재성이 기신이면 처가 흉하거나 처로 인하여 장애가 생기기 쉽다. 그렇지 않을 경우 처의 내조가 약하여 자신의 하는 일에 도움이 안 되거나, 처와 무정하여 부부 금실이 좋지 않거나 백년해로하기 어렵다.

* 재성이 태과한데 신약한 사주는 성격이 드세고 고집 센 부인을 만나서 공처가가 되기 쉽고, 부인이 가권을 쥐고 흔드는 바람에 자신은 허울 좋은 백수가 되어 처의 보조 역할을 하는 경우가 많다.

* 재다신약인 사주는 처로 인한 풍파가 일어나고 그렇지 않을 경우에는 일찍 상처를 하거나 여러 곳에 여자가 생겨서 풍파를 겪는 경우가 많으며 고부간의 갈등으로

중간에서 난처한 입장이 되기 쉽고 가정이 화목하지 못하고 불안하다.

* 희용신이나 기구신을 막론하고 재성이 약할 때는 부인이 미치는 영향력이 크지 않다. 또한 재성이 용신일지라도 충극을 당하여 무력하게 되면 좋은 처를 얻었어도 힘들게 하거나 구박하는 경우가 많다.

* 관살이 太重하여 재성의 설기가 심하면 재성이 약해져서 내조의 힘이 적고 무능하거나 무력하다. 그러나 식상이 있어 강한 관성을 제압하면 유능하지는 못해도 무력하지는 않다.

* 재성은 지지에 통근해야 한다. 천간에 있는 재성이 지지에 뿌리를 내리지 못했을 경우 비겁운이 오면 탈재 현상이 일어나 이혼하거나 상처할 가능성이 많다.

* 재성이 형충이나 공망이 되어 무력하든지 비겁에 의해 파극을 당하면 처덕이 없고 내조가 약하다.

* 재성이 辰, 戌, 丑, 未 고장지에 있을 경우 開庫되어 있으면 처가 총명한데, 개고되어 있지 않을 경우에는 첩을 두거나 본처와 무정하여 떨어져 사는 경우가 많다.

* 남명에 식신이 희신이며 역마살과 같이 있으면 처의 수완으로 부자가 되는 경우가 있다.

* 종재격은 처로 인하여 부귀를 누릴 수 있으나 처가살이를 면하기 어렵고 처의 주장이 강하여 공처가가 되기 쉬우며 운이 나쁠 때는 처로 인하여 오히려 우환을 겪는 경우도 많다.

3) 여자

* 여명에서 남편의 길흉을 판단하는 기준은 사주원국의 청탁(淸濁)과 순잡(純雜)에 있다. 사주에 관살이 유기하고 희용신에 해당하면서 일주와 유정하면 남편이 귀하고 덕이 있다.

* 사주가 오행이 중화를 이루면서 청순하고 편중되거나 혼잡되지 않으면 현모양처로서 정숙하고 미모 또한 겸비한다.

* 여명에는 관성이 남편이므로 정관이나 편관 일위(一位)가 좋고 혼잡되거나 편중된 것은 좋지 않다. 또한 관성이 통근하거나 재성이 있어 관성을 생해 주고, 인성이 있어서 일주를 도와주어야 좋은데, 이 경우에도 형충이 없어야 한다.

* 사주가 관인상생이 잘되고 중화를 이룬 여자는 총명하면서도 정결하고 미모를 겸

비하고 있다. 또한 일주가 약하더라도 관살이 혼잡되지 않고 식상과 관성이 다투지 않고 식상과 인성이 균형을 이루며, 형충 등이 없으면 현모양처이다.

* 관성이 미약하고 식상이 태왕한데 재성이 없는 경우와 관살이 태왕한데 식상이 약하여 제살하지 못하는 경우, 관성운을 만나면 배우자와 생사 이별하기 쉽다.

* 사주에 관성이 없으며 외격이거나 사주가 중화를 잘 이루지 못하였을 경우에는 남편 덕을 크게 기대하지 않는 것이 좋다. 무관사주인 경우는 대개 남편이 무능력하거나 병약한 경우가 많은데, 만약에 남편이 잘해 주거나 사회적으로나 경제적인 능력이 좋을 경우에는 일찍 사별하거나 헤어지는 경우가 많다.

* 위와 같을 경우 서로의 생각에는 자기한테는 소홀히 하고 다른 사람한테는 잘해 주는 것 같거나, 상대방이 무능력해 자기와는 맞지 않는다고 생각해서 서로 간섭하지 않고 독립적인 생활을 하거나, 다른 사람을 만나면 행복할 수 있을 것 같아서 헤어지고 재혼을 하여도 다음 상대는 더 좋지 않은 사람을 만나는 경우도 많다.

* 관성이 미약한데 재성이 없고 비겁이 태왕할 경우에도 남편에 대한 불평불만을 항상 가지고 살거나 그렇지 않으면 다른 여자에게 남편을 빼앗기기 쉽다.

* 여명에 비겁이 태과하고 관살이 있으면 남편이 축첩을 하는데 만약 비겁이 관성과 합이 되거나 일주보다 뿌리가 튼튼하면 남편이 첩을 본처로 삼고 자신과 이혼하거나 본인이 첩의 신세가 된다.

* 재살(財殺)이 태과한 사주가 또 재살운을 만나면 상부하거나 남편에게 사고가 생기고 그렇지 않을 경우 본인이 질병이나 기타 사고를 당하는 경우가 많다.

* 재살(財殺)이 태과한 사주는 남편한테 온갖 정성을 다하고도 배신을 당하거나 성격이 별난 시어머니를 만나 시집살이를 혹독하게 하지 않으면 두 분의 시어머니를 모시는 경우가 있다.

* 인성이 많아 일주가 신강한 사주에 관성이 미약한데 재성이 없으면 남편이 무능력하거나 이별하기 쉽다. 또한 첩의 신세가 되는 경우도 많은데, 식상이나 관살이 혼잡하고 균형을 이루지 못한 경우도 마찬가지다.

* 여명에 식상이 많고 관성이 약한데 인성이 있더라도 재성운을 만나 인성이 파극되면 이별하거나 사별한다.

* 관성이 약한데 재성이 약한 여명에서 인성이 강하거나 비겁이 많으면 남편이 외도를 하거나 사업에 실패하여 부부 이별을 하게 된다.

* 신왕한데 관성이 전혀 없어 극제하지 못할 경우, 저돌적이거나 천방지축인 경우가 많고 그렇게 자신만만하거나 콧대가 높은 척하던 사람도 관살운이 오면 십중팔구 남자의 유혹에 넘어가는 경우가 많다.

(3) 배우자궁[日支]에 의한 판단

* 배우자궁은 남녀 모두 일지로 판단한다. 일지에 재성이나 관성이 있고 희용신에 해당할 경우에는 배우자가 능력이 있으며 배우자복이 있다.

* 일지가 忌神인데 配星이 용신이나 희신에 해당하면 부는 누릴 수 있으나 배우자와의 인연이 박(薄)하고 배우자 덕이 없다.

* 일지에 배성이 천을귀인과 함께 있으면 배우자가 현철하고 자애로우며 용모도 아름답다.

* 일지가 월지나 시지에 의해 형충을 당하면 배우자와 이별하거나 배우자의 건강에 이상이 있다. 특히 남자의 경우 일지에 화개살이 있으면서 형충이 되면 처가 부정하거나 남편을 극하는 경우도 있다. 또한 합하여 다른 오행으로 변하여 기신이 되면 부부 인연이 좋지 않다.

* 속궁합은 부부간의 잠자리와 육체관계를 말하는데, 속궁합이 잘 맞는다는 것은 우선 일지와 일지 간에 합이 되어야 좋고 무엇보다도 조후관계가 잘 이루어져야 한다.

* 일지에 비겁이 있으면서 신왕한 사주는 배우자로 인하여 손재와 구설이 따르고 생사 이별하기 쉽다.

* 남명의 일지에 비겁이 암장되어 있으면 그 처가 몰래 바람을 피울 수 있다.

* 여명에 일지나 시주에 비겁이 나란히 있으면 남편이 외도를 하기 쉽다.

* 여자 사주의 일지에 상관이 있는데 재성이 없을 경우 배우자와 이별하거나 사별하기 쉽다.

* 일지에 있는 배성이 다른 육신과 합하여 기신이 되면 그 배우자가 외도를 하는 경우가 많다.

* 신약한 사주에 일지에 재성이나 관성이 있으면 부부 싸움이 많다. 특히 편관이 있으면 배우자의 성질이 까칠한데, 식상이 있어 제살하면 이를 면한다. 또한 신약한 사주에 재성이나 관성이 일지에 있는데 운에서 형충을 하면 결혼 후에 병약해지기 쉽다.

* 여자의 경우 식신을 자궁이나 유방으로 보며 일지를 생식기로도 본다. 남자는 水

오행을 생식기로 보거나 정력으로도 본다. 남녀 모두 金水가 강하면 정력도 강하다.

* 남녀 모두 일지에 辰巳 지망살이나 戌亥 천라살이 끼면 부부간에 떨어져 사는 경우가 많다. 운에서 올 때도 그렇다.

(4) 배성(配星)을 극하는 육신에 의한 판단

* 여자의 경우 상관, 남자의 경우 겁재의 향방과 동태를 자세히 살펴보아야 한다.

* 군겁쟁재가 된 사주는 처가 병약하거나 사별하는 경우가 많으며 그렇지 않을 경우 처를 힘들게 하여 해로하기 어렵다.

* 남명에 재성이 없다 하여도 양인이나 비겁이 많으면 생사 이별하기 쉽다.

* 남명에 양인과 비겁이 많으며 재성이 약하더라도 식상이 생재하면 처가 현명하고 덕이 있어 내조의 힘이 크다. 그러나 이 경우에도 인성이 나타나 식상을 극하면 처가 흉사하거나 병고에 시달리기 쉽다. 그러나 인성운을 만나더라도 그 처가 남자보다 똑똑하지 못하면 처는 흉사를 면하는 수도 있다.

* 남자 사주에 비겁이 많더라도 재성이 진술축미의 지지에 암장되어 있으면 흉함이 없고 오히려 처의 숨은 내조가 있을 수 있다.

* 남명에 비겁이 혼잡되어 있고 재성이 간합되어 있거나 도화살이나 십이운성의 욕지에 앉아 있으면 그 처가 바람을 피우기 쉽다. 특히 재성과 비겁이 암합을 할 경우 그 처가 정통도주를 하는 경우도 있다.

* 남명에 재성이 희신일지라도 군겁쟁재가 되거나 재성이 다른 간지와 합하여 오행이 변할 경우 그 처가 다른 곳에 정을 주거나 부정하기 쉽다. 특히 재성이 다른 간지와 합하여 변한 오행이 일주와 같은 오행이 되면 더욱 심하다.

* 여명에 일지에 상관이 있고 재성이 없으면 부부 해로하기 어렵고 이혼하거나 사별한다. 또한 여명에 상관이 용신인 경우에는 자식 복은 있더라도 남편 덕까지 기대하기는 힘들다.

* 여명에 년, 월의 간지에 상관이 강하게 자리하고 있거나 식상이 태과할 경우 부모가 반대하는 연애결혼을 하거나 불륜에 빠져 가문에 먹칠을 하기 쉽다. 또한 년주 상관은 첫 남편을 극하는 경우가 많다.

* 여명에 관성이 약한데 운에서 식상운을 만나면 남편이 외도를 하여 자식을 낳아 몰래 숨겨두는 경우도 있다.

* 여명에 상관이 중첩되거나 旺하면 그 배우자가 실패를 하거나 헤어지는 일이 발생한다. 특히 대운천간에 식상운이 오면 이별하지 않으면 남편의 신상에 문제가 생기기 쉬운데 관성이 사주의 천간에 노출되어 있을 경우에는 더욱 심하다.

* 여명에서 식상은 지지에 있는 것이 안전하다. 천간에 나와 있으면 식상이 비록 희용신이라도 남편을 경시하거나 자신이 옳다는 생각에 독선적으로 행동하여 가정에 불화가 생기는 경우가 많다.

* 여명에 상관이 강하더라도 오히려 관성이 나타나 있지 않고 재성이 잘 짜여 중화를 이루고 있으면 귀명이 되고 좋은 남편을 만나 해로할 수도 있다.

(5) 용신(用神)과 배성(配星)의 관계에 의한 판단

* 재성이 희용신인데 다른 간지와 합할 경우, 그 처가 무력하거나 외정을 통하기가 쉽다. 특히 간합의 경우가 더 심하다.

* 신강한 사주에 관성이 용신인데 식상이 강하고 관성은 약할 때 재성이 식상의 힘을 빼어 관성을 생해 주는 통관 역할을 하면 현명한 처의 내조로 성공하고 출세한다.

* 사주에 인성이 태과하여 병(病)이 되는데 재성이 있어 병(病)을 제거할 경우 그 처가 현명하고 내조의 공이 많다.

* 재성이 희용신일 경우라도 사주에 식상이 없으면 처복(妻福)은 있을지라도 재복(財福)은 없다.

* 신약한 사주에 관살이 태과하여 인성이 용신일 때, 재성이 용신인 인성을 극하고 기신인 관살을 생조(生助)하면 그 처가 어리석은 행동을 많이 하며 처로 인하여 실패와 고난이 따른다. 특히 인성과 재성이 천간이나 지지에 나란히 있을 때는 그 흉함이 더 강하게 나타난다.

* 일지에 편재나 편관이 있고 사주에 재살이 태과하여 신약한 사주는 배우자의 성질이 괴팍하거나 해로하기 어렵다.

* 여자의 사주에서 용신이 합이 되어 기신으로 변하면 남편이 외도를 하는 경우가 많다.

* 남명에서 정인격은 숙명적으로 외도를 하면서 본처와는 사이가 좋지 않은 경우가 많다. 이는 정인격에 정재는 격을 파괴하는 육신이기 때문이다.

* 양일간의 여명에서 편인은 상관과 간합을 하니 관성을 보호하여 좋은데, 음일간

의 여명은 편인이 정재와 간합을 하니 남편에 대한 내조를 망각하고 멋대로 행동하기 쉽다.

(6) 일주(日主)의 강약에 의한 판단

* 여자 사주가 신왕하면 자기가 최고라는 생각에 남편을 무시하거나 속이는 경우가 많고 자기 멋대로 행동하며, 특히 양간 일주일 경우에는 남편에게 만족하지 못하고 다른 남자를 탐낸다.

* 여자 사주에 관성이 약한데 양인이 겹쳐 있으면 독부가 되어 남편을 극할 수 있다.

* 남녀 모두 비겁이 많아 신왕할 경우 의처증이나 의부증이 생기기 쉽고 여자의 경우에는 자신이 외첩이 아니면 남편이 외첩을 두거나 나이 차가 많은 남자와 사는 경우가 많다.

* 남자의 경우 비겁이 많아 신왕할 경우 미모나 재능이 뛰어난 여자를 아내로 맞이하는 경우가 많은데, 부부관계가 일방적이거나 가부장적이어서 그 처가 항상 전전긍긍하거나 불만이 많다. 그렇지 않을 경우 한번 결혼에 실패한 경험이 있는 여자를 만나거나 화류계 출신의 여성과 인연이 있다. 그러나 예외로 위와 같은 경우에도 부부 사이가 원만한 경우가 있는데 이럴 경우에는 처가 질병에 시달릴 수 있다.

* 여자 사주가 신약한데 관살이 태과하여 혼잡되어 있을 경우, 평생 남편 덕이 없거나 이혼이나 사별로 여러 번 결혼을 하는 경우가 많다. 그런데 예외적으로 남자에 대한 혐오감이나 트라우마가 있어 아예 결혼하지 않고 커리어우먼으로 사는 경우도 많다.

* 위와 같을 경우 대체적으로 원만한 결혼 생활을 기대하기는 힘들고 억지 결혼이나 멋모르고 한 결혼에 평생을 두고 후회하면서 지내거나 남편에게 잘해 주고도 배신을 당하는 경우가 많다. 한마디로 박복한 여자이나 종교에 귀의하여 정결하게 사는 경우도 있다.

* 남자 사주에 인성이 태과하여 신강(身强)할 경우 모처 간의 불화는 물론이고 특히 일지에 인성이 있을 경우 그 처가 생각할 때는 남편을 마마보이로 보기 쉽다. 어머니의 조종이나 간섭에 끌리어 결국에는 이혼하는 경우가 많다.

* 고로 인성이 태과하거나 편중된 남자는 좀 어수룩하거나 수단을 부리지 않는 여자를 만나야 해로할 수 있다. 반대로 영리하거나 자기주장이 강한 여자를 만나면 항상 의견 다툼이 끊이지 않아 부부가 해로하기 어렵다.

✦ 5. 자식궁을 판단하는 방법

(1) 자식의 길흉을 판단하는 기준

자식의 길흉은 남녀 어느 한 사람의 사주만으로 결정되는 것이 아니기 때문에 항상 배우자의 사주를 함께 참고해야 한다. 그 이유는 부부 중 한 사람만의 사주 판단으로는 어떤 가능성만 가지고 있을 뿐이고 배우자 사주의 짜임새에 따라서는 자녀의 생산이 다산이나 무자로 변하는 경우가 있기 때문이다. 세상 만물은 전부 음양으로 이루어져 있고 상대적인 음양의 조화가 잘 이루어져야 생산이 가능한 것이다. 자식의 길흉을 판단하는 기준은 다음과 같다.

① 남자는 관성, 여자는 식상의 상태를 살핀다.
② 자식궁에 해당하는 시주의 상태를 살펴본다.
③ 자식성을 극하거나 생하는 육신의 동태를 본다.
④ 부부간의 조후상태 및 신살관계를 본다.
⑤ 억부나 격국용신과 자식성의 관계를 살펴본다.
⑥ 득자할 수 있는 시기를 살핀다.

(2) 육신에 의한 판단 기준

1) 남자
* 관성이 강하면 일찍 자식을 얻게 되고 자식 또한 총명하고 건전하게 성장한다.
* 천간과 지지에 나타난 관성은 정당한 자식이고 암장된 관성은 숨겨둔 자식이 될 수 있다.
* 사주에 관성이 있는데 일지의 지장간에 관성이 암장되어 있으면서 他柱의 지장간과 암합을 하고 있으면 몰래 숨겨둔 자식이 있는 경우가 있다.
* 관성이 辰, 戌, 丑, 未 사고지에 있어도 사생아를 두는 경우가 많다.
* 관살이 혼잡되어 있는 사주에 재성이 없으면 사생아를 두는 경우가 있으며 편관이나 편인, 편재가 중첩하면 사생아인 경우가 있다.
* 관성이 너무 강하거나 약해도 자식이 없는 경우가 많은데 관성이 많은 경우에는

인성이 있어 살인상생이 되고, 관성이 약한 경우에는 재성이 있어 재자약살을 하는 경우에는 자식이 있다.

* 재성과 관성이 너무 많거나 강하면 자식이 없는 경우가 많고 만약 있어도 불효하기 쉽다.

* 식상이 천간에 투출되어 태과한 경우 자식이 없는 경우가 있으며, 있어도 속을 썩이거나 인연이 약하다.

* 관살혼잡이 제화가 안 되어 있으면 자식이 불효하거나 병약하기 쉽고 요사하는 경우도 있다.

* 관성이 약하고 식상이 태과한데 식상운을 만나면 자식을 잃거나 불구가 된다. 그러나 인성이 식상을 제화해 주면 이를 면한다.

* 지지에 있는 관성이 합이나 암합이 되면 딸의 품행이 좋지 않은 경우가 있다.

2) 여자

* 일간이 신왕하고 식상이 생왕한 사주에 편인이나 형충이 없고 재성이나 귀인이 함께 있으면 자식이 많고 귀하게 된다.

* 신왕한 사주에 식상이 약한데 인성이 있어 식상을 극제하더라도 재성이 강하면 자식운이 좋다.

* 신약한 사주에 식상이 태과할 때 재성이 없고 인성이 있으면 자식이 있는데 인성이 약하면 자식이 없다.

* 일지에 식상이 있는데 재성이 없으면 자식을 낳은 뒤부터 남편과 사이가 멀어지거나 이별하고, 일시의 식상이 원진살에 해당하면 자식을 낳은 뒤부터 계속 우환이 생기거나 산액의 후유증으로 병약해질 염려가 있다.

* 식상이 편중된 사주는 자식을 두지 못하거나 자연 유산 등 산액이 따르며 때로는 남의 자식을 양육하는 경우가 있다.

* 일지의 식상이 형살에 걸리면 자연 유산을 하거나 자궁 외 임신, 임신 중독, 제왕절개, 자궁암 수술 등을 많이 한다.

* 신약한 사주에 관살이 태왕한데 인성이 있어서 살인상생이 되고 사주에 재성이 없으면 자식이 있다.

* 일지나 시지의 식상이 형충이나 공망일 경우에는 자식이 없는 경우가 많다.

* 丙火일주는 丑土가 상관이지만 대단히 조열한 사주가 아니고는 자식이 없는 경우가 많다.

(3) 시주(時柱)에 의한 판단

* 시주는 자식궁이므로 자식의 상태를 나타낸다. 시주에 식신이 있고 편인을 만나지 않으면 자녀의 신체가 건강하고 크며 성실하다. 그리고 시주에 재성이 있으면 자녀가 효자이고 정관이 있으면 용모가 단정하고 성격도 반듯하다.

* 시주에 刑沖이 있거나 空亡이 있으면 자식 때문에 속 썩을 일이 많거나 자식과 이별하는 수가 있다. 특히 시지에 있는 자식성이 刑沖당하거나 空亡에 해당하면 무자식 팔자인 경우가 많다.

* 남명의 시주에 상관이 있는데 제화가 되지 않으면 자식을 두기 어려운데 많은 여자를 두어도 자식을 보지 못하거나 자식을 얻었더라도 끝내는 잃게 된다.

* 일시에 관성과 인성이 있어 살인상생이 되어 일주와 유정하면 귀한 자식을 얻는다.

* 남자 사주에 일지에 양인이 있고 시주에 편인이 있으면 처의 산액이 염려되고, 시주에 양인과 상관이 함께 있으면 말년에 자식과 이별하거나 고독하다.

* 남자 사주에서 시간에 편관이 하나 있고 뿌리가 없거나 재성이 약하면 늦게 자식을 두는 경우가 많다.

* 시지에서 일지를 극하면 불효 자식을 두기가 쉽고 일지에서 시지를 극하면 부모와 자식 간에 사이가 좋지 않다.

* 시주에 있는 양인이나 겁재가 기신에 해당하면 자식이 불량하거나 불효 자식을 두고 자식으로 인해 패가망신할 수 있다.

* 시주에 있는 편관이 기신이면 자식의 성격이 포악하거나 불효한 경우가 많다.

* 시지가 관성이나 식상의 묘지에 해당하거나 백호살이 되어도 자식과 인연이 박하다.

(4) 자식을 극하거나 생하는 육신에 의한 판단

* 사주에 자식을 극하는 인성이나 식상이 태과하게 중첩되어 있으면 자식을 두기 어렵거나 자식이 있어도 부실하다.

* 남녀 모두 사주에 상관이 많으면 첫 자식을 잃기 쉬운데 특히 남자 사주에서 식상

이 천간에 투출되어 태과하면 자식을 두기 어렵거나 자식이 있어도 부실하다.

　* 식상이 태과하더라도 인성이 있어서 일간을 생하면서 식상을 제화하면 자식이 있다. 그러나 또다시 재성이 인성을 극하면 아들이 없고, 있더라도 불효한다.

　* 자식을 생하는 육신이 너무 태과하거나 중첩되어 있어도 자식을 두기 어렵거나 자식이 있어도 인연이 박하다. 즉 木이 자식에 해당하는데 水가 태과하면 수다목부가 되거나, 火가 자식에 해당하는데 木이 너무 많아 불이 꺼져버리는 목다화식의 경우 등이 이에 해당한다.

　* 남녀 모두 인성이 태과한데 재성이 없으면 자식이 없다. 인성이 태과한데 관성이나 식상이 약하더라도 재성이 있으면 자식이 있다.

　* 여자 사주에 인성이 태과하고 식상이 미약할 경우, 인성운이나 상관운을 만나게 되면 자식에게 액운이 따른다. 재성이 없을 경우에는 그 화가 더욱 심하다.

(5) 조후 상태 및 신살관계에 의한 판단

　* 사주가 너무 조열하면 무자식 팔자인데 사주 중에 습기를 간직한 오행이 있거나 한습해지는 운이 오면 득자(得子)할 수 있다.

　* 사주가 너무 한냉한 경우에도 자식이 없는 경우가 많은데 水氣를 제거해 주는 오행이 있거나 온난한 운이 오면 득자할 수 있다.

　* 남명에 관성이 약하면서 공망인데 상관과 겁재가 같이 있으면 자식이 없다.

　* 식상이나 관성이 백호살이나 괴강살에 해당하면 자식이 교통사고를 당해 불구가 되거나 큰 수술수가 있고 피를 흘리며 요사(夭死)하는 경우가 있다.

　* 시주에 있는 자식성이 고신이나 과숙에 해당하면 자식이 고독하거나 자식과의 인연이 약하다.

　* 시주에 도화살이 있거나 식상이나 관성에 도화살이 있으면 자녀가 예체능에 소질이 있거나 주색과 풍류를 좋아한다.

　* 식상이나 관성에 12운성의 사(死), 절(絕), 묘(墓)가 같이 있거나 시주(時柱)가 이에 해당하면 자식이 없거나 병약하다.

　* 식상이나 관성이 화개살과 함께 있으면 자식은 총명하나 고독하고 아들보다는 딸쪽에 더 인연이 많다.

　* 부부 사주에서 시주가 원진에 해당하면서 형충 등이 함께 있으면 불구 자식을 낳

거나 키우는 도중에 장애자가 생기기 쉽다.

(6) 용신에 의한 판단

* 남자는 일간이 뿌리를 내리고 관성이 생왕하며 상관이나 형충이 없고 재성이 유기하면 자녀가 총명하고 발달한다. 그러나 사주가 극신약하고 형충 등이 있으면 불효하는 자식을 낳거나 집안을 망치는 자식을 두기 쉽다.

* 사주가 너무 극신왕하거나 또는 극신약하여도 자식이 없는 경우가 많다.

* 사주가 신약한데 시주에 비겁이나 인성이 있어서 일주를 생조하거나, 신강한 사주에 시주나 월주에 재성이나 관성이 있으면서 용신이 되면 자식 복이 있다.

* 여자 사주에 식상이 태왕하여 신약한데 식상을 극제하는 인성이 미력하면 자식을 두기 어렵다.

* 여자 사주에 재다신약한 사주는 인성이 있더라도 자식을 두기 어렵다.

* 여자 사주에 관살이 태왕하여 신약할 경우, 인성이 없으면 자식을 두기 어렵다.

* 여자 사주에 인성이 태왕한데 재성이 없을 경우에도 자식을 두기 어렵다.

* 남자의 경우 종아격과 여자의 경우 종강격은 자식이 없는 경우가 많다.

* 남녀 모두 상관격에 제화하는 재성이나 인성이 없으면 자식을 두기 어렵다.

* 남녀 모두 편인격에 제화가 되어 있지 않은데 자식을 낳으면 잘못되는 경우가 많다.

참고문헌

『격국용신완전정복』 - 양성모

『명리직업상담론』 - 김배성

『명리학 개론』 - 양종

『사주 심리치료학』 - 김배성

『사주첩경』 - 이석영

『사주정설』 - 백영관

『알기 쉬운 실증철학』 - 이병렬

『命理學史』 - 이용준

『珞琭子三命消息賦註』 - 서자평

『玉照神應眞經註』 - 서자평

『明通賦』 - 서자평

『命理略言』 - 진소암

『命理正宗』 - 장남

『三命通會』 - 만민영

『淵海子平』 - 서승

『適天髓闡微』 - 임철초증주

『窮通寶鑑』 - 서락오주

『造化元鑰』 - 여춘대발간

『命學講議』 - 위천리

『子·平眞詮』 - 심효첨

『命理探原』 - 원수산

저자 약력

중산 양 성 모 교수

전문분야: 명리학, 수상학, 관상학,
　　　　　성명학, 매화역수, 육효학
이메일: joongsan510@hanmail.net
연락처: 010－3162－5018

〔학위 및 경력〕

동양최초 대한민국 1호 수상학 박사
국제뇌교육종합대학원대학교 동양학과 박사 졸업
현)서경대학교 경영문화대학원 동양학과 외래교수
현)글로벌사이버대학교 동양학과 초빙교수
현)가천대학교 글로벌미래교육원 사주명리학 교수
현)경기대학교 사회교육원 수상학 관상학 타로와점술문화 교수
현)동양문화교육협회(O.C.E.A) 회장
현)중산동양학 연구소 소장
전)경기대학교 행정사회복지대학원 동양문화학과 외래교수
전)국제뇌교육대학원 동양학과 동양철학최고위과정 지도교수

〔저 서〕

『손금과 적성』『셀프관상미용관리법』『현대명리학강론』
『격국용신완전정복』『단기완성타로카드』『명리상담통변론』
『실용종합풍수지리』『정석명리학개론』『이름과 성공』
『관상미용학개론』

〔논 문〕

박사학위논문 "수상학 이론고찰과 활용방안에 대한 연구"
석사학위논문 "사주의 오행특성과 골질환의 관계분석"

정석명리학개론

초판발행	2019년 7월 26일
중판발행	2023년 8월 30일

지은이	양성모
펴낸이	안종만·안상준

편 집	황정원
기획/마케팅	송병민
표지디자인	BEN STORY
제 작	고철민·조영환

펴낸곳	(주) **박영사**
	서울특별시 금천구 가산디지털2로 53, 210호(가산동, 한라시그마밸리)
	등록 1959.3.11. 제300-1959-1호(倫)
전 화	02)733-6771
f a x	02)736-4818
e-mail	pys@pybook.co.kr
homepage	www.pybook.co.kr
ISBN	979-11-303-0733-6 93180

정 가 22,000원